读客中国史入门文库

顺着文库编号读历史，中国史来龙去脉无比清晰！

# 青年战神

# 岳飞

一生126战无一败绩，
为你逐一盘点岳飞载入史册的经典战役！

北溟客 著

江苏凤凰文艺出版社
JIANGSU PHOENIX LITERATURE AND
ART PUBLISHING

**图书在版编目（CIP）数据**

青年战神岳飞 / 北溟客著 . -- 南京：江苏凤凰文
艺出版社，2024.6
（读客中国史入门文库）
ISBN 978-7-5594-8412-3

Ⅰ . ①青… Ⅱ . ①北… Ⅲ . ①岳飞（1103-1142）-
传记 Ⅳ . ① K825.2

中国国家版本馆 CIP 数据核字 (2024) 第 008351 号

# 青年战神岳飞

北溟客　著

| | |
|---|---|
| 责任编辑 | 丁小卉 |
| 特约编辑 | 李　宣　　乔佳晨　　尹开心 |
| 封面设计 | 申碧莹 |
| 封面插画 | 王　晓 |
| 责任印制 | 杨　丹 |
| 出版发行 | 江苏凤凰文艺出版社 |
| | 南京市中央路 165 号，邮编：210009 |
| 网　　址 | http://www.jswenyi.com |
| 印　　刷 | 三河市中晟雅豪印务有限公司 |
| 开　　本 | 710 毫米 × 1000 毫米 1/16 |
| 印　　张 | 30 |
| 字　　数 | 450 千字 |
| 版　　次 | 2024 年 6 月第 1 版 |
| 印　　次 | 2024 年 6 月第 1 次印刷 |
| 标准书号 | ISBN 978-7-5594-8412-3 |
| 定　　价 | 69.90 元 |

江苏凤凰文艺版图书凡印刷、装订错误，可向出版社调换，联系电话：010-87681002。

岳飞故居指示牌

岳飞故乡汤阴县永和乡孝悌里（今河南省汤阴县程岗村）今貌

2013年1月2日拍摄的河南省安阳市天宁寺塔。现称文峰塔，始建于五代后周广顺二年（952），国家级重点文物保护单位。塔为楼阁式砖塔，可登高俯瞰安阳全城

2013年1月2日拍摄的殷墟遗址旁的安阳河，即古之洹河、洹水

2018年4月拍摄的河南省洛阳市关林（关羽墓）。不知岳飞随间勋驻守西京时，是否曾来此瞻仰祭奠自己少年时景仰憧憬的汉末英豪

宋代河北西路真定府（今河北省正定县）今貌。摄于2013年11月。图中三塔从左至右分别是：始建于唐贞观十年（636）的开元寺塔；始建于辽金时期的广惠寺华塔；始建于唐代宗在位时期至宋庆历五年（1045）大修，到金皇统五年（1145）又重修的天宁寺凌霄塔。真定府在唐宋时期是控扼井陉与滹沱河的军事重镇，但自安史之乱后的唐中期始，因数任军政长官都重视民生，所以受兵火袭扰较少，人口繁盛、经济发达，同时也是北方佛教传播中心之一，到北宋末年吕颐浩笔下，是一派"居民繁庶，佛宫禅刹掩映于花竹流水之间"的"塞北江南"与禅林佛国风光。流风遗韵，到今日仍依稀可见

2012年12月31日拍摄的安阳韩琦祠昼锦堂遗址。昼锦堂为北宋名臣韩琦在家乡相州任职期间所建，后来其孙韩治、曾孙韩肖胄又分别建荣归堂、荣事堂，使韩府成为相州城中占地极广的建筑。不过岳飞射杀土匪的韩氏家族庄园应在安阳城外的乡下，不在此地

2019年10月26日在平定县冠山俯瞰平定县城。平定军在北宋时期分为上下两城，上城依冠山而建，为官衙、仓库、监狱和文庙、书院所在；下城为居民区。照片中山下及远处建筑所在地即为宋代平定军下城的位置

今平定县天宁寺双塔中的东塔，现为第七批国家级文物保护单位。双塔及天宁寺为北宋前期所建，据方志载有蔡京亲书匾额。可惜寺庙与大部分文物今已不存

2014年12月自平定县经京昆高速山西段到太原途中所见。京昆高速山西段与平定县至太原府古道重合，途中所见自然地理环境应与岳飞"榆次觇虏"时无大不同

现位于北京市西城区法源寺正门对面的唐悯忠寺故址标志。现北京法源寺前身即始建于唐太宗年间的悯忠寺。宋宣和四年（1122）十月宋军奇袭燕京，指挥中心就设在位于辽燕京皇宫之东、紧邻城东南门迎春门的悯忠寺内。后来宋徽宗、宋钦宗父子被俘北上途中路过燕京，也曾在此暂歇数日

大名县《五礼记碑》。此碑为宋徽宗亲书，只可惜碑文漫漶严重，几不可辨识。不知靖康二年
（1127）赵不尤和岳飞驻军大名府期间，是否曾结伴来观瞻过。如果来过，在东京之围迟迟难解、
国运未卜之际看到宋徽宗的瘦金体手书，两人一定是百感交集

现位于北京市丰台区右安门的辽金城垣博物馆。辽统治燕京时期，这里是辽南京城墙南垣水关所在
地，遗址于1990年发掘出后，建立此馆以展示和保护

2013年7月在济州塔上拍摄的巨野县县城。梁山泺消失后的古济州风貌已与千年前相去甚远,只有城内水系能让人多少想起当年的水乡泽国

河南省洛阳市定鼎门遗址。岳飞建炎二年（1127）正月离开洛阳后再未踏足此地，十二年后岳家军第四次北伐一度收复西京，是由其部将率岳家军三路大军中的西路部队完成的，岳飞本人则身在中路前线，并未亲身到此。而配合岳家军收复洛阳、后又在岳家军主力继续北上后留守洛阳的义军将领李兴，稍前独自抵抗毁约南侵的金军时，正是在定鼎门附近血战，几死而复苏才得脱身出城、继续组织抵抗力量的

2013年元旦在河北磁县所见的崔府君庙。靖康元年（1126），当时担任磁州知州的宗泽，即是在此地借请神示兆为名，拦下了原本要从磁州继续北上斡离不军前的赵构。赵构因亲信王云在此事中的意外之死，以及其他一些更为隐晦的缘由，对宗泽此举并不感恩反深为怀恨。但南渡之后，赵构还是在行在临安大修崔府君庙，以彰显自己登基乃是天意神助

2014年12月拍摄的河南省开封市开封府故址。现代开封市仍基本维持着宋代开封城的布局,开封府故址同时也是南宋初年宗泽坐镇的东京留守司办公地

2014年12月拍摄的开封市古吹台故址。吹台相传为春秋时著名音乐家师旷奏乐之台,后又成为西汉景帝胞弟梁孝王所建之著名园林"梁园"的中心。唐天宝三年(744),大诗人李白、杜甫、高适曾联袂来此游赏,各留诗作歌咏发生在此地的信陵君救赵故事,为汉唐宋时期以舟车繁忙、富贵风流为标志的这座城市,留下了城市人文精神中慷慨豪侠一面的精彩写照

2018年3月拍摄的镇江京岘山宗泽墓。牌坊后的台阶尽头即为宗泽墓葬

开封城内的繁塔。此塔为宋代遗迹，不过现存建筑高度仅是宋时的一半不到。其毗邻宋代东京城南城门南薰门和太学，见证了北宋末南宋初发生在此地附近的诸多历史风云

2020年1月拍摄的马家渡故址今貌

2015年4月拍摄的宜兴市至张渚镇途中景色。能看出四周多山

宜兴市周王庙今貌。宋代宜兴周王祠故址所在，庙内有一处建筑相传为当年岳飞画像供奉处

宜兴市岳堤大桥。宜兴以岳家军曾经留驻为荣，市区及张渚镇当地有多处岳家军相关遗迹或纪念建筑，岳堤大桥为其中之一

镇江北固山上所望见的焦山（图中有宝塔的小山）。韩世忠部在黄天荡之战第一阶段即驻军于焦山

2018年3月拍摄的镇江市北固山上复建的北固楼

2018年3月拍摄的镇江市北固楼上所见之"天下第一江山"。宋代长江镇江段的江道较现在更偏南，北固楼下即是长江，水势应比如今所见更浩大

2013年4月傍晚拍摄的南京市玄武湖畔看到的钟山

2013年4月拍摄的南京市江宁区牛首山东峰。牛首山古代因东、西双峰对峙而有"双阙山"之名。现今西峰因铁矿开采而遭到损毁，因此形态较古代有所差别

2021年5月拍摄的牛首山上俯瞰南京城所在方位

2013年4月拍摄的自雨花台佛光阁上远眺牛首山

2013年4月拍摄的自雨花台雨花阁上北瞰宋代南京城城区（今江苏省南京市秦淮区到新街口一带的主城区）

2021年5月拍摄的南京南城墙上遥望雨花台。照片中天际线处纪念碑和建筑所在地即雨花台。现南京城墙方位规模与宋代建康府基本一致，所以照片中南京南城墙和雨花台的相互间方位与视野情况，与建炎四年（1130）六月收复建康之役中宋军、金军所见相去不远

2021年5月在轮渡上拍摄到的南京市下关渡口，也即静安镇长江渡口旧址

2021年5月傍晚，在昔日的静安镇渡口故址望向江北

上方左图为今开封市内的宋代建筑遗存"铁塔",也即北宋时期开封城内的多宝寺塔。此塔为楼阁式建筑,可登览开封全城景色。上方右图为铁塔上俯瞰开封龙亭公园,也就是北宋时期皇宫所在地。下图为金明池所在地,是北宋时期朝廷演习水军和东京居民赏春游览、观看典礼之地。赵不尤少年时期作为不具备恩荫资格的"疏属",未必进过皇宫,即便进过次数也不会太多;但作为知兵好武的"运动达人",一定没少去过多宝寺塔和金明池

位于河北省邯郸市曲周县的黄河故道。曲周县一度是黄河沿岸州县，黄河改道后距离黄河新航道和水路交通枢纽大名府仍不远，本地河流也较多，是一派水乡风光

2013年7月拍摄的河南省商丘市归德古城南城门。现归德古城是明弘治年间原归德府遭黄河洪水淹没后北迁复建的，而北宋时期的南京归德府故址，已经掩埋在其南郊的黄土之下

商丘古城外八关斋内收藏的颜真卿手书《有唐宋州官吏八关斋会报德记》碑

浯溪碑林风景名胜区内，李若虚浯溪题诗所在的石壁和浯溪水构成了一处清峻明秀的风景

浯溪碑林颜真卿《大唐中兴颂》、黄庭坚书《浯溪崖题壁记》及李若虚题诗所在的崖壁碑刻区外观

崖壁上刻"浯溪"二字

题写镌刻在颜真卿书《大唐中兴颂》上方的李若虚题诗

李若虚浯溪题诗遗迹近景

广西壮族自治区横州市横县博物馆内展出的当地出土宋代瓷器。可以看出器型工艺都较为粗糙，说明当地经济很不发达，即使是相对富裕的人家生活条件也较为艰苦

2019年8月拍摄的横县郁江。赵不尤生命中最后一段时光，便是日日与这条蜿蜒于岭南重山与云雾之中的江流相对

# 目　录

# 楔　子

## 拔剑四顾心茫然

> 梦绕神州路。怅秋风、连营画角，故宫离黍。底事昆仑
> 倾砥柱。九地黄流乱注。聚万落、千村狐兔。天意从来高难
> 问，况人情、老易悲如许。更南浦，送君去。
>
> ——张元干《贺新郎·送胡邦衡待制》上阕

南宋建炎元年[1]七月，也就是公元1127年8月下旬到9月，对驻扎在南京
应天府¹的近十万宋军将士来说，是人生中极为艰难的一段时光。

艰难来自前途的不确定，以及只能被动等待的煎熬：两个月前的五月
一日，宋徽宗第九子、年仅二十一岁的康王赵构，在他们的护卫下于南京
应天府登基称帝。作为靖康之难后宋徽宗皇帝赵佶仅存于大宋疆域内的亲生
皇子，这位新"官家"²的合法性无可置疑，登基是人心所向。人人都盼望年
轻的官家能给时局注入青年人的活力，奋天子之怒，还都东京。甚至再进一
步，亲统大军北伐，救国救民于水火，终结猝然降临的乱世。

然而，赵构虽然在登基第五日就任命了名满天下的抗战派领袖李纲为

---

[1] 同一年份后文不再标注。

相，却也同时任命了两名亲信——一直以避敌议和为主要政治主张的中书侍郎黄潜善、同知枢密院事汪伯彦——分兼御营使和御营副使，执掌兵权。

到本月，赵构再发诏令，命相关官员准备将元祐太后[3]及六宫妃嫔迁往扬州。

紧接着，新官家又派人到东京开封，将大宋历代官家的神主牌位，由太庙迎请至南京应天府。

······

种种迹象都表明，新君不但不想还都东京，还有南渡长江之意。

就是这个信号，让驻扎在南京应天府的宋军将士人心惶惶。这支宋军是赵构登基前以"河北兵马大元帅"身份，从河北（今河北省中南地区）、京东（今山东省大部分地区）各州县陆续招至麾下的勤王军，军中土生土长的北方人居多。朝廷南渡，意味着他们要背井离乡，深入陌生的江南地区甚至更远的地方。长途跋涉，水土不服，因为弃土避敌而被千夫所指、愤恨嘲笑……都不难想见。而且，由于乱起仓促，这些人的妻儿老小有不少未能按宋军传统随军而行，而是留在了原驻地。倘若自己跟随大军南下，被抛在身后的老弱妇孺，该如何在遍地战火的北方故土上求生？

但不随朝廷南下，前途也不会更光明。留在北方，意味着直面强敌，九死一生。在朝廷大踏步后撤的情况下，留下的部队难道不是君王的弃子？不仅随时都可能直面金军军队的攻击，还可能被遍布北方的金军、溃兵、土匪……慢慢绞杀殆尽也无人存问。

最后，还有一个终极问题，很多人现在还不敢公然议论，甚至想都不敢想，却不妨碍它本身如一头盘踞在前的猛兽，虽然面目尚在阴影中若隐若现看不分明，但遥遥传来的危险气息，已经足够让人战栗：

官家南渡后，还可能再回来吗？

所有的疑问都关乎自己和亲人的悲欢离合、生死存亡；但所有的疑问，又都不是自己能决定的，甚至连出言议论都不能。随着朝堂上不同派别官员间的角力渐趋白热化，这种等待靴子落地、利剑降下的焦灼感和无力感，像野火，也像瘟疫，越积越重，越传越广，将城池狭小的应天府死死笼罩在

"人心未安"的低气压下，即使初秋的新凉天气，也不能缓解半分。

　　打破窒息的惊雷出现在七月底八月初的一天。这一日，忽然有官吏来到御营使司军中军（天子亲军之一部）的驻地，找到中军统帅——中军统制官张俊，宣布了来自最高统兵机构枢密院的一道命令：

　　御营使司军中军有一名官至武翼郎的小军官岳飞，日前不循职守，擅自越级议论军国大事。现决定革去此人军职，贬为平民，并令其立即离军还乡，不得稍有迟延。

　　听到命令的主将张俊不禁愕然：早在今年四月岳飞正式被拨入他麾下之前，他就听说过岳飞——这人在去年十二月官家刚在相州开府募兵时，就投到了当时的大元帅府军前军主将刘浩麾下，"从龙"时间比自己还早一个多月。之后，这个不过二十五岁[4]的年轻人几乎参与了大元帅府所有重大军事行动，仗仗对阵的都是旁人闻之色变的金军铁骑，却奇迹般地做到了每战必捷，很快从手下只有百余名兵的基层苦力，升到了部伍近千人的中层军官。要不是今年二月初跟着刘浩从前线撤回后，他就一直待在后方拱卫大元帅府，没再捞着仗打，大概还能升得更高。

　　如此罕见的勇士，张俊总体上是欣赏的，虽然这个岳飞有两个习惯让他很头疼：一是太看重军纪，尤其反感部下骚扰百姓，对胆敢违纪之人执法极为严厉，绝无说情余地；二是禁止主将对下属私设刑罚、随意打骂，甚至连支使小兵们干点私活儿都不准，总之禁止一切法外的虐待、压榨。

　　作为同样从基层军官干起、只是出道比岳飞早了十几年的老行伍，张俊在这两点上都和岳飞恰好相反：他觉得士兵只要听话就是好兵，除此之外其他的条条框框都没必要较真；同时他也习惯了拿倒霉手下泄火出气，有时甚至会以折磨犯了军法的士兵为乐。虽然岳飞现在还不至于连他也管，但有这么个对下严而不酷的部属在身边比照着，难免让他手下那些一直以为挨主将打骂驱使是天经地义的官兵们，心里多了不少指指戳戳。不过，现在是乱世，有个特别能打的部下比什么都重要。何况张俊一直坚信一点：人都是看利害、随大流的。只要自己笼络有术，这位现在清如水、直如弦的"小岳武翼"[5]，应该要不了多久就能被"原地转化"到自己更习惯的轨道上。

没想到，还没等他琢磨出怎么让小了他足足十七岁的岳飞快点"懂事"，岳飞就作了这么大的死。张俊一瞬间竟有些轻松，但也恼火万分：这大元帅府军中头一把"撒手锏"到了自己手下以后，还一仗没打、寸功未建呢！自己白受了几个月的不自在，却没沾到半点儿光，真是倒霉透顶。

所以岳飞这次这个"越职言事"，到底说了些啥？又是怎么说的？为什么居然能让一帮重臣屈尊过问一个平常根本不看在眼里的小军官，还非要将其开出军队不可？

在一片震惊和狐疑中，传令官吏给出的解释让张俊和其他闻讯的军官士兵们差点儿惊掉下巴：

岳飞此次"越职言事"，竟是自己动笔写了一篇足有好几千字的长文，直接投到了当时的"大宋信访局"登闻鼓院。而登闻鼓院的官吏，不知道是到了这时候还在老实打卡认真履职，还是纯粹看热闹不嫌事大，还真把文章从信箱里拿出来递上去了……

然后就是接到这篇文章的高级官员们——很可能正是执掌最高兵权的枢密院正、副使黄潜善、汪伯彦本人，再倒霉点也许还有官家本人——打开上书，一看头几句，就看到作者指责他们不但不能辅佐新皇北上收复失地，还要筹划南渡，"有苟安之渐，无远大之略"[6]。是可忍孰不可忍！至于"苟官"的具体名单，不光有一直在张罗对金议和的黄潜善、汪伯彦，连向来被天下人视为恢复疆土之希望的李纲都没放过，即使李纲此时给皇帝的建议，仅仅是去关中或南阳地区暂驻以图后举，比起汪、黄建议南渡扬州的计划，已经积极多了。

不仅如此，上书还特别强调：如果这帮中枢执政水平不行，那么"虽使将帅之臣戮力于外，终亡成功"[7]。翻译成大白话就是：要是领导瞎指挥，我们前线卖命的将士再能打也白搭，早晚会被坑死！末了，在把当朝重臣批了个遍之后，上书又吁请皇帝尽快还都东京，亲统大军北伐，认为只要把握住军兵复仇心切、故疆民心可用的机会，再利用好敌军新占领土尚未巩固，对宋军也疏于防备的窗口期，就一定可以尽复失地。

老实说，这封上书指出的问题、提出的建议，倒也不是只有岳飞一个人看出来、说出来。至于点着宰相、枢密使的名字大批特批，虽然狂妄了些，但有"不得杀士大夫及上书言事人，违者不祥"[8]的太祖祖训镇着，本也算不得特别离经叛道。

然而现下毕竟是非常时期，很多本朝前、中期通行的政治游戏规则，都渐渐有些行不通了。比如，刚过去没多久的靖康之难中，东京城里一个名叫司文政的教坊乐工，就因为上书言及天子而被枭首示众，引得城中士论一时大哗。再如，赵构登基前夕，大元帅府中有个早先奉钦宗之命给赵构传送密诏的小军官侯章，也因为公开议论靖康之难的种种细节，被赵构亲自下令治罪，最终被定为金军奸细而被公开处斩。

如此高压的手段下，言者无罪的传统摇摇欲坠，又正逢政坛大佬争斗已酣、图穷匕见之时，哪能容一个小军官突然插进来，颐指气使？外加黄潜善、汪伯彦其实也知道自己的主张不得人心，深恐上书内容一旦传扬开，会引发更大的变乱，所以很快就给出了处置意见。

至于为什么没让岳飞步司文政、侯章的后尘，可能是因为岳飞毕竟不是教坊艺人和一般小军官，而是有奇功在身又颇得人心的御营勇士，黄、汪一党怕处罚太过，反而更容易在敏感时期激发舆论风潮，所以不但没有开刀杀人，而且连命令文书的行文都很克制，没用什么严厉措辞申斥岳飞，只是强调"越级议论本职外事务"的违纪性质，以求尽量淡化事态，把影响控制在最小范围之内。

听明白了始末因由的张俊顿时吓出了一身冷汗。此时的他还不懂多少官场门道、前朝掌故，但跟着赵构、汪伯彦、黄潜善等人混了几个月后，他已经深知保富贵的要术之一，就是各人自扫门前雪，莫管他人瓦上霜，尤其不要掺和什么北上还是南下、抗敌还是议和的国家大计。所以他一面连连保证此事纯属岳飞个人胆大妄为，绝无私下串联；一面当即令人去军营中找来岳飞，对之宣读了枢密院的命令，亲自监督岳飞脱下军服、交还军官证"告身"，卷了行李由几个亲信士兵押送出军营辕门。

好在岳飞自己也干脆，自始至终没说一句辩白求恳的话，只叉手应了个喏，就沉着脸将上峰的要求一一照办，毫无犹豫惶恐之态。张俊再次暗暗吃了一惊。但饶是如此，他还是不敢完全放心，直到押送岳飞出城的士兵前来复命，说已经亲眼看着岳飞出了应天府城北城门，一去无踪，才总算松了口气。

这般果断处置，让原本隶属于岳飞的近千名将士，以及散落在中军其他各部的原大元帅府前军的老兵们，别说讲情告饶、请愿挽留了，就连道别送行，凑点儿盘缠衣物略表同袍之谊都来不及，只能私下里在睡前饭后一遍遍议论着这名猝然消失的年轻同袍。

和主将张俊不同，对于岳飞被革职离军一事，这些低级军官和士兵们心里的难过要真实得多。他们大多自去年年底以来就和岳飞并肩作战，可以说是眼看着岳飞从白身农家子一步步拼到中级军官的。而比起岳飞两军阵前的神勇，更让他们感念和庆幸的，是职权的骤升并没改变岳飞正直善良的天性，倒让他为人处世的优点随着官衔的提高惠及了更多同袍。

在部伍管理上，岳飞虽然执法严格，但一来赏罚公平，明察秋毫；二来既不克扣钱粮，也不允许对士兵随意责罚辱骂，士兵的实际待遇要比其他部队好；三来能够以身作则，就连衣食住行标准都向最低等的新兵看齐，士兵还睡在野地自己就决不进屋借宿，士兵吃不上饭自己也不会吃一口，其他违法乱纪问题更是一点儿不沾。所以就算约束比别部将官严格数倍，士兵们也张不开嘴抱怨。

在用兵作战上，这个青年军官身先士卒也从不来虚的，几乎次次都要"自为旗头"，也就是自己来当最容易成为敌军箭靶子的掌旗传令官。此外，他还热衷向他人传授武艺。虽然他会的招数一般人要学都不太容易，比如"左右射"——这是种箭术绝技，掌握之后双手都既能张弓也能控箭，而不是只能固定一种左右手搭配，这可以增加实战中的攻击角度，造成出其不意的效果。虽然练成这种箭术的门槛颇高，十个人中能有两三个练出来就不错了，但岳飞还是一有合适的机会就主动教，教了学不会也不会发脾气，倒比寻常村镇里教小孩子认字的村学先生还耐心些。

更新鲜的一点是，虽然出身于贫寒农家，但岳飞居然识文断字，正经读过不少书。偶尔有了闲空儿，岳飞最喜欢拉着身边人讲古，尤其擅长"说三分"，什么关、张、赵、马、黄优长短板各自如何，诸葛亮的隆中对到底高明在哪里，甚至关云长好读《春秋》《左传》、曹操给《孙子兵法》作过注……有些段子是最流行的评话戏文里都没提过的，讲起来着实新鲜热闹，也填了不少老兵痞酗酒赌博、斗气滋事的闲空儿。

这样一个年轻人，没法让人不喜欢、不信任。"被消失"之后，也没法让人不惋惜、不想念，尤其是在眼下这种时局叵测、人心惶惶的时刻。但越是念叨他的好处，士兵们也越发困惑。

一个聪明机警绝对超过他们平生所见之人，还认得字、念过书、见过世面的青年才俊，为什么要做上书骂大臣这种自断大好前程的事呢？他文章里说的那些话，确实是不少人的心里话，但那是能直接说给高官甚至皇帝听的吗？小小武翼郎[9]，何必去掺和神仙打架？直道事君、一言可以兴邦亦可丧邦之类的堂皇大义，对这个段位的芝麻官来说遥远而虚无，当不了饭吃也换不了钱使。一重一轻，一近一远，该顾哪头，按说是人都能拎清，怎么智勇双全的岳飞反而犯了糊涂？难不成这小子看书看呆了，以为凭几句话就能打动天心，知遇明主的传奇也会发生在自己身上？

何况不管他怎么想的，现在事情闹大了，搞砸了，也没有什么明君彻悟、奸臣被斥的反转，这个上有老下有小却丢了饭辙的年轻人，能再去哪儿谋生？另寻其他官军投奔？还是加入当时遍地都是的民众自发组织的抗金义军？

可人家拿命换回来的官职，因为说了几句话就被一撸到底了，哪能再有心气替赵官家卖命！所以他大概会就此回家乡务农，做个大宋（也没准是大金）治下的顺民吧？

不过他那一身的武艺和智谋胆气太出色，出色到让接触过他的人都会觉得，他就没有默默无闻过寻常日子的命。所以保不齐这后生从此就变心翻脸，去做了土匪，或是投了金军也不是没可能。万一真是这样，那以后要是在阵前遇上他，怕不是要倒血霉了。

以上的猜测，尽管后人看来近乎可笑，但在当时，却是每一种假设都有大把的真实案例。那些案例可以供南京城内的宋军将士，以及后来也渐渐听说了这桩奇闻的部分官僚士大夫们，拿来和岳飞的未来对号入座，遐想一阵，议论一番。

包括岳飞自己，在愤然离军、孤身北上的途中，大概率也把这些人生选项挨个捋了一遍。历史文献只记载了岳飞在这个关口的最终选择——再赴河北前线从军，却没有也不会记下他在做出这个选择之前，有没有愤怒、委屈、唏嘘、伤感，甚至一瞬间产生过更自暴自弃、大逆不道的念头？倒是岳飞自己在若干年后的一次上书中，坦然承认自己在这次被罢职后是"孑然一身，狼狈羁旅"，显然从经济状况到精神状态，都不能更糟了——这也难怪，因为这次罢官，已经是岳飞第三次从军官被打回普通平民了。尽管岳飞在这一年还只有二十五岁，三次从军的时长全部加起来，也只有三年多。

比起个人挫折，更让岳飞焦虑的是，眼下的时局已经危如累卵，如果自己再从普通士卒做起，恐怕很难在即将到来的新一轮宋金战争中发挥多少作用了。不过，就算从此报国无门，真回老家，或去其他远离战火的州县种地养家，又有何不可？宰执大臣，或许还有皇帝本人都无意北伐，朝廷随时可能放弃中原、两河，自己又有什么继续戎马生涯的必要呢？

建炎元年秋八月，在明净高旷的碧空下，在南京应天府通往河北的大路上，在寒意渐浓的凉风里，在浊水急如箭的黄河边，不少南下避难的士人百姓和无家可归的流民看到一个气度英武却衣衫敝旧的年轻人，神色郁郁、心事重重地行过他们身边，却绝难想到他心里正翻卷着怎样的波澜。他们更想不到，若干年后，曾与自己擦肩而过的这名青年，终将成为他们家国的屏障和收拾旧山河的希望所在。

当然，对于后一点，此时的岳飞恐怕也未能料到。无数往事，尤其是始于五年前的、实在过于坎坷曲折的从军之路，在他心里从头到尾回放了无数遍。但眼下他唯一能够、也必须尽快思考的问题是，到何处去，以及以怎样的方式重启被朝廷猝然中止的人生。

# 第一章

# 北望燕云：士兵那年十九岁

援乃击牛酾酒，劳飨军士。从容谓官属曰："吾从弟少游常哀吾慷慨多大志，曰：'士生一世，但取衣食裁足，乘下泽车，御款段马，为郡掾史，守坟墓，乡里称善人，斯可矣。致求盈余，但自苦耳。'当吾在浪泊、西里间，虏未灭之时，下潦上雾，毒气重蒸，仰视飞鸢跕跕堕水中，卧念少游平生时语，何可得也！"

——范晔《后汉书》卷二十四《马援列传第十四》

## 1 天赋异禀的农家子

其实，就岳飞的出身而言，"晓战随金鼓，宵眠抱玉鞍"的行伍生涯，确实不该是他的人生选项。

不同于吴玠、吴璘、韩世忠、张俊、刘光世、杨存中、刘锜、王彦、杨政、王德、李彦仙等同时期活跃的南宋初年名将，宋崇宁二年（1103）二月十五日出生在河北西路相州（今河南省安阳市）汤阴县永和乡孝悌里的岳飞，并非簪缨世家的子弟。他的家庭直到其父岳和这一代，还是安安分分土里刨食的农民，从没有一个人有过从军的经历，当然更没人考过科举，担任过哪怕是州县小吏的一官半职。而且大约在岳飞十来岁时，岳和主持的这个小家庭从自耕农沦为了佃农，只能租种本地官宦世家"相州韩家"，也就是名臣韩琦子孙的田地过活。

艰辛的生活甚至夺去了岳飞四个哥哥的生命，因此等这个岳和之妻姚氏四十岁上才诞育的、小名按照家庭排行唤作"五郎"的男孩，终于摆脱了夭折的噩运，顺利长成十几岁的英挺少年时，他的父母已经五十多岁、年近花甲，大大超出了当时一般的父母子女年龄差。

迫于生计，岳飞十来岁就成了整日跟随父母到田间劳作的小佃农；又由于父母年事已高，为了让父母能够及时看到自己成家立业，十五岁就成婚娶妻，十六岁便有了长子岳云，当了父亲，早早陷入了上有老下有小的重负中。出生在这样一个家庭里，岳飞甚至不能像自己后来最重要的部将之一、比他年长十六岁的汝州鲁山县（今河南省鲁山县）人牛皋那样，到州县衙门当一个负责本地治安的"弓手"[10]。他既没法达到弓手一职要求的资产门槛，也负担不起购买武器的开销。所以即使岳飞后来也凭武艺到官府当差，也只能当类似现代城管、协警的"游徼"，没法考有编制的"宋代公安"。

总之，他的人生，原本会一直挣扎在竭尽全力求个温饱的庸常中，远离金戈铁马、建功扬名的英雄传奇。所以又是什么时候，是哪些因素，让他的生活道路最终远远偏离了常态路线呢？

首先是出类拔萃的力量，这来自岳飞优异的个人禀赋。在体格上，这个物质生活条件相当一般、日常营养摄入可能都不太够的农家少年，偏偏天生神力，十几岁时遵从河北[11]民间风俗，进入乡间武社[12]学习箭术没多久，就已经能"引弓三百斤，腰弩八石"了。宋制九十二斤半为一石，三百斤合三石还多，这个开弓记录已经远远超过了《宋史》卷一九四《兵志》记载的大宋王牌部队优等兵——"禁军班直"需能开弓一石五斗的录取标准，也超过了沈括在《梦溪笔谈》中记载的宋代武士的挽弓强度纪录。如此惊人的力量，和平日务农劳作的锻炼当然有关系，但更多的，恐怕还是远超常人的天资在起作用。

但仅有一膀子好力气，尚不足以成为日后允文允武的全才，更重要的基础还是来自智识层面。在智力上，岳飞同样天赋极高，反应快速、感受力敏锐、记忆力超强都还在其次，最难得的是他的思辨能力发达而早熟，对万事万物的好奇心和深入认知需求很高，综合表现出来就是学习能力和行动力惊人，小小年纪就已经能够超越环境限制，去按部就班地实现自己的理想了。

岳飞之孙岳珂曾在汇总整理祖父一生行迹相关记载的史料集《鄂国金佗稡编》中说过，岳飞少时即爱读《左传》和《孙子兵法》，甚至夜以继日、不忍释卷。这个说法曾被许多宋史专家质疑过，他们认为其中有岳珂夸张美化的成分。因为从岳飞的原生家庭、社会地位和宋代文教水平来看，他小时候至多能在每年农闲时到村学中上几回课，扫扫盲认点字，但无法也没有接受更高层次的教育，怎么能接触到儒家"六经"之一的《左传》和《孙子兵法》这类对当时的士大夫阶层来说都"超纲"的书籍呢？

其实，《左传》和《孙子兵法》固然"高大上"，可如果联系岳飞另一个在当时并不那么"高大上"的爱好，也许就顺理成章了：不管是岳珂的家族传承记忆，还是岳飞同时代人如邵缉等留下的文字资料都证实，岳飞是个如假包换的"三国迷"，尤其崇拜蜀汉大将关羽、张飞的万夫不当之勇和忠烈侠义精神。而作为确实没受过多少正规教育的农家子，他的这份三国情结，最初只能来自宋代风行民间的"说话"（评书表演），可能还有"诸宫调"等初具戏曲雏形的说唱艺术。

在北宋时期，汉末三国时期的英雄故事正是这些民间主流娱乐形式最爱演绎的"爆款IP"之一。包括关羽好读《春秋》的细节，也是在这时就已经被采入话本，成为当时妇孺皆知的"名场面"了。所以岳飞之所以少年时期就好读《左传》，最初可能和《左传》的具体内容、经典地位无关，而是更类似现代的"粉丝文化"，"爱豆"的一切都恨不得拿着放大镜反复研究，还要在行动上也跟风仿效，cosplay（角色扮演）一把才算踏实。落到关羽这里，就是关羽到底为什么这么喜欢看这本书，总得自己也翻一下、读一读才能安心。

至于《孙子兵法》，则是因为曹操曾为《孙子兵法》作注。到北宋时期，类似《十一家注孙子兵法》这样的名家注释集成读本，已经刊行了不少种[13]。岳飞很可能是在和人争论三国历史时——或者再大胆一点猜测，是在和其他三国爱好者"掐"诸葛亮、刘备和曹操相比，谁的才华更高，谁本来更有望一统天下时——听其他人说到了曹操这则事迹，顺带着知道了这本书，才千方百计找来看的。

根据岳飞与其日后的部下之一、前太史局令[14]李廷珪的相识经过来看，岳飞的求知欲旺盛程度十分惊人，以至于任何来到相州的、稍有些名气的读书人，或者其他看起来像是身负绝学异能的奇特人士，他听说以后都会想办法见上一面，搭讪两句，请教一二。[15]所以通过和别人攀谈，知道些评书曲艺之外的历史掌故，以及记载着这些历史掌故的典籍著作，再想办法搞到典籍著作的实体书阅读自学，对当时的岳飞而言，虽然困难重重，但也不是完全不可能办到的事。

不过，小粉丝追星的心态只是起点，绝非终点。当《左传》和历代名家注《孙子兵法》中提及的诸多战例在少年岳飞眼前逐一展开时，他对政治和军事的兴趣，以及学习中举一反三、融会贯通的能力，也逐渐被激发出来了。

到十几岁上，岳飞不但通过反复读《左传》和名家注本《孙子兵法》，在政治、军事、历史知识上有了远超平民和一般读书人的积累，还很可能顺着各家注释，发展成了晚唐著名诗人杜牧的粉丝——生前以"知兵"著称的"小杜"杜牧也注过《孙子兵法》，并且被后人公认为质量较高的一份注解。所以北宋时的各种《孙子兵法》注本不管收注几家，一般都必有杜牧注。而杜牧在注释中举战例时，又特别喜欢举三国时期的战役。"同好"的好感加成，再加上杜牧诗文在宋时的普及度也较高，使岳飞很可能以杜牧注《孙子兵法》为起点，又把阅读范围拓展到了杜牧的文集。因此才能在几年后对着上司张所分析天下大势时，直接引用杜牧《战论》一文中的名句："河北视天下犹珠玑也，天下视河北犹四支也。"甚至他日后写作诗词时的风格情调，特别是描写自然风景的几首五律和七绝，如"潭水寒生月，松风夜带秋""轻阴弄晴日，秀色隐空山。岛树萧疏外，征帆杳霭间""上下街连五里遥，青帘酒肆接花桥。十年争战风光别，满地芊芊草色娇"[16]等，也与杜牧诗的"能于拗折峭健之中，具有风华流美之致……既气势豪宕而情韵缠绵""含思悲凄，流情感慨"[17]，颇有几分相似，以至被明末清初文学家褚人获在《坚瓠集》中称赞为"不减唐人"。诗人诗风的异代而同调，固然主要与审美追求甚至性格气质中某些成分的相似有关[18]，但无疑也折射出岳飞少时的阅读史与爱好的青涩光影。

当然，这个水平的文化素养，比起书香世家出身的读书人肯定还是不够看。而且据岳珂的记叙，岳飞少时读书的习惯是"于书不泥章句，一见得要领，辄弃之"[19]，显然对书面知识是以领会其主旨要义和论证逻辑为主，而不是处处都要仔细研读，甚至追根溯源辨析演绎一番的学术研究路线。所以岳飞早期阅读史最令人印象深刻之处，并不是他涉猎的书目，也不是他最终达到的水平，而是他在自学过程中表现出的超强主动性。不难想见，凭这份个性和能力，一旦岳飞有机会进入更高层次的环境，接触到更丰富、更优质的资源，他的成长速度将不可限量。

何况，除了知识的积累，还有一种更深刻的变化，也在岳飞读书的过程中悄然发生了：从三国英雄的慷慨任事、扶危定倾，到《左传》中记载的先秦古义士之风与老成谋国之略；从名家注《孙子兵法》中论及的庙算征伐、兴衰浮沉，再到杜牧诗文中念兹在兹的国家安危、山河险要，岳飞的所思所想、眼界胸襟，都不再仅仅局限于一身一地、一衣一饭，而是与更宏大也更遥远的一些事物联系了起来，同时对自己的人生，也朦朦胧胧有了些超出日常生活环境和经验的想法：此时的他或许还不知道儒家关于凡人如何"不朽"的讨论，也不知道"立德，立功，立言"的解决方案与衡量标准；但他一定曾在接触各种英雄故事时，深深地感到有能力帮助、保护他人，有魄力践行理想让天下人生活得更好，同时也能彰显自己的才华和价值、在时间长河里留下些许痕迹的人生，才是值得过的。甚至，他还可能不止一次地暗中比较过自己的能力与品格，与关云长、张翼德这样的"超级英雄"有多少相似，又有多少差距。如果要像他们那样做一番锄强扶弱、为国为民的大事业，还需要补哪些功课。……

这种朴素、自觉的对人生更高意义的追求，是如此纯粹真挚，又如此热烈，以至于其光热贯穿了岳飞的整个人生，到年近而立时与人谈起，他也依然能心潮涌动如初：

"要使后世书策中知有岳飞之名，与关、张辈功烈相仿佛耳！"[20]


## 2　长辈的关爱与担忧


少年人的梦想永远高如碧空灿若云霞，然而等需要在脚下落地时，却往往不免沦为泥泞。岳飞之所以能成为例外，还有一重助力，来自他身边的亲人师友。由于他们的呵护与帮助，岳飞的成长过程虽然艰辛坎坷，却从来没有缺少过关爱。这一点不光有助于他才能的增长，更养成了他日后宽仁而乐观的性格。


关爱首先来自岳飞的父母双亲。虽然岳飞的父亲岳和、母亲姚氏都是文化水平不高的普通农民，但夫妻俩不光心地善良、通情达理，还有一股急公好义、舍己为人的侠气，在灾荒年份时，甚至不惜削减自己的饮食，也要用省下的口粮去救济挣扎在死亡线上的饥民。而对待中年才得的幼子岳飞，两人一方面教养严格，绝不溺爱；另一方面又很注重了解和尊重孩子，并尽己所能给予支持：岳飞在箭术上显露出了天赋，夫妻俩便不顾家中生活拮据，将儿子送到箭术闻名的"乡豪"周侗处接受专业训练；岳飞喜欢读书，两人便由着岳飞利用晚上的时间，读那些和农家生计毫不相干的"闲篇"，而不担心儿子因为熬夜疲倦耽误了第二天的正经农活。但当岳飞有酗酒的苗头时，岳飞母亲姚氏又有足够的威严和手段，能将儿子教训到当场立誓再不轻易饮酒，并且日后也真的做到了。当怀疑岳飞染上了赌博恶习以致要典当衣物还债时，连和乡邻划分田地都不愿起纷争的岳和，揍起宝贝儿子来却丝毫不手软。不过，当发现孩子好像在闹情绪，挨打也不肯说出实情后，岳和又没有坚持棍棒对话，而是马上换了一种沟通方式：通过暗中跟踪去全盘了解儿子的行迹。当发现岳飞其实是因为祭奠去世的箭术老师周侗需要买酒肉，才不得不当衣换钱时，岳和立马当面肯定了儿子的行为，其实也等于是跟孩子认了错。放在古代，这算是相当开明和平等的教育方式了。

关爱还来自很多原本与岳飞素昧平生的路人。比如，教岳飞箭术的周侗，在教导岳飞时倾囊传授，完全不考虑"教会徒弟，饿死师傅"的问题，使岳飞能够"尽其道以归"。岳飞出徒之时，周侗还以"所爱弓二"赠送岳飞，俨然已把这个入门不久的小弟子，当成了自己的衣钵传人。再如，岳飞大概到快要成人的年纪时，估计是因为武艺实在太出众，被征到相州城里做过一阵"游徼"，也就是前文所说的宋代"协警"。岳飞每次出巡当差的路上，经过相州一个和他非亲非故的舒姓老人的家门口时，老人总要"烹茶设馔"，主动投喂这个还不到二十岁的毛头小子，顺便叮嘱灌输一番"年轻人你不是一般人，将来肯定有大出息，但是一定得注意保护自己，不能责任心太强、太老实……"的人生经验。

总之，用现在流行的教育理念来说就是：虽然人生起点不但不高还有点落后，但岳飞的成长过程中始终不缺爱，原生家庭中的亲子关系也极为健康、和谐，甚至从现代眼光来看都让人心生羡慕。这为他少年时期不断拓展文武才能增添了助力，更使得他的精神世界健康、开朗而自信，为他之后的成长，特别是成为富有魅力的管理者与领袖人物，打下了极为良好的基础。


不过，在父母和长辈对岳飞的关爱中，也一直含有一分忧虑：岳飞的为人秉承了父母的善良和正直，而且可能是读多了英雄故事，又天生力气比别人大、脑子比别人活的缘故，这个少年比自己的父亲更喜欢打抱不平、爱管闲事，也更刚强、有主见，遇到原则性问题绝不退让，"意所欲言，不避祸福"。

这样的性格，再加上难免要把岳飞的人生之路导向投军征战的武功天分，在这个眼看着越来越不太平，今日听说要发兵伐辽，明日又到处闹方腊、闹这天王那大王的世道里，真能平安顺利地取得一份足以光宗耀祖、封妻荫子的功名，然后富贵终老吗？在给岳飞算命时聊起天下大势，忍不住叹息过"世乱矣"的宋代不知名天文学家李廷珪大概不是很乐观；在岳飞被害后，被附会歪曲成预见了岳飞将来必然遭嫉横死的相州舒姓老人，恐怕也不是无缘无故就想要提醒岳飞注意保护自己；甚至为人善良谦退的岳飞之父岳和，可能也不会在这个问题上全无忧虑。

实际上，当发现儿子典当衣物换钱只是为了祭奠恩师，之所以不肯和父母说实话，则是因为既不愿把这份哀悼之情当作谈资向旁人、包括向自己的父母炫耀，也不想让家人知道自己正在为此挨冻受苦之后，岳和就一方面为儿子的重情和坚忍而感动，另一方面又担心这孩子的感情未免太过厚重激烈，所以忍不住"抚其背曰：'使汝异日得为时用，其殉国死义之臣乎！'"

这句话来得有些突兀，在今人看来逻辑也有点跳跃。但细想想又确实顺理成章，显示出岳和对自己孩子的了解和对世事人情的洞明。

对待仅有数月教导之情的恩师，尚且如此真情实感，如此一丝不苟地践行作为学生的责任和义务。那么一旦天下有变，自己这个学了一身好本事的儿子，面对深陷危难的国家、故土和亲人同胞，会奉献、付出到什么程度才肯罢休，也就不问可知了。所以后来官方将此句当作岳飞父亲勉励岳飞未来要先国后家的忠孝典范，记入了《宋史·岳飞传》里。

而岳飞紧接着的回答，更证实了岳和心头的忧虑。

**惟大人许飞以遗体报国家，何事不敢为！**

如前所述，岳飞是独子[21]，在号称"以孝治天下"的宋代，甚至有权利为保证父母老有所养而拒绝从军征战。所以岳飞这句话，其实是在向父亲婉转表达：一旦国家有变、苍生有难，比起承担家庭义务，他更渴望能为更多的人尽责，甚至捐躯殉命也在所不惜，所以需要提前取得只有自己这么一个孩子的父母的谅解。

少年人向往英雄豪杰的光芒万丈，却还不完全了解光芒背后是怎样的代价。而已经年过半百的父亲，多半已由此窥见这个孩子将来一定会比一般人有出息，但也一定会经受更多的艰难困苦，甚至可能会失去生命。在沿着岳飞—岳飞的妻子李娃—岳飞第三子岳霖—岳霖幼子岳珂这条线索传承下来的家庭记忆中，这段父子对话，最终以"先臣和乃叹曰：'有子如此，吾无忧矣！'"而告终，并被记入岳飞传记里。然而体察行文语气，推想当时情境，岳和的这句话，恐怕并不全是骄傲和欣慰，还有已经隐隐察觉的，却也无可奈何的担忧与疼惜。

## 3　羽檄从北来，少年起河朔

不管长辈们期望也罢，担忧也罢，天才少年必定要按着自己的意志自由生长，就像澎湃的大江潮汛，该来的总会来。多少有些巧合的是，正是在岳飞刚过十九岁生日，也就是按照宋人记岁习惯将满二十岁，需要行"冠礼"以标志正式进入成年人行列的时候，他迎来了人生职业道路选择上最后，也是最大的一股推力。

宋宣和四年（1122）[1]，宋徽宗和亲信大臣童贯等人酝酿已久的联金伐辽大计，终于在无数波折甚至一度暂停后付诸实施。四月，宋廷以童贯为帅，以名满天下的"老种相公"种师道为实际的军事总负责人，以其时最精锐的大宋"西军"——专门负责对西夏作战的陕西五路驻扎禁军为班底，正式出师伐辽，攻打辽国四个陪都中的"南京"燕京城（今北京市），并计划以此为始，逐步收复自五代就大部分沦落于辽国之手的"燕云"地区22。

这次军事行动，宋廷志在必得，所以直接调用了前一年刚刚从陕西东下江南镇压方腊起义的西军主力，而没有大举招募新兵入伍。但很快，由于宋徽宗君臣在战略目标上犹疑不决，一会儿想趁火打劫，趁辽国已经日薄西山之时耀武扬威一番；一会儿又想坐收已经进入尾声的辽金战争的渔利，兵不

---

[1] 同一年份后文不再标注。

血刃就取得收复燕京的大功，使得前线将领也只能各自领会揣摩"上意"，矛盾纷起、号令不一甚至互相掣肘，最终导致宋军在五月底六月初，居然被世人眼中行将就木的辽军打得大败。

然而辽、宋、金三国的角力之势，到此时已成骑虎，如果就此收兵，不但宋徽宗君臣会颜面扫地威信受损，也会让金国发现宋军的虚弱无能，引发更大的危机。因此到七月时，宋廷撤换了种师道，改任另一位西军宿将刘延庆为军事负责人辅佐童贯，开始组织二次攻取燕京。筹备过程中，童贯原本的亲信幕僚刘鞈在是否应继续进攻燕京和是否应信任降宋未久的辽国汉儿军将领——郭药师两个重大问题上，都与童贯发生了分歧，结果在九月前后被童贯调离了指挥中枢，改任真定府路安抚使，负责统辖真定府（今河北省石家庄市正定县）及整个河北西路的军政，以支持和保障位于安肃军（今河北省保定市徐水区）—雄州（今河北省雄安新区）一线的伐辽大军。

出于对前沿军事形势的担忧，曾长期在宋夏战争前线供职、军事经验颇为丰富的刘鞈一到真定府，就发布了招募"敢战士"以"备胡"的命令，以防自己万一被前线不利波及时，手头无兵可用。榜文遍传河北西路，也传到岳飞的家乡汤阴县。于是刚行了"冠礼"的岳飞"束发从军"，辞别父母妻儿，从汤阴千里迢迢前往真定府应募，就此开始了自己的戎马生涯。

后世的人们，包括许多对岳飞崇敬有加的史学大家，在写到岳飞的早年从军经历时，大概出于对英雄人物"祛魅"从而证明自身研究客观性的需要，总不免强调一下：岳飞最开始的两次从军，除却报国大志，也有生计上的考虑。因为实行募兵制的宋军能够为士兵提供颇为优厚的经济待遇。

然而，从当时宋军面临的军事形势，特别是两个月前刚刚遭遇新败来看，很难说岳飞此时从军河北，会比他在家乡做佃农、做游徼更有利于改善生活，相反倒有些不计成败利钝，甚至甘冒生命危险的悲壮。所以与其说岳飞这两次从军是为了换个饭碗，倒不如说是这个在乡野间沉潜砥砺了太久的热血少年，终于找到了将素来所学所思付诸实践的机会。毕竟，不管是作为富有责任感的大宋子民，还是杜牧以及诸多兵家的粉丝，抑或热爱家乡、熟知相州"抗辽"光荣历史的河北土著，岳飞对燕云十六州的重要性都不会陌生。对自己这次从军，乃至整个伐辽之役的意义，他心中或许已经有了比当时诸多"肉食者"都更深刻的理解，所以才没有计较刘韐这次招募的部队几乎是临时性的，规格和待遇都不算高，便义无反顾，也有些迫不及待地踏上了北上应募之路。

在正式作别故乡、开启征途前，岳飞又一次体验到了亲情的温暖。岳飞的外祖父姚大翁一直特别喜欢自己这个聪明好学的小外孙。当知道岳飞从军之意已决后，老爷子做了件特别给力，也特别能显出年长者见多识广的事：请来本地有名的枪手陈广，让他给岳飞传授使用长短兵器格斗的"击技"。而陈广也像岳飞的前一位恩师周侗一样，对学生尽心教授，毫无保留。名师传授，再加上自己已经十分出色的武功底子和领悟力，岳飞很快就掌握了要领，练出了"一县无敌"的器械格斗本领。

制霸全县听起来不怎么前卫还有点"土"，但岳飞所在的相州汤阴县自五代以降，便因毗邻中原政权对辽国作战前沿而民风剽悍，到两宋之交，更是出了王贵、徐庆、李道、杨再兴、张用、郦琼、孔彦舟等一大批威名远震、凭勇悍过人而起家的猛将。所以这个荣誉称号，大约可以理解为一个乒乓球运动员在高手云集的某省省队内部赛上拿了个冠军，名头不大，但含金量却是十足的，不输世界冠军。

不过宠爱归宠爱，支持归支持，姚大翁以及岳飞其他亲人对岳飞的期望，到这时也都还是很谨慎。大概就在岳飞跟着外公介绍的师父陈广突击学习"击技"期间，一个算命先生恭维姚大翁说，他这个小外孙将来能当大官。姚大翁听了倒也高兴，赶紧问官有多大，算命先生回答：能做到两府长官，将来要在政事堂上班，总理国家大事的。[23]结果一屋子人当场就黑了脸：对于他们这样的小老百姓，说将来能当个九品、八品，撑破天七品的小武官或者州县小官，还算可以指望一下祖坟冒青烟。说能做到宰相级别的高官，这是恭维人还是有意寒碜人呢？

说到底，少年人的想法可以无拘无束，但成年人的世界可没有异想天开的余地。怀着对故土亲人的眷恋与感激踏上从军之路的岳飞，尽可以揣着自已比肩关张的英雄梦想快意前行。但对姚大翁、岳和、姚氏等人来说，他们暗中向上天和各路神佛祈祷最多的，大概还是：做不做官、做多大官都无所谓，要紧的是孩子一定能活着回来。

# 4　试武艺技惊四座，平悍匪起手不凡

当岳飞到达位于太行山东麓、滹沱河北岸的河北重镇真定府后，父母亲人的祈愿是否灵验尚不得而知，但姚大翁与岳和夫妇给岳飞多方延请名师、苦心栽培的心血，倒是很快就被证明没白费。

宋代士兵招募有一套成熟的考核程序，报名入伍之人在参加考核时，需要逐项测试身高、目力、膂力、反应速度、奔跑速度、跳跃高度等诸多指标，有武艺在身者还要展示武艺。从小就苦练功夫而且转益多师的岳飞，在这个环节上便一鸣惊人，凭借过人的膂力、箭术和枪法，可能还有与寻常平民子弟不同的仪表风度、言谈举止，被主持此次招募的刘韐"一见奇之"，当场任命为手下掌管三十名士兵的小队长。

这样的军旅生涯开篇按说已经足够精彩，但对岳飞来说，似乎还远远不够。所以在接受任命后，他又做了一件更大胆的事情：主动向刚刚认识的上司刘韐请缨，要求分拨给自己一百名骑兵，回相州平定一股"攻剽县镇，杀掠吏民"，而且地方官军"屡战失利"迟迟不能剿灭的悍匪。

面对眼前这个比自己次子刘子羽还小两岁，却胆大妄为的新兵，或许是好奇心发作，起了考校"试验"的兴致；也或许是确实担忧后方州县盗匪四起，会影响粮草运输，向来老成持重，"与人交，若有畏者"[24]的刘韐，居然当真同意了岳飞的请求，而且比岳飞要求的更加慷慨，一下子给了岳飞二百名士兵，其中包括人数在百人上下的骑兵。

这自然是极高的信任，但也是巨大的挑战。这意味着此时作战经验和管理经验还都是零的岳飞，第一次管人、第一次上战场，就要指挥百人级别的团队完成作战目标，等于新兵刚入伍就干了加强连连长的活儿。

如此超额的任务指标，他能完成吗？当刘韐发布这项任命时，其他官员将佐、普通士兵看向岳飞的目光，不只有惊讶和艳羡，还有深深的怀疑，甚至坐等看笑话的幸灾乐祸。

不过未来的名将果然没有失手。到达相州林虑县[25]后，岳飞立即将部下士兵分成了三部分：三十名乔装成商人，故意招摇过市被土匪掳掠上山，而后诈降随军；一百多名在山下某处设伏；还剩下几十名骑兵，随自己到山寨前骂街邀战，接战后故意败阵，凭着兵少嘴欠和装弱装得够像，成功把匪军主力引入了埋伏圈。而后，两下伏兵和匪军中诈降的三十名"商人"，同时发难，把这伙惯匪包了饺子，其中也包括刚刚出阵时"箕距马上"，显然压根儿没把岳飞放在眼里的土匪首领陶俊和贾进。

这一仗打得漂亮而巧妙，不过纵观整个过程，指挥者照着看过的战例、耳闻的奇谋照葫芦画瓢的痕迹，还是有一些的，而且从谋划到执行，都透着些小心翼翼。这点其实对比岳飞后来的战例就能看出来：仅仅五六年后，岳飞再进行类似规模的剿匪作战，已经是要么孤身亲入山寨劝降，不服的直接一耳光扇倒；要么单骑踏营，于马上生捉匪帮头领，擒贼擒王；要么用精锐小队横冲敌阵，直捣敌军要害，速战速决，几乎到了随心所欲、无往不利的程度，反而不再有第一战这般惊险的计谋、复杂的设计。但考虑到作为之前从未接触过军旅事务，也没管过人发过令的新兵，岳飞在第一战中所有的想法，其实都来自从书本学来的间接经验，又不能不让人佩服他的活学活用和实践能力了。

另外，在这一仗中，最关键的环节其实是那三十名诈降的士兵：能成功混入匪军而不被看出破绽，又能审时度势及时发难，需要胆气，更需要智慧和应变能力。而从后来的执行效果看，岳飞挑选的这三十名"卧底"相当靠谱，说明他识人的眼光很是准确，远远超出了这个年纪的年轻人应有的水平。同时，能指挥动这三十名肯定比岳飞年长的老兵去干"卧底"，又能确保他们严格按照命令行动不打折扣，说明在真定府到相州的区区几天时间里，岳飞已经在这二百名士兵中树立起了很高的威信。至于具体怎么实现的，也许是靠打遍真定府无敌手的高超武艺，也许是靠正直的人品、公平的管理和诚恳的沟通，也许是靠巧妙的计策，也许是这几项兼而有之。但不管怎么说，到相州剿匪成功为止，年方弱冠的毛头小子，无疑已经成功成为这支小队伍的领袖，以及让整个真定府的驻军和官吏都大感"奇之"的明星了。

## 5  过于严酷的"成人礼"

然而，岳飞本人军事生涯的惊艳亮相，却无助于整个宋辽战局。宋军第二次伐辽取燕之役再次以悲剧加黑色荒诞喜剧的形式收场——就在岳飞剿灭相州惯匪之后不久，由降将郭药师和西军宿将杨可世率领的宋军、常胜军共计六千"奇兵"夜袭燕京，在燕京防务空虚的情况下，没花多大力气就攻入了城内。但随后，宋军却错误地让"汉人皆登雉堞，指摘契丹、奚等家，诛戮万计，通衢流血"，激起了城内非汉族军民的殊死反抗。接着又因军纪败坏、公然抢掠而丧失了行动效率，还未攻克南京辽皇宫，就在城内街道上"饮酒，攘夺财物，纷然恣淫"。两个大昏招，让燕京城内战局持续胶着，导致宋军未能在辽军萧干率部回援前解决战斗，反而被驰援而至的萧干所率部伍和守城辽军内外夹击，最终全军覆没，只有郭药师、杨可世等几名主将和极少部分士兵趁夜色缒下城墙，逃出生天。[26]

接下来的事情就更让人目瞪口呆：兵溃燕京后没几天，统领宋军前沿主力驻扎在涿州（今河北省涿州市）一带的刘延庆及其长子刘光国、三子刘光世，误以为辽军大军来袭，居然自行焚烧辎重营帐，仓皇后撤。冷兵器时代，大军驻扎常常绵延数里，有效的通信手段却不多。各部将士通常要靠看主帅所在位置的旗帜方位和其他信号确认信息，才能决定下一步行动。所以刘延庆父子这一烧一撤不要紧，数万大军看见后也自乱阵脚，在其实根本没有敌军攻击的情况下纷纷拔营南撤，结果慌乱中失去秩序，"自相蹂践"于路，随后又被趁乱追袭的辽军狠狠咬了一口，一直追杀到宋辽原边界白沟河一线，死伤之多，"莫知其数"[27]。

与宋史研究泰斗邓广铭先生和小说家徐兴业先生的揣测不同，其时身隶真定府"敢战士"队伍的岳飞，大概率不会参加奇袭燕京的战斗。不过当时从前沿败退的各路宋军，有相当一部分是退到了真定府及周边驻扎，其中包括一大批马上就要开始发光闪耀的将星，比如后来与岳飞交情深厚的未来川陕之战宋军主帅、时年三十岁的吴玠；吴玠的同胞弟弟，仅比岳飞年长一岁的吴璘；以及刚刚在滹沱河上阻击追袭辽军并获得小胜，此年已经三十三岁的韩世忠；甚至可能还有数年后先被岳飞醉酒误打几乎丧命，后来却终于成为岳飞得力部下还在岳家军旗下打了平生唯一胜仗的原辽国汉将赵秉渊。只不过此时，赵秉渊在宋军中的名声，可能要比初出茅庐的岳飞更为响亮。因为宋军第二次伐辽取燕的攻势，就是在九月以赵秉渊配合主将高凤在易州"尽杀耶律，夷契丹"[28]、献易州于宋为序幕而正式启动的……

所以岳飞虽未亲历战斗，却仍能充分感知这场大败的惨痛和耻辱。从后来岳飞与河北招讨使张所谈论燕京之役的对话来看，这场大败，特别是荒唐的致败之由，无疑和当时早早来临的漫天大雪、奇寒天气一样，给岳飞留下了极为深刻的印象。

朝廷一方面好大喜功，浮躁冒进；另一方面却又全无成算，用人乏术，搞砸了事情之后更是只知道捂盖子使银子，涂脂抹粉来掩盖前线将士百姓的血泪。上层官僚几乎无人知兵，视军国大事如儿戏；军事统帅们昏聩无能，既贪功冒进又贪生怕死，而且相互之间倾轧不休，对士兵也毫无体恤之心；普通士兵军事素质退化严重、军纪废弛，说是大宋官军，其实比起土匪，好不到哪里去……

作为出身贫苦的平民百姓，从军前岳飞当然不会对北宋末年官场与军队的腐败全无了解。但亲身经历和道听途说，终归还是不一样的。何况他初次从军，到现在也不过一个多月的时间，就以如此猝不及防又空前惨烈的方式，接触到了军队和官府中最为腐朽黑暗的一面，内心遭遇的冲击和情绪上的波动，恐怕不啻惊涛骇浪。

而就在岳飞的理想在现实前陡然黯淡下来时，生活又给了他另一个沉重打击：他的父亲岳和，因病在故乡汤阴去世了。按照宋代礼制，他必须立即回乡奔丧并为父亲守孝。于是岳飞的第一次从军之路，到此猝然结束。尽管只要再等几天，任命他为承信郎以赏相州平匪之功的委任文书就该批复下来了。但在天性至孝、对父母极为眷恋的岳飞看来，这点功名和立即返乡为父亲致哀守孝的责任，以及竟然未能与父亲见上最后一面的遗憾比起来，实在是微不足道。于是他没有继续等这纸官告，而是立即动身离军，踏上返乡之路，等于主动放弃了即将到手的从九品武职。

　　不过，尽管不后悔自己的选择，也并不留恋已经失去了意义的"敢战士"队伍，但当回望白雪覆盖下的太行山，和"使廧雄盛，冠于河北一路"[29]的真定府城池时，岳飞的眼神中仍然难免惆怅和不甘——不是遗憾自己唾手可得又意外失去的官职，而是忧虑大宋的国运和百姓们将来的命运，痛惜自己刚刚绽放出光芒就被现实当头泼了一盆冰水的理想。而当温馨的少年时代和对军旅生活的浪漫化想象同时终结在一片阴寒之中，之前成长过程一直较为顺利的天才青年，能扛住如此沉重的连番打击吗？[30]

# 第二章

# 平定军：地狱级骑兵军官培养方案

事实上，每一位军队首长都必须掌握一定的知识作为根基，可接下来就是艺术了。在战役中运用战争艺术已经属于军事天赋，这不是每个人都能拥有的。正如我们在总参谋部军事学院里的战役法教师所述："战役法是教不会的，因为它属于艺术。但我必须向你们教授基础。"也就是说，您必须先掌握音阶的练习曲，然后才能开始像谱写交响乐一样为军队组织宏大场面。但这是来自上帝的天赋，因为这是直觉、是预感、是预测。有句话说得好，除了统帅别人一无所知。这些如此复杂的脑力任务足以和牛顿、莱布尼茨相提并论，最高统帅的职位上有最高层次的脑力活动任务，像这样的东西我只能称之为艺术。

——［俄］米哈伊尔·米哈伊洛维奇·霍达廖诺克[31]

进行着一场神圣的战争，正义的战斗，殊死的战斗。不是为了扬名，而是为了大地上的生活。

——［苏］亚历山大·特瓦尔多夫斯基《瓦西里·焦尔金》

# 1 退伍兵的"地命海心"

回到故乡汤阴，料理完父亲的后事，岳飞的生活又回到了从军前的轨道。

出门耕耘从韩家租来的几亩薄田，回家与妻子照料母亲，以及到这年刚过五岁、已经开始淘气的长子岳云。读书习武只能忙里偷闲，清早起来趁天还没大亮，挽几回弓、舞一舞刀枪再下地；晚上等家人都睡下后，读几页史书兵书就算是晚课。但即便如此，偶尔被四邻八舍看到，还是免不了被议论几句：人的命，天注定，胡思乱想没有用。你看岳家小五这么出息的后生，为了求个前程大老远跑到真定府去从军，现在不还是灰头土脸回来，和咱们一样了吗？

在含义复杂的目光和流言中，或许只有岳飞自己清楚并坚信，年前那次匆匆启程又猝然结束的从军，究竟给他带来了怎样巨大而不可逆转的变化。

——当晓月晨星下拿起弓箭刀枪时，他不再需要去脑补森严阵列、生死搏杀，想象如果自己处在其中，甚至担任了将领，要如何行动、如何筹谋。而是会回想起相州剿匪时，自己率领近百名骑兵策马踏起的阵阵烟尘，阵前厮杀时闪耀在秋阳下的凛凛刀光，想起自己的计谋如何获得了成功，又有哪些地方还可以提高和完善，就像农人想起自己的庄稼、商人想起自己的货物、士子想起自己的书籍一样，自然、熟稔而又自信。

——当夜深人静从书页中抬起头时，他脑海中奔突涌流的，不再只是古人的纵横捭阖、荣辱得失，而是自己在真定府漫天大雪中亲眼看到的，从燕京前线退回来的残兵败将，以及从他们口中亲耳听到的哭诉甚至诅咒，仿佛滴落在纸间的鲜血，以生命为代价圈点着先人的谆谆教诲与前车覆辙，触目惊心，永难忘怀。

——还有当他望向北方时，眼中所见心中所想，再也不是一片没有具体形象的空阔苍茫，抑或抽象的"燕云十六州"，而是汩汩滔滔的滹沱河水；是连绵向远，据说最北端会在燕京城外与燕山相接的巍巍太行；是宋辽边界上绵延不断却大多已近干涸的塘泊沼泽；以及曾攻入过燕京城又死里逃生的士兵们为他描述的，到现在依旧保留着唐时建筑、汉家风俗的燕京城池，和燕京城以北更遥远的大辽上京城、中京城、黄龙府，和金人出没纵横的"按出虎"水（女真语，意为"金"）……历历如画，如在目前。

桩桩件件，都在反复提醒着岳飞：他的人生再也回不到过去了。挫折也好，幻灭也罢，终究抵不过短暂从军路上被彻底唤醒的天赋和情感。更何况心潮之外，还有时代的风云在遥遥应和，推波助澜。

由于两次伐辽之役都以惨败告终，宋徽宗君臣最终只能用金银财物从金人手中"赎买"燕京，以保存朝廷脸面。奈何已经在辽金战争中打熬了八年的女真贵族，早已不是宋廷想象中不谙世事、容易打发的"蛮夷"。从燕京撤军时，他们不仅掠走了城内大半财富、粮草，还胁迫了大批青壮年人口北上，留给宋军的燕京几乎是一座空城。但宋徽宗这边，为了庆祝"收复"燕京，还是免去了燕京地区百姓的数年赋税。一无积聚，二无收入，如何养活燕京城内剩下的老弱人口，和刚刚派去的大宋驻军及官府机构，成了个不小的难题。

北宋朝廷想出的解决办法，是自宣和五年（1123）[1]八月起，令燕山府路以外诸路缴纳"输燕钱"，也就是从老百姓的腰包里再掏些钱出来"补贴"燕京地区。然而当时的北方诸路，特别是河北地区，早在伐辽战争前就已经民生困乏，盗贼屡起。这道政令一出，更是雪上加霜，匪患更盛，并很快干扰到了岳飞的生活。

宣和六年（1124）[2]春三月，估计是青黄不接的当口，家中断了口粮，岳飞不得不去东家韩家府上借粮。结果粮食还没领到手，就遇上当地一个土匪头目张超，领着一伙小喽啰，把韩家这处应该是在相州之南、汤阴近郊的庄园围了个水泄不通，眼看就要破门而入、大肆杀掠了。

眼见土匪来者不善，韩家一众家人顿时束手无策、六神无主。本来就因为求爷爷告奶奶而窝了一肚子火的岳飞见此情景顿时炸了：哪来的毛贼一点

---

[1] 同一年份后文不再标注。

[2] 同一年份后文不再标注。

数都没有，怎么连我打工吃饭的地方都敢抢?！没听说过汤阴岳飞，不知道我的武艺一县无敌，还从过军带过兵，灭过本地一股悍匪吗?

盛怒之下，他从韩家家丁手里抢过一副弓箭，纵身跃上庄园围墙，开弓只一箭，就射穿了正率众往大门口冲的匪首张超的喉咙，当即把张超手下的喽啰吓得四散而逃。

见过了世面，也有了实战经验后，岳飞的果敢自信更胜往昔，已经隐隐有了日后动辄冲阵踏营、舍我其谁的气势。但奇怪的是，如此神勇，又是救了东家性命的大恩，史料中却没有留下韩家人感谢、提携岳飞的记载。难道韩家人对岳飞有什么意见，或者压根儿没把这个佃农放在眼里?

但岳飞成为大将军后，从未掩饰过自己做过韩家佃户的经历，反而在公开场合"每见韩家子弟必拜"[32]，看起来与韩家毫无芥蒂。所以更可能的情况是，韩家当时有过答谢之举，如雇用岳飞当韩家护院头目，或举荐他去相州、汤阴县的州县衙门里担任弓手，只是被岳飞拒绝了。岳珂曾在《鄂国金佗稡编》中提过，自己的祖父生性刚正而清高，对待"当路要人""未尝有强颜攀附意"[33]。考虑到这段文字描述的是岳飞年少时在家乡相州的境遇，这里的"当路要人"，很可能就是指此时的相州韩氏族长——刚卸任相州知州不久的韩琦后人韩肖胄。至于"未尝有强颜攀附意"，更像是岳飞拒绝东家好意的婉转之词了。毕竟，不管是当护院还是去州县衙门里当弓手，经济收入都比埋头做佃农高不少。所以岳飞这次"不识抬举"拒掉"内推"的职位，搁在当时，确实容易让习惯了居高临下的韩家子弟愕然。

至于岳飞拒掉职位的原因，则要到三年后岳飞对河北形势的分析里去找了。在与河北招抚使张所的对话中，岳飞说自己在参与过伐辽取燕之役后，"尝思及童宣抚取燕云事，每发一笑"。一笑以童贯为首的大臣们所谓的收复燕京"不务以兵胜利，而以贿赂求"；二笑"虏人既得重贿，阳诺其请，收其粮食，徙其人民与其素习之士，席卷而东，付之以空虚无用之州"，而国家却"以为燕云真我有矣，则竭天下之财力以实之"；三笑"不知要害之地，实彼所据，彼俟吾安养之后，一呼而入，复陷腥膻。故取燕云而不志诸关，是以虚名受实祸，以中国资夷狄也!"

显然，岳飞丝毫没有为自己打掉一股悍匪而沾沾自喜，而是清醒地认识到：家乡治安环境恶化的根源并不在这些小毛贼本身，而在于朝廷对新收复地区的政策出了问题。只要这些错误政策不纠正，不光河北民众的生活难以好转，就连刚刚"收复"的燕京城都可能再度失去。

收复失地，是为了国家更安全，百姓生活更安定。只有做到"有其尺寸之地，则得其尺寸之用。因粮以养其兵，因民以实其地，因其练习之人以为向导，然后择其要害而守之"[34]，才是真正于国于民有益的"光复"。否则，就是贪功冒进，得不偿失，是曹操讽刺过的"慕虚名而处实祸"。再直白点说就是：不是一味进攻、多占领土就是好；谨慎持重，甚至暂时放弃某一地区就是坏。当然，反之亦然。所以一次军事行动也好，一项政策也好，如何谋划，如何取舍，如何评判，计算体系十分复杂，有许多需要决策者一一考虑、未雨绸缪的因素和变量。每一个有责任心、试图有所作为的人，都必须花费许多精力和时间去学习、研究这些要素，反复思考和试探，才能找到合理安排的方式和最佳推进的路径，而绝不能妄想凭连直线、贴标签、用蛮力、说大话，就能够随心所欲。

燕京的收复，显然不符合这些标准。所以眼前的平静只是暂时的，战争随时可能再度降临，并且再次爆发后的规模和残酷程度，恐怕会超过伐辽之役。

很难相信建立起这套思维模式的岳飞，此时刚二十出头。这个年纪按说正当热血纯粹，应该更热爱开边万里的豪迈，向往李白笔下"胡无人、汉道昌"[35]的凌厉和舍我其谁。但或是出身贫苦让他近乎本能地看重民生，更容易想到战争残酷的一面；又或是他少年时的知识积淀，在经历伐辽战争后发生了化学反应，让他忽然就摸到了战略决策的关键所在；还或是华夏文明自中唐以降，周边文明陆续崛起、群雄环伺的"多极均势格局"[36]，自然迫使宋代人的战略观更为务实……

但无论哪些因素发挥了作用，都还是很难想象，一个拖家带口挣扎在田间地头的农村青年，即使隔三差五就要饿肚子受窝囊气，也仍然日夜思考这些军国大事，政治军事知识几乎全靠自学，还能琢磨得如此深入而透彻，对照日后的局势，准确到近乎预言。

同样也很难想象，一个天天在琢磨这些的年轻人，在潜流暗涌、山雨欲来的大时代，在坚信战争不久就会再度降临的时候，会安于面朝黄土背朝天的生活。

果不其然，大约就在拒绝了韩家提携的半年后，岳飞就再次踏上了从军的道路。


## 2 投军要投正规军，当兵要当效用兵

宣和六年秋，又是天高气清、寒意渐重的时节，岳飞再一次在瑟瑟秋风中辞别母亲，北上从军。

此次投军，岳飞投在驻扎于河东路平定军（今山西省阳泉市下辖平定县）的北宋禁军之一部——广锐军旗下，而且当的是骑兵[37]。

宋代军制，国家武装力量可分为禁军、厢军，以及包括乡兵、弓手之类在内的地方武装三大类，大致可以理解成作战部队—野战军、地方卫戍部队—警备区军队、警察加民兵。其中禁军最为精锐，也是对外对内作战任务的主要承担者，地位非其他武装力量可比。

所以与上一次应募不同，这一次岳飞报名应征的，不再是刘韐以真定府路安抚使名义招募的临时部队，而是有编制、有地位的大宋正规军，规格比之前高了不少。

此外，平定军与岳飞第一次从军的真定府，仅隔一条井陉道。而真定府此时的最高行政长官，仍然是前年秋天曾对岳飞"一见，大奇之"、并给了他极大信任与支持的刘韐。所以此次禁军招募通知，极有可能是岳飞第一次从军时，在真定府结识的同袍、友人，甚至就是顶头上峰刘韐本人传递的信息。身为平民却能一直维持着关涉军事部署变动的内部消息渠道，时刻关注着"最新就业资讯"，说明岳飞从军的志向是目标明确、高度自觉的行动，绝非临时起意。

当然，出于生计的考虑也不是没有，但更像是搭投军的顺风车，同时也再次证明岳飞此次从军，应该是很早就进行了全盘考虑的。

临行之际，岳飞将年迈的母亲托给了经济条件看起来较岳家更好的外公姚大翁家，可能还有岳飞的姐姐以及其他亲友照顾；自己则带上妻子刘氏和长子岳云，一家三口同行。

岳飞的结发妻子刘氏，是岳飞刚刚年满十五岁时就由父母做主娶来的，考虑到生育儿女、照顾家庭的需要，这位刘姓女子的年龄应当比岳飞大一两岁，出身则大概和岳飞差不多。

对古人而言，爱情从来都是奢侈品，两情相悦大多数情况下只属于文艺作品营造的旖旎梦境，父母之命主导的撞运气式包办婚姻，才是现实中家庭生活的主流。但岳飞在这方面颇为走运。虽然是父母择定的人选，但可能是男女双方的品貌能力都很出色，加之年少心热，他和刘氏的感情看起来相当不错。不仅成婚第二年就有了长子岳云，而且从岳飞最初两次从军的经历来看，很像是感情好到不忍须臾分离，但又能设身处地为对方考虑周全。岳飞第一次投军时，出于可能马上就会投入一线战场的顾虑，没有按照宋军家眷随军的习惯，让刘氏与自己同行；但到第二次投军时，因为预计要长期在军营驻扎，岳飞便带上了年少的妻子和年幼的长子，而没有把刘氏留在家乡，让妻子忍受与丈夫长期分离之苦的同时，还要承担赡养婆母、儿子的重担。同样，刘氏也没有非议或者阻拦丈夫再度投军的选择，更没有畏惧军营生活的枯燥与艰险，而是携子随夫踏上了从军路，就此开启了小夫妻俩共同面对艰辛行伍生涯的生活新阶段。

然而军旅生活实在是小老百姓生活道路选项中的困难模式。第一个麻烦在此次投军的最初环节就出现了：当兵自古是苦差，为了防止招募士兵"开小差"逃亡流散，宋代招募士兵确定入伍后，都要在脸上刺字，以表明武人身份和所隶部队番号。但对信奉"身体发肤受之父母，不可毁伤"的古人来说，面上刺字是带有落后的肉刑色彩和人身侮辱性质的，因此宋代就有很多有识之士吐槽朝廷的这个规定让宋军士兵位同罪犯，严重挫伤士兵的自尊和荣誉感——按照当时的法律，除了士兵，确实也就只有发配远方拘管服刑的罪犯会在脸上刺字了。

偏偏岳飞还挺在意个人卫生清洁，重视仪容仪表，弄不好还有点轻度洁癖。当了军官自领一军后，岳飞对自己所部士兵有个要求：如果借住民家，不仅不能违法乱纪、大肆喧哗，还要主动帮主人洒扫门庭、收拾床铺、洗涤借用过的炊具饮器，以至麾下士兵每次借宿民家时，"晨起去，草苇无乱者"[38]。不得扰民还可以理解，卫生检查标准都细致到这种程度，多多少少有点岳飞自己的生活习惯在里面了。

在个人仪表上，虽然岳珂一直渲染岳飞节俭朴素的一面，但其实岳飞只是不怎么用奢侈品，更不搞其他形式的铺张浪费，但对着装还是颇为在意的。"出则戎服升首座，理军务；入则峨冠褒衣，穷经传"[39]，什么场合应该穿什么款式的衣服绝对不会出错，也绝对不会邋遢犯懒，而且时不时还要自己折腾一些颇有设计感的小花样，比如定制红底白字个性化设计的军旗、在战袍上搞点定制刺绣纹样之类。也因为重视仪容仪表，岳飞甚至从没主动与人提过自己背上有"尽忠报国"四个字的刺青。因为纹身刺青虽然是当时武人、市民中流行的风尚，是英雄好汉的标志，但绝非文人士大夫该有的喜好。用现在的话说身上但凡有这个的都有点"社会人"，不够斯文高雅。

内容绝对符合主流价值观的背上刺字，尚且因为注重个人仪容风度而不愿显露，更不要说在脸上刺军号了。在岳飞和妻子刘氏看来，这个要求大概跟毁容差不到哪里去。好在，军规中还有条规避途径：如果武艺出众，能被录取为"效用"，也就是正规军中的优等兵；效用兵不用在脸上刺字，而只需"特刺"，也即在手上刺字标明番号即可。

这个录取门槛对别人来说可能还是很高，但对岳飞来说轻轻松松。凭借出众的身体素质和武艺才能，以及平民中罕见的实战经历和文化水平，岳飞如愿以偿录上了"特刺效用"。这类士兵在宋军中的地位，有些类似于现代军队中的"高级士官"，战时需要承担风险最高、难度最大的作战任务，平时则享有比一般士兵优厚的待遇，不但不用面上刺字，每月领的钱粮也是普通士兵的八九倍。刚刚入职就顺利拿到高薪职位，还免去了"毁容"的苦恼，岳飞的第二次从军又开了个好头。

## 3　山沟里化作现实的骑兵梦

不过，尽管岳飞凭武艺挣到了高薪职位和特殊待遇，但他此次从军被分配的驻扎地点——河东路平定军，恐怕还是要让他的妻子刘氏情绪低落一阵。

平定军是北宋立国之初，太宗皇帝赵光义攻打盘踞太原的北汉政权时，规划经营的一座小型军事要塞型城市，位于太行八陉第五陉井陉的西侧出口，西控通往河东重镇太原的孔道，东接河北重镇真定府，"前控漳、滏之流，后距勾注之阻，山川环绕，道路四通"[40]，自古便是兵家必争之地。韩信背水一战的古战场和战前驻兵的榆关，以及著名险关娘子关，都在平定军附近。

地势的险要，也意味着这个坐落在群山之间的小城环境艰苦。一方面僻处山中，天气寒冷，交通不便；另一方面作为军事功能为主的城市，人口不多，经济状况也一般。近百年后，金代文学家赵秉文曾在任职平定期间，写文章形容这里是：

> 太行特之，群山迤之。……车摧马括，日不半舍，使人目寒而足栗，凄然有去国之悲。皋落之山，晋阳之泊，广阳之故道，井陉之故关，地古天荒，岩深树老，使人心折而骨悲，黯然有怀古之思。[41]

艰险荒寒的氛围，跃然纸上。比起岳飞的家乡相州和秀丽风雅不输江南名城的真定府，到这地方当兵，基本和蹲山沟服苦役差不多了。

以岳飞的勇武才智，以及刘韐等真定府官员对他的赏识，按说他完全有条件换一个更繁华、更便利生活的地方从军。但岳飞有自己的考虑：平定军这个地方的驻军虽然人数不多，仅有五"指挥"[42]兵力，也就是理论上应有两千五百名步兵，但考虑到徽宗朝禁军缺额严重的情况，实际可能只有一千多点两千不到的兵员。但同时，平定军却又有岳飞心心念念的一个兵种——骑兵。有骑兵编制，兵员不多，岳飞的武艺又出众，这就意味着他去平定军应该很容易当上骑兵，接触到当时极为宝贵的战马资源，也就可以学习骑兵战术了。

岳飞对这个冷兵器时代最强兵种的热爱和向往由来已久。这点在他第一次从军请缨剿匪时就有流露：他当时给刘韐提的唯一一个要求，就是给他配置一百名骑兵。刘韐虽然当时满足了岳飞的请求，但毕竟手中资源有限，所以给岳飞的那批骑兵仅属于执行特殊任务时的临时配置。战斗结束之后，岳飞还是要归还人马，继续带步兵小队的。

但现在到了平定军这边的广锐军中，岳飞对骑兵的学习热情，终于找到地方释放了。于是岳飞带着妻儿，在广锐军营一待就是两年。

没有任何记载提到这两年里，岳飞都接触过哪些人，经历过什么事情，又如何一步步成长。特别是被岳珂以"是岁，投平定军，为效用士，稍擢为偏校"[43]一句话便带过的前一年半。但从岳飞后来的军事生涯可以看出，他本人出色的骑术，对骑兵战术原则和训练方式的深刻理解，甚至还有相马、养马的技能，很可能就是在这段时间里积累起来的。毕竟，家乡的亲人师长再关爱支持、再倾心教导，也没法教他军规军纪、号令制度、队形阵图、作战基本要领等专业性极强、当时普通老百姓根本接触不到的知识。至于第一次从军真定府，虽然让岳飞对军营生活有了亲身感受，也有了成功的实战经验，但时间实在太短，而且所在部队到底不是正规军，缺乏学习资源和训练条件。

唯一能够提供一点揣测依据的，大概只有"偏校"这个职务了。虽然岳珂的记载没说这个官职有品级，实际职权也不会太高，但考虑到这是和平时期，是完全没有作战任务的情况下获得的晋升，倒更令人遐想岳飞当时究竟做出了怎样的业绩，才能在平淡又枯燥的环境中通过绩效考核，再次获得上级的赏识。

也许是因为平日训练成绩突出、进步神速，箭术和骑术演习成绩都破了本军有史以来的最高纪录。

也许是因为手下的小团队带得成功，管理有方，人情和睦，违纪、开小差现象大幅下降，训练尖子层出不穷。

也许是巡逻戍守、维持治安、建设维护军事工事之类的日常任务次次都执行得保质保量，甚至能超额完成。

甚至有可能是战马养得好……

不过不管缘由如何，加官进职对岳飞和他的妻子刘氏而言，总是一桩喜事，给他们清苦却也充实的军营生活又添了一抹亮色、无限期待，让两人一连数日都沉浸在幸福感中，全然想不到这就是他们夫妻间最后的静好时光。


## 4　风暴之侧

从第二次参军的宣和六年秋，一直到宣和七年（1125）[1]上半年，岳飞在平定军的军营生活是艰苦的，但也是相对平静的。尽管从宣和六年秋到当年年底，也就是岳飞刚刚来到平定军的这段时间，北宋军事总负责人童贯就驻扎在距离平定军不远的太原府，名为巡视边防军情，实际是想探听为躲避金军追击而逃到此地附近的辽朝天祚帝动向，同时与金军商讨归还云中（今山西省大同市）事宜。

身在平定军的岳飞，或许在习武练兵的间歇，能偶尔从上司那里听到一星半点相关消息，同时大概没少在心里，或者和要好的同袍聊天、和妻子夜间闲话时，嘲笑过决策者们的昏庸与贪婪：

朝廷背了燕京这个大包袱还嫌不够，竟然到现在还在盘算收回云中。而

---

[1] 同一年份后文不再标注。

且听闻还一度打算接触甚至接纳流亡中的天祚帝，以便显示上国对昔日友邦的"宽宏仁爱"，顺便保留一个没准日后可以用来和金国讨价还价的筹码。想得倒是挺美，却不想想自己这边两次伐辽取燕都以惨败收场，收复燕京只能靠钱买，同时还先接纳后杀害了金国平州（今河北省卢龙县及周边地区，东起唐山市，西到山海关一带）叛军领袖张觉，最后更连秘密接触天祚帝都被金国知道了……基本操作一塌糊涂，还成天琢磨搞这些小动作，无疑是在"露怯""作死"。就像一个执意玩火却浑然不知危险的懵懂孩童，引火烧身只是时间问题。

然而山沟里一个骑兵小军官的毒舌也好、忧心也罢，都传不到上位者的耳朵里。看似平静的水面下，翻涌的暗流依旧按着已经固定的方向，持续向前运行。

从宣和六年年底开始，此前受童贯委托不断往来于宋金之间的著名外交家、宋金海上之盟的参与者和缔造者、后来河北抗金义军的传奇领袖马扩，一再向童贯发出警告：金军很可能在筹备南侵宋朝。但童贯和其他朝廷大员却置之不理，几乎没有采取任何预防措施。

第二年，也就是宣和七年，从六月起，河东、河北两路前沿驻扎的宋军和各州县长官，就开始陆续收到金军正向云中、灵丘、飞狐一带集结的探报，一直持续到入秋，类似的军情几乎一日不曾断绝。

不乐观的消息越来越多，岳飞的眉头也越拧越紧。偏偏这时候，他的个人生活也出现了重大变动：他的妻子刘氏又怀孕了。

这对岳飞、刘氏小两口来说，本来是件大喜事。但根据听到的军情动态，岳飞断定金军最迟今年年底就要兴兵南下，宋金之间一场大战势所难免，平定军也免不了要成为战场。那时刘氏若还怀着身孕和长子岳云住在此地，可就太危险了。不但生活不便，无人照料，还随时可能有性命之虞。

一念及此，极为重视亲情与家庭的岳飞不禁打了个冷战，随即下了决心：把刘氏和长子岳云送回家乡汤阴，请母亲和姐姐帮忙照料。

刘氏虽然不愿与丈夫片刻分离，但也知道即将到来的战争凶险万分，便听从了安排。分别之际，夫妻俩依依不舍，执手相看泪眼，一时间竟有些不知再会是何年的不祥之感。

不过时局很快证明，岳飞的推断和选择确有先见之明：就在岳飞将身孕已经很明显的妻子送回家乡大概一个月后，宣和七年十月孟冬之际，金军正式起兵，分东、西两路，全面发动了对北宋的进攻。其中西路军由金太祖的堂侄、金国名将粘罕率领，自云中南下，连破代州（今山西省代县）、忻州（今山西省忻州市）后，包围了河东路首府太原府。东路军则由金太祖完颜阿骨打的次子、"二太子"斡离不率领，于十二月由榆关（今河北省秦皇岛市山海关）内的平州（今河北省卢龙县）南下攻打燕京，并且果然像岳飞之前判断的一样，近乎兵不血刃地逼降了郭药师，在十二月初占据了燕京城。

只是岳飞没料到的是，与金西路军围攻太原府迟迟难下、顿兵河东不同，金东路军攻克燕京后，也曾尝试攻打河北西路的几座城市，但刚一遇挫折，东路军主帅斡离不就果断决定：绕过河北西路各州县，直扑北宋国都东京开封。而沿途的大宋各州县，竟没有一位官员、将领具备足够的眼光与胆略，主动袭扰金东路军的后方，就这样放任金东路军长驱直入，不到一个月便兵临东京城下。途中，东路军统帅斡离不的四弟、金国四太子完颜兀术，还顺路挥军攻入了岳飞的家乡汤阴县，大肆烧杀抢掠了一番才扬长而去。

大概恰好在靖康元年（1126）[1]上元节到生日前后的一个月间，得知了金东路军这一最新动向的岳飞，一瞬间只觉得全部心神都坠入了炼狱，无时无刻不在受着最痛苦的折磨。尤其想到是自己一力主张，坚持将妻子送回了家乡，岳飞不禁心如刀绞，同时也更痛恨凶残的金军和自家朝廷里那些无能无德又颟顸透顶的高官大将，他们共同造成了自己的家庭，以及千千万万个家庭的悲剧。悲愤之下，岳飞恨不得立即率领部下上阵杀敌。他相信凭自己的本领，一定能在战斗中快速立功升职，进而掌握足够扭转战局，甚至可以东出河北南下解救家乡父老的力量。

然而愿望只是愿望。事实是，由于金军的兵力都集结在太原、东京这两

---

[1] 同一年份后文不再标注。

个中心上，此时的平定军还算是平静。摩拳擦掌盼望上阵机会的岳飞，迟迟没有等来出战的命令，相反只能困守军城，被动接收主战场上传来的忽好忽坏的消息。

获知金军大举进攻的边报后，曾经踌躇满志，甚至想开边万里的宋徽宗丧失了最后一丝勇气，匆匆将皇位甩给了自己并不喜爱、几次起意想废掉的太子赵桓，而后带上除九皇子康王赵构之外的大部分子女、妃嫔，逃往东南避敌。

之后，被父亲"甩锅"继位的宋钦宗赵桓，一度也打算仿效父亲逃离东京。所幸先有文臣李纲力谏阻止，后有西军统帅种师道率大军东下勤王，大宋的首都才没有像唐朝安史之乱中的长安城一样，被朝廷弃如敝屣。

在李纲、种师道的指挥下，东京军民守城得力，金军并未得手。但在二月初，宋军出城夜袭金军失利，李纲、种师道立即因此败绩受到政敌围攻，双双被罢职。所幸东京城内的军民和太学生见义勇为，闻讯后聚集到宫门前上书请愿，甚至因为群情汹涌，击杀了几个前来传诏的内侍，终于赢得天子回心转意，令李纲、种师道复职。

二月十日，眼见东京城内军民士气高涨，勤王军陆续到达，自己的兵力又严重不足，金东路军在围困了东京城33天后拔营北撤。第一次东京保卫战以惊险的胜利告终。

然而，在这场来之不易的胜利之后，宋钦宗却没有听从李纲、种师道等人的意见，趁金军退兵之际发兵尾袭，反而准备开始履行之前在围城中与金军签订的和约：割让"河北三镇"，也即中山府（今河北省定州市）、河间府（今河北省河间市）和太原府三座重要军事重镇给金国。

同时，宋廷内部的政治倾轧，在国难当头之际也未见丝毫缓和：一会儿要清算以蔡京为首的徽宗朝多名重臣；一会儿开始说王安石变法和他倡导的"新学"才是陷国家于危难的祸根；一会儿觉得去前线宣示皇帝割地旨意的大臣聂山名字不吉利，得改一下；一会儿又打算惩治年初上书请愿的太学生……一向擅长八卦，尤其擅长编写时政段子的幽默的东京市民，很快据此编出了名为"十不管"的顺口溜：

不管太原，却管太学；不管防秋，却管《春秋》；不管炮石，却管安石；不管肃王，却管舒王；不管燕山，却管聂山；不管东京，却管蔡京；不管河北地界，却管举人免解；不管河东，却管陈东；不管二太子，却管立太子。[44]

一份份传入平定军的诏令、省札、邸报，一群群从太原府或其他地方逃难而来的难民，以及难民们带来的时闻、流言，让岳飞和城中军民的心情如在飓风巨浪之中，一会儿被抛到云端，一会儿又沉入海底，而且前一种体验越来越少，后一种感受越来越多。不过到了三四月春暖花开的时节，终于也有让人振奋的音信传来：

先是岳飞总算托人辗转打听到，自己的母亲、妻儿和姐姐一家还在人世，并未在正月金军兀术部的杀掠中遇难。不仅如此，刘氏还在三月里顺利产下了一个男婴。这是岳飞和刘氏的第二个孩子，按照小夫妻俩事先的约定，取名为岳雷。这个天大的喜讯把岳飞从白日操劳军务、夜间辗转难眠的痛苦生活里解放了出来，自此可以稍稍安心地投入备战警戒等军事任务中了。

紧接着是四月下旬，种师道的弟弟、"小种"种师中受命统帅三万西军精锐，从真定府出发入援太原府，途中路过了平定军。

亲眼见到名满天下的西军宿将，岳飞和战友们兴奋不已，以为太原府解围有望，于是尽心竭力接待慰劳友军。然而岳飞很快发现，种师中麾下的士兵们一方面对金军颇有轻敌之意，另一方面却又面带饥色、疲惫不堪。稍一打听，原来种师中这次出兵，不知为何一改往日持重的作风，极为操切，全军上下准备严重不足，甚至连辎重、粮草和犒赏士兵用的银钱都留在了真定府，没有随军进发。

不仅如此，种师中在出师前，曾约此时正驻扎在河东的宋军将领姚古、张灏共同进兵，会师太原。但在姚、张二人尚未报告到达会合地点的情况下，种师中却突然加快了行军速度，命令全军由日行四十里改为日行八十里，看起来势必要先于姚、张两军到达太原了。

这样轻敌又急躁的态度，这样满是漏洞的战斗计划、执行状况，能够击败连战连胜、气焰正高的金军吗？

在岳飞满怀狐疑与忧虑的目光中，种师中率领大军离开平定军，继续向太原方向前进。没过几天，就有丢盔卸甲、浑身浴血的宋军兵将陆陆续续逃回平定军，带来了让所有人闻之色变，但对岳飞或许是意料之中的噩耗：

种师中部到达太原附近后，与金军发生了几次遭遇战，并收复了毗邻太原的榆次县（今山西省太原市榆次区）。但之后种师中再次改变了计划，不再催促全军急行军，转而想等姚古的援军到达，因此回师榆次附近驻扎，结果被早有准备的金军名将娄宿率重兵包围。此时的宋军因缺乏粮草，已经极为困乏，加上仓促相遇之下，种师中的判断出现严重失误，以为遭遇的敌军只是小股部队，所以接战后很快就落了下风，右军、前军接连崩溃，甚至军中的神臂弓弓手也因犒赏不能及时支付而哗变。剩下的将士与金军血战了三个时辰后，最终全军覆没，种师中本人也力战阵亡，全军生还将士十无二三。

空前的惨败和巨大的损失震动天下，当然也震动了岳飞。几日之内，三万精锐就从眼前鲜活的面孔，变成了沙场上的累累残尸、森森白骨，而且没有对扭转眼前局势起到任何积极作用。唐人诗句里说，一将功成万骨枯。殊不知更多的时候，还可以更为残酷：寸功未立万骨枯。

但另外，抛开指挥水平不论，种师中最后不惜以死明志的气节和责任感，以及那些明知已经失败却还是血战到最后一刻的西军将士，还是让岳飞肃然起敬，每每想起都心潮翻滚。据说种师中之所以仓促出师，和枢密使许翰逼令其出兵有关。[45]种师中不愿在大敌当前之际背上怯战玩寇的污名，所以才一接到许翰的命令后就立即出师，导致战前准备严重不足。但即便事实真是如此，拼着葬送数万同袍和河东局势转机的代价，只为了证明自己对朝廷的忠诚，这样做值得吗？

而如果把自己放在种师中的位置上，当上层决策者的昏庸无从改变时，自己会有更灵活的应对手段，更高的指挥水平吗？是否能比种师中更好地履行指挥者的职责，也对麾下将士的生命和荣誉负责？

胸中如冰如沸之际，岳飞在思考、在选择着自己认为正确的道路，也在等待去实战中检验的机会。而这一次，考验的机会没有再让岳飞等待太久。

## 5　超纲的毕业考

种师中战败身死令宋廷大为震动，很快在六月又组织了一次入援太原的大规模行动。此次入援以李纲为名义上的总指挥，将全部兵力分为六路，试图分头出击，形成合围之势。其中一路由后来成为宋高宗即位初期御林军主帅的西军大将王渊统领，并再次选择了平定军作为救援部队挺进太原的前沿支点。于是平定驻军作为保障和策应部队，领到了为王渊部作"硬探"[46]的任务。侦察的目标是寿阳（今山西省寿阳县）至榆次一线的金军布防情况。这段道路是通往太原的必经之路，如果不事先查明敌军部署，王渊部就无法顺利进攻，很容易重蹈种师中的覆辙。

问题是，金军也知道寿阳、榆次一线的重要性，沿线囤积了重兵，还有大批游骑出没。因此，这次侦查等于是要突破金军层层或明或暗的包围深入敌后，可谓九死一生。谁愿意出这样的差遣，并且能成功带回准确的情报呢？

反复斟酌后，广锐军主将，一名现在只知道姓"季"，但名字已经湮没不闻的宋军将官，做了一个大胆的选择：不用老兵，不点宿将，而是让年纪只有二十四岁的岳飞来执行这次硬探任务。

这个任命，放在现代，差不多是让大学毕业没多久的本科生担任国家重大攻关工程的关键子项目负责人，难度不可谓不大，风险不可谓不高。但这位季团练勇于锻炼新人的同时，也给了自己麾下这名"素有勇名"的年轻部下足够有力的支持：给岳飞调拨了一百名骑兵。

以广锐军总额不到两千人，骑兵可能只有几百的人力条件，一百名骑兵绝对算是赌血本的配置了。但比起黑云压城一般围在太原府周边的女真精锐铁骑，这支骑兵小部队仍然像风暴中大海上的一叶孤舟，前路茫茫，命运难测。

已经没法知道跟随岳飞出战的这一百名骑兵，被点名出这趟差时是什么情绪，对带队的年方二十四岁的指挥官又是什么态度。但可以肯定，他们中的大部分，应该是很快就在途中骂了娘，可能还有些人问候了季团练的家人。因为岳飞带领的这支百人骑兵队往榆次方向进发没多久，就碰上了武装侦察最怕的一种情况：和一支规模不小的金军骑兵狭路相逢，撞了个正着。

当然，硬探，也就是武装侦察，之所以从古至今都需要挑选军事素质最出色的兵员来执行，就是因为在侦查过程中，免不了要随时随地在不利于己的条件下和遭遇的敌军部队开战，甚至有时会为了探明对方情况主动挑战。但武装侦察时遭遇的敌军，规模可大可小：可能只是落单的巡哨、警戒人员，还可能是小股过路部队或者巡防部队，但也有可能是大队人马的先锋。如果是后两者，一旦不能速战速决又不能及时脱离，那就只能被对方包圆吃掉了。所以这时候指挥者的能力就至关重要：他必须能够准确地判断敌军属于哪种情况，迅速地评估出敌我实力对比，并立即制订和执行最佳的作战方案。总之一切都要快上加快。而支持这种思维运转速度和准确性的，是观察能力、感受力、计算能力和战术素养，但更多的时候，对大部分人来说，还要靠天长日久积累下的作战经验，甚至是运气。不然即使是老帅宿将，也难免有走眼的时候。譬如上月刚刚战殁的名将种师中，在榆次之战中犯下的最致命错误之一，就是把娄宿部大军的前锋当成了"金人残零将归者"[47]，没有及时戒备。

问题是眼下的指挥官是个小年轻，经验什么的肯定没有。之前一年半的训练倒是表现出色，但那毕竟只是训练，谁知道是不是纸上谈兵？另外，从第一次出硬探任务就碰上这么多敌军来看，大概也不能指望幸运值了；更何况开战以来金军骑兵所向披靡……

综上所述，好像还是赶紧后撤跑路更保险。跑得够快，命说不定能保住。


但岳飞却没作如此打算。双方刚一照面，他就根据观察到的种种迹象判定：第一，这股骑兵绝不是大军先头部队，换言之，就是眼前这点人了，不会后续再来更多；第二，对方阵型中有薄弱环节，将官头目的身体素质看上去也并不如自己，如果正面硬刚，干掉对方的把握并不小；第三，这种情况下不战而逃，反而容易暴露己方人少势孤，刺激对方的战意，而且对方拥有的战马比宋军这边的战马好得多，一旦撤退中被追上，那就真是有死无生了。

但看看部下的脸色，大部分人明显已经慌了。这当口要说服教育也来不及了，该怎么办呢？

再次确认了一下敌我状况后，岳飞当机立断，狠狠秀了一把这两年练出来的马上功夫，顺带角色扮演了一把偶像关云长万军之中取颜良首级的威风，"单骑突虏阵"，四进四出，也就是接连冲杀了四次，"杀其骑将数人"[48]。

冷兵器时代的战阵中，领队将领是大阵和队列中各个小作战单元的核心，一旦领队主官战死，麾下士兵很容易连基本作战队形都保持不住，连指挥号令都无从辨别，甚至接收不到。因此，自南下攻宋后习惯了撵着宋军打，尤其习惯了靠快马强弓虐宋军步兵的金军，一下子被岳飞打懵了。一方面实在抵挡不住眼前这个杀神一样的青年军士，另一方面也猜不透眼前这支宋军骑兵是何来头——难不成是宋军入援太原大部队的先锋？

女真儿郎再能打，也不敢凭几百名骑兵就和敌军上万人的精锐大部队全军接战。于是这支金军慌忙后撤，也不敢再接近岳飞一部，岳飞得以率领麾下人马脱离战斗，继续按既定路线前进。

危机顺利度过，岳飞的新部下们也彻底服了自己的小领导。但还没等他们喘匀了气，岳飞又使了个让他们中很多人吓得不轻的险招：

终于到达榆次附近的金军大营后，岳飞没有遵循硬探任务的常规操作，率领部下暗中埋伏在远处观察敌军布防；或者再神勇一些，抓个落单的金军士兵回去审问。而是与几名部下换上金军士兵装束，直接潜入了金军大营，玩了一把现场体验、超近距离勘测。中途遇上巡夜值更的金军士兵，就"谬为胡语答之"[49]。值夜的金兵可能打死也想不到在自家大本营里能有人敢这么干，加上岳飞的女真语大概也模仿得颇为地道，所以居然没人看出破绽，最终让这几名宋军硬探"周行营栅，尽得其要领以归"。

——没人知道岳飞的女真语是什么时候从哪儿学的。虽然在两国开战已久的情况下，身处前线的士兵现学几句简单的敌国语言，从来不是难事，也绝不罕见。毕竟军中口令大多简短明了，不需要特别大的词汇量和复杂的语法。此外，由于平定军毗邻河东前线，很可能本来也有"通事"也就是翻译一类的人才。而以岳飞的细心和长远眼光，别说临时学女真语，在出这趟任务之前，甚至在宋金正式开战之前，就已经想到要做语言学习上的准备，都不是没有可能的。只不过外语流利在近现代人看来是加分项，但在华夷之辨日益严格的宋代，却绝对不是一件值得拿上台面说的事情。何况岳飞后来蒙冤负屈，更不能在这些事情上给人留下私通敌国的口实。所以他到底是怎样点亮了这个技能点，是不是还有颇高的外语天赋，也只能付诸猜想了。

但女真语什么的不重要，甚至岳飞完成此次任务后因功晋升的"进义副尉"都不重要。真正重要的是，这次武装侦察，岳飞交手的对象不再是草寇山贼，而是堪称金国开国第一名将的粘罕所部、号称不打一百个回合就不算马军的金军精锐骑兵。即使双方力量如此悬殊，岳飞却依然能在深入敌后、敌众我寡、己方士兵士气不高、敌情不明的种种不利情形下应战并获胜，不但表现出了高超的骑术、武艺、战术素养和强烈的战斗意志，还第一次展示出了自己临阵指挥时敏锐而精准的判断力——一项区分猛将和统帅、战斗英雄和优秀指挥员的关键指标。

总之，如果这次武装侦察任务是对岳飞两年来学习骑兵战术与指挥的一次实战考核的话，那么岳飞无疑是在考题超纲的情况下，拿到了满分。

然而也许真的是"天将降大任于是人也"，广锐军给岳飞的考验还远远没有结束。

## 6　隐身在历史罅隙里的平定军保卫战

尽管岳飞的侦察任务完成得漂亮，但宋军第二次入援太原的战斗仍因为分兵太多，缺乏有效统一指挥，再次以失败告终。此次军事行动的总负责人李纲因此被召还朝廷，很快便被罢职外放，就此离开了靖康朝廷，再也未能回到曾被自己成功保卫过的东京开封。

而在河东地区，未能熄灭的战火还在继续蔓延。九月三日，坚守了将近十个月的太原城最终陷落，守将王禀及全城大部分军民壮烈殉国。随后，金西路军在短暂休整之后，挟战胜之威，开始进一步攻略太原周边州县以及整个河东路。

太原陷落的消息，应该是第二天就传到了近在咫尺的平定军。但对此时的岳飞来说，他可能还顾不上为太原军民哀悼，就再一次陷入了对朝廷的失望和愤怒中。

大概在九月十日到十三日之间，宋廷派到粘罕军前议和的两名朝廷使节——李若水和王履，在出使途中路过了平定军，并在城中稍事休整。岳飞作为受主将信任的骨干军官，很可能参与了接待、保护朝廷使节的任务，或者即使没有做这些事情，也不难从上峰和接待人员口中，探听到这两位使节此行的使命：将之前议定的"割让三镇给金国"，改为"向金国缴纳额度以三镇每年所纳租赋总数为准的赎金"，以换得三镇仍属宋朝。

——当前局势下，这样的变动看似对大宋更有利一些，实际仍然是割肉饲虎，还很容易因为变动无常而激怒金军，可谓软硬皆误。更令人绝望的是，到了这个节骨眼，朝廷依然反复无常、朝令夕改，这甚至比埋头一味执行错误政策更可怕。还有，河东军民惨烈的牺牲，在这般反复犹豫和叛卖中，又算什么呢？

但无论这个朝廷值不值得，抗争还是要继续。因为金军在所过之处大肆烧杀劫掠、毁坏房舍田地，不推行任何建设性统治措施的情况下，保卫国土、家园和一直以来的生活方式，已经不仅仅是为了朝廷和官家，抑或忠孝节义之类的纲常名目，而是生存的基本需要，因此绝不是朝廷一纸割地或者赔款的诏令就可以熄灭的。为此，河东、河北两路很多州县的守城将士和百姓，譬如几个月后的绛州（今山西省新绛县）军民，甚至杀掉了朝廷派来传达割地命令的使者，当众焚毁了往日视为神圣不可侵犯的天子诏书，哪怕内外受敌，被自家朝廷辜负，也要血战到底，不死不休。

而这也是岳飞此时为自己选择的命运。虽然奋战坚守的最终结果，也不过是又一个太原府；虽然想到远在家乡的老母妻儿，尤其是出生以来还没见过父亲一面的幼子岳雷，一向豪气干云的岳飞也不禁心内抽痛，但"万国尽征戍，烽火被冈峦。积尸草木腥，流血川原丹。何乡为乐土，安敢尚盘桓"[50]的关头，又有河东各州县军民的榜样近在眼前，岳飞不认为自己有任何例外和逃避的权利，而只感到后死者的责无旁贷。

所以目送李若水、王履出城继续向太原府进发时，岳飞的目光大概是冷冽而决绝的。其实，抛开对朝廷举措的愤懑，他对这两名使节本人的品格和才能倒是评价不低，并不认为他们是心甘情愿为朝中误国奸臣卖命的爪牙。但他们的使命是错误的，也是注定无法成功的。不过，等这两位回程时，自己站立的这座小小军城，大概已经毁灭在战火之中，无法再充当他们途中休整的驿站了。

当然，即使目光再长远，岳飞也决然不会想到，仅仅半年后，李若水就为保护钦宗皇帝而为国捐躯，成了大宋朝的著名义士、忠臣楷模。而李若水的二哥李若虚则会在八年后，成为自己最得力的高级幕僚之一和生死不渝的忘年交，屡屡在重大命运关头助自己一臂之力。甚至李若水的四弟李若朴，也将会在自己生命的终点，尽一分虽然未能起到实效，却足够赤诚和勇决的心力。

就像李若水也不会知道，曾从自己眼前经过，或者并未谋面、仅仅是在时空上一度产生了交集的这名青年军官，未来还有很长的路要走，而且将和自己的兄弟们发生诸多纠葛，留下一连串可歌可泣、足以抵御时间磨洗的故事，而不会像他以为的那样，八成是要壮烈战死在即将到来的平定军保卫战中，成为河东路诸多无名殉国军民中的一员。

九月二十一日，金军果然围困了平定军。如前所述，平定军地势险要，但城池不大，人口稀少，广锐军一军的兵员数量也不多。即便还有厢军也就是地方部队和临时招募的义军民兵，全城的有效战斗力量也很难超过三千。至于救太原时驻扎在这里的王渊部，早在夏秋间就已撤走，不可能为平定军提供助力。

但历史记载的复杂性和有趣之处，也在这里出现了：在《金史》卷一百二十《石家奴传》中，为石家奴作传的元朝史官，或者说其实就是蒲察石家奴本人的回忆中，可不认为平定军人少，相反却说平定军有"敌兵数万"。

——三千和几万，这两个数字实在差得太大了，原因在哪儿呢？

对看南宋初年史料汇编集《三朝北盟会编》（以下简称《会编》）和《金史》，答案并不难找。据《会编》卷五十六《靖康中帙三十一》靖康元年粘罕陷平定军条记载："粘罕既陷太原府、汾、晋诸州，……乃攻平定军，欲据井陉往攻之，丧士三千人；又与斡离不兵合攻之，亦丧万人而拔之。"而《金史》的《石家奴传》也记载："宗翰（粘罕）闻宗望（斡离不）军已围汴，遣石家奴计事，抵平定军遇敌兵数万，败之。遂见宗望。已还报，宗翰闻其平定之战，甚嘉之。"

也就是说，这个兵员只有不到三千人的小城，却令粘罕部久攻不下，最终还劳动了二太子斡离不派东路军一部穿过井陉道前来助阵，才得以搞定。而金军在此战中的伤亡，居然达到一万三千人之多。——当然，《会编》这里记载的金军伤亡人数可能有夸大；但从《金史》记载平定军守军人数为"数万"来看，金军在此战中的伤亡应当确实不小，所以才会将宋军的兵力夸大到实际人数的十倍还多。何况，东、西路金军统帅会合于平定军，并在平定军议定要二次围攻东京城，是宋、金双方史料都承认的。仅此一点，也可证明平定军保卫战是何等壮烈了。

而经过寿阳—榆次途中的遭遇战后，战斗力和指挥水平已经被战友完全认可，也更受季团练赏识的岳飞，无疑在这场战斗中发挥了重大作用。他可能曾在某个寒气逼人的夜晚，与精心挑选出的宋军精锐一起缒下城墙，对金军大营发起过夜袭；也可能统率比榆次一战的百人队更多的骑兵，人衔枚、马裹蹄，沿着平定军四周曲折陡峭的山路，迂回到金军侧后方，上演过马踏连营的好戏。当然，更多的时候，他应该是城墙上的神箭手、定海针和救火队员，率领麾下士兵顶在金军攻击最猛烈的地段，同时还要随时支援其他出现险情的防御节点，却始终箭无虚发，指挥若定，毫无懈怠和萎靡颓丧之态，一次次让身边并肩战斗的同袍重新燃起斗志，甚至必胜的信念。

但战斗中内心态度最悲观的，或许也是岳飞。少时读兵书史书记住的那些战例足以使他明了：真正决定守城战成败的，往往不是攻防双方的能力，而是战场之外其他更高维的战场上，敌我双方的态势。

哪一方对战局有更好的理解和更精准的把握，如何看待这一处城池疆土的得失；哪一方能更快获得支援，或者发现另外一处能够缓解此间局势的攻击点；甚至哪一方的决策者战斗意志更坚决，内部更团结，协作精神更强。

——譬如前代安史之乱中张巡、许远领导的睢阳保卫战，最终睢阳失陷、守城将士殉国，并不是张巡和麾下将士们不够英勇，而是当时睢阳周边的唐朝军队互相观望，逗留不进。而唐军之所以如此不积极，又是因为之前被迫宣布退位的唐玄宗和新登基不久的唐肃宗父子不和，战略意图也有冲突，因此河南地区的唐军甚至不知该听从哪位的命令……

眼下大宋的局势，比唐安史之乱时期，没有更好，只有更差。一个到这时连是战是和、北方三镇是否要放弃都在反复犹疑的朝廷，一个连太原城都救不了的大宋，是不可能挽救平定军这个小小军城的。

时局果然没有给出任何惊喜。十月六日，与平定军一山之隔的真定府被金东路军攻克。金东路军统帅斡离不随即挥师西向，与粘罕部下蒲察石家奴部会合，继续猛攻平定军。大概在十月十五日，凭着三千不到的战斗力扛了金军重兵半个多月的平定军，终于在金东、金西路大军的合围猛攻下陷落。

按照金军当时的作战惯例，不肯投降并且造成了金军万人左右伤亡数字的平定军，无疑与太原等城市一样，在陷落后又遭遇了屠杀和洗劫。而且由于人口本就不多，这个小军城可能就没几个活口逃出生天，所以《会编》中仅记载了平定军保卫战的开始时间和最终杀敌数，却对战斗细节和平定军军民在城陷后的遭遇缺乏记载，甚至连平定军最终被攻克的时间都记错了：《会编》将粘罕部攻克平定军系于九月二十一日后、十月之前。但《金史》卷三的《太宗本纪》和《宋史》卷二十三的《钦宗本纪》，都将平定军被攻陷的时间明确系于十月十日金军攻克汾州之后。再配合前述《金史》对平定军宋军人数的夸张和《会编》中记载的金军伤亡数字，显然《金史》和《宋史》中的记载更接近这场攻防战的惨烈过程。

战斗如此英勇，战绩如此辉煌，记载却仅有模糊错谬的寥寥几笔。这在《会编》记载的诸多地方州县抗敌事迹中，几乎是仅有的一例，也足以从侧面证明平定军军民死难之惨和给金军造成的阴影之大了。

斡离不和闻讯赶到平定军的粘罕，以及两人麾下的其他金国贵酋高官，如金国四太子完颜兀术、金国开国元勋之一完颜希尹等，便是这样踏着满地女真儿郎的尸骸与北宋军民的鲜血，进入了这座小小山城，随即召开了一次规模较大的火线军事会议，商讨下一步进攻宋朝的计划。会上，粘罕与金国重臣、同时也是自己得力部下的完颜希尹发生了分歧：完颜希尹主张先取两河诸州县，后取东京，而粘罕则力主先取东京。争论到激烈处时，这位金国名将"怫然而起，以手去貂帽掷之于地"，对着满座女真英豪激情发言："东京，中国之根本。我谓不得东京，两河虽得而莫守；苟得东京，两河不取而自下。昨东京军不能得者，以我不在彼也。今若我行，得之必矣！"随即又"舒右手作取物之状，曰：'我今若取东京，如运臂取物，回手得之矣！'"[51]

颇具心机与涵养的金国二太子斡离不，没有计较粘罕这番话明显贬低了自己年初的战绩和指挥水平，反而微笑着点头称善。而北宋的命运，也就在此刻被决定了。

然而当大金名将们意气风发地上马出城，将残破的平定军和尸山血海抛在身后，继续下一步征程时，他们绝不会想到，这场金军付出了巨大代价才取得胜利的战斗，给他们造成的伤害还远不止此。包括他们在战后进行的屠杀和追袭，也漏掉了最重要的一个人。

在这场战争中表现神勇的岳飞，在城破之后的最后一轮厮杀中，带着几名战友成功突出了重围。以后的宋金战争中，他会成为金军最大的噩梦，让此时还是二太子斡离不跟班的完颜兀术头疼不已却又无可奈何。而在平定军的经历，正是这位年轻的名将坚持与金军为敌、奋勇战斗不死不休的动力源泉之一。

不过可能所谓的人品守恒定律确实存在，即使岳飞也不能幸免，在突围时爆发了一次，就得从别的地方找补回来。

在突围之后返回故乡的途中，岳飞为了躲避此时遍布河东路山野的金军，带着战友们趁夜色渡河，结果把"告身"[52]弄丢了。丢了这个证件，就成了军队中的"黑户"，没法证明自己的职务、身份和部队隶属关系。至于平定军保卫战中立下的功勋，以及更早之前在寿阳—榆次武装侦察战斗中的奇功，就更无从证明，也没法凭此取得奖赏、晋升有品级的军职了。两年的含辛茹苦砥砺磨炼，半年多的出生入死浴血奋战，就这样在寒冬十月湍急的河水中打了水漂，没有给岳飞留下任何符合世俗功利标准的财富和荣誉。

然而不管是当时血战突围的青年军官，还是十一年后统领十万雄师的当世名将，抑或生命最后一年中已经敝屣荣华、浮云生死的慷慨义士，岳飞应该从未计较过是否有人了解和铭记他在这场战斗中的功绩。就像他完全不在意这张被弄丢了的军官证，也顾不上惋惜自己又一次清零的军旅进阶之路——受命赴粘罕军前议和的朝廷使节李若水，在半个多月之后，曾在恳请朝廷发兵救援两河的上书中，详细描述过河东路在金军蹂躏之下的惨状："官舍民庐悉皆焚毁，瓶罂牖户之类无一全者。……（金军）胁令拜降男女老幼，例被陵铄，日甚一日，尪残穷苦，状若幽阴间人。"然而，即使被残害若此，河东的百姓们却依然保留着对宋朝的忠诚，当见到朝廷派来金军军前议和的使节时，"知来议和，口虽不言，意实赴愬，往往以手加额，吁嗟哽塞，至于流涕"；还有一些更为勇敢的百姓，干脆"各集散亡兵卒，立寨栅以自卫，持弓刀以捍贼，……在邑之民，无逡巡向贼之意；处山之众，有激昂死难之心，可谓不负朝廷矣"[53]。

李若水看到的这些，岳飞在战争初期驻扎平定军期间，在赴榆次武装侦察的途中，在抄小路辗转归乡的漫漫长路上，看得更多、更久，而且比匆匆往返的李若水更有切肤之痛。所以，如果说他三年前的第一次从军，在猝然结束之际可能还消沉过一阵，徘徊过数日；那么这一次，他的心中大概只剩下为平定军的同袍，也为两河百姓报仇雪耻的怒火在燃烧了[54]。

# 第三章

# 靖康耻：那些比战争更残酷的事情

爱伦堡论法国的上流社会文学家之后，他说，此外也还有一些不同的人们："教授们无声无息地在他们的书房里工作着，实验X光线疗法的医生死在他们的职务上，奋身去救自己的伙伴的渔夫悄然沉没在大洋里面。……一方面是庄严的工作，另一方面却是荒淫与无耻。"这末两句，真也好像说着现在的中国。然而中国是还有更其甚的呢。手头没有书，说不清见于那里的了，也许是已经汉译了的日本箭内亘氏的著作罢，他曾经一一记述了宋代的人民怎样为蒙古人所淫杀，俘获，践踏和奴使。然而南宋的小朝廷却仍旧向残山剩水间的黎民施威，在残山剩水间行乐；逃到那里，气焰和奢华就跟到那里，颓靡和贪婪也跟到那里。"若要官，杀人放火受招安；若要富，跟着行在卖酒醋。"[55]

——鲁迅：《田军作〈八月的乡村〉》序》

# 1 比岳母刺字更感人的儿女情长

攻克平定军后，由于金东、金西路军会师成功，又定下了夺取东京的作战目标，金军士气大振，攻势全开，太行山内外几乎到处都有金军铁骑纵横。岳飞可能在平定军陷落一个多月后，也就是靖康元年的十一月中下旬，才终于避开敌军兵锋，翻越太行山，南下回到了故乡汤阴。但刚刚出山踏上县郊大道，还没来得及松口气，他就被眼前的惨象震惊了：

原本农桑发达、人口繁盛的汤阴县，如今处处是荒废的田地和断壁残垣，路边田间明显多了不少新坟，道上零零星星的行人，满脸尽是惊惧愁苦之色，比战火绵延了整整一年的河东地区好不到哪里去。

岳飞年初听说金军围困了东京城，还在途中分兵攻打过汤阴县，多少预料到了家乡的这一惨景。这也是他从平定军突围后，没有立即重返抗金前线再次投军，而是急着先回故乡的原因：虽然早在三四月间就获知了母亲、妻子和长子都还平安，次子也已顺利降生，但现在时间又过去了小半年，自己也刚刚在鬼门关前走了个来回，他觉得还是要回家看一看母亲妻儿和尚未谋面的幼子，亲眼看到他们温柔亲切的容颜，才能真正放心。

然而心中预想和亲眼所见终究是两回事。何况近乡情怯，一想到悬念了近一年的亲人马上就能重逢时，先前一直翻沸在心头的担忧，反而一瞬间放大了无数倍，更加令人难以承受。于是接下来的一段路，虽然毫无险阻，所需时间也不过一两日，却让岳飞觉得比临敌血战更为艰难，每一刻都是煎熬，每一步都分外沉重，每一处映入眼中的景象，都宛如唐代大诗人杜甫的著名长诗《无家别》中的实景再现：

> 寂寞天宝后，园庐但蒿藜。
> 我里百余家，世乱各东西。
> 存者无消息，死者为尘泥。
> 贱子因阵败，归来寻旧蹊。
> 久行见空巷，日瘦气惨凄。

但对狐与狸，竖毛怒我啼。

四邻何所有？一二老寡妻。

万幸，回到家中后，岳飞欣喜地发现母亲姚氏、妻子刘氏和两个儿子果然都平安无事。命运总算善待了这个一直奋勇厮杀在抗金最前线的青年军官一回，没让他刚从死人堆里挣出命来，就又要继续体验与至亲天人永隔的惨痛。

宿鸟恋本枝，安辞且穷栖。

方春独荷锄，日暮还灌畦。

县吏知我至，召令习鼓鞞。

虽从本州役，内顾无所携。

近行止一身，远去终转迷。

家乡既荡尽，远近理亦齐。

永痛长病母，五年委沟溪。

生我不得力，终身两酸嘶。

人生无家别，何以为蒸黎！

从汉代民歌《十五从军征》中的"兔从狗窦入，雉从梁上飞。中庭生旅谷，井上生旅葵。舂谷持作饭，采葵持作羹。羹饭一时熟，不知贻阿谁"，再到杜甫这首《无家别》，华夏文明早熟而发达的诗歌艺术忠实地记录了乱世中普通民众承受的苦难，却无力阻止这种悲剧一次次上演。而对岳飞来说，截止到此次返乡之前，他对这种痛苦还只能算是间接经验，因为虽然也不乏耳闻目睹，但毕竟还没发生在自己身上；如今则是虽然最终被证明是虚惊一场，却还是结结实实地被吓到了。

他可以在冲锋陷阵时舍生忘死、身先士卒，甚至把生存的机会让给别人，却无法不在意自己亲人的存亡。眼见得连国都东京开封都动辄被敌军围困，如果自己再抛家舍业去前线从军，谁能保证自己还会像这次一样幸运？

谁能保证已经年近七十的老母亲和尽是妇幼之辈的家人，不会成为下一场灾难的牺牲品？

相反，如果自己留在家中，不管是团结乡民上山结寨自保，还是南下逃难另寻生路，家中都算是有个战斗力极强的成年男性来撑持了。一家人生存的概率会增大很多，精神上的创伤和负担也会小很多。

可时势的发展，甚至不肯给这个刚刚死里逃生挣扎回家园的年轻人一点喘息之机。还没来得及厘清这些接连涌来的大悲大喜，更多的坏消息便如同冬日惊雷，接连炸响在岳飞耳边。

——十一月十三日，被金军攻势震慑的宋钦宗，再次推翻了之前的决定，又一次同意割让河北三镇，命令刚从河西粘罕军前归来不久的李若水、王履，立即陪同冯澥、王云、马识远，再赴金西路军军中，试图通过尽快履行割地条款，以及"礼义有亏，追悔何及……自取祸殃，缅惟英哲，必为矜从"之类的哀告，使金国"两路大军早回，使赵氏二百年社稷永宁，亿万生灵全其性命"[56]。

——十五日，金东路军、西路军在同一天内，分别从河北李固渡、京西河阳渡两个渡口渡过了黄河，黄河以南州县吏民百姓纷纷逃难。

——十八日，粘罕攻克了大宋西京城——洛阳，以及宋朝历代皇帝陵寝所在的永安军。自北宋中期以来便成为高级官员退休养老首选地的洛阳城一片哀声，居住在此的官宦世家、高门大族纷纷逃难，各家所藏图书典籍、书画古玩也被粘罕搜集一空。

——二十三日，宋钦宗迫于形势，再命聂昌（前文所述聂山）、耿南仲两人分赴金军军前割地求和，这次割让的土地不止河北三镇，而是要将整个河东路，以及包括岳飞家乡汤阴在内的整个河北西、东两路，都割让给金国。宋钦宗为此还特地下诏书安抚河东、河北军民，要求他们"勿怀顾望之意，……并仰开门，归于大金。其州府官员兵人，即依军前来书，许令放回南地"[57]。

但局势发展到此时，割地也好，赔钱也罢，都已经无法遏止金军的攻势了。十一月的最后一天，金东、西两路大军终于会师东京城下，再次围困了大宋国都。

更可怕的是，势如破竹的金军，四下抢掠、掳卖人口、毁坏耕地、焚毁建筑的习惯始终没有改变，大宋各州县民众望而生畏，弃家远走逃难求生者众多，祸难也随之层出不穷。例如，怀州（今河南省沁阳市）即有数万自河东路逃难到此的官吏军民，继续南下时，不少人因争相过浮桥渡河被挤落桥下，活生生陷没于河沙积成的沼泽中。之后官军又因金军铁骑逼近，不得不烧毁浮桥，许多家庭因此被隔绝在黄河两岸，就此永诀，"两岸哭声痛干云霄"[58]。

哭声，哀号声，饥饿，伤病，死亡，对金军战斗力和残暴程度的夸张描述，对官员、官军无能的怨恨，以及看不到尽头的恐惧与绝望，就这样跟随着难民、溃兵的脚步，迅速在大河两岸传播开来，让已经崩裂的乾坤世界越发摇摇欲坠。


一片末世气氛中，汤阴县内却渐渐传开了几条振奋人心的好消息：

在本月中旬奉钦宗之命，赴金东路军军前议和的宋徽宗第九子康王赵构，二十日北上到磁州（今河北省邯郸市下辖磁县）时，被磁州知州宗泽和磁州军民拦了下来，没有继续前往金军大营，而是于二十三日重新折返相州暂歇。因此当十一月三十日东京城被重重围困后，这位"九大王"[59]便成了唯一一个没有落入金军之手的皇子。

与此同时，负责割让河北给金国的耿南仲，刚走到卫州（今河南省卫辉市），就吃了闭门羹：卫州军民压根儿不接受身边陪着金使的耿南仲入城，更是完全拒绝遵从天子诏命投降金国。于是曾经做过钦宗老师的耿南仲转而连夜北上相州，投奔赵构，并"诈称面奉皇帝圣旨，尽起河北诸郡兵入卫"[60]，也就是假传了钦宗口诏，撺掇赵构发动河北兵马勤王。

赵构采纳了耿南仲的建议，于当日也就是闰十一月十六日，"连夜出榜起兵"，号召周边州县官军前来会合，同时也招募百姓、招安盗匪从军。

宋徽宗第九子在相州出榜招兵勤王的消息很快传到了汤阴县。不同于伐辽之战时从军真定府和宣和六年秋从军河东路，这一次投身行伍的机会近在眼前。但由于突围归乡途中的见闻太过刻骨铭心，岳飞在听到消息后反常地迟疑了。自还乡后就在他心头萦绕不去的忧虑，再度涌上心头纠结不已，导致他差点做出一个极不符合若干年后大众印象中的岳飞会做的决断：

暂时不再去应募官军了。留在家乡，保护照料年迈的母亲、柔弱的妻子、一双幼子还有长姐一家。

当然，金军还是得打的，不打一样没有活路。但是，可以参加家乡民众自发组织的义军；或者可以和河东军民以及近来几家相州土豪一样，带家人去山中结寨自保；又或者等家乡周边形势有所好转，不再有沦陷之虞，再去应募也不迟。反正不管怎样，眼下自己必须留在家人身边，以防范随时可能再度降临到故土上的战祸。

然而当岳飞把这个决定告知家人时，却遭到了母亲姚氏的坚决反对。这位年过花甲的老人虽然不懂军事，却已经从儿子之前两次选择和这几天的犹豫苦闷中察觉到：在岳飞内心深处，其实还是想去参加官军的。也只有参加装备精良的官军，才能让岳飞最大限度地发挥军事才能，为国为民做更多该做的事情。

更何况，宋金开战以来四邻乡亲遭遇的苦难，家园乡土被烧杀抢掠后的惨状，乃至远方正处在空前危机中的国都——东京开封，她同样念兹在兹，痛愤之情和报国之愿并不输于儿子这样的青年壮士。于是这位在乡间含辛茹苦一生的农妇，在家园随时可能沦陷、再别很可能就是永别的情况下，对劫后余生归来还不满一个月的儿子，说出了既是严命也是恳请的决定："命以从戎报国。"[61]

母亲的胸襟胆识自然令岳飞感佩不已，但也更加不忍舍弃慈母而去，甚至好几次临行又反悔，"辄不忍"。姚氏便又"屡趣之"[62]。

岳珂在记叙此事时文笔含蓄，实际情况可能和姚氏当年要求岳飞戒酒一样，是相当郑重而严厉的，大概率是连训带逼，硬生生把儿子撵出了家门。所以虽然"岳母刺字"的佳话于史无据，岳飞背上"深入肤理"的"尽忠报国"四字也只能确定确实存在，却无法确定是何人、何时、因何缘故、在什么情况下所刺，但姚氏的刚强果决和深明大义，却实有其事，感人程度也完全不输后世种种传说与文艺演绎。

母亲的大义和决绝，斩断了岳飞最后一丝犹疑，也将他的命运重新拨回了时代赋予的轨道。

靖康元年闰十一月末的某个早晨，这名刚刚从死亡阴影下挣脱的二十四岁青年，再一次收拾好简单的行装，辞别妻儿老母，踏上了从军之路。

启程之际，正逢华北地区遭遇百年来少见的大雪，猎猎朔风卷着飞舞的雪片，模糊了家乡田园与母亲妻儿的影像，仿佛是在帮助岳飞克制屡屡回头张望的冲动——这一次从军，他没有再携带爱妻刘氏和岳云、岳雷两个儿子同行，而是把他们留在家中陪伴母亲。一方面，年事已高的母亲现在确实需要更亲近的人来陪伴照顾；另一方面，岳飞认为自己此次投军后，应当很快就会投入南下解东京之围的恶战中。而已经在金军侵占汤阴期间饱受惊吓的妻子，和眼下刚刚八岁的长子岳云、不满周岁的次子岳雷，无论如何都不能再入军营，直面刀光剑影了。家国板荡的大灾变中，像他这样的小卒细民，固然已经找不到桃花源，但还是要努力构筑一个风险相对低一些的角落，安顿下此生最大的系念，才能忍受住肝肠寸断的苦痛，继续咬牙向前。


## 2　一掌扇开的晋升之路

第三次从军，岳飞应募于相州驻扎禁军主将、武翼大夫刘浩麾下。

作为相州驻扎禁军的最高长官，刘浩此时应该已经在相州待了不短的时间，熟知本地人情风土，也很可能早就听说了岳飞这个名字：乡间设擂比武从无对手、率领二百人巧计平定相州悍匪、一箭射死打劫韩家庄园的匪首、从数万虏人大军重重围困的河东路平定军血战中突围而出安然归来……此时的岳飞虽然仍是一介平民，既无赫赫权势也无万贯家财，却已经是相州乃至河北两路说起本地英雄好汉时，首屈一指的人物了。因此岳飞才报上名，刘浩就召见了这个前来投军的年轻人，给了他一百名骑兵，让岳飞率领这些骑兵去招安附近一伙悍匪。

已经在河东见过了大阵仗的岳飞，再应对土匪草寇已经游刃有余。这一次，他没再设计复杂的计策，也没有再安排卧底和伏兵，而是本着知己知彼的态度，先了解了一下这支匪军的背景和当家头目的底细。

匪军首领名叫吉倩。从岳飞之后选择的应对方式来看，吉倩很可能之前就与岳飞有过交集。比如可能曾经和岳飞一起跟周侗或陈广学过武艺；可能在岳飞当相州游徼时与岳飞共过事或者打过交道；也可能在岳飞的勇名四下传扬开后，专程赶来汤阴县与岳飞较量过……不过不管是怎么结识的，岳飞对此人的品性显然比较清楚。所以了解到匪首的经历后，他迅速做了个大胆的决定：

让部下骑兵就地扎营食宿，自己则带上四名骑兵，来了个单刀赴会，直接大大咧咧骑马进了土匪窝，打算凭一张利嘴说服吉倩接受招安。

如此率性的做法，不光让留守的骑兵们惴惴不安，也把满营悍匪惊到了。反倒是岳飞轻松自在，谈笑如常，当面对吉倩做起了思想工作：

"胡虏犯顺，汝曹不辅义以立功名，反于草间苟活。今我以大元帅命，招纳汝曹，此转祸为福之秋也。"

话说得堂皇正大，又显着真心替对方打算的周到和实在。更重要的是，吉倩看起来确实是一直服气岳飞，如今更佩服他仅带四名骑兵就敢来自家营寨中面对面谈判的胆气和对自己的信任，于是很痛快地表示愿意接受招安，还摆下了酒宴招待。

岳飞这时还没有完全戒酒，见吉倩拿出了江湖做派，也意气陡生，一瞬间又变成了当年那个在相州城里"饮数斗不乱"、好打抱不平的飞扬少年，和这帮绿林豪杰"豪饮不疑"[63]。几两酒下肚，吉倩更彻底地打开了话匣子，直言自己还是有点担心接受招安后的待遇：自己这伙人马之前曾屡次袭击各州县，现在很担心接受招安也免不了被官府追究甚至诛杀。岳飞则开始发挥自己头脑活泛颇善议论的特长，再三劝说抚慰。

眼看双方说得投机，一名匪首却忽然暴起发难，离开座位直扑岳飞，试图一击中的，扭转局势。

如果是《水浒传》的剧情，接下来就应该是岳飞被这名首领打倒在地嘲笑一番赶下山去，甚至也可能被取了性命就此结束……可惜，正在进行的是真实的历史，被选中的主角也是岳飞，不是别人。

这名试图搞突袭的匪军头目，直接被反应敏捷又天生神力的岳飞一耳光扇趴在了地上，随即又被岳飞拔剑指住了要害。电光石火之间，兔起鹘落，倒让在场的人免费看了一段好戏。

眼见手下兄弟就要性命不保，吉倩连忙率领部下一齐跪在岳飞面前求情，并且当场解甲弃兵，以示诚意。从吉倩的前后反应来看，这个突然发难的土匪，其实很大可能是吉倩自己提前安排好的。用意无非是想给岳飞制造点儿难堪，以便在接下来的招安过程中讨价还价。不料两边的武力值差距过于巨大，最终没给自己长半点威风，反倒白送了岳飞一个高光时刻。不过没有把这个倒霉蛋当锅甩掉卖掉，倒也显出吉倩为人确实颇讲义气，岳飞的看人眼光没有出错。

岳飞大概也看出了眼前这出戏的关节所在，所以在看着全寨匪兵都丢了兵器解了铠甲后，也收剑入鞘，放过了脚下这个倒霉蛋，没再追究。最终，此次招安除了因不愿再参军作战而被岳飞遣散的匪兵外，共招降了三百八十人。虽然人数不算很多，但从这些人能披挂铠甲，能骚扰州县城池来看，显然属于装备优良、战斗力也颇高的悍匪。如今连人带装备全数并入官军，也算是增添了一支生力军。

更重要的是，这次招安几乎全凭岳飞自己的胆气、武艺、识人眼光和个人魅力，未费一兵一卒，简直是无本买卖。因此回营上报后，岳飞很快凭此功劳晋升为从九品承信郎。这是宋军五十二级有品武官官阶中最末一级，职权相当于现代军队中的连长，手下统率人数在百人左右。

虽然官阶不高，而且岳飞本该在四年前就获得这一官衔，但此次任命的意义仍然重大：这是岳飞三次从军以来，第一次正式获得有品级的职务，标志着他自此迈入了宋代军官晋升的正规渠道，可以一级级向最高峰攀登了。同时也总算终结了他之前两次从军，两次都与立功受封失之交臂的霉运。年少时想仿效关张二位英雄，为万人敌、做上将军的英雄梦，到此才算是终于在现实里踏出了第一步。

与岳飞第三次从军的强势开场相应和的是，康王赵构的实权，也在这段时间内大大上升了一次。

闰十一月二十七日，宋钦宗在二十日从东京城内派出的武学进士秦仔，冒着漫天大雪，历尽艰辛，将藏有钦宗皇帝亲笔密诏的蜡丸送到了相州，向康王赵构传达了天子密令：

"知卿起义勤王，可除卿兵马大元帅。陈亨伯元帅，汪伯彦、宗泽副元帅，应辟官行事，并从便宜。后[64]空处家中，安乐无虑，前日赐钱五千缗。"[65]

这道诏令等于认可了之前赵构未得天子允许就擅自聚兵的行动，不再追究他和耿南仲等人的责任，同时正式给了赵构开府招兵的名分和权力。当然，也给赵构压了一副足够压死人的担子：尽快召集军队南下，挽救正处于金军重围中的东京城。

于是四天后的十二月一日，赵构奉钦宗诏令开河北兵马大元帅府，正式以"河北兵马大元帅"的身份招纳勤王军马，并很快依托前来勤王的河北官军和招安的盗贼土匪，组建起了两万三千多人的军队。

岳飞第三次从军的伯乐兼顶头上司刘浩，在新建的大元帅府军中被任命为前军主将，手下统领两千人马，岳飞亦是其中之一。当目睹容貌颇为清秀、体格也因娴熟弓马而显得强健有力的青年皇子，身着据说是宋徽宗赵佶亲赐的红袍玉带开府誓师时，岳飞的心情，应是真真切切地激动了一番：

目前局势下，宋徽宗亲子的号召力，远非其他地方大臣守将能比。自己应该很快就能随大军南下，救国都于水火之中、挽狂澜于既倒之间了。


## 3  不一样的"赵家人"

随着大元帅府军正式组建，刚刚迈入有品级军官行列的岳飞，很快在频繁战事中，成了前军主将刘浩最信赖的勇将，军阶也开了挂一样迅速晋升。

大元帅府刚刚开府不久，岳飞便被刘浩派往相州东北的李固渡（今河北省魏县西南）<sup>66</sup>进行武装侦察。李固渡位于相州东北，毗邻大宋北京大名府（今河北省大名县），是黄河上的重要渡口之一，也是相州和大名府之间通路上的要津。月前金东路军主帅斡离不率军渡河后，特意在此留下了一部分兵力结寨驻扎，以控制渡口，保护金军南下北归的交通线。

对在相州的大元帅府军来说，斡离不留下的这几个据点，是不可忽视的威胁，因此无论大军下一步动作为何，都有必要先摸清此处的敌情。

这个难度不低的任务，不出意外地落在了有武装侦察经验，也真刀真枪和金人较量过的岳飞身上。

岳飞也果然不负众望：侦查途中，岳飞不仅掌握了李固渡金军的驻扎方位和大致战力，还率麾下三百名骑兵，在李固渡侍御林一带击败了一股金军骑兵，并斩杀了对方主将。这个战果之后被评为可以转三官的"奇功"<sup>67</sup>，于是岳飞才当了没几天承信郎，就连升三级，晋升为正九品成忠郎。不过因岳飞的祖父名叫岳成，按当时礼法需要避讳，所以又改任"寄理保义郎"<sup>68</sup>。保义郎比成忠郎低一级，但岳飞是因为避讳而在此阶，权责和待遇，实际都是按照成忠郎来算的。

而比官职晋升更为人津津乐道的，是岳飞近乎传奇的战斗经历，以及在一片悲观失望的气氛中格外亮眼的战果。越来越多的人开始知道，大元帅府军中有个年纪刚过弱冠，却敢于横挑强旅又总能得胜而归的青年勇士，"河朔<sup>69</sup>岳飞"的威名，可能还有"岳无敌""勇岳五"之类宋人特别爱给人起的绰号诨名，也渐渐地在军中和当地越传越广了。

这锋芒如此耀眼，以至于岳飞在此时收获了一段和他的战斗历程一样传奇的友情：大概在东京城被金军围困半个多月后，有一名此前在京城中以文武双全著称的宗室子弟赵不尤，见城中的徽钦二帝、文武官僚全然不能指望，便改容易服，乘乱潜出京城，前往相州，寻找可能之前一起在东京城郊演习过弓马、飞鹰走狗打过猎的康王赵构，试图助这位名分无可争议的族弟一臂之力，尽快率领河北勤王军挽救已经岌岌可危的东京城。

结果，或许是在赶往相州的途中，或许是在正式加入河北兵马大元帅府之后，这位皇族子弟居然结识了岳飞，并很快与岳飞成了知己好友。由于赵不尤的独生子赵善悉在父亲病逝于横州（今广西壮族自治区横州市）时才十多岁，岳飞彼时又尚未平反，无从访问，所以已经没法说清贵为皇室宗亲的父亲，当年是如何与岳飞这样农家子出身的微末武官相识的，只能记住从刚懂事起，父亲就不止一次给自己讲过，他是在靖康之难时就"走相州，与岳飞善"[70]的。

于是可以确认的，只剩下一点：从赵不尤和岳飞的人生线相交点来看，赵不尤确实是在岳飞尚在寒微时，就识英雄于草莽之间了。而赵不尤本人，是武能自领一军纵横河北连破群盗，文能初入宗学便以文采为优的才子。加上自幼生长在东京城里的皇族家庭，虽然到本代已因分支出了与皇帝的"五服"而没有荫补官职资格，但其交游仍多贵游子弟、官宦人家，眼界见识远超常人。这样的出身和修养，却能与岳飞倾心相交，足见此时的岳飞，已经是何等引人注目。

然而，这段充溢着少年侠气的友情，带给两人的却不仅仅是快意，还有远远超出了他们年龄的压抑和沉重。

在和赵不尤的攀谈中，岳飞听了一大堆京城的小道八卦甚至朝廷的陈年秘辛，知道了两位官家和满朝文武是怎样一步步把尚存转机的局面做成了必死之局，更知道重围中的国都已经危在旦夕。如果赵不尤说的情况都属实，比如，守城大员竟然向朝廷举荐一名叫郭京的混混，说他有法术足以退敌；再如，有些城防负责官员完全不通兵事，即使上城楼坐镇也只知道饮酒开宴，还勒令士兵不准破坏金军的攻城兵器，说"衅自我开"……那东京城被金军攻破只是时间问题，至于城破后又会有多少惨祸发生，想都不敢想。

甚至，岳飞可能还知道了不少关于赵构本人的负面信息。比如，这位皇子在京城中当亲王时，经常凌虐府中的年轻婢女至死，少女们尸体的惨状和由此而传出的种种骇人传闻，不少朝臣子弟甚至市井小民都听说过。再如，赵构年初第一次赴金军议和，其实是因为徽宗南逃时带走了除钦宗赵桓和康王赵构之外的差不多所有子女，所以宋钦宗除了赵构之外，几乎没有其他皇子可派；而且赵构在金营中的表现，据说也极为软弱，根本不是后来宣扬的那样胆气十足、从容镇定。所以此次再度被派往金军中议和，他为何并无怨言和抗拒，还对一直强力推荐他再任使节到金军军前议和的王云感激不已，是让熟悉赵构为人的赵不尤觉得十分奇怪的一件事。

赵不尤则从岳飞那里，知道了在伐辽取燕、三援太原等重大战役中，朝廷的决策如何儿戏，大宋的军政体系又腐败混乱到了何种程度。同时也第一次详尽地了解到，河东路和河北两路的百姓，在如今的乱世中求活究竟有多么难。但同样是这些人，又对保卫家园有多大的热忱和毅力。

总之，两人大部分的交流，都是越聊越上火、越聊越郁闷。何况，除了那些已经无可挽回的大错，还有一个疑问，自河北兵马大元帅府开府建军以来就一直盘绕在两人心头，并且随着时间的流逝和和大元帅府军人马的不断壮大，越来越让他们忧心忡忡，却又没法对外人表露：眼前这位已经是河北兵马大元帅的康王，真打算率军去解东京之围吗？

## 4　险些当了炮灰

这个疑问在李固渡之战时，就浮现在岳飞心头了：李固渡的金军固然是插在河北兵马大元帅府军侧后方的一枚钉子，但康王没有往其他地方派出过硬探，唯独派了前军去了这一处勘察，并且给了三百名骑兵的高配。这很难不让人怀疑，大元帅府军的下一步动作，不是南下解东京之围，而是北上前往大名府。

当然，作为大宋四京之一的"北京"，大名府不失为一个比相州更合适的大元帅府驻扎地兼河北诸路勤王兵马会合点。但也许是出于未来杰出军事家的敏锐直觉，也许是听多了赵不尤讲的赵构早年的行迹做派，岳飞总觉得自己心底对"南下解东京城之围"这件事，越来越没底气。同时他也感到了一种恐惧，一种自己在此之前还从未体验过，却第一次让他生出了无力感和幻灭感的恐惧：

如果军队真的不南下解围，正被金军围困的东京城会怎样？以后的大宋会怎样？自己，自己的亲人、河北乡亲父老，整个大宋的百姓，又会怎样？

正当这一连串疑问背后的阴影一日长似一日之际，一道新的作战命令，暂时打断了岳飞的不安和焦虑。

大概在十二月十日，刘浩把岳飞叫到了自己的官署内，布置了一项新任务：大元帅府即将南下救援重围中的东京城。刘浩所部前军被任命为此次作战的先头部队，计划由浚州（今河南省浚县）、滑州渡河南下，为后续大军打开通路。

由于东京已经被金东、西两路军合围，此战势必要深入敌境。为保证这趟送死一般的差事尽量少死点人，还是得先派一支人马当先行前面的先行，提前勘查敌军的虚实动向。至于先行官的人选，刘浩思来想去，实在想不出除了岳飞，还有谁能干这活。于是他顾不得李固渡之战结束还没几天，就再次把岳飞叫了过来，给了他一百多名骑兵，命他立即南下到浚、滑黄河渡口一带"硬探"，探明敌情，及时回报。

任务虽然危险，却意味着岳飞朝思暮想的南下救取东京城之战，终于要开始了。岳飞二话不说接下新差遣，倒让为人忠正厚道的刘浩更加过意不去。一半是因为任务的重要性，一半是觉得自己不太对得起眼前这个勇敢善战又任劳任怨的年轻部下，刘浩做了个在讲究上下级关系的宋军中很不寻常的慷慨举动：把自己的战马借给了岳飞。冷兵器时代的战马，特别是宋军中的战马，是稀缺的资源、宝贵的财富，也是将士们无言的战友。骑手与坐骑间的默契需要花费大量时间去建立和维护，大多数时候骑手的战马是排斥陌生人贸然靠近的。所以此时能以坐骑相借，足见刘浩对岳飞的信任，也足以看出在刘浩心目中，此次作战是何等重要，不容有失。

而岳飞随后的遭遇也证明，这次作战任务确实跟送死没什么区别。

接下命令率麾下骑兵疾驰了大概两天后，岳飞率部到达滑州境内，刚开始南渡黄河，就在结冰的河面上遭遇了十余倍于己的金军。好在岳飞在榆次侦查时就表现出的精准判断力再次发挥了作用，果断判定"虏虽众，未知吾虚实，及其未定，击之可以得志"[71]，随即马鞭一扬，又来了一次单骑冲阵。

金军中一名将领见状，也出马应战。两马相交、双刀相击之际，对方的刀竟然砍入了岳飞所用长刀的锋刃中，刀口深达数寸。然而岳飞比对方力气更大，反应也更快，立即用力一拽将刀拔出，而后迅速回刀劈砍，趁对方被自己这一拽一拔带得身形不稳，也没回过神来的空当，一击得手，斩下了敌将首级。金军眼见主将惨死，大惊之下阵形大乱、纷纷后撤。岳飞身后的一百名骑兵趁势掩击，大败金军，斩首近千，还夺得了几百匹战马。

但这场事后被评为"奇功"的大胜，却没给岳飞带来快慰，只带来了震惊。滑州紧邻东京开封，就在战胜这股金军、顺利渡过黄河后，岳飞便从当地百姓口中获知，早在十几天前，也就是闰十一月的二十五日，大宋的国都东京开封，就已经被金军攻破了。[72]而且据说，金军之所以能攻破城池，并不是因为人多势众，甚至也不是因为军事素质远远高于宋军，而是因为在二十五日这一天，东京城里的官家和宰执大臣们不知道发了什么疯，搞了一个让人啼笑皆非的大乌龙，白送给了金军一个破门的机会：官家居然让号称能请来天兵天将诛灭金军的混混郭京，带着从东京城里招来的一群乌合之众，打扮成六丁六甲神兵，带上各种法器兵器，出城破敌。

结果当然没有奇迹发生。郭京才出城，就领着下属作鸟兽散，当众逃之夭夭。在城头目睹了这一闹剧的宋军将士士气全失，抵挡不住金军接下来越发猛烈的攻势，导致东京城外城最终被金军攻破。

不过也许是忌惮城内的军民抵抗，担心自己的兵力太少；也许是觉得以赵宋君臣在这次围城战中的表现来看，压根儿不需要自己亲自动手抢东西抢人，金军在攻破城池后，仅仅占据了外城城墙，没有下城，也没有进入内城烧杀抢掠。倒是城内的宋朝军民自己先乱成了一锅粥。

有趁乱装扮成金军士兵，大肆抢掠百姓的；有出于恐惧四下奔逃，甚至自杀的；其中最可笑也最悲惨的，大概要数刘光世的父亲刘延庆：他在东京城破的两天后，带着自己的长子刘光国和属下，从东京城西城门万胜门夺路出逃，结果在京城西郊与金军大部队遭遇，父子二人同为金军所杀，试图与之同行逃难的数万开封居民也尽被屠戮。而刘延庆的部将李孝忠、党忠、祝进、薛广、曹端、王在等人，虽得以突围而出，却自此成了溃兵流寇，很多人沿着洛阳—豫西—南阳一线，南下到湖北、荆南一带，有一些甚至一直活跃到三年后的建炎三年（1129）[1]。这导致河南西部和湖北、湖南地区还未被金兵蹂躏，先被这些溃兵来来回回抢掠骚扰了好几回，提前终结了宁静无事的和平年代。

天崩地裂的家国大祸，猝然降落到岳飞的世界里，把他砸得晕头转向：自己心心念念要去拯救的国都，还没等亲眼看到它那高大壮丽的城墙，就以如此可笑又可耻的方式沦陷了。而比惨祸本身更难以忍受的，是造成这起祸难的悲剧根源。早在四年前就已经暴露无遗，却没有人去做任何纠正和补救。

——刘光世四年前就害苦了第二次伐辽战役中的宋军战士，为什么不追究他和他父亲刘延庆的责任，反而继续让刘延庆在首都保卫战中承担重要职务？父子两人加起来，怕不是坑了几万条性命！高级将领如此无能又不能及时更替，将士就算再英勇，又能起多大作用？

——从伐辽到一度计划接纳辽国天祚帝，再到前前后后反复了三次到底要不要议和、要不要割让河北三镇，官家和朝廷宰执究竟懂不懂得要谋定而后战的常识？为什么金军都打到眼皮子底下了，还连最基本的行动方向都定不下来？如果不是去年和战不定时，先下旨遣散了勤王军，现在又何至于如此被动？

——围城危在旦夕的时刻，激励士气等待援军都来不及，怎么会信六丁六甲神兵这种江湖骗术？朝中衮衮诸公到底是凭什么混到如此高位的，大宋是养了一群酒囊饭袋吗？而且中央官员都如此幼稚无能，其他地方上的高官大员可能比他们强吗？金军如此凶残和贪婪，朝廷上下却又是如此荒唐可笑，这让百姓们以后指望谁去？

不过震怒和悲愤中，也有一条信息帮助岳飞冷静了下来。

金军对东京破而不入，说明金军对下一步如何处置都城中人，也在举棋不定，这正是各路勤王军行动的好时机。

于是岳飞一面继续在滑州渡口周边逡巡侦查，一面将东京城陷落的消息

---

[1] 同一年份后文不再标注。

和自己的接敌情况报给了刘浩。按照岳飞的想法,眼下的局面已经不是刘浩麾下区区两千人的大元帅府前军能应付的了,需要康王赵构决策定夺,大元帅府军和其他各路勤王兵马集体行动才行。

但出乎岳飞意料的是,在岳飞的情报送回后,大概在十二月十三日这一天,刘浩仍然仅率本部前军南下滑州。由于此时已经是公历的1月27日,还有几天就要立春,等刘浩部也来到岳飞刚刚小捷扬威的滑州渡口时,黄河已经解冻,不能履冰而渡了。于是刘浩只能分批派遣军士过河。结果部将丁顺率先行五百人刚开始渡河,一支从胙城县下来的数千名金军全甲重骑兵就冲了过来,丁顺率领的先头部队被冲得七零八落,只能沿河岸败逃。刘浩也就此打消了继续南下的主意,决定北撤,顺便也召回了在周边警戒的岳飞,命令他停止行动归队,跟随自己一起北上。[73]

岳飞对刘浩的命令十分不解:东京城已经被金军攻陷,但金军还没有入城,正是勤王军大有可为之机,为什么遭遇了一点挫折就要后撤?奇耻深恨就在眼前,身为大宋军人,应该有死无生,如何能调转马头背道而驰?何况,刘浩是作为先行官为大元帅府军开路的,就此撤回的话,后面的大部队怎么办,不会被大元帅府追究责任吗?

刘浩眼见无法继续隐瞒,终于对岳飞说了实话:其实前军此次担任的作战任务,不是先锋,而是佯攻。

至于佯攻的目的,自然是为了掩护康王赵构北上大名府。并且,早在岳飞受命南下浚、滑之前,大元帅府军就已经向河北各州县长官送去了檄书,要求他们按期到河北大名府会合,而不是到相州。檄文的内容、大元帅府的最终决定、刘浩所率前军的真正作战任务,只有刘浩等高级将官知道,其他中低级军官和士兵则毫不知情[74]。实际上,大帅府军的士兵一直到十四日深夜奉命开拔的前一刻,都以为自己是要南下救援东京。

一条条劲爆内幕,让岳飞又一次如堕冰窟,血都凉了。

赵构连夜北上,却让刘浩部南下佯攻,说是牵制掩护,其实说难听点,就是打算把前军当炮灰。自己出战前怀抱的一腔热血,乃至冰上遇敌时奋不顾身的战斗，在这个真相前简直成了笑话。

而眼下如果跟随刘浩北上大名府，继续追随赵构，就要弃危难中的东京城和同样笼罩在战争阴云下的故乡相州于不顾。等于是连自己两次战斗唯一的，也是最根本的意义都消解了。

但在军中，上峰有令，作为下级就只能服从。再者在当前的局面下，选择北京大名府而不是相州作为大元帅府的驻扎地和勤王兵马会合地点，也不是一点道理都没有。所可质疑的，只是命令传达和执行的方式……或许，在四处都有金军活动的情况下，赵构又是唯一一个暂时逃脱了金军掌控的皇子，采用这种保密方法也是不无道理、情有可原的？

犹豫之下，岳飞最终选择了服从刘浩的命令，和大部队一起北上。

拨转马头，岳飞跟随刘浩，沿着几天前南下的道路，一步步离开黄河河岸，几日来一直盘绕在他心底的一股悲凉感和无奈感，再次不可抑制地涌上了心头：

和几天前比起来，自己心头的疑云一点也没消解，反而更重了。等到了大名府以后，这点疑虑会尽快烟消云散吗？

这个问题，无人能为他解答。而当前军行到相州城下，越城池而过继续北上时，他猛然想起，因为这次高度保密的军事行动，自己甚至都没来得及请个假回一次近在咫尺的家乡，与亲人和故土道声保重；甚至也没来得及再仔细端详一下生于斯长于斯的相州城，只能在马上望着天宁寺塔[75]塔影与洹水的波光一点点消失在地平线上。原来，最让人难以释怀的离别是这样意外而仓促，根本不给人做好准备的时间，就隔开了时空的距离。

虽然这次离别究竟有多么沉痛，岳飞一直要到生命的最后一年，才能全部体察到：他从此再也没有踏上故乡汤阴的土地，而不是像他匆匆离别时以为的那样，或早或晚，总能打回来。

# 5  逆风而行

十二月十八日，刘浩到达大名府，与赵构会师。岳飞滑州渡口之战的功赏也在会合后不久正式颁布：定为"奇功"，转三官，官衔升为从八品秉义郎。这样，岳飞从军才不到一个月，就连升了六级，手下统领的人马也扩大到了五百人左右，大约相当于现代军队编制中的一个加强营。在全军人数两千上下的刘浩部，岳飞已经是个说话相当有分量的小领导兼业务骨干、主将心腹了。

但把国都和家乡抛在身后战火中的愧疚，正让岳飞寝食难安，根本无暇回顾自己的升职之路是如何非比寻常。好在此时陪他一起焦虑的，至少还有一个赵不尤。但这位凤子龙孙，对于赵构是否会救援东京这个问题，同样没什么定见，甚至因为对赵构过往经历的熟悉，他比岳飞还要更悲观一些。

所以在岳飞刚到大名府与赵不尤重逢的头几天，两个心事重重的小青年大概连吐槽也吐不动了，只能动辄愁眉相对、枯坐无语，再不然就搭伙结伴去大名府某个城门，立马道旁，看陆续前来会师的各路勤王军马是哪家哪处兵马，装备、士气如何，有没有什么了不得的能臣名士、英雄好汉，能扭转眼下的局势。

还好，第一支来到北京大名府的勤王军就没让岳飞和赵不尤失望。

最先奉檄书来到大名府和赵构会合的勤王军，是信德府（今河北省邢台市）知府梁扬祖率领的一万兵马。这支兵马是宣和三年（1121）[1]东下西军的一部，大部分将士在宣和三年后长期驻扎河北，参与了南征方腊、河北剿匪、伐辽入燕、第一次救援东京、三援太原等徽宗朝末年至钦宗朝几乎所有的重大军事行动，有的甚至打满了全场。其中一位名叫张俊的凤翔府成纪（今甘肃省天水市）籍将领，还曾在半年前先后跟随种师中、刘韐入援太原，并在种师中败阵身死的榆次大战中，率本部将士成功突围，死里逃生，

---

[1] 同一年份后文不再标注。

据说途中还击溃了一支数千人的金军骑兵，由此声名大振。同年还在东明县抗击金军，进而凭此传奇性战功，晋升为正七品的武功大夫、河北路第三正将。

一听到"太原""种师中""榆次""刘韐"这几个字眼，岳飞不由激动起来，却怎么也想不起种师中在平定军的那一天一夜，自己是否曾见过这么一个相貌威武、身材高大的西北好汉了。但可以确定的是，后来侥幸突围逃回平定军的种师中余部中，绝对没有此人。之后一打听，果然这位张太尉在榆次之战中，是率领部下向平定军北面的盂县方向突围的，难怪自己不曾识得。

不过，即便并不曾有过实质性交集，也不曾亲眼见证张俊溃围斩将的风采，岳飞还是就此记住了这位不苟言笑、眼神表情都透着股深沉劲儿的"张武功"。当闻知康王赵构已经亲自将他擢升为统制官时，也未觉得太意外。

与张俊同任梁扬祖部下统兵官的，还有一位名叫苗傅的上党（今山西省长治市一带）籍将官。同张俊一样，他也出身西军，并同张俊一起跟随刘韐参加过第三次入援太原之战。后来入援失败，刘韐返回东京复命时，命他和张俊率本部人马在信德府驻扎待命，才使他们成了梁扬祖的部下，此时得以前来大名府勤王。

此外，还有一个名叫杨存中的军官，也引起了岳飞、赵不尤以及不少军士百姓的注意：此人虽然只是张俊下属，年纪和岳飞相仿，很是年轻，但身材高大，相貌英挺，还生得一把浓密胡须，是位不折不扣的美髯公。言谈举止也沉鸷庄重，虽是小军官，派头里却透着股大将的气势。这位符合当时审美观念标准的美男子也很快获得了赵构青睐，被任用为贴身警卫，"昼夜扈卫寝幄，不顷刻去侧"[76]。凭借谨慎寡言的性格和八面玲珑的为人，杨存中迅速成了赵构最信任的下属之一。

眼见这一位位气度豪雄、经历不凡的将领如百川到海汇集眼前，岳飞一面觉得添了这样的劲兵，赵构对南下救援东京也许会更积极一些；一面又生出几分乱世英雄起四方、天下龙虎会风云的兴奋感。他从小就好学，也好交朋友，每当生活中来了新人、陌生人，就意味着他又可以接触到熟悉范围以外的世界，增长新的见识了。如今身处的环境中一下子添了这么多宿将劲兵，难免让他想起热爱的三国故事里，那些令他憧憬已久的豪杰行迹、英雄情谊，同时还不可避免地起了些竞争的念头——倘若自己手中也有一万兵马，怕不是现在就能去救东京城于水火！然而自己眼下只是个从八品的小军官，做到眼前这几位的位置上，不知还要等多久？

当然，哪怕岳飞此时的遐想再多再远，也绝然无法想到，自己不但不久后就会成为张俊的部下，还会在以后十五年的军旅生涯中，数次成为此人实质上或名义上的下属，最终却又图穷匕见、分道扬镳，成为政坛上你死我活的冤家对头；而此时跟在张俊身后的另一名部将田师中，虽然在今后的戎马生涯中碌碌无为，却会在岳飞遇害后，将岳飞耗费毕生心血锻造出的岳家军拆解得七零八落；苗傅则将在两年后，在遥远的西子湖畔临安（今浙江省杭州市）城里，发起一场一开始颇得军民支持、最终却功亏一篑的逼宫兵变，成为赵构一生中最恐怖的噩梦之一，给这位本就有严重生理和心理隐疾的君王再添一重病情；而仅比岳飞年长一岁的杨存中，会成为岳飞虽然往来热络却从未相互交心、看似背道而驰却又始终存有高度默契的另类知交，深深卷入岳飞生前死后的恩怨纠葛中，甚至亲眼见证岳飞的死亡[77]。

命运为人生安排的道路，就是这样叵测而玄妙。唯一可以让人感到安慰的，是岳飞的功业和名声确实很快就超越了眼前这些一时勇将，并且远远把他们甩在了身后。

梁扬祖到达的第二天，曾在两月前率军兵百姓拦下了赵构赴金军议和之行的磁州知州宗泽，也率领两千人来到大名府，成为第二支赶到的勤王军。

比起梁扬祖，宗泽这支队伍看上去就逊色多了：首先，人数上就差得远；其次，宗泽所率的这两千人不是西军劲卒，而是少量磁州及其周边驻扎的河北禁军和大量应招入伍不久的民兵，更没什么著名勇将；最后，宗泽本人看起来也有点让人担忧——这位此年已经六十七岁高龄、籍贯义乌的老人，身材瘦小，相貌清癯，虽然此刻也和武人一样顶盔贯甲、骑马而行，却被烦琐沉重的全副铠甲衬得更显文气和沧桑，甚至会让人揪心这盔甲会不会把他压垮。

不过，岳飞也注意到，这位知州相公虽然乍看无威武之态，气场却很强大，神情刚毅严正，双目更是炯炯有神，流露着与年龄不相称的精力和热情。而且他，还有他麾下的两千名将士，虽然人数不多，新兵不少，但整体的士气状态却比梁扬祖麾下人马更为高昂。再一问，原来这位磁州知州早在前来会师前，就已经率麾下民兵主动夜袭过李固渡一带的金军营寨，打过几场胜仗了。身为进士出身的文官，又因为敢为敢言而长年屈沉下僚，前几年还被问罪编管过，但老来猝遇国难，却能抛却个人恩怨冲在抗敌最前线，甚至还敢主动挑战不可一世的金军军队，这份勇气和担当，多少武将都要自愧不如！或许，力挽狂澜的转机，正在这位老人身上？

岳飞和赵不尤没有看错人。就在宗泽率人马到达大名府的同一天，宋钦宗于数日前再次派来联络赵构的使节曹辅，也到了大名府，并又一次带来了用明矾水书写在衣带中的密诏。不过密诏的内容，却与上次带来的蜡书密诏内容截然相反。

不再要求赵构火速发兵救援东京，相反却唯恐其麾下勤王军和义军生事，严令其原地驻扎，以等待朝廷与金军达成和议。

蜡书带来的东京城已被攻陷的消息已然令人震惊，而现在这道严令大元帅府军及河北各路义军兵马原地待命不得妄动的诏命，则让大元帅府僚属和各路勤王官员陷入了激烈的争论。已经成为赵构亲信的汪伯彦力主听从诏命安排，按兵不动，等待消息。因为大元帅府军目前总共也就只有四万五千左右的正兵，还要留下精锐部队保护大元帅府大本营。这种情况下如果再分兵南下解救东京，无异于杯水救车薪，于事无补。不仅如此，汪伯彦还认为大名府距离东京的金军大本营也太近，不够安全，大元帅府应再次转移，尽快赶到大名府东南的京东路东平府（今山东省东平县）驻扎。

此时站出来反对汪伯彦的，正是刚到大名府，就被赵构按照宋钦宗上一道密诏，任命为河北兵马副元帅的宗泽。

宗泽认为最新送到的密诏是金军胁迫天子下达的乱命，目的在于惑乱人心，迷惑各路勤王军；至于所谓的议和，更是金军的缓兵之计，根本不值得相信，更不能当成指望。而且，金军如此大费周章的谋划，必然有更大的阴谋，绝不会一直仅在外城驻扎，不入内城，也不侵犯宋钦宗、太上皇帝赵佶及城内百姓。所以必须尽快全军南下救援东京，才能阻止未来发生可能更严重的惨剧。为此，宗泽建议大元帅府军南下开德府（今河南省濮阳市），从澶渊渡口开始，一面进兵一面结寨，步步为营，稳扎稳打，震慑金军，令其不敢轻举妄动，最终达到进逼东京城下、解救东京之围的目的。

几次激烈争论后，赵构内心其实早就倒向了汪伯彦，但迫于大义以及磁州崔府君庙事件后对宗泽的忌惮，他也不敢完全拒绝这位看似文弱、实则刚烈倔强轻易难以折服的老人。一番权衡后，赵构采取了汪伯彦等人的建议：索性就让宗泽以副元帅身份，率领本人所统领的磁州两千兵马和这几天刚到达大名府的洺州（今河北省邯郸市永年区）兵一千人，再加大元帅府调拨的四千人马，总共七千人左右，按照宗泽自己提出的建议，南下开德府对敌。但这七千人马并不是白给宗泽，而是有一个没有明说的交换条件：宗泽要对外宣称康王赵构也在自己军中，以吸引金军的注意力，掩护大元帅府军主力东下东平。

赵构名下的大元帅府军现在已经有四万五千多兵员，却只拨给宗泽不到一万人，而且不包括大名府驻军和梁扬祖部等较为精锐的部队，还要宗泽宣扬赵构在军中以吸引敌军注意力，这简直只差明说要宗泽去送死了。[78]

不过让当时很多人惊讶的是，这区区七千人中，却也有三支相州开府时就扈从康王的"原从"部队：大元帅府军右军统制尚功绪、大元帅府前军兼先锋统制刘浩，以及大元帅府军都统制陈淬。

其中尚功绪虽是大元帅府开府时就跟随赵构的官军，但战绩并不突出，加入宗泽的队伍可能是出于个人的良知，也可能是赵构不得不对宗泽此行作出一点支持姿态的牺牲品。但刘浩部两千人作为大元帅府初开时期出战最频繁的部队，对于赵构一行人能够从相州安然迁移到大名府居功至伟，赵构按说不会舍得把这样一支功勋部队拨到宗泽统领的"炮灰军团"中。陈淬则是禁军宿将，参加过北宋末年对西夏的作战和真定府之战，经验丰富，文武双全，照理也不应该出现在这份送死名单里。

所以，结合史料对陈淬、刘浩立身行事的记载，特别是考虑到刘浩早在金军第二次攻宋前，就与宗泽有过交往，给宗泽献过战车设计图，这两位久经沙场也久历官场的资深将领，很可能是在宗泽近乎孤立无援时，主动向赵构申请加入宗泽部，而放弃了跟随大元帅府主力前往东平。

这是个勇敢的选择。但在当时的情形下，也是一个不利于自己仕途，同时大幅提高了死亡风险的选择。所以开拔之际，不知道刘浩所部两千名将士中，有多少会为主将的这个决定热血沸腾，又会有多少在暗中抱怨自己的领导是不是烧坏了脑子，或者，又被那个名叫岳飞的小军官灌了什么迷魂汤？

能确定的是，不管岳飞在此之前有没有对刘浩的选择发挥一些个人影响力，他都必然全力支持宗泽和刘浩。北上大名已经让他煎熬万分，再让他跟着赵构去东平，简直是要他的命。相比之下，他宁可去战场上一刀一枪杀个痛快，这样哪怕真成了大元帅府的弃子，寡不敌众、战死沙场，也强于陪着皇子和一帮官僚去京东路兜圈子，也算是没辜负爹娘、师傅的教养和自己一直以来的志向。

同样做出了选择的，还有赵不尤。虽然很可能是限于宗室身份，他没能与岳飞一起南下追随宗泽，但也不打算继续追随自己的族兄赵构，而是决定留在大名府，辅佐另一个被赵构剔出大元帅府核心领导层的重要人物——大名府知府兼河北路都转运使张悫。这位对大元帅府安全转移至大名出力甚多的老臣，因与汪伯彦不睦，也没有被纳入东逃的大元帅府团队中。

——两个文武双全、本应前途无量的青年人，在命运道路分岔之际，不约而同地选择了更为艰险的道路。这个选择带给他们的回报能有多少遥不可知，随之而来的死亡威胁却是迫在眉睫，如影随形。因此当十二月二十七日送别宗泽一军南下澶渊之时，赵不尤和岳飞的心里都不禁生了些易水之悲：少年时代听过的英雄故事、慷慨悲歌，如今竟恍惚再现到了自己身上，个中滋味绝非少不更事时想象的那般刺激，而是充溢着沉重和苦涩。如此时局下，这一别或许真的就再难相见了。

不过赵不尤之后的军旅生涯还算走运：留在大名府后，这位东京城里的王孙公子不久就奉张悫之命，出马招安了当地一支民间抗金义军，与其首领"王铁枪"王明并肩作战，并在作战过程中逐渐拉起了一支完全听自己指挥的队伍，纵横河北，连破群盗与小股金军，一时威名远扬，被当地人和土匪溃兵们敬畏地称为"小使军"[79]，见到他的旗号就抱头鼠窜，根本不敢冒犯。

连战连捷，一吐胸中闷气之际，他时常想起岳飞：大名府一别之后，这个自己一眼认定必成盖世英雄的军中知己，很久都没有消息了。此时他是否还在宗副元帅麾下？有没有再立下新的战功？是不是也和自己一样，已经有能以自己姓名官衔为招牌的人马了？在这个动荡的乱世中，他们还有重逢甚至再度并肩作战的机会吗？

# 6 何期百炼钢，化为绕指柔

和赵不尤在大名府的意气风发不同，岳飞在宗泽麾下的经历，走运也不走运。

走运的是，岳飞跟随宗泽南下后，果然英雄得用武之地，再次展现了未来不世出名将掩盖不住的锋芒。

靖康二年（1127）[1]正月初三左右，宗泽率麾下人马到达开德府，连续数日与金军频繁交战，是为后来著名的"开德十三战"。就在这期间的某次战斗中，很可能统领着刘浩部全部骑兵的岳飞，又一次与人数远多于己方的金军遭遇。

两军对阵之际，目光敏锐的岳飞稍一打量，便发现了此次战斗的不同寻常之处：这次遭遇的金军，不再是之前榆次、李固渡、滑州三战中遇到的金军行军队列，也不是轻骑，而是结队而战的堂堂之阵，不少人马还披戴了铁甲，并设有两名掌旗官作为指挥，专司传达主将指令。但也许是看不起宋军的骑射水平，也许是指挥者的疏忽，两名掌旗官的位置都十分靠前，常常进

---

[1] 同一年份后文不再标注。

入宋军的弓箭射程之内。

如此显眼而张扬的掌旗官，在其他人看来是敌军组织严密、士气高昂的标志，不免要被唬得三魂先丢两魄，但到了岳飞这里，却成了难得的战机。

眼见对方进退变化全靠这两面旗帜调度，两名掌旗官的位置又过于突出，岳飞灵光一闪，亮出了神箭手的风采，摘弓引箭，连发两矢，一箭毙一命，以雷霆闪电般的速度，瞬息间干掉了两名金军旗手。冷兵器时代，部队人数一多，相隔距离稍远，队形变化、进退行止的一切讯息就都要靠旗帜传达，因此旗手的作用极为关键。宣和四年宋军第二次伐辽之战中，刘延庆父子之所以坑苦了宋军，也是因为中军帅旗突然后退，导致三军将士以为老窝被辽军端了，于是自乱阵脚。所以岳飞这两箭，等于对眼前的金军实施了"远程斩首行动"，使对方阵型调度瞬间瘫痪。

眼见金军队列如没头苍蝇一样陷入了一片混乱，岳飞不给对方片刻喘息之机，立即收弓出刀，跃马直前，率领身后的宋军骑兵直贯对方阵型最薄弱处，终于把金军所结之阵撕开了一道口子，杀得自恃甲坚马快、所向披靡的金军骑兵连连败退，四散而逃。

此战结束后清点战果，岳飞部不仅一举击溃了敌军，还缴获了不少武器装备，包括数匹披挂全副马甲的战马，以及从战死、被俘的金军身上剥下来的铠甲。对于新招募民兵占兵力近半、装备远不够精良的宗泽部来说，这正是最需要的作战物资。岳飞也凭此战功又升两级，晋升为正八品的修武郎。

不过，比起丰厚的战利品和名目复杂的官衔，更让将士们和老帅宗泽印象深刻的，还是岳飞在这次战斗中霸气十足的作战方式。

其实刚到大名府不久，宗泽就听大元帅府军将士和刘浩提过好几次这个名叫岳飞的青年军官，说他不到半月内就以寡敌众，两次单挑了金军骑兵，两次都大获全胜，而且每次都是自己率先冲阵、近乎横冲直撞的随性打法，偏偏又每次都能毫发无损全身而退，以至于在军中负有"敢死"的勇名：所谓敢死，就是说这人简直是天生的敢死队队员，一切重活、苦活、送死活的接锅者和终结者。当然他也是前军主将刘浩的心腹、忘年交兼头号利器神兵，并且永远血条满格，永远精神抖擞，仿佛从来不知道什么叫疲倦，也从来不知道什么是害怕。

所以当得知刘浩加入了自己南下救援东京的阵营时，宗泽确实颇感欣慰。不仅仅是因为刘浩为人正派，更因为刘浩一部是大元帅府军中唯一与金人交过手的军队，还拥有岳飞这样出色的勇将。只是，作为晚年才迫于形势不得不自学用兵之法的儒生，看了一堆孙吴兵法、历代阵图的宗泽，对这位在军中已经被传得神乎其神的"岳先行""岳无敌"还是有点狐疑，尤其对他惯用的战术有点不以为然，觉得他之前两场胜仗多多少少有些运气成分，到底是不是大将之才，还要再观察。只是宗泽却没想到，这年轻人真个如锥在囊，刚与金军接战没几日，就又冒了尖出了头。

于是，当自己也有点得意这一仗打得漂亮畅快的岳飞，神采飞扬地将战利品送到在后方掠阵的宗副元帅马前时，一向性情严肃、不苟言笑的宗泽，终于也像岳飞之前的三任上司——刘韐、平定军季姓团练和刘浩一样，对眼前这个英锐之气逼人的年轻人"一见奇之"，流露出了难以自禁的欣赏和赞叹，同时也牢牢记住了岳飞这个名字。

而此时的岳飞，对宗泽也早已倾心敬服：他不仅佩服宗泽毅然率孤军南下救援东京的慷慨忠勇，为国为民不计个人荣辱得失的心胸气度，对局势认知清晰准确的判断力；更在行军作战途中，耳闻目睹了宗泽清廉简朴的生活作风、不顾年老体弱坚持与普通士卒同甘共苦的顽强毅力、对普通百姓士卒发自内心的尊重爱护，以及对部下严明公平又不失人情味的管理方式。此外，他还特别欣赏这位老书生临老依然好学不倦、敢做敢说，时不常还要折腾一点异想天开新想法的锐气，和绝不矫饰伪装的磊落性格。总之，在接受了宗泽半个多月的领导后，岳飞深深感到，虽然眼前这位老人不会武艺，不能单骑冲阵万军中取上将首级，也尚未建立再造江山社稷的大功，却和他从小仰慕的关云长、张翼德、诸葛丞相一样，是盖世英雄、无双国士，也是值得自己学习效法的楷模。而能博得如此国士的青睐，对他而言是当下最开心不过的事情。有道是士为知己者死，他有信心在这位抗敌救国意志无比坚定的主帅率领下，打出更漂亮的战斗，立下更多的功勋，直抵东京城下。

不走运的是，岳飞的踌躇满志，不到一个月就被迫中断了。

就在宗泽部在开德府站稳脚跟，打算继续南进之际，已经于正月三日到达东平府驻扎的大元帅府于当月下旬左右给宗泽发来命令，要求调回包括岳飞在内的刘浩部两千人，前往广济军（今山东省菏泽市定陶区）柏林镇驻扎，并且明确刘浩部从此之后不再受宗泽指挥。

这道命令首先很令宗泽为难。眼下正是他急需用人之际，广济军距离东京虽然比开德府还略近一些，但一来有五丈河河道和湖泊梁山泺组成的水网阻隔金军铁骑，二来目前只知刘浩一军两千人将前去驻守，兵力单薄而无其他援助，实在不像是要由此进援东京的架势，倒更像是要给在东平府的大元帅府军本部再添一道保险性足够高的前哨。

当然，作为补偿，赵构将年前在相州招安的山寇杨青所部一万余人调拨给了宗泽，此外还有稍早前调来的权邦彦部一千人。但在宗泽眼里，所有这些兵力加起来，也抵不上一个岳飞所发挥的作用更关键，何况刘浩部其他将士也在几次与金军的胜战中锻炼出了经验和胆魄，战力远非一般官军可比。而且宗泽还知道，赵构之所以肯加派杨青作为"补偿"，是因为他在本月中刚刚又接收了黄潜善等河北各州郡守臣带来的两万五千多精兵，这些兵员大多是宣和末东调的西军，其中包括辛彦宗这样当时人眼中的世家名将。相比之下，杨青一部原本人数上称得上雄厚的兵力，就成了最好能在前线尽快"消耗"掉的鸡肋。

说白了，赵构现在对宗泽一路的态度甚至还不如一个月前刚出师之时，所以才舍不得刘浩一军陪着宗泽当炮灰，高低要调回去。然而不管如何腹诽，军令难违，宗泽无法抗拒这次看起来堂而皇之的调防，只能依令让刘浩部回归大元帅府大本营。

对岳飞来说，这道调令也不啻噩耗。其实若仅从个人利益出发，离开战事激烈的开德府前线，去虽然近在开德府左翼、与金人遭遇概率却小很多的京东路屯驻，不失为一桩美差。但此时的岳飞却实难接受这样的命运"馈赠"。在开德府追随宗泽期间，他已经得知，自己的家乡相州，在自己过相州城不入北上大名的六天后，就被意图捉拿赵构的金军派兵围困住了。目前，相州军民正在通判[80]赵不试的率领下坚守孤城，已经与金军相持了一个多月。

按照金军遇到激烈抵抗就必然要屠城的作风，相州城一旦被攻破，不免遭遇和太原、平定军一样的命运。何况岳飞在上月就已经知道，即便有的城市直接投降，也同样免不了悲惨的下场。譬如，毗邻东京的颖昌府（今河南省许昌市）军民，就在知府弃城而逃后放弃了抵抗，并对金军强征金银、物帛、鞍马的蛮横要求有求必应，最终却仍被金军"三日纵火，杀人死者十七八"[81]。

显然，软弱顺从并不能打动施暴者，换取他们的怜悯和宽大，只会让他们更无所顾忌。而自己的家乡和亲人，如今就笼罩在这层死亡阴影之下，随时可能成为下一个牺牲品，这让岳飞揪心，也让他再次感觉到了一种无法掌控、无从抵御的恐惧。忧心如焚中，岳飞不顾频繁行军作战的疲劳，挑选了亲信士兵兼同乡，悄悄潜回汤阴打探亲人消息，却扑了个空。

年迈的母亲、年少的妻子、两个幼子还有姐姐一家，已经跟着乡邻离开汤阴逃生，却不知具体去往了何处，找不到人影也打听不到消息。

自己此次从军最大的担忧，两个多月的军旅生活中时时搅扰睡眠的噩梦，如今终于变成了现实。面对这样的巨创，即使理智冷静如岳飞，也不免追悔当初决意不带家属随军的决定，为这个其实并无不妥的选择内疚不已。而更让他难以忍受的是，随着赵构召刘浩部回防大本营的命令下达，他很可能连向敌人发泄怒火的机会都要失去了。

当然，自从得知命令后，刘浩一直在宽慰他，说此次回防应该只是临时性的轮休。而且据刘浩得到的消息，赵构在东平府驻扎的一个月间，又有数路勤王兵马前来会合，此刻大元帅府军旗号下的人马，算上宗泽部已经有八万多人，实力已经非常可观。或许此次调防，就是要重新调整一下人数剧增的大元帅府军部队编制，之后马上就会全军南下解东京之围，也未可知。

刘浩分析得头头是道，岳飞听得半信半疑。相比寄希望于大元帅的振作，他还是更信自己的观察力和直觉：东京城到现在已经被金军攻破了两个多月，大元帅府的行辕却由相州而大名府，由大名府而东平，并且始终没有真正加强宗泽部的兵力，倒是一直没停下掺沙子、挖墙脚的勾当，包括自己所在部队这次被调换也属此类。这实在不像是要全力南下一雪国耻的样子。

此外，还有一重担忧，岳飞只能憋在心里，对着刘浩和军中要好同袍也没法讲出来：对一般人来说，刚刚得知东京城失陷、父兄母妻性命岌岌可危的时刻，就是感情最激烈的时刻。如果那时都没能鼓起血勇、有所作为，那么很难相信在局势已经很是微妙的现在，这位据赵不尤所说为人并不忠实正直的皇子，反而能够燃起斗志了。当然，大元帅及其亲信对勤王军的战斗力、忠诚度不放心，对东京城内的局势拿不准，所以对入援东京、正面阻击金军采取了持重态度，也是讲得通、合情理的。但军队的战斗力只有在战争中才能锻炼出来，大元帅府却在两个多月的时间里，一不曾派部队轮番到前线交战，始终只把老帅宗泽顶在前方；二不闻筹划别的补救转圜之法，分明就是心里不着急。所以，比起刘浩给自己画的饼，岳飞倒越来越频繁地想起了赵不尤对他发过的一句感慨：自古皇家无亲情。

特别是这位自小就看多了徽宗后宫里种种钩心斗角、明枪暗箭，自己和生母韦氏又一直不受徽宗待见的九大王康王殿下，其心中所思所想到底如何，恐怕不是刘浩这样的刚直之人能够揣摩的。因此部队此番东归，不要说自己和刘浩所部将士前程如何难以确定，就连这天下大势，都可能正在酝酿着更猛烈的风暴。

但怀疑只能是怀疑，岳飞并没有别的选择。在京城消息不通的情况下，如果贸然抗命，不但军法不容，还有可能给已经微弱的国势雪上加霜。赵构毕竟是眼下唯一在金军掌控外的皇子。只要他自己愿意，就是整合各路勤王军和抗金力量的最佳人选，可以避免无数的纷争和内耗，快速集结起足以改变局势的力量。反之，如果他的权威被公开损害，那么已经有各自为战、协调不力之弊的各路勤王人马，势必陷入更大的混乱之中，后果难以设想。

或许，这不仅仅是自己的怀疑和担忧，也是宗泽、刘浩做出选择的原因，尤其是宗泽。于是一番煎熬挣扎后，岳飞接受了刘浩看似是宽慰、实则含有规劝和提醒意味的劝告，又一次揣着满腹心事踏上了征途。

# 7 聚九州之铁，铸此大错

靖康二年二月初，刘浩一部奉命前往广济军柏林镇。这个地方由于距离东京开封已经很近，所以常有金军游骑和小股部队出没。而刘浩的运气，从普通士兵视角看的话，也实在是差到家了。

本来这两千多号人自开德府开拔后，一连数日都如常行军，没什么意外发生；结果眼看就要平安到达目的地了，却突然冲来一股人数不少的金军骑兵，不少士兵都骂了娘。

不过骂归骂，在经历了李固渡之战、滑州之战和开德之战后，刘浩麾下这两千来人的心理素质已经近乎脱胎换骨，不再是一遇强敌就想跑，而是相信自己完全有能力与对方过几招，还有不小的概率能赢。毕竟，他们身后有岳飞呢。

岳飞也没让同袍们失望，再次率先冲阵。可能是被迫撤下前线后一肚子邪火没处撒，需要到战场上宣泄一下；也可能是想效仿一下狄青等前辈名将，耍个帅振奋一下同袍心情，岳飞这次冲锋不但没戴兜鍪或铁幞头一类的头部护具，还连发簪发带也解了，直接披散着头发冲向了敌阵。在冷兵器战争中，"免胄"通常是决死冲锋的信号，气势上就先占住了制高点。另外，可能是这次对方披重甲的精兵较多，岳飞也没有用惯用的枪、刀之类的长兵器，而是用了铁锏[82]。突入金军阵列后，岳飞运锏如风，猛冲猛打，一口气砸倒并杀死了好几个金军重甲骑士。金军阵列被岳飞冲得大乱，岳飞自己却毫发无损，尘土飞扬、鲜血迸溅之间，飘发电举，越战越勇，真如凶神下凡一般。

在战场上，这种摆明了不要命，却又偏偏无人能伤、无人敢挡的打法，对双方士兵的心理冲击都是巨大的。于是金军一瞬间开始怀疑自己是不是撞见了天降煞星，宋军则士气大振，纷纷跟在岳飞身后加入战团，个个都迸发了比平常更强的战斗力，以一当百杀得金军大败，还一口气追出了数十里，一扫连日来的闷气。

刘浩率部挟战胜之威凯旋进驻柏林镇后，此战上报计功，岳飞的军衔又升两级，晋升为从七品武翼郎。相比前几次升职，岳飞这一次升迁的意义更为重大——在宋代军制中，武翼郎是"诸司副使"的第一阶。一军之中，通常实职为正将的军官才可配这一军衔，统御人数则在千人上下，相当于现代军制中的中校团长，可以说已经跨入了高级指挥员的门槛，放在整个官僚体系里，算是个标准"中层"了。

不管在古代还是在现代，也不管是在和平时期还是动荡时期，一个受过良好教育的人，三十多岁做到这个级别就算年轻有为，四十多岁才做到也正常，还有好多人一辈子仕途的最高成就也不过到此为止。而岳飞现下才二十五岁，从无任何官职的农家子弟到这一级别，只用了不到三个月，并且完全凭实战战功，没有任何外部助力，即使是在乱世用武的年代，也令人惊叹。对此，包括刘浩在内的岳飞的战友们，既惊奇、艳羡，也颇感自豪。身为武人，内心里或多或少，总还是残留着一些英雄梦的。岳飞的战绩对他们来说，不仅仅意味着增加了战场上的存活概率，带来了物质上的利益，更唤醒了他们尚未完全冷却的血勇，每当与友军将士和当地百姓讲起，总不免带上几分与有荣焉的快慰和兴奋，讲得格外精彩生动。

得益于这种发自内心的共鸣，岳飞的勇名不仅再次传遍了大元帅府各军，也在当地流传颇广，妇孺皆知。

十二年后的南宋绍兴九年（1139）[1]，紧挨着岳飞当年驻军地定陶县柏林镇的兴仁府（今山东省菏泽市），出了个敢于聚众起义、南下投宋的草莽豪杰——当地人送外号"泼李三"的李宝。李宝在试图劫持金军任命的伪知府未成、被迫只身南渡后，南宋朝廷本来将他拨给了防线正对山东地区的淮东战区负责人韩世忠。但自视极高的李宝对这个任命大为不满，居然放弃了朝廷封赏的官职，压根儿没去韩世忠那里报到，就溜回了临时国都临安，用诈称是岳飞同乡的方式，见到了彼时正从鄂州（今湖北省武汉市武昌区）赶来临安朝见宋高宗的岳飞，死活要投岳家军，还非要当岳家军中最为精锐的骑兵。说白了，他是觉得只有岳飞才配当自己的主帅，其他

---

[1] 同一年份后文不再标注。

的选项都是屈了自己这个天纵英才。

　　但李宝在此之前从没见过岳飞，也没什么乡党、亲故之类的人际渠道。之所以尚未谋面就抱定了非岳飞不投效的想法，除却岳飞当时已经"威名战功，暴于南北"[83]之外，十二年前柏林镇的这一战，也许发挥了更大的作用。岳飞驻军柏林镇期间，李宝十二三岁，正处在人生最热血、最容易"中二"的阶段，听四邻乡党传讲岳飞富于传奇性的战斗事迹时，多半产生过"大丈夫当如是"的想法。而几年之后，当发现少年时父老乡亲有口皆碑、自己也视作人生目标的青年英雄，渐渐成了天下人都服气的当世第一名将、十万雄师的统帅，那种仿佛和偶像一同成长、亲眼见证了他奋斗全过程的亲切感和认同感，是难以言喻也无可替代的，也难怪李宝会连韩世忠都不放在眼里了。

　　更难得的是，李宝"追星"足够痴心，岳飞也没辜负小青年的一腔热血，虽然李宝刚投到他军中不久就闯了场泼天大祸。李宝费尽心思投入岳家军时，正逢衣冠南渡后宋金两国第一次和议，岳飞出于长远考虑和一贯的谨慎，一直严格遵守朝廷的休战令，明面上没有任何出格之举，仿佛就安于朝廷的安排，不再筹划北伐了。这令急于解救故土乡亲的李宝大为不满，以至才在岳家军待了半年多，就觉得偶像的"人设"崩了。幻灭之下，这个胆大包天的青年居然暗中说服串联了几十名战友，约了个日子乘夜渡江，打算集体开小差，不再靠什么朝廷和岳家军，要自己打回老家去。殊不知他这点小心思、小把戏，在管理严格的岳家军根本玩不转。一伙人刚摸到江边，就被早盯上他们的明岗暗哨包了圆，一个不漏地押到了岳飞帐下。

　　不管是私下结党擅自行动也好，还是开小差也好，在军中都是死罪。不过生死关头，李宝再次展现了天不怕地不怕的性格，在别人都吓得瑟瑟发抖之时，一口咬定此次行动全是自己一个人的主意，其他人属于被自己坑蒙拐骗了，并不知道内情，所以不应该承担任何责任。

　　当时的岳飞大概已经很久没见过敢在自己面前这么嚣张的家伙，一时好气又好笑，但也忍不住激赏李宝敢想敢做敢出头的行动力和勇气，于是佯装震怒，把李宝和被他忽悠的那几十个倒霉蛋一齐关了禁闭，实际找人给李宝补了不少敌后作战和部队管理的课，顺便好好磨了磨他的性子。大概关了四十多天后，兀术即将毁约南侵的消息不断传入南宋，岳飞放出李宝，确认他想打回家乡的决心仍然没变后，一挥手就给了李宝黄金五百两，让他按着自己的想法回兴仁府一带招兵买马放手去干。待李宝真的在敌后拉起了几千人的游击队，还选了八百名精壮青年南渡投入岳家军时，又直接给了李宝一道正七品武翼大夫的告身，让这个兴仁府小泼皮从逃兵罪犯，一跃而成了岳家军中数得上号的中层将领。深感岳飞知遇之恩的李宝作战更加拼命，先是在东明县夜袭金军骑兵部队，打出了在当时颇有名气的渤海庙大捷；后又率部东进，不断袭扰鲁西、豫东一带，有力配合了刘锜、陈规指挥的顺昌之战，以及之后岳家军主力的全面北伐。直到岳飞被迫班师后，才开始沿运河河道南撤，回归南宋。

由于李宝的游击区域主要在山东地区，所以他撤回南宋时，又和之前嫌弃过的韩世忠碰上了。会面之后，韩世忠极为欣赏李宝的军事才干和豪迈性格，以至犯了眼馋别人部属的老毛病，非要李宝留在韩家军当自己部下不可。但此时的李宝对岳飞已经倾心折服，眼里根本容不下第二个人，眼见韩世忠执意相留，居然来了个"截发痛哭"。古人讲究身体发肤受之父母，不可毁伤，所以自己割自己头发就等于毁容自残，基本可以看作古代男性版的一哭二闹三上吊，那意思是你要再逼我留在你这儿，不让我回岳家军，信不信我马上死给你看！

眼见闹成这样，韩世忠要留也不敢再留，要放人走又有点下不来台，只好写信给岳飞，打算让岳飞来信表示一下想让李宝回去的意思再放李宝走，这样自己在其他部下面前不至于太尴尬。然而出乎韩世忠和李宝的意料，岳飞的回信没要李宝回去，反而劝李宝说"是皆为国家报房，何分彼此"[84]——都是为国家打仗，不要挑挑拣拣闹情绪。

岳飞的表态让韩世忠深为感动也喜出望外，却让李宝郁闷得不行，甚至怀疑自己是不是一年之内连着两次大闹，举动太出格，被岳飞嫌弃了，才被岳飞当成调和友军关系的人情大礼包送了别人。但他这次郁闷也只持续了半年——半年后的绍兴十一年（1141）[1]六月，已经被免去实际掌兵权、调入中枢担任枢密副使的岳飞陪同枢密使张俊到楚州（今江苏省淮安市楚州区）巡视，其间专门召见了当时正率部驻守海州（今江苏省连云港市）的李宝，对这个一见面差点又大哭大闹的小部下"慰劳甚至"[85]，并给他布置了一项新任务，同时也顺带解释了为什么在半年前把他送给了韩世忠。

并不纯然是为了照顾韩世忠的面子，维护与兄弟部队间的关系，而是因为岳飞认为李宝是京东东路土著，家乡兴仁府又是运河枢纽，所以最适合发挥他特长的，还是能够利用水路网络用兵的淮东和京东东路，而不是岳家军坐镇的长江中游与中原地区。此外，在绍兴十年（1140）[2]北伐时，岳飞深感韩世忠一军虽然能勉强拖住东线金军，但进攻却不够给力，进而想到淮东到京东东路，甚至一直到华北、辽东，都属于沿海地区，如果能有一员大将率领水师由海上进兵，沿途或登陆袭占沿海州县，或从海路直捣要害重镇，与陆路宋军配合并进，当能更快打开东线局面，彻底治愈淮东一线宋军防御有余、进攻乏力的痼疾。

而岳飞心目中最适合这个海路大将的人选，正是此时还不到而立之年的李宝。只是李宝目前也只有在运河上的作战经验，还没出过海，所以岳飞此次布置给李宝的任务，就是让他带领部下从海州出海北上，袭扰京东东路沿海地区（今山东省烟台、威海、青岛一带）。一方面为岳飞设想的东线宋军新北伐方案做个演习，积累一下航海经验；另一方面，若能成功，还可以证明海州作为宋军前沿出海口的价值，破坏掉张俊受秦桧指使，打算放弃海州、将宋军东路防线后撤至楚州的打算。

岳飞的新计划再次点燃了李宝的热血。他当即快马奔回海州，率领部下扬帆出海，经过数日航行后，出金军之不意，成功袭击了登州（今山东省蓬莱市）和文登县（今山东省烟台市文登区），焚烧了金军设在此地的军粮粮仓，率部凯旋。

只是李宝没想到的是，岳飞给他的这次指挥，不但成了他和岳飞最后的

---

[1] 同一年份后文不再标注。

[2] 同一年份后文不再标注。

交集，还给完颜兀术再次向秦桧强调"必杀飞，始可和"的要求提供了借口与动力。

三个月后的九月中旬，就在岳飞被诬入狱前夕，兀术再次亲自提兵南下，以图为宋金两国暗中进行已久的和约制造压力。而其抵达淮南前线后给南宋朝廷的第一封国书，就公开指责宋军："……比来愈闻妄作，罔革前非，至于分遣不逞之徒冒越河海，阴遣寇贼剽攘城邑，考之载籍，盖亦未有执迷怙乱至于此者！"[86]这里的"分遣不逞之徒冒越河海"，显然是指岳飞授意李宝实施的登州之战。兀术没有想到失去兵权的岳飞仍有反击金军的能力，仍能找到为宋军北伐做准备的机会，震怒之余，再次感到对方这个过分年轻的军事天才必须除掉，才能保证金国未来不至亡国，与南宋的和约也才能多持续几年。

而李宝也是到这时，才渐渐体会到岳飞在楚州向自己面授海战方略时，是怀着怎样的心情，将未来北伐的希望交托给自己的。他当时只是模模糊糊地听说——故帅此次前来楚州，与张俊在处置韩世忠旧部、处理韩世忠老部下耿著"谋反"一案和放弃海州后撤淮东防线等事上都有分歧，却还不知道在秦桧已经提前施压摊牌的形势下，岳飞已经是以决死的态度在做自己认为必须做的事情。楚州与岳飞的最后一面和之后规模并不算大的那场海战小捷，自此成了李宝心头最深的创痛，但同时也成了他在之后二十年蛰伏煎熬中坚守志向的最大动力。

二十年后的绍兴三十一年（1161）[1]，金帝完颜亮（迪吉乃）毁约南侵，彼时已经通过杨存中的提携助力，被赵构任命为水师将领的李宝率军沿海路北上，以八千部众在陈家岛（今山东省青岛市灵山岛至唐岛湾一带海域[87]）一战歼灭了金国计划直捣临安的七万水师（其中金军正兵二万，汉儿军一万，水手四万），一举扭转了新一轮宋金战争的力量对比，也挽救了南宋险些再次覆亡的命运。而李宝在此战中采用的进军路线、作战思路和相当一部分战术，正是出自数年前岳飞在楚州对他面授的设想。

---

[1] 同一年份后文不再标注。

只是，除却李宝之外，已经不会有多少人知道，第二次绍兴和议后宋军久违的这场大捷，不仅是李宝的光荣，更有至此已经衔冤地下二十年的岳飞的心血。更难有人想到，绍兴三十一年隆冬在胶州湾海域及沿岸熊熊燃烧"三昼夜二百余里烟火不绝"[88]、彻底烧毁了完颜亮灭宋之梦的大火，其光芒的源头与火种，竟可以一直追溯到三十四年前，发生在京东西路广济军柏林镇的一次宋金军队的小规模战斗。

　　但无论这场战斗的影响如何出人意表，又如何意义深刻，日后的李宝又是何等为岳家军扬眉吐气再添光彩，都只是后来者才能看出的千里伏线、如缕血脉，并无助于改善身在靖康二年二月广济军柏林镇这处时空的岳飞的心情。此时已经被同袍吹成武曲星下凡的青年军官，在一片赞扬声中并没有多少得意，只有无处可说的郁闷。因为事实再一次证明，他不仅是天生的敢死队员常胜先行官，也是天生的"乌鸦嘴"，几乎每个预言都会成真，这次跟刘浩半遮半掩嘀咕过的悄悄话也不例外。

　　驻扎柏林镇之后，刘浩一军果然像岳飞之前担心的那样，再未获得与金军交战的机会，在驻地按兵不动，一待就是两个月。

　　当然，在这两月期间，赵构也做过一些向广大臣僚军民昭示自己仍在积极筹备南下救父兄的姿态。二月二十日，赵构率领大元帅府中枢机构和大本营五军，由东平府南下到了距梁山泺更近，也有水道直通开封的济州（今山东省巨野县）驻扎，从而让刘浩、岳飞驻军的位于济州西南百余里的广济军柏林镇成了更加紧要的前哨。

　　而在此行动的前两天，赵构还下令诸路勤王军可以根据硬探得到的敌情，斟酌是否应进兵东京。但紧随着这道命令的，是大元帅府设置的一大堆"救援东京军事行动合规流程"，上来第一条就是要求各路宋军主帅务必保证行动的公开度、透明度。比如，驻扎在开德府的宗泽部若想出战，必须提前发布告示榜文，告知开德府军民……

　　还有一条要求是各路勤王军如要进军，也必须互相联络，约期并进，务必在同一时间到达东京城。在各部人马主帅意图不一的情况下，这样的要求只能起到限制各路勤王军行动的作用。

最后，大元帅府的这道命令还重申：考虑到东京城中的朝廷正在与金军议和，各路人马务必要避免激怒敌军，不能使"衅自我开"，建议等待至少十天到一个月，那时如果金军还不撤军，才可考虑进攻……这样一来，等于把之前同意进兵的许诺又撤回了。

看着这样进一步退十步的"进兵"令，岳飞在愤懑与焦急之外，也为老帅宗泽揪心：这位真正把社稷黎民之难化作自家心头痛愤的老人，在这样的局面下，很可能会成为大元帅府诸路人马中唯一主动进兵的"冤大头"。而有来自上级和同僚的掣肘，却没有了自己及刘浩部的助力，他很担心这位前几年才开始自学兵书战策的老书生，会在交战中吃金人的大亏。比如，自己的顶头上司刘浩之前献给宗泽的、据说可以用来抵御金军铁骑的战车图样和车阵，就是个挺大的坑……刘浩是个好人好领导，也是个愿意主动琢磨战术战法的敬业军官，但是在创造性上实在欠点天分。自己月前隶属宗泽麾下时，曾委婉提醒过刘浩和宗泽，这战车战术怕是不灵。但现在自己跟随刘浩被撤下前线了，宗泽副元帅一部担负的压力又空前巨大，会不会病急乱投医，又想起用这招？

事态发展未出岳飞所料：三月中旬，急于进兵东京却又得不到赵构助力的宗泽，果然再次祭出战车战术，试图长驱东京，结果在南华县中了金军的埋伏，多名将领、官员阵亡，宗泽自己也不得不改易士卒之服才得以脱身，退回开德府驻扎。至此，大元帅府军中唯一一路敢于主动进击敌军的人马也难以前进了。

而比按兵不动更为诡异的是，大元帅府还对外宣称始终得不到东京城内的消息，敌情不明，宋钦宗的圣意也不明，所以不能轻举妄动。直到三月底，才声称靠赵构亲信部下黄潜善招募的一名小吏李宗潜入东京城内，获得了最新情报：

自今年正月十五上元节后，围困东京城的金军虽然还是一直没有下外城墙入内城，但宋钦宗、宋徽宗及徽宗诸位皇子、后妃，还有宋钦宗唯一的儿子，却陆续被金军以议和谈判为名掳入金军大营软禁，至今没有放回，存亡难料。不仅如此，金军还于三月七日扶植宋朝大臣张邦昌为帝，逼令东京城内的宋朝官员和百姓效忠。如今东京城内的年号已经是张邦昌新设立的"建昌"，大宋已经算是亡了。

自然，得到如此噩耗后，赵构当场便痛哭不已，不仅立即下令各路勤王军和河北各州县军队、民兵，务必奋力出击，拦截可能是要挟持二帝及赵宋皇族北归的金军，夺回钦宗和徽宗，还宣称自己也要"亲领大军前去策应，效死解难，迎还二帝"。

命令传出，不少将士都在悲痛之余，大为赵构的仁孝和忠勇而感动，但岳飞却再次有了疑问：

从今年二月到眼下，大元帅殿下在京东路的东平府、济州驻扎期间，从东京城内逃出、前来投奔他的人不在少数，其中光太学生就有不少，而且其中一些人，如眼下正被赵构大加宠信的汪若海，是从宣和末年开始就深度卷入朝堂政治的学生领袖，同时也是姻亲皆为皇族宗室、交游上通宰执大臣的世家子弟，按理说，他对城内的政治局势、军事形势乃至人事纷争、事件内幕，都该极为清楚。有这样的消息渠道在，大元帅怎么会只能靠黄潜善招募的小吏才能得知东京城内的近况呢？

再有，围困东京城的金军固然凶悍，但若是真心知晓东京城内消息，何至于两个多月的时间都无计可施？

还没等岳飞继续往下想，又有更惊悚的消息传来：

据说李宗得到情报回到济州后，没有立即面见赵构，而是先把消息告诉了十二月受钦宗之命从东京城内潜出、到相州给赵构送第二份蜡书密诏的一名小武官侯章。侯章自从成功到达相州，就一直坚持自己携带的密诏中钦宗催促赵构火速进兵东京的要求才是朝廷真意。至于让各路勤王军都先驻兵等待金军讲和结果、一旦金军和意明确还要立刻马上解散部队中临时征召的民间勤王军的消息都是假的。所以侯章得知李宗打探到的情报后，立即到处与人传讲东京城内发生的这些"爆炸性新闻"，并面见赵构，恳请赵构立即南渡避敌，由自己留在此地招募勤王军南下救取东京城。于是没过多久，这名小武官便像小半年前死在磁州的王云一样，行囊中被搜出了金人的服饰装束，只不过侯章没有像王云一样当即被愤怒的军民打死，而是被大元帅府拘捕收监，经过审讯，宣判为私通金人的奸细后，当众斩首。由于金军的残暴，当时的军民百姓对一切勾结金军的叛徒都深恶痛绝，所以竟然在侯章死后"争裂尸首，丝擘其肉而食之"[89]，以发泄心头之恨。

紧接着，在侯章惨死之后，李宗也诡异地消失了，就此下落不明，生不见人死不见尸。坊间消息纷纷传说，是黄潜善派人干掉了李宗。而杀他的原因，是黄潜善担心李宗知道太多自己与伪楚朝廷大臣的私人联系，惧怕他揭发检举自己通敌之故。但是仅仅因为一名大臣的私人恩怨，就杀掉历尽艰险恢复大元帅府与京城联络的头号功臣，这实在有点让人难以置信。

不过，不管这两人的死因到底是什么，接二连三的血腥死亡都足够表明，大元帅府的上层决策者们，绝不愿意三军将士和普通百姓知道太多东京城内的信息，更不希望他们议论相关事宜、表达自己的看法。

何况，在接下来的局势下，事情会如何发展，本来也不需要议论了。

靖康二年三月二十九日，金军兵分两路，挟持钦宗、徽宗以及掳掠来的后妃、皇族、匠人艺人，北上归国。至此，康王赵构终于成了中原地区仅存的宋徽宗亲子。

而被金人扶立的张邦昌，深知自己本无能力和威望称帝改朝，于是迅速接受了亲朋故旧和僚属大臣的建议，让出帝位，迎宋哲宗废后孟氏入宫中垂帘主政，以表示还政于赵氏的意图和决心。很快，在四月初，孟氏便在幸存皇族中最为德高望重的一位宗室——赵构的皇叔赵士㒟的建议下，与幸存的赵氏宗族和朝廷大臣们议定，迎立赵构为帝，以接续大宋的国脉。

之后，就是即位称帝的一系列常规流程了：

东京、济州、南京城内，以及其他地区接收中枢消息还较为方便的百官、士大夫、太学生纷纷上表，劝赵构尽快登基，以安人心；赵构则反复谦让，表示自己全无此心，更不应在父兄蒙难的情况下当此大任；然后劝进的臣子们再劝说恳求……

如是反复几轮后，赵构终于同意即位。紧接着，大元帅府的僚属们又提出，眼下最合适的登基地点，不是济州，也不是东京，而是距离济州最近的大宋"四京"之一——南京应天府，于是在四月二十日，济州及周边驻军的大元帅府军被重新整编，诸军于次日起发，护送赵构到南京应天府登基。

在这次整编中，刘浩一部两千多人，不再是独立的前军，而是被归入了张俊统领的中军，以张俊为统制，刘浩为副统制。显然，经过大名府分兵时刘浩主动要求归隶宗泽一事后，这名原属赵构麾下高层将领中从龙最早、作战最有力的勇将，已经失去了赵构的信任，此刻只能屈居来得比他晚、眼下却比他更受赵构信任的张俊之下了。

靖康二年四月二十一日，驻扎在济州周边的大元帅府军，于五更天起，按照先锋军—前军—左军—右军的次序，依次开拔，向南京应天府进发。而张俊率领的中军作为大元帅的亲卫军，直到天色亮后才正式起行。紧随中军后的，就是即将登基成为天子的大元帅康王，而后是大元帅幕府的幕僚官佐，最后是后军和南京应天府知府朱胜非派来迎接康王的人马。

仅看发兵次序，就能看出张俊及中军地位的特殊和重要。因此包括刘浩部下在内的不少中军士兵，都很是兴奋了一番。毕竟，天子亲卫、嫡系部队的资格，在军中向来是吃得开的。整编能捡到这样的好事儿，即便在张俊部下受点气也值了。想到未来新官家登基典礼的隆重，和近在眼前的加官晋爵，众人面上不禁都带了些与刚刚发生的国难并不相称的喜色。

骑在战马上的岳飞却始终面沉似水，和周边有些振奋的气氛格格不入。作为刘浩的部将，他也随着这次整编被编入了中军，正式成了张俊的部下。而张俊早就听说过他的事迹，因此在见面时，很是跟岳飞客套了一番，也做了不少前途上的许诺。其他士兵也觉得以岳飞的才华，若得张俊这位天子眼前红人的助力，升官只会更快，倒未必会受已经成了冷灶的老领导刘浩多少影响。总体而言，又是件有利于岳飞继续升官的大好事。

但岳飞此刻却无暇去想这些，甚至也不愿意再去多想自己这几日听说的关于靖康之难的诸多内幕、细节甚至小道八卦——那对他而言是巨大的折磨，而且比纯粹的力战不敌、败阵失地更令他窝火。一路之上，他脑子里反反复复回放的，只是从半年前的李固渡之战、滑州之战开始，就渐渐积攒在心里的一个个问题、一重重疑虑。现在，这些比战乱本身还可怕，曾让他不安、迷茫，甚至感到过恐惧的阴影，点点滴滴汇集在了一起，让向来被一些老兵讥讽为闲着没事就"杞人忧天"的他，有了更深的一层忧虑：自己身后这位连东京城和亲生父母都不能救的康王殿下，一旦登基成为新官家，真能拯救大宋的国运，拯救比东京市民人数多得多的黎民百姓吗？

想起从去年闰十一月到眼下的半年征程，以及与赵不尤的交谈，岳飞觉得自己实在难以给出一个肯定的答案。只是，若真是如此，自己又该怎么办，又能怎么办？只能一直束手听命，安心做上位者的苦力和棋子，为了那些看似冠冕堂皇实则阴暗至极的目的，被随意摆来摆去吗？

# 第四章

# 建炎元年：“体制外”vs“体制内”

　　……一味恬淡、超脱的人休想有什么悲剧。聪明自负，看破一切，是可鄙的人，这种人可以“不滞于物”，自命修养上“可贵”，但这种人多了，一个民族也就可悲了。……惟有热情、至性的人才能演悲剧。为公众的高尚的热情和“至性”才是构成悲剧精神的要素。……艰难苦恨的道路，早晚总有走通的一天。一时走不通，他却勇于承担真理的重任，追求到底。

　　　　　　　　　　　——《曹禺全集》第五卷《悲剧的精神》

## 1　沧海横流，奋英雄怒

　　靖康二年四月二十四日，河北兵马大元帅、宋徽宗第九子、康王赵构在大元帅府五军和应天府知府朱胜非护送下，到达南京应天府。五月一日，赵构在众多文武官僚见证下登坛昭告天地，正式称帝，改年号为“建炎”，是为赵宋王朝第十位皇帝，后世称之为宋高宗。

新官家登基第一件事就是大赦天下，封赏功臣。从相州就开始跟随当今天子的大元帅府军僚属将士，获赏尤为优厚，不少人都无功晋升了一到两级官阶。岳飞的官衔应当也在此时晋升了两阶，从武翼郎升到了武经郎。

但面对这份从天而降的富贵，岳飞却感觉不到丝毫荣耀：就在岳飞为了拱卫大元帅府不得不跟着刘浩在柏林镇按兵不动的时候，屯集东京城外的金军，因担心宋朝"四方勤王之兵渐次到来"，开始四出抄掠，使"东及沂，西至濮、兖，南至陈、蔡、颍，皆被其害。陈、蔡二州虽不被害，属县焚烧略尽，淮、泗之间荡然矣"。还在东京城四周大肆发掘坟墓，"出尸，取其棺为马槽。杀人如割麻，臭闻数百里"[90]，导致东京暴发了数次瘟疫，人口锐减近半。在这样的炼狱之侧袖手旁观足足两个月，一仗未接，让岳飞觉得新获得的官职没有半分光彩可言，只能增加自己的愧疚、悔恨和茫然若失——悔恨二月初被大元帅府调回时没想办法留在开德府继续跟随宗泽，怀疑自己这第三次投军是不是从最初就太过操切太欠考虑，以至于看错了人投错了地方？

新天子也没法再让他产生在大元帅府开府时一度有过的那种崇拜和期待。不管即位大典本身如何华贵庄严，各地勤王将士、文武百官罗拜山呼的场面如何盛大热烈，都驱不散岳飞心头积下的一重重疑云，还有两则刚听到的最新内幕：

一是赵构即位后，立即将大元帅府军未能成功救援东京城及徽、钦二圣的责任，推到了自己的"老师傅"耿南仲身上，丝毫不顾从相州矫诏招兵，到北上大名避敌，再到在东平、济州"围观"靖康之难，耿南仲都堪称建策首功之臣，对赵构获得皇位功不可没。更令人生畏的是，作为深悉赵构为人的官场老手，耿南仲其实早在赵构从济州出发到南京应天府登基前，就主动提出了辞职。但赵构却坚决不允，还安慰耿南仲说："使天下无事，吾得居蕃衍宅，事父兄，门下侍郎（指耿南仲）安享爵禄，岂不为美？今日不得已，吾即继大位，岂不能保全一旧师傅乎？师傅，吾师傅也，且老矣，月以数百千（钱）养一前朝老师傅，直易耳。人言毁誉何足信！"[91]一番甘言美语，真把耿南仲唬住了，以至于直到现在才看出全是赵构要扣住他"接锅"

的缓兵之计。虽然岳飞一直视耿南仲为黄潜善、汪伯彦一流的祸国佞臣、无行小人，但他于赵构有大恩也是实情，而赵构居然能用这么厚黑的心思对待自己的"恩人"，难免让稍知内情的人都心寒不已。

二是赵构登上皇位没多久，就委派亲信回东京城为后宫搜寻所谓的"拆洗女童"，但实际找来的，全是十几岁的秀丽少女，甚至年岁更小的幼女，并且"搜求之甚，过于攘夺，愁怨之声，比屋相闻"[92]。这不禁让岳飞再次想起了赵不尤给他讲过的、赵构在东京城当亲王时的旧事，满心蹿火却又敢怒不敢言：国难当头之际，最需要凝聚人心的时候，还有心思在劫后的故都干这种特别容易激发民怨的荒唐事！不提黎民苍生江山社稷如何，这官家对自己最起码的名声有半分在意吗？

更难过的是，岳飞还不得不面对与老领导刘浩的离别：登基后的第四天，赵构就发布诏令，将刘浩的官衔升为正五品遥郡防御使，同时将其实职改为大名府兵马钤辖，令其尽快赴大名府上任。刘浩部下两千人马则分为三等：军人为一等；百姓强壮而无业可归愿充军者为一等；老小怯弱、不堪出战人为一等。前两等分散编入大元帅府军五军，最后一等给官方证明文件后放归田里。如此处置，明为升官，其实是把刘浩开除出了新组建的朝廷中枢，也等于彻底否认了他相州从龙的资格和历次的战功。

随着这道命令被正式拨隶，岳飞为刘浩的遭遇不平，为两人的分别伤感，同时他也敏锐地注意到，大元帅府军中遭到这种对待的，不止刘浩一个，还有跟宗泽打过配合的文臣阎邱升，武将丁顺、王善，以及岳飞的大半个老乡——孔彦舟[93]。

孔彦舟是相州林虑县（今河南省林州市）人。林虑县在相州之西的太行山区中，与本州辖下其他县镇相距较远，可以算是相州的一个小小"飞地"，但行政上仍属一体，路程也不算太远。所以孔彦舟堪称"传奇"的亡命生涯，岳飞早在汤阴家乡时就听说一二：此人虽然年纪比岳飞还小些，也不过二十多岁，经历却复杂到惊人，十几岁就在老家杀了人，凭着一身武艺和机警狡诈逃脱了官府追捕，亡命到东京城里，居然还当上了禁军士兵；接着又成了康王赵构藩邸中的卫士，并且很快博得了赵构的喜爱——孔彦舟虽然只是林虑县无赖混混出身，却有颇高的文艺天分，加之本人机敏好学，进入东京开封这个花花世界后，居然很快就点满了下至吃喝嫖赌、宴饮游乐，上至书画工艺品鉴赏收藏、音乐舞蹈设计编排、写诗填词唱曲按板等各项上流社会贵族阶层的风雅之道，甚至还研究上了园林建筑设计建造。三十多年后，已经是金军名将的孔彦舟，就是凭着这点园林建筑上的造诣，参与设计了海陵王完颜亮为大金国选定的新国都——燕京新城。

对一直想通过钻研书画等文艺之道博得父皇赵佶关注，又确实具有一定文艺天分和审美品位的赵构来说，身边有这么个出身行事都极为另类的文艺青年，可谓正中下怀。而且他很快发现，他和孔彦舟甚至在玩弄女性上，也颇有些"同病相怜"。和赵构惯于虐待未成年少女相类，孔彦舟在私人生活上也有很专一的口味——专喜交结上层贵妇人，特别是赵姓宗室女。几年后，孔彦舟也正是因为这个毛病，在驻扎京东路期间被自己的顶头上司抓住了把柄，不得不第二次叛出官军。

两个臭味相投的浮浪子弟一拍即合，孔彦舟很快就成了赵构的亲信，以至于他后来的授官文件中，还曾特意提到过这层际遇。如果不是孔彦舟不久后不知为何又犯下死罪下了大牢，这个相州林虑县无赖本来应该是赵构的贴身侍从，身在大元帅府中枢，而不是冒死越狱再度落草，沦落成相州附近的悍匪。虽然他在靖康元年年底跟随寨主常景受了大元帅府招安，又恢复了官军身份，但也难以再跟随赵构左右。

不过孔彦舟当然不甘心就此而止，并且他很快就找到了一个翻身的机会。靖康二年二月中旬，也就是岳飞离开宗泽军、跟随刘浩驻守广济军柏林镇半个月后，大元帅府命令驻军在开德府后方朝城县的常景前往柏林镇和刘浩部会合。常景奉命率本部一万军兵[94]起发，行到中途的郓城县暂驻时，孔彦舟忽然连夜赶到东平府，要求面见赵构，并告知赵构，常景因为觉得官军管束太严，有意复叛为寇。赵构大惊之下，索性命孔彦舟负责除掉常景，并许诺如果成功，常景麾下一万将士和现在的官衔，就都是孔彦舟的了。

获得赵构承诺的孔彦舟返回驻地，还真找机会杀掉了常景，收服了常景的队伍。但赵构此时也不敢再完全信任这位反复无常又手段了得的旧人，便做了一个颇为高明的处置：命令孔彦舟率领原属常景、杨青的万余部众，前往开德府驻扎，听从宗泽指挥，参与对金军的战斗。

赵构本来的用意，当然是希望借宗泽救援东京的行动，消耗这支出身悍匪、自己已经不敢再信任的军队。但不管最高层如何看待，从无名小辈骤然成为一军主将，毕竟是非常的荣耀，孔彦舟还是因为此事成了军中士兵们私下八卦的主角，以至驻军柏林镇但仍关心宗泽一路动向的岳飞也有耳闻。

岳飞在军中的相州同乡，以及其他知道两人关联的大元帅府军将士，则开始热衷拿年纪相近、家乡相邻、出身也一样贫寒的孔彦舟和岳飞相互比较，甚至还有些岳飞的同袍"粉丝"，开始为岳飞抱不平：孔彦舟是凭告密和与康王的私人关系才超越了岳飞的晋升速度，获得了和刘浩等中层将领平起平坐的地位，不配和岳飞相提并论。

对此类闲言，岳飞每每听闻后总是一笑置之。一来他觉得这种斗气竞争大可不必；二来他很清楚，孔彦舟不是只会落井下石的投机之徒，而是确有智谋与勇武，不可小觑。果不其然，孔彦舟改隶宗泽后，很快就表现出了军事才干。三月上旬，在宗泽指挥下孔彦舟两败金兵，一时威名大振，在军中形象也"洗白"了不少。

但孔彦舟在宗泽麾下的不俗战绩，并没有令他昔日的主人赵构对其刮目相看，反倒起了负作用：在这次赵构登基后的封赏中，孔彦舟不光被任命为东平府钤辖，被踢出了赵构的权力中枢，部众也和刘浩部一样被分为三等，遣散或改隶。赵构实际上剥夺了他的兵权。

此外还有丁顺、间邱升，在大元帅府军半年多的征战、迁徙过程中，这两人也与金人交手较多、战绩不错，如今却也和刘浩、孔彦舟一样，被剔出了赵构以大元帅府军为基底组建的"御营使司军"。

总之，一个个数过来，但凡大元帅府开府后和金军交过手的，无论战功大小，无论文臣武将，此番几乎全被赶出了新天子的"核心圈"。与此恰成对照的是，在赵构登基后受到重用的杨惟忠、张俊、黄潜善等文武官员，投到赵构麾下后，基本再未与金人见过阵。干苦活脏活的用完就扔，在后方躲安逸的倒平步青云。显然，新官家、新朝廷的用人标准，并不是对金军作战是否英勇、战绩是否出色，而是另有尺度。

不过让岳飞三观大受震撼好几天都消化不了的，不光是有功者不受赏反遭贬，还有祸国者不受惩反荣升：赵构登基后，没有追究"大楚皇帝"张邦昌的责任，反而对外宣称正是因为他委曲求全，才保护了东京百姓没有遭受更大的灾殃。对在东京围城中为虎作伥的范琼，赵构也毫无惩戒之意，反而授予了他定武军承宣使——这个距离宋代武人最高荣誉"节度使"只差一步的高级军阶，同时任命他为御营使司同都统制，也就是赵构亲军的名誉总指挥，令其前往洛阳一带，征讨刘光世父亲刘延庆制造出的溃兵李孝忠部。要知道，范琼在东京围城中，曾屡次奉金军之命押送皇亲国戚到金军大营中，其中也包括赵构的父亲、太上皇赵佶，以及宋钦宗的皇后和太子。不仅如此，他还多次镇压试图反抗的宋军将士，威逼勒索东京城内百姓，可以说身上沾满了赵氏皇族的怨念与东京军民的鲜血。对待这样的乱臣贼子，就算迫于形势一时不能将其正法，难道略施惩戒都不能吗？

而且，如果说是因为顾忌范琼手下人马而不敢对其立施惩处的话，那么其他靖康之难中在东京城内欺压百姓、杀戮抗金义士的文臣，比如王时雍、徐秉哲、吴开、莫俦、胡思、王绍、王及之、颜博文、余大均这些人，为何也在来到南京应天府面见赵构后得意扬扬，仿佛功臣一般？

跟随赵构来到南京应天府驻扎后，岳飞已经慢慢了解到，金军在围困东京期间，不管是废掉钦宗帝位、搜捕赵宋皇室宗族、扶立张邦昌，还是索要金银、妇女、艺人工匠，其实都没有亲自动手，而是借东京城内的宋朝官员之手完成的。

以王时雍、徐秉哲、吴开、莫俦为代表的相当一部分宋朝官僚，满心只盼着赶紧满足金人的要求，好让金军尽快撤军，于是一面对金人有求必应，一面不惜痛下杀手镇压任何试图组织反击的军民。伏阙上书时语涉天子去就的教坊乐人司文政，试图兵谏宋钦宗、挟持宋钦宗突围南下的班直卫士蒋宣、李福等人，要求官府给民众发放武器以组织自卫的东京角抵艺人"小关索"李宝，甚至谋划劫营救出钦宗与太子的宋初开国功臣吴廷祚七世孙、文武双全名满天下的西军名将吴革，都是如此不明不白地死在自家官府和军队手中，根本没有获得与金人交手的机会，并且到现在都还背负着"聚众作乱"之类的罪名，不清不白。

而在简直一眼望不到头的死难者名单中，还有三个岳飞熟识的名字，一个是岳飞的第一任上司兼伯乐刘韐。刘韐靖康之难期间也在东京围城中，钦宗被掳后，因遭金军逼迫拥立张邦昌，被迫于正月十六日自尽。另两个是在平定军与岳飞有过交集的李若水和王履。他二人在钦宗第二次入金营时，因保护宋钦宗、指斥粘罕，同时坚决拒绝投降金军或效忠张邦昌，而于二月二十一日被金军残忍杀害。不过，比起吴革等人，这三位的待遇还算是好的，很快就被天子正式追认为殉国忠臣、官员典范，大加表彰。但连篇累牍、冠冕堂皇的颂文悼词，如今落在岳飞耳中，却只令人感到寒凉和讽刺。

从新官家即位后的一系列赏罚措施不难看出，到了现在这一步，天子以及他身边的重臣，仍然没有认识到坚决还击才是外敌肆虐时的求生正道，反而把卑躬屈膝委曲求全当作唯一的万全之法。不仅如此，很多朝廷官员甚至忌惮敢于反抗的自家军民更甚于金军，所以才有张邦昌、范琼等辈高枕无忧、风光无限，吴革这样的慷慨义士却至今身名在暧昧之间的荒谬状况。只有刘韐、李若水这种完全符合"政治正确"、不必担心引起任何负面影响的死难者，才能获得死后的哀荣。

庙堂用心如此，"社稷""苍生""忠义""忠孝"之类的字眼宣扬得越多，岳飞就越觉得失望甚至恶心。事实证明，这些他自小信奉并立志追随的光明，在上位者眼中不过是用来欺骗利用芸芸众生的幌子，内心里完全不当一回事。所以眼下，衮衮诸公提这些字眼提得越频繁，说得越动听，就越让他觉得肮脏虚伪，听到耳朵里都是一种煎熬。

不过开心的事情，倒也不是一点都没有。第一件，是赵构登基后虽然继续信用汪伯彦、黄潜善二人，但也应天下人的呼声，在登上帝位后第三天，就宣布起用已经被视为主战派领袖的李纲为宰相，以示抗击敌寇、收复失地的决心。这让岳飞觉得，年轻的官家，或许还是有改弦更辙的可能。

第二件，是李纲六月一日到达南京应天府后不久，就与赶来朝见的宗泽会了面，并力荐原本被任命为青州（今山东省青州市）知州的宗泽担任"东京留守"，也就是东京城及周边地区军务政务的总负责人，负责收拾金人撤军、张邦昌退位后出现力量真空的中原局势。岳飞二月被迫脱离宗泽指挥后，一直留意着这位老人的消息，尤其在赵构登基之后，更是为曾多次与赵构发生重大冲突的宗泽暗暗捏了一把汗。在得知他先被任命为襄阳知府、后又改任青州知州时，也曾嗟叹他果然是和刘浩一样，被排斥出了朝廷中枢，很是愤慨了一番。好在现在李纲的举荐和赵构的最新任命，终于让宗泽得到了更合适的职位，也给了岳飞等忧心国事的人们以希望。只是想到宗泽要以年近七旬的衰年承担如此重任，而自己又无法去他麾下效力，助老人家一臂之力，岳飞又不禁有些失落。

第三件，是六月中旬，岳飞又见到了赵不尤。赵不尤是护送新任户部尚书、原大名府知府张悫前来南京应天府赴任的，此次护送，他顺便也带来了自己麾下人马——被河北群盗称为"小使军"的近万名将士。身为皇族子弟，赵不尤对各种政坛潜规则并不陌生，深知二圣北迁、赵构登基后，自己作为宗室子弟，断不可再握兵权，于是不待赵构传诏，便主动请命护送张悫前来南京应天府，顺便把自己拉起来的部队悉数交给朝廷枢密院，换了一个从七品武翼郎。后来的事实证明，赵不尤这番处置深具远见。就在赵不尤上缴人马后没几天，另一名在靖康之变后招兵七千余人进逼东京城、促成了张邦昌退位的宗室子弟赵叔向，就因为不愿将人马并入赵构新成立的御营使司军，却想投奔新任东京留守宗泽，而被赵构派大将刘光世借收编之机诛杀，还被扣了一顶意图谋反的帽子。

暗自庆幸抽身及时之余，赵不尤没忘记向原大元帅府军将士打听知己好友的下落，很快找到了在张俊麾下听命的岳飞。两人自大名府一别，分开已有半年，时间不算太长，但在家国剧变之余，已有"别来沧海事，语罢暮天钟"之感。互叙半年来的见闻时，赵不尤看出岳飞对时局、对上位者都不满到了极点，于是用自己和赵叔向的遭遇委婉提醒岳飞：天下纷纷，若无赵构这么一个血统无可置疑的新天子在位，人心只会更加难以收拾。所以身为大宋臣子，他们只能盼望在靖康之变前完全没有接受过皇储教育的赵构，能在李纲等名臣扶持下，尽快改掉当亲王、大元帅时的某些习气，学会为君之道，之后或能有一番新作为——比如，眼下刚刚组建起来的新朝廷，将选择何处落脚，就是第一重要，也是最能看出朝政未来格局气象的大事。

于是建炎元年的夏天，就在岳飞、赵不尤以及更多忧国忧民之士的忐忑不安中飞快度过了，几乎每天都有关乎国运的剧烈变动，叵测无常，一如这个季节的天气。

六月初，李纲刚出任宰相不久，就上书请求赵构回銮东京，以便向天下及金国明示收复失地的决心；同时力促赵构严惩张邦昌等人，终于迫使赵构贬斥张邦昌、王时雍等，不久又将张邦昌赐死于流放地。紧接着，李纲又建议尽快成立河北招抚使司和河东经制使司，以便充分利用这两个地区如星火遍地的民间抗金武装，以便能用最高效的方式，收复还在金军控制下的河东路及河北一府三州——真定府和怀州（今河南省沁阳市）、卫州、浚州（今河南省浚县）。赵构同意了李纲的建议和他推荐的河北、河东帅臣人选，但随即又于六月五日下诏，令荆襄、关陕和江淮三个地区准备迎接圣驾巡幸，流露出了撤离中原的打算。

六月底，赵构接受李纲提议，正式任命宗泽为东京留守，但同时也在稍前的时间任命了汪伯彦为枢密使。

几天后的七月七日，赵构向群臣展示了刚刚得到的、宋徽宗北狩途中被拘系燕山府时偷偷写在一领绢背心上的密诏："便可即真，来救父母。"并再次当着群臣痛哭不已，似乎有亲征用兵之意。可随后又下诏将把元祐太后及后宫眷属迁往扬州居住，让人怀疑是否要为整个朝廷南渡作准备。

七月十四日，李纲终于难以忍受赵构反复无常、自相矛盾的政策信号，面见赵构，要求天子明示接下来到底是要南渡，还是要北还东京开封，而且必须下诏书向全天下公布，以安人心。赵构当面表示，令太后南迁只是为了保护后宫眷属，自己将"与卿等独留中原，训练将士，益聚兵马，虽都城可居，虽金贼可战"[95]，并应李纲请求，于次日发布了同样内容的诏书。

然而仅仅在三天之后，李纲再次向赵构提出建议：即便要暂离中原规避敌锋，也应当选择合适的地点，"关中为上，襄邓次之，建康为下""今纵未能行上策，犹当幸襄邓，以系天下之心……愿为今冬驻跸之计，得旨定议，巡幸南阳"[96]。显然，如果不是赵构再次流露出想要南渡避敌的意图，李纲不会在赵构已经明确下诏将留在中原的情况下，再次言及驻跸南阳（今河南省南阳市）。果然，到十九日，赵构便命官员前往东京开封府，迎请赵宋历代皇帝的神主到南京应天府，这无疑又是一个将抛弃东京故都甚至整个中原地区的信号。

八月五日，赵构拜李纲为左相，但同时也将黄潜善擢升为右相……

眼看关乎"国是"的天平渐渐向南渡倾斜，岳飞终于无法再忍耐了。激愤之中，他想起了大宋允许官吏将佐、平民百姓，甚至妇道人家……总之任何大宋子民都可以击登闻鼓向天子上书告御状的传统。当然，他也马上再次想起了因为建言国事而被杀的教坊乐工司文政，以及几个月前因为管不住嘴而被赵构亲自下令斩首示众、死后又被济州军民分食其肉的小武官侯章。上书言事这件事，在过去确实是谁说什么都不会被问罪，还有很大希望能让天子垂怜亲自解决问题。现在却是说的话能不能被上位者听到都不好说，说话的人却多半要被解决掉，甚至不得好死——所以说，还是不说？

片刻犹豫间，滑州之战后过相州不入的困惑、被迫撤离开德府时的不甘、驻兵柏林镇期间的煎熬，以及在南京这几个月几乎日日都要体会的震惊，一起涌上了岳飞的心头，一幕幕、一桩桩，清晰如昨，也让他要做的选择变得清晰了。

坐视靖康之难发生已经令他寝食不安；没有坚持跟随宗泽留在前线已经令他懊恼自责不已；投军之时被他抛在身后的母亲妻儿，至今还未能找到半点音信；造成眼前滔天祸难的金军，到现在还有不少人马留在河北、河东纵横驰突，随时可能再度全军南下……这样的局面下，他受不了朝堂上的宰执重臣们居然在争论去关中、南阳、建康还是扬州，也绝不允许自己还是什么都不做、什么都不说，就浑浑噩噩跟着朝廷抛弃中原南渡江南，继续把一身悍勇、满腔热血用在护卫朝堂诸公避敌享乐上。

一句话，大元帅府军中的经历和心情，他绝不想再体验第二遍。那比死更可怕。

主意已定的岳飞很快搞来了笔墨纸砚，利用军务间歇，写出了一份长达数千字的上书，投到了登闻鼓院收递文书的官吏手中：

> 陛下已登大宝，黎元有归，社稷有主，已足以伐虏人之谋；而勤王御营之师日集，兵势渐盛。彼方谓吾素弱，未必能敌，正宜乘其怠而击之。而李纲、黄潜善、汪伯彦辈不能承陛下之意，恢复故疆，迎还二圣，奉车驾日益南，又令长安、维扬、襄阳准备巡幸。有苟安之渐，无远大之略，恐不足以系中原之望。虽使将帅之臣戮力于外，终亡成功。为今之计，莫若请车驾还京，罢三州巡幸之诏，乘二圣蒙尘未久，虏穴未固之际，亲帅六军，迤逦北渡。则天威所临，将帅一心，士卒作气，中原之地指期可复。[97]

几十年后岳珂所著《鄂国金佗稡编》收录的这篇《南京上皇帝书略》，其实只是一份根据知情人回忆整理的概要，远非那封数千字上书的全貌。但即使这份概要，也没有去掉"李纲"这个后来已被世人视为岳飞的同道、伯乐甚至师长的名字，而是照旧让其与黄潜善、汪伯彦并列，足见岳飞数年后仍认为自己当时的判断并无错误，无须任何遮掩回避。

当然，李纲之所以提议巡幸南阳，很可能是面对赵构执意南渡驻跸扬州的形势，而不得不为的权宜之计，并非其心中本意。但在上书时已经急红了眼睛的二十五岁小军官看来，目前的形势，已经紧迫到连这种程度的权宜也耗不起了。一切收复失地的举措都必须快上加快，才有可能抢到已经错失了多次的兵机。立场也必须坚定明确，才能改掉朝廷稍缓和一步就跟着倒退十步的习惯。万万不可再如钦宗在位时一样，连最基本的战略目标都犹豫不决、变来变去。那甚至比一味地软弱退缩更可怕。

当然，这些意见能否被官家听到、听进去，岳飞并不抱太大的希望。但投出文书的一刻，他仍然感到一阵已经数月未曾体验过的轻松：天意难测而可畏，但现在自己终于履行了应当承担的责任，尽了最大的努力。不管结果如何，至少不会再被内疚和愧悔折磨了。

## 2　失业后如何迅速收获高官职

不过，上书骂人一时爽，上书后等回音却着实难熬。到底是事涉前途甚至生死的大事，所以岳飞虽然在投书后一副若无其事的样子，也没对任何人声张，但暗地里还是忍不住把可能的结果翻来覆去推想了好几次。

最好的结果，当然是一语动天颜，官家回心转意，自己也从此英雄得用武之地。

倒霉的话，和司文政、侯章一样身首异处都不是没可能……但自己上书的时势背景毕竟与这两人不同，而更像去年年初金军首次围困东京时，东京太学生和市民反对罢免李纲、种师道的情形。国运转折的重要关口，又有民气可用、同仇敌忾，若能以自家性命激起天下人反对佞臣误国、车驾南渡，倒也不算白死。

或者是介于这两者之间，比如朝廷听取了上书中的建议，但还是要追究自己擅自议论国家大事的责任，以儆效尤；又或者建议没采纳，但也懒得处置自己……

而可能性最大的，或许还是岳飞眼里最坏的一种结果：泥牛入海无消息，压根儿没人搭理这封上书。毕竟，在这个纷乱扰攘的节骨眼上，谁知道朝廷登闻鼓院是否还运转如常呢？

没想到大宋朝"信访体系"的运行效率，还真是相当可以，岳飞这封上疏没多久就得到了回应。岳飞上书数日后，大概是七月底八月初的某一天，几名枢密院官吏来到张俊统率的前军军营，令张俊找来岳飞，当众宣布了朝廷对岳飞的处置："小臣越职，非所宜言，夺官归田里。"[98]

这轻飘飘的一纸命令，对官员们来说不过是一皱眉一挥手，对岳飞来说，却是近乎毁灭性的打击，而且比他之前设想的几种结局都更糟。

罢官不光把岳飞一刀一枪拼来的功名又一次清了零，还抹去了他"从高宗皇帝渡河"[99]的宝贵资历，也断绝了他的经济来源。

不公的处置，以及洋溢在文书字里行间的那种轻蔑和不屑，则让岳飞的人生理想又一次濒临幻灭：从小熟读《春秋左氏传》的他，记得曹刿论战、弦高犒师的掌故，记得"肉食者鄙，未能远谋"的犀利警句，更记得那种不论身份地位高低、个人境遇如何，都始终以天下为己任并且不惜生死以之的慷慨勇毅。但现在，亲历了大元帅府迁延避敌、见死不救，新皇登基后赏罚不公、是非不分，靖康之难中奸邪倒置、天地不仁之后，朝廷又给了他更响亮也更扎实的一记耳光，仿佛是指着他的鼻子说：你自小信仰的那些东西，在现实里根本不存在，也不可能做到！就算可以做，也绝对不是你这个身份地位的人配做、能做的！

一言以蔽之，至少在朝廷看来，天下是官家的天下，或许也是号称和官家共治的士大夫的天下，但绝不是草民们的天下。只有傻子才会信这天下和每个人都有关联，所以每个人也都对天下负有责任，一旦有事谁都可以发声，谁都可以出力的笑话。

从罢官命令下达的那一刻，到交了官衣官告、卷了行李走出南京应天府的城门，看着主将张俊震惊又恚怒的眼神，同袍同情、失落但也充满不解的表情，岳飞很清楚，自己现在在大部分人眼里，就是这么个傻小子。但奇怪的是，或许是此次从军以来的阅历让他的心理已经完全褪去了天真，或许是他对朝廷和官家已经彻底绝望，他竟然没感觉到多少悲愤和委屈。虽然就算有这些负面情绪，他也决不能容忍自己在人前流露出来。为了这点简直莫名的坚持，他不光没与军中同袍故交们话别、没接受他们馈赠的钱物，也没有设法去找赵不尤道别。即使这次分别，比他俩在大名府的那次分别更接近永诀。

充塞胸臆、笼罩他全部心神的，只是一片近乎无知无觉的麻木，就像一方先是震动崩裂又遭雷击火烧、大水漫灌的山川，余下白茫茫一片，没有生机，也没有了道路和方向。

回家乡？且不说亲人如今流散他方不知音信，就算还能重逢，自己又有什么脸面去见督促自己从戎报国的母亲、视自己为榜样的儿子、一心企盼能和自己安稳度日岁月静好的结发贤妻？

随便投一路山大王或者一方豪强，甚至自己拉一支队伍，凭一身武艺在这个乱世里混饭吃？可是纵然一时衣食无忧威风赫赫，又能独自支撑多久，岂是长久之计？就算长久，这样的人生又有什么意义可言？

再去投军？哪支军队、哪个衙门还敢收留自己？即使有地方能收留，又一次从零开始，多久才能重新升回刚刚丢掉的从七品官职？

而且，就算能重新开始，奋斗的意义又在哪里？如果是为了功名富贵，凭自己的本事哪里不能混口饭吃，何必非要当官军在前线拼命？如果是为了少年时梦想的当英雄、建功业、名垂青史，那这半年多的经历已经告诉自己，就算为国为民把命都搭上，也未必就能当得了英雄，倒是更可能流血又流泪，枉与他人作嫁衣；相反，就算祸国殃民，坏事做尽，也未必就会遭报应、落恶名……


迄今为止的可见史料，没有记载这场天人交战是何时又是怎样才有了明确的结局，也没有记载岳飞离开应天府后的具体经历。就连岳飞自己，十二年后也只用一句"孑然一身，狼狈羁旅"[100]，就带过了这段在他一生中远非最艰险，却无疑最濒临幻灭和迷失的旅途。不过，结合岳飞再次出现在历史舞台上的时间和地点，还是不难确定，这场战争虽然艰难，却也没有花费他太多的时间和精力。

岳飞上书大约在七月底八月初，至少不会早于七月十七日李纲再次建议赵构巡幸南阳之前。上书得到反馈被罢官，则当是八月上旬了。而他再次在史料中"上线"，是在八月的河北大名府。南京应天府距离北京大名府大概四百五十多里的路程，按常人步行速度，需要走十多天，在战乱期间则可能更长。所以岳飞能在八月就到达此地，说明没有在路上耽搁太久。

还有一点可以确定的，是消失了不到一个月后重新出场的岳飞，锐气更胜上书之前，仿佛不但没受半点消磨挫折，反而更率性大胆了。

他没有回家乡，当然也没有去当土匪草寇山大王，甚至也没有去宗泽坐镇的东京留守司。而是渡过黄河，直奔位于大名府的河北西路招抚司[101]。这是李纲担任宰相后一力主张建立的前沿军事指挥机构，也是前线中的前线，大宋朝眼下最北端的抗金中心，眼下正在召集人马，准备着手收复河北两路仍然被金军留守部队占据着的真定府、卫州、怀州和浚州。

他也没有再次按照常规流程投军入伍，再次从底层干起。第三次军功清零又成了普通老百姓一个，岳飞也终于着急了：自己武艺再高强、智谋再高超，也不能单枪匹马就能从金军手中收复失地。为了尽快重新拥有足够和金军正面对决的实力，这个看了一肚子曹刿自荐、诸葛亮隆中对之类国士传奇的青年，先设法了解了一下河北招抚使张所的履历和为人：

张所是青州人，科举进士出身。宣和末年已经做到了监察御史，因此靖康之难时也在东京围城中。但与城中许多靦颜事敌、明哲保身的官员不同，张所在东京城里积极帮助名将吴革联结抗金义士、密谋起事，还多次往赵构所在的济州送过情报，比如东京城中变节官员的名单，表现出了非同一般的坚贞和胆气。靖康之变后，张所又因上书抨击黄潜善、汪伯彦而被治罪，不但未得任何表彰与功赏，反而被贬凤州团练副使，江州（今江西省九江市）安置。还是靠了李纲力荐，加上河北乱局实在急需朝廷命官收拾，才得以逃出生天，重新被召回南京行在，授予了现在的职位。

显然，这位河北西路招抚使是位大节分明、敢作敢为也敢当的奇男子，同时也是一位像宗泽一样能为公义国事抛却个人荣辱的大丈夫。

确认了这点之后，急于重回战场的岳飞，果断走了一招堪称天马行空的险棋——直接堵在河北西路招抚司门口，要求面见招抚司最高负责人张所。

经过一连几天的"蹲守"，岳飞终于先结识了张所的幕僚——之前当过李纲幕僚的名士赵九龄。随后又经过赵九龄引荐，终于见到了张所。巧的是，张所之前还真听说过岳飞：在正式到大名府上任之前，张所因筹措进驻河北事宜，在东京开封停留了一个多月，与东京留守宗泽交往密切。惜才爱才又逢难思英才的宗泽，在与张所交谈时，不止一次提过岳飞的名字，对岳飞的智勇赞不绝口。搞得张所印象深刻之余也好奇不已，以至于刚见到岳飞的第一句话，简直有几分粉丝终于见到传说中大明星的心态：

> 闻汝从宗留守，勇冠军，汝自料能敌人几何？

早就听说你在宗泽宗留守麾下的时候是全军第一勇将，所以你一个人到底能打多少金兵啊？

然而憋足了劲要让张所对自己"一见奇之"的岳飞，没有老老实实按部就班回答"面试官"的问题，而是上来就奔着进士出身的张所最擅长的领域——经史掌故，放了个大招：

> 勇不足恃也。用兵在先定谋。谋者，胜负之机也。故为将之道，不患其无勇，而患其无谋。今之用兵者皆曰："吾力足以冠三军。"然未战无一定之画，已战无可成之功。是以"上兵伐谋，次兵伐交"，栾枝曳柴以败荆，莫敖采樵以致绞，皆用此也。

聪明而且敏感心细的岳飞，真揣摩起人心来，也是手到擒来：张所问他的问题确实有称赞之意，也有好奇之心，但也多少有几分士大夫对武人的轻视在其中，此外还流露出几分不知兵事的书生气。所以岳飞一开口就明面上低调自谦，实际暗搓搓呛了张所一下，顺便还对眼下的大多数带兵将领开了个嘲讽。先声夺人留下深刻印象之后，又马上来了个"掉书袋"三连——《孙子兵法·谋攻篇》的名言加两个古人战例。连理论带案例，果然一下子就震住了张所，也瞬间把自己和一般士卒武夫区别开来。

那年头能识字的人都不多，这么能打，还能这么引经据典长篇大论的，不说是万里挑一的人才，也起码是百里千里挑一了。

性格磊落的张所毫不掩饰自己的震动和惊喜，当即"矍然，起曰：'公殆非行伍中人也！'"立即让岳飞就座，并诚心向岳飞请教起自己一直忧心不已的问题：

自己这个河北西路招抚使的职务，是再典型不过的"受任于败军之际，奉命于危难之间"，到底要怎么干才能干好，自己琢磨了很长时间却还没琢磨出个所以然。鹏举（岳飞字鹏举）你怎么看？

这一问正问到了岳飞的心坎和长项上。作为河北土著、专家级军史爱好者研究者，以及先间接参与了伐辽取燕之役、又与金人多次交手的老兵，此时的岳飞已经对天下大势有了十分成熟而且自成体系的一套认识，只是苦于无人可谈。如今张所能以上位者的身份开诚布公、不耻下问，岳飞自然再难关住话匣子，一下子都倒了出来：

昔人有言："河北视天下犹珠玑，天下视河北犹四肢。"言人之一身，珠玑可无，而四肢不可暂失也。

本朝之都汴，非有秦关百二之险也。平川旷野，长河千里，首尾绵亘，不相应援，独恃河北以为固。苟以精甲健马，凭据要冲，深沟高垒，峙列重镇，使敌入吾境，一城之后，复因一城，一城受围，诸城或挠或救，卒不可犯。如此则虏人不敢窥河南，而京师根本之地固矣。

大率河南之有河北，犹燕云之有金坡诸关。河北不归，则河南未可守；诸关不获，则燕云未可有。间尝思及童宣抚取燕云事，每发一笑。何则？国家用兵争境土，有其尺寸之地，则得其尺寸之用。因粮以养其兵，因民以实其地，因其练习之人，以为向导，然后择其要害而守之。今童宣抚不务以兵胜，而以贿求。虏人既得重贿，阳诺其请，收其粮食，徙其人民与其素习之士，席卷而东，付之以空虚无用之州。国家以为燕云真我有矣，则竭天下之财力以实之。不知要害之地，实彼所据，彼俟吾安养之后，一呼而入，复陷腥膻。故取燕云而不志诸关，是以虚名受实祸，以中国资夷狄也！

河南、河北，正亦类此。今朝廷命河北之使而以招抚名，越河以往，半为胡虏之区，将何以为招抚之地？为招抚职事计，直有尽取河北之地，以为京师援耳。不然，天下之四肢绝，根本危矣。异时丑虏既得河北，又侵河南，险要既失，莫可保守，驽骏未已，幸江、幸淮，皆未可知也。

招抚诚能许国以忠，禀命天子，提兵压境，使飞以偏师从麾下，所向惟招抚命耳，一死乌足道哉！[102]

引经据典加战例剖析现身说法，再加最新形势分析，岳飞想表达的核心内容环环相扣，信息量巨大但又逻辑清晰。

从地理形势和军事作战规律上来说，中原是四战之地，并不适宜组织防御。所以要想收复中原失地还能守住，就必须确保北宋立国以来一直有屏障中原作用的河北两路。若以伐辽取燕之役作比，中原地区相当于燕京城，而河北则相当于燕京周边的金坡关[103]等大小关隘，不先控制后者，就守不住前者。而要恢复河北两路，单纯的"招抚"，也就是招揽各路抗金武装拉人占地盘，是远远不够的，必须有能打胜仗的官军作为核心力量，通过有效杀敌、控扼要害，来确保对土地人口的控制实际而有效；同时也要合理调配人力、物力，尤其是要学会激发和依靠本地民众。总之这是个需要多方用力的麻烦事，军事力量作为其中最紧要的一方，必须用，但又必须用得精细、用在关键处，才能起到最佳效果。

具体到张所现在面对的这一摊子，首要之务还是得尽快主动进攻收复河北一府三州，控制关键节点的同时，也给民众以信心和号召。再不能像伐辽取燕一样，军队不想出力打仗，一心想用钱买来花架子、虚热闹，自欺欺人。

岳飞的这些思考和判断，借鉴了前人经验，更综合了自己弱冠从军以来的诸多亲身见闻，可以说每个字都浸透着自己的心血和大宋将士百姓的血泪，绝非一时起意，也绝非纸上谈兵。正因如此，这套理念也成了他后来一直坚持的战略思想。十三年后，当他终于如愿成为北伐统帅，发动了正面战场与敌占区数十万官军、义军、民众展开对金全面攻势时，目标也依然是"调兵之日，命各语其家人，期以河北平，乃相见"[104]。可惜后人或者因为岳家军离东京开封只差一步之遥的遗憾，或者因为对"直捣黄龙"这个典故印象更深，往往忽略了河北地区在岳飞北伐战略中的关键地缘角色，更不清楚这规模宏大的规划措置，竟然早在岳飞青年时期就已经成型了。

不过，王曾瑜先生在整理《鄂国金佗稡编》中记录的岳飞这番言论时，也曾谨慎怀疑如此滔滔不绝还带引用原文的一篇文字，不是岳飞当时能具有的文化水平，因此未必是谈话原貌，可能润色不少。但其实像第一章中提过的，以岳飞对三国历史的谙熟、对"小杜"诗文的偏爱，以及北宋时期图书印刷业的发达，他熟读一篇杜牧专论河北军事地理价值的《战论》，并非难事。至于对童贯取燕云之战的反思，更是非有亲身经历者不能道。或者说，就算岳霖、岳珂父子要润色美化，也很难想到要用伐辽取燕之役来作重点论据。因为这场战役在后来被普遍视为北宋灭亡的祸源，许多参与过这场战役的中兴名将，如吴玠、吴璘，甚至直接在个人传记中否认有相关经历。所以若不是岳飞当年确曾反复考虑过这一战的得失，又在和张所对谈河北形势时展示过自己的思考成果，岳霖、岳珂父子不太可能主动提及此事，把收复中原两河这一岳飞一生志业，与失败的联金伐辽挂上钩。至于结构和语言都清晰严密，仿佛写文章作策论而不是口头表达，对思路敏捷、独立领军后经常给部下作演讲的岳飞来说，也是自然而然的事，不足为奇。

当然，虽然思路明确，目的清晰，最后还捧了张所一句表了表殷勤、献了献忠心，但岳飞说这番话的态度还是极为真诚的，以至于谈及眼下朝廷无所作为的状态如何危险时，一时没忍住，当着张所的面"慷慨流涕"。这泪水中有一心报国却屡遭挫折，有力无处使的委屈；有终于得遇知音，一吐为快的畅快；但更多的，还是对百姓所受祸难感同身受，却不能立即解民倒悬的焦灼。这是岳飞近几个月情感上痛苦的根源，但同时，也是让他能够从上书被夺官的幻灭中，迅速振作如初、奋起而行的动力源泉。

不到一个月的旅途见闻和反复思考让岳飞确认，他仍然做不到无视黎民百姓眼下遭受的灾难，只顾自己一身的安乐荣华。因为在遭受了如此沉重又不公的打击之后，他还是看到任何人无辜受难都会难过到抓心挠肝，还是看到金兵、土匪、溃兵等依仗强力为非作歹，就气不打一处来，非要动手管管不可。这是比他少时的英雄梦更纯粹，也更深刻的行为动机，或者说，他想当英雄也好，想建功立业名垂青史也好，最深层的驱动力，是根源于内心的这点"不忍"和"不忿"，而并不只是外界给予的各种肯定和承认。

而一旦清楚了这点，做了英雄之事后是否能有英雄之名、能不能被他人乃至最高权威所承认，就都不是那么重要了。而且，既然做不到无动于衷、冷眼旁观，那就不如奋起而行，而且要用比之前更强烈的意志、更积极的行动去做。这样即使结果不如意，也至少可以对自己有个交代。


而张所不知道是被岳飞的才华惊艳了，还是被岳飞的眼泪打动了，抑或实在觉得这机敏又热诚的青年对自己的脾气，谈完话就给了岳飞一张正八品"修武郎"告身，只比岳飞被罢免前的武经郎低四阶三官[105]。这还不算，张所紧接着又任命岳飞为河北西路招抚司军的中军统领，也就是中军的二号长官；没等几天，又正式提升岳飞为中军统制，当了自己麾下军队的中军一把手，顺带将岳飞的军阶也先升两阶为武翼郎，又升两阶为武经郎。史料没有记载岳飞这两次升职是因为什么功绩，但考虑到当时张所缺兵缺人什么都缺的处境，岳飞这两次升迁，估计不是因为招兵业绩特别好，就是又去哪里平定或者招安了土匪，所以在一个月都不到的时间内，就连升四阶，把因为上书被撸掉的军衔补回来了。

更多的人马、更高的官职，也意味着更重的责任。河北西路招抚司本来就是为尽可能地招揽河北地区一切抗敌武装、尽快积聚人力收复河北两路失地而建立的。如今人马渐渐齐整，将、官各就各位，就意味着与金军殊死搏杀的日子也近了。而就在岳飞尽心竭力辅佐张所筹措出兵期间，河北西路招抚司以及各个前沿官署，得到了一份有关金军动向的最新情报：

金国头号重臣兼名将粘罕，已经于上月也就是七月十四日，自金国皇帝"捺钵"[106]避暑的关外草地，回到了西京云中，随即以张邦昌被赵构罢免、赵宋王朝死灰复燃为由，宣布要再起国中八路兵马，第三次南下攻宋。

# 3  悲壮的出征

建炎元年九月初，随着秋气渐盛，草黄马肥，金军四月北归时留在河北、中原的小股屯驻部队重新开始活跃，或者四下劫掠，或者围困"一府三州"之外其他尚在宋朝治下的河北州县。同时，粘罕七月中在金国国内调集的八路大军，也开始沿着关外—燕云—河北源源不断南下。显然，这是金军在酝酿新一轮的对宋作战了。

战云密布、箭在弦上，能否尽快打几个胜仗，收回真定府、卫州、怀州、浚州等紧要失地，破坏河北留驻金军与南下金军主力的会合路线，打乱金军此番集结部署，对此时的大宋而言，已经关乎生死存亡。为此，坐镇东京开封的东京留守宗泽，特地在九月七日渡黄河北上，与活跃在河北南部及洛阳周边地区的义军领袖翟进、翟兴等人会面，当场议定了相互配合作战的计划，直到九月十三日才返回东京。而身处河北最前线的张所，更是一刻不敢忘记自己这个新衙门的使命，愈加积极地整顿人马，随时准备与金军展开正面搏杀。

然而，就在河北西路招抚司秣马厉兵之际，南京应天府却传来了一连串对张所、岳飞以及所有心念国事之人而言，不啻噩耗的消息：

八月十八日，也就是岳飞上书大概半个多月之后，和赵构、黄潜善、汪伯彦矛盾不断的李纲，终于被罢免了宰相之职。此时距离他被赵构任命为宰相不过区区七十五天，在这七十五天中，李纲惩办了张邦昌、王时雍等靖康之难中的祸国罪魁，力荐宗泽、张所、傅亮等人出任关键职位，组织起了东京留守司、河北西路招抚司、河东经制司等前沿抗敌中心，颁布了一系列有利于振奋人心、组织抵抗的政策。正如朱熹后来所评论的那样，几乎是凭一己之力，将"方南京建国时，全无纪纲"的建炎小朝廷"整顿一番，方略成个朝廷模样"[107]。然而，李纲性格极为强硬，做事雷厉风行、说一不二，这让性格中有敏感脆弱一面的赵构，不知不觉中积累了满腹"李纲孩视朕"[108]的憋屈和憎恶，进而更加疏远李纲而亲近黄潜善、汪伯彦。同时李纲在朝堂上也树立了不少本可避免的政敌，导致其不但难以获得君心，在同僚中也受了不少攻击和非议。

当然，李纲不能取得赵构信任的根本原因，还是他与赵构在国家大政方针，尤其是战和、南渡等关键问题上不可调和的冲突。但李纲人际关系维护上的短板，无疑进一步刺激了君臣决裂的速度，进而引发了一系列"多米诺骨牌效应"。

——八月二十五日，听闻李纲被罢相后，奉诏从镇江前来南京应天府朝见皇帝的著名太学生领袖陈东，在与李纲从未谋过面，也没有任何直接接触的情况下，第二次为李纲上书发声，请求赵构继续信用这位被天下人视为中兴希望的名臣，同时力陈黄潜善、汪伯彦不适合做宰相，应当立即予以罢免。

巧也不巧的是，与陈东上书同时，一位江西抚州籍进士欧阳澈，也提交了一份内容与陈东类似、但态度和语言都更为激烈的上书，不但"极诋用事者"，痛骂黄潜善、汪伯彦二人祸国乱政；还指责了"宫禁燕乐事"[109]，也就是赵构的生活作风问题。耿直的欧阳澈不知道，在高宗朝之后近四十年的岁月中，这个雷区一直是谁敢提，谁就立即从朝中消失，甚至人间蒸发。何况他和陈东同时触及了黄潜善、汪伯彦与李纲谁该为相、谁该罢免的"路线问题"，这让刚刚赢得与李纲的政治斗争、惊魂未定的黄、汪二人大为忌惮，深恐两人上书是要结党搞事，重演一年半前东京城军民请愿事件，彻底终结自己的政治生命。于是恐惧之下，这两人居然撺掇赵构干了一件在当时的政治传统下，只能用傻来形容的事：以妄言惑众、结党不轨为罪名，将陈东、欧阳澈当众斩首在应天府的街市上。

两腔碧血在应天府一洒，士林震动，天下哗然。大宋朝几乎人人都知道，太祖官家对自己的子孙后代有一条著名的祖宗家法："不得杀士大夫及上书言事人，违者不祥。"[110]而在陈东、欧阳澈之前，虽然也发生过司文政、侯章言事被杀的悲剧，但两人毕竟一为艺人，一为小武官，身份低微卑贱，加之当时时局动荡、消息不畅，所以激起的舆论还有限。但陈东却是名满天下的学生领袖，有口皆碑的忠直敢言之士，甚至还为表明自己进谏并非与哪位官员有利益牵涉、抑或曲线谋求进身之道，而主动辞去了钦宗皇帝封赏的官职，是"太祖誓约"无可争议的保护对象，居然落得如此下场。官家是想借此表明大宋朝宽厚待士、广开言路的传统从此不要了，还是想给自己贴个"桀纣之君"的标签？

更重要的是，陈东、欧阳澈是为李纲说话而被杀的，而李纲又是力主恢复派大臣的代表。所以这难道是想告诉天下人：朝廷的议和避敌之意已经十分坚决，坚决到不惜为此违背太祖誓约、对不赞成此事的臣民大开杀戒？

所以尽管赵构和黄潜善、汪伯彦也很快发觉自己在这件事上实在做得过了火，各种甩锅找补，但此事对言路的阻塞、对宋高宗朝政坛生态的恶化、对士气民心的打击，尤其是暴露出的朝廷"内残外忍"之恶劣形象，已经难以挽回了。

——还是在八月二十五日，隆祐太后[111]孟氏及六宫眷属正式动身南下，迁往扬州居住。按一个多月前赵构被李纲逼着下达的那封"亲征诏"所说，太后和后宫妃嫔南迁，仅仅是为了保护宫中女眷的安全，赵构自己则不但不会走，还要留在中原，统率各路宋军收复失地。但在初步见识了新官家朝令夕改的行事风格之后，尤其是在李纲已被罢相的情况下，军民百姓都知道此事真正意味着什么："中原之人皆知翠华将有江都之幸，京师父老有相聚涕泣者"[112]。

——还有对张所而言最为致命的一条：李纲与赵构、黄潜善、汪伯彦的矛盾虽然由来已久，但最终的导火索，是宋高宗听信黄、汪二人的谗言，不顾李纲苦谏，于八月中旬李纲罢相前夕，执意免去了傅亮河东经制副使之职，将其召还朝廷。而张所和傅亮一样，都是李纲一力举荐的外任前线大臣。如今李纲罢相，傅亮被免，只剩下张所这个河北西路招抚使，朝廷可能让他继续做下去吗？

恐怕是凶多吉少。

纷至沓来的不利消息中，成立才不到三个月的河北西路招抚司，如同乱世激流中的一只小船，不但以单薄孤弱之身当浪尖潮头，命运难测，还眼看就要失去掌舵之人。然而，就在这前路不明、人心不定的危急关头，张所像年初在东京围城中冒死襄助吴革一样，再次做出了令岳飞，也令所有心存热血与良知之人肃然起敬的选择：在眼看泥菩萨过河自身难保的情况下，仍然派出河北西路招抚司全部精锐人马，渡黄河南下，按原定计划前去收复卫州等失地。

这支总人数七千人的军队，由河北招抚司都统制王彦率领。在王彦之下，又设十一名统制官为部将，分别统率或数百或近千的部伍。这个数量的人员配置，其实和"统制官"的职级不太相称，有点"高职低配"的意思。应当是张所在出兵前，特地给了这批将领较高的官衔和职务，以便于他们到达敌占区后扩充队伍。刚刚被张所擢升武经郎的岳飞，也以中军统制之实职，身列十一统制之一，足见河北西路招抚司此次确实是精锐尽出、毫无保留。

大概在建炎元年九月十日，王彦率领河北西路招抚司军自大名府开拔，正式踏上了南下收复卫州的征途。为这支孤军送行的，有招抚司留守将士和大名府百姓，有此时仍保持着严肃风度的招抚使张所，有得知李纲被罢相后一直郁郁寡欢的前李纲幕僚现招抚司参谋赵九龄，或许也有平日里并不轻易露面的北京留守兼大名府府尹——杜充。

杜充是进士出身的文臣，在宋金战争爆发后，他没有因畏惧金军而从地处前沿的沧州知州任上弃职逃遁，还于三月以抚民有功而被朝廷擢升为北京大名府行政长官，所以颇以胆气自豪，自认是个能文也知兵的大才。加上他还是相州安阳人，算是岳飞的"大同乡"，所以在岳飞投奔河北西路招抚司后，出于对这个同乡勇士的欣赏，还屈尊主动和岳飞套过近乎。

只是岳飞却很反感此人，原因是他刚来招抚司不久，就听说杜充之所以能被朝廷从沧州知州提拔为北京留守，是因为杜充在主持沧州防务时，为防驻扎在沧州城中的亡辽归宋将士及南下流民与金军串联暴乱，竟然不分青红皂白也不问老弱妇孺，将之全部处死。[113]这在有些官员眼中可能是为了国家着想，深谋远虑，杀伐果断，在岳飞眼中却是不折不扣的暴行和脑子不够用的表现。另外，岳飞很快在接触中发现，这位杜留守才能并没多高，自恋程度却不低，很难听进相反的意见，正像杜充很多下属对其评价的那样，是"有志而无才，好名而遗实，骄蹇自用而有虚声"[114]。对于这类高官，岳飞打心眼里不愿深交，但迫于上下级关系，也只能虚与委蛇。

不过，杜充虽然志大才疏，刚愎自用，但也确实尚有建功扬名之心，所以在张所、王彦、岳飞等人筹措收复卫州的过程中，他虽没出多少力，但也没拆台添乱，这就已经算得上一个合格的地方大员了。

还有一个可能在此时此地送行队列中的人物，是岳飞的老领导、大名府兵马钤辖刘浩。在现存史料中，刘浩被赵构任命为大名府兵马钤辖后，就从书面记录中消失了。但如果他真的到了大名府赴任，那么是有机会与岳飞再见面的。只是从刘浩没能加入张所派出的这支队伍，再次与岳飞搭档作战来看，这名才能不算突出，却忠勇正直、驭下有方的将领，显然被自己的顶头上司杜充管束得严严实实，很可能还受到了额外的监视和打压，没法再按自己的意志自如行动。所以后来湮没不闻，甚至没能留下可供岳飞寻访的踪迹，也不算很难想象了。

相比刘浩，张所要稍稍幸运一些，至少在身后事上是如此。虽然刚刚送走了南下收复卫州的部下，张所就在九月十三日迎来了传达朝廷诏命的官吏，被告知他不仅被罢免了河北西路招抚使之职、摘掉了龙图阁学士的头衔，还被处以了安置岭南的重惩，也就是被遣送到广东地区居住，接受官府的监管，实际等于以软禁的方式服徒刑。在宋代，由于官员绝少被处以死刑，所以流放偏远地区已经是对犯罪官员最严厉的处罚手段，最恶劣时甚至等于变相的死刑，可见张所得罪黄潜善、汪伯彦之深。

早已预料到这一结果的张所慨然就道，却不料前方还有更大的厄运在等着他。张所赴岭南途中路过长沙时，遇上了当地兵匪作乱，被匪首刘忠擒获当了俘虏。刘忠看中了张所的身份和才干，威胁他加入自己的部伍，但张所不但不肯屈从，还当面大骂刘忠，终于激怒了匪军，被害身亡。然而由于是罪臣之身，家门又人丁冷落，膝下仅有一子，张所的忠勇行为没有立即被传扬开，更没得到任何封赏抚恤，本来会和刘浩一样，成为无名的牺牲者，就此掩埋在历史的烟尘之中。

所幸，一直对张所深怀感激的岳飞，从得知张所获罪被贬的那一刻起，就始终牵挂着这位前任领导，听闻他被匪类所害后，又开始了对张所遗属的不懈寻访，即使辗转南北、戎马倥偬，也始终没有放弃。而岳飞在这件事上的运气也还不错，起码比他寻访刘浩、平定军季姓团练等其他老领导的后事时要走运不少：大概坚持了三五年，岳飞终于找到了张所的独子——被找到时还不到十岁的张宗本。彼时已经与家人团聚的岳飞收养了这个孤儿，不但抚养他长大成人，还"教以儒业，饮食起居，使处诸子右"[115]。又过了几年后的绍兴七年（1137）[1]八月，在此年二月刚刚晋升为太尉的岳飞，特地上奏，请求朝廷将儿子因自己升为太尉而即将获得的"荫补"官衔，转授张宗本。同时还罕见地攀比了其他大将的待遇，恳请朝廷授予张宗本文职而非武衔。

　　宋代官员的子侄亲属因父辈的地位、功绩而"荫补"获得的官衔，一般只能是武衔，即使是文臣子弟和皇族宗室也不能例外。所以能"荫补"文职，是极为罕见的优待，即使功勋卓著如岳飞，也不敢说这次申请了之后还有没有下一次。何况岳飞自独当一面以来，对待荣誉只有辞免谦让，甚至因此被言官们树为榜样典型，用来敲打其他惯于向朝廷伸手的武将。此次一反常态主动要求特殊待遇，不禁让满朝文武都大为惊讶：这个张宗本究竟是何方人氏，竟能让岳飞破例如此？

　　这个效果也正是岳飞想要的。考虑到黄潜善、汪伯彦早已被清除出中枢，李纲也已经重新被起用，赵构对张所的气大概早就消了，甚至可能已经不记得在自己登基初期还有过这么个倒霉臣子，不会再牵累张宗本。岳飞便乘机在上奏中报告了张所的生平经历、在自己上书言事被罢落难时给予的赏识帮助，以及最后的壮烈结局。当言及这些十年前的往事时，已经三十五岁的湖北京西宣抚使兼两镇节度岳太尉，仿佛又变回了建炎元年正走着背字儿的二十五岁小军官，即使是程式化的官样文章，也难掩语气的真挚和萦绕其间的伤怀：

---

[1] 同一年份后文不再标注。

起复太尉、武胜、定国军节度使、湖北、京西路宣抚
使、兼营田大使臣岳飞状奏：

臣窃见张俊例，初除太尉，陈乞奏荐男于文资内安排。
臣技能蔑取，勋伐无闻，遭际圣明，承乏将帅。伏念臣昨于
建炎初，因上书论事罪废，偶幸逃死，实出圣造。于时孤子
一身，狼狈羁旅。因诣招抚使张所，所一见，与臣言两河、
燕云利害，适偶契合。臣自白身借补修武郎、阁门宣赞舍人，
充中军统领，寻又升统制。其后张所军次北京，蒙朝廷贬责
南方，卒以节死。

臣念靖康以来，奋不顾身，为国捍难者，不为无人。而
其间误国败事者，固亦不乏，然圣恩宽大，终于一切矜贷。
若张所实先意两河，而身未北渡，已遭横议。今其身名凋
丧，后嗣零落。使臣不言，臣则有负。欲望矜怜，将臣今岁
奏荐恩例，奏补张所男宗本。依张俊例，于文资内安排。谨
录奏闻，伏候敕旨。[116]

凭借岳飞的这一举动，张所的事迹广为人知，不仅张宗本如岳飞所请获
得了荫补文资，张所也在绍兴九年十月，被朝廷追复了官职和龙图阁学士头
衔，终于恢复了名誉。又过了六十多年，南宋史学家李心传在撰写《建炎以
来系年要录》（以下简称《要录》）时，也还是靠了岳飞的这封奏章，才得
以在自己的皇皇巨著中，为一度是北方抗金活动焦点所在、后来却记载缺失
的张所，补上了结局和身后事。一向治史严谨又对岳飞十分崇拜的李心传，
还特意在小注中注明，能补上这片空白，有岳飞的功劳：

张所罢招抚月日及贬岭南事皆不见，此据岳飞奏状修入。[117]

不过不管是七十年后的史册，还是十年后的上疏，在建炎元年九月的
张所和岳飞眼中，都遥不可知。对张所而言，他只是衷心希望自己在政治生

命终结前的这最后一次发力，能当真对重整大宋江山起点作用，也能给岳飞这个自己眼中的"天下奇才"，提供一片可以振翅翱翔、一展平生大志的广阔天地。但这年轻人到底能不能杀出一条血路，会不会再遇到什么危难和不公，却是他在眼前的局势下不能预测，也无法保证的。更不要说指望岳飞有朝一日发达后，报答他的恩情了。

对岳飞而言，有了大元帅府军中和南京应天府的经历，特别是经历了上书被罢官事件后，他已经能理解近期收到一条条朝廷最新动向，对河北西路招抚司、对抗金将士，尤其是对张所和自己，都意味着什么，也因此而愈加敬佩张所，尤其感激张所将自己安排在收复河北失地的军队中，并委以重任的苦心。自己眼下能做的，只有舍生忘死奋勇杀敌。这既是自己与张所共同的宏愿，也是誓死报答张所知遇之恩的方式。甚至……如果真能尽快收复失地，打出一片大好局面，也许还能让朝廷回心转意，进而救张招抚于危难之中。

# 4 枪在手，跟我走！

建炎元年九月中旬，以岳飞等十一名统制官为首的河北西路招抚司军七千将士，在都统制王彦统领下，来到了位于南太行东麓、黄河北岸的卫州，在卫州新乡县西北的石门山安营暂驻。卫州一带，是商末周初武王伐纣时牧野大战的故战场，"南滨大河，西控上党，称为冲要"[118]，自古便是兵家必争之地。此外，在当时被金军控制的"河北三州"中，卫州恰好处于怀州和浚州这一西、一东黄河两大渡口之间，又紧靠太行山区，便于宋军隐蔽和防范金军骑兵冲击，因此被张所、王彦定为了收复河北失地的第一个目标。

然而刚扎下营盘不久，以王彦为首的统制官们，就接连收到了两个坏消息：

一是官家已于本月五日正式下诏，将于近期离开南京应天府，南渡淮河，前往扬州暂驻。也就是说，从赵构初登基的五月一直延续到八月的行在所在地之争，在耗费了无数人的精力、前程甚至性命后，终于还是选了赵构最初中意的方案，但同时也是最消极、最不利于抗金形势的方案。

二是他们的主帅张所，已经于数天前被罢免河北西路招抚使之职，流放到岭南安置。对张所的被罢免，河北西路招抚司的中层将官们不是一点思想准备都没有，特别是王彦、岳飞等与张所关系密切的将领。但罢职之外又加流放岭南的重惩，还是突破了他们预设的心理防线，也让不少人对自己的前途产生了深深的忧惧。

一片压抑中，计划中的这场仗打还是不打都成了问题。有人哀痛之下反而斗志更盛，也有不少人打了退堂鼓，更多的人则是迷茫无措，盼望主将们能替自己下个决断。倒是身为中军统制官的岳飞，虽然早已求战若渴，此时却相对平静：在加入河北西路招抚司的短短半个月时间里，除却有国士之风的张所、足智多谋的赵九龄，他第三佩服的就是自己现在的主将——文武双全、为人刚正廉洁的招抚司都统制王彦，因此也相信王彦一定能够以国事为重，顶住压力，坚持原先的作战计划。

岳飞对王彦的尊敬和信任是有来由的：与寻常武将不同，此年三十九岁的王彦，不是一般因袭父业的军人后代，也不是迫于生计要讨口饭吃的穷苦百姓，而是出身"世为高平大姓，后徙居覃、怀"[119]的怀州大族，纯粹出于自幼爱好骑射、喜读兵法的兴趣，才投身行伍的。不仅如此，在进入相当于古代军校的"京师弓马子弟所"后，王彦还在政和五年（1115）宋徽宗亲自检阅官军子弟时，凭借出众的骑射本领和武人中少有的文化水平，获得了优异的名次，被皇帝陛下亲切接见嘉奖，授予"下班祇应"之职。随后，王彦又作为禁军青年将官储备人才，远赴陕西"镀金"，两次跟随名将种师道深入西夏国境作战，屡立战功。但很可能是性格过于刚直，"与人辨是非，略不少屈己下气……黑白太分，疏于涉世……刚毅寡合"[120]，在西北得罪了什么惹不起的军政要员，这个本该仕途平达的青年军官，到宋金开战前的宣和年间，仅当到"河阳清河县尉"。不过，仕途的失意并没有消磨掉王彦的报国壮志，靖康之难发生后，他痛愤于金军的残暴和家国大仇，毅然告别怀州的妻儿老小，孤身渡河北上，前往河北西路招抚司应募，希望能到战线最前沿为国杀敌。张所感动于王彦的热忱，也看重他传奇的行伍经历和丰富的军事经验，遂任命他为河北西路招抚司都统制，统率招抚司的全部兵马。

岳飞投效河北西路招抚司后，很快也听说了王彦的这些事迹。他感佩并且深深理解王彦的报国热情，更敬慕王彦具有就普通武人而言已经相当高的文化水平，并且无论战术实操、统兵行军，还是兵书研读、作文论对，都接受过正规的科班教育与训练，不像自己全是自学的野路子。甚至连王彦不苟言笑、事事较真的严厉作风，他也觉得是古名将之风，本当如此。总而言之，在岳飞截至目前遇到的所有领导上司中，王彦是最契合他对名将与英雄想象的一个，所以在敬佩之外，还隐隐有点追随榜样的意味。

——如此英雄，在眼下的危急时刻应该怎么做、怎么选，一定早有定见，难道还要自己去提醒吗？

但令岳飞没想到的是，王彦还真就在关卡前犯了犹豫。

驻兵石门山后，也许是发现新乡县的金军守军竟然有近万人之多[121]，也许是朝局变动、上司罢职带来了太大压力，王彦一连几天没有任何动作，既不挥军攻打新乡县城，也不出兵挑战城内驻扎的金军，甚至也不主动与岳飞等十一名统制官讨论下一步行动计划。七千多将士只能终日遥望着新乡县城中的金军旗帜枯守营房。由于此时全军都知道了朝廷南渡、张所也被罢职流放的消息，军营里渐渐流言四起，各种对王彦和自己一军命运的猜测都冒出来了。

眼看着仇敌就在眼前却不能上前厮杀，耳听着士兵们的议论越来越难听，原本淡定的岳飞终于又憋不住了。九月二十一日这天，十一名统制官按军中惯例日常参见王彦时，岳飞第一个打破了沉默，建议王彦尽快发兵攻打新乡县，并主动要求以自己所率的中军为先锋，首战出阵，承担最艰巨的攻击任务。当然，考虑到王彦一向心思细密、行事谨慎，岳飞也充分论证了自己提这个建议的依据：

现在敌众我寡不假，招抚司军处境非常尴尬也不假。但全军已经到达战场，如果不交兵就原路撤回，于公对不起国家百姓，于私对不起张招抚一番苦心，就是仅为自己前途考虑，这么灰溜溜回大名府也不是个好结局。倒不如全力一战，或许还有转机。再者，朝廷南迁、张所落难的消息已经在军中传开，如今全军按兵不动，将士们的猜测已经很多，不少人甚至怀疑王彦之所以不战、不进，也不走，是打算投降金军。再这样由着士兵们胡思乱想下去，队伍就没法带了，甚至可能发生哗变。

这一点倒不是岳飞吓唬王彦。高危高压、生死攸关的环境里，人与人之间的猜疑和恶意会被空前放大，一旦发现对方有可能出卖自己的利益、威胁自己的存亡，就会立即切换到你死我活的模式，根本没有犹豫的时间。正是基于这种心理，靖康年间金兵入寇以来，已经有数个州县的军民，只因怀疑地方长官要投敌叛国，就群起暴动杀死被怀疑对象，另择其他官员或自行推选主帅组织抵抗。当然，反过来杀死试图抵抗的长官率众投敌的，也有不少。招抚司军当然还没到这一步，但是如果再这样拖下去，进又不进，退又不退，也不对士兵们开诚布公说明打算，那走到这一步也是迟早的事。

然而不管岳飞说得多么恳切，王彦的回应却只有两个字：再议。

冷冰冰的回应，成了点燃岳飞情绪的导火索。数日来对朝廷的愤懑，对时局的忧虑，对张所命运的牵挂，对不能上阵厮杀的憋屈和焦灼，还有此刻对王彦的大失所望，一齐爆发了出来，让这个原本"循循如诸生，动合礼法"[122]的青年军官，"腾"地站起身来，当着其他十位统制官和招抚司众多幕僚、卫兵的面，对着王彦怒吼出声：

> 二帝蒙尘，贼据河朔，臣子当开道以迎乘舆。今不速战，而更观望，岂真欲附贼耶！[123]

——大道理、小利害都给你讲清楚了，出战也不光是因为我自己想打仗，主要还是为你好，怕你不定哪天就被疑心你打算投敌的部下一刀捅没了。结果你还在这儿磨磨唧唧，下一步到底要怎么做也不说，难不成大家伙的怀疑没错，你是真想投降金军？！

岳飞这一通吼完，帅帐内顿时乱成了一锅粥。有人觉得岳飞说的有理，不但暗露赞许之色，还打算看王彦的笑话；有人觉得岳飞的行为太过出格，当场就质问岳飞知不知道宋军中有所谓"阶级之法"，下级公然违抗上级命令，是可以直接处斩的；当然，更多的还是打圆场劝架的。而王彦不知是没想到一个比自己小十三岁的下属，竟敢指着自己鼻子开骂，气惯了没反应过来；还是终于琢磨出自己近日的举措确实欠考虑，心里有愧；抑或觉得自己身为上司和长辈，还是要表现得比岳飞更有涵养一些，居然还是沉着脸不吭声，但也没有当场处罚岳飞，而是命军士取来了酒食，想让统制官们先重新落座一块吃顿饭，缓和一下气氛。

岳飞也被人摁回了座位。大家闷着头吃饭饮酒时，王彦属下一位姓刘的文士幕僚，见王彦没有惩办岳飞的意思，便取笔墨在手心写了一个"斩"字，举手向王彦示意；但王彦看见了以后，仍然不开口不表态；这位幕僚便再写、再举手示意……也不知道王彦和刘姓幕僚是有意还是无意，如是反复几次，不光其他统制官，连岳飞都看到了。但正在气头上也完全不认为自己有错的岳飞丝毫没觉得害怕，更不打算请罪告饶，反而把手中食具一搁，直盯着王彦和这位刘姓幕僚，看他们到底要怎么处理自己。

一片尴尬的沉默中，王彦居然看看那位幕僚，又看看岳飞，还是闷不作声，继续埋头吃酒。这反而让岳飞更大光其火：所谓的以下犯上法当斩，主将其实有自由裁量权。落到今天这场争论上，如果王彦认为自己的建议不正确甚至别有用心，确属以下犯上，那就不妨公开说出来、光明正大地按着军法规矩走，自己不服就争辩，争辩不过也认了；如果王彦认为自己的建议有道理，那就应该制止这位幕僚，同时立即整顿人马出兵作战。如今要杀不杀、要战不战，却和这个酸文假醋的家伙在自己眼前演戏，是想显示他王彦宽宏大量，让自己对他感激涕零，进而闭嘴收声、乖乖听话？还是想用这种方式表示，你岳飞压根儿不在我王彦眼里，要杀要留都是我一句话的事儿，根本不配和我讨论什么作战计划？

——七千多号人都进退两难到这地步了，谁耐烦陪你装这个深沉、猜这种哑谜！

眼瞅着刘姓幕僚又要在手上比比画画，岳飞终于受够了，一把推开身前的桌案杯盏站起身来，把吓了一跳的王彦、满座直眉瞪眼的将官幕僚，以及看傻吓呆了的卫兵们甩在身后，大踏步出了帐门。出帐之后，岳飞上马直奔自己的中军驻地，召集全军将士，当众宣布：

自己刚刚劝说都统制王彦进兵未果，现在打算自领本军，前去攻打盘踞在新乡的金军。愿意跟随的，立即披甲上马，这就跟自己出营门找金军拼命；不愿意的，可以留在营中，绝不勉强。

这是岳飞从军以来，从当小队长开始就一直坚持的管理方式：军纪必须严格，军令必须令行禁止，但在重大决策上，主将要达到怎样的目的，过程中会有哪些风险和回报，甚至背后的基本利害关系，都应当尽量提前和部下讲明白，让他们有一定的知情权和选择权，了解自己是在为什么而战斗、将要怎样战斗，这样士兵才会有自觉自愿作战的积极性和创造力。绝不能图省事耍威风，把士兵当作无知莽夫甚至牲口使唤。

当然，要实现这种公开透明，需要指挥者和管理者本身有相当强的能力。比如自己的脑子先得够用，事到临头要有办法、有决断，但是决断本身又得是理顺了前因后果、考虑了方方面面的，判断准确，办法好使，行动方案条理清晰好操作，才能给别人讲明白再落实下去；口头表达能力要相当出色，否则没法和士兵沟通，也不利于进行临时动员；对部下的基本情况，特别是心态想法，也要有十分准确的把握，不然很容易把自己弄到孤立无援，甚至全军哗变……

好在岳飞这几项能力都相当突出，所以尽管招抚司中军的士兵和他相处时间也就半个多月，但等岳飞说明此次行动原委后，中军大概一千多名士兵，全部自愿跟随岳飞出战。招抚司其他统制官看到岳飞居然真的孤军出击，也受到激发，纷纷向王彦请战，而王彦看到群情激愤难以遏制，也终于改变了主意，正式下达了发兵命令。于是招抚司军其余各部，也陆续跟随岳飞所率的中军，开到了新乡城下。

——这也说明，招抚司军这七千多名将士，确实是报国心切、求战若渴。所以就算没有岳飞这次的"出格"，也难保之后不会有其他人站出来。

岳飞对王彦的劝谏和提醒，尤其是让他注意部下士兵情绪的警告，确实是一片好心，而不是危言耸听。

宋军旗帜一出现在新乡城下，早已观察了这帮宋军好几天、正纳闷对方到底在打什么算盘的金军立即出城应战。而首先到达战场的岳飞得知招抚司军其余各部也已经起兵前来后，当机立断，率领中军率先对金军大阵发起了冲锋。

自从二月的济州柏林镇之战后，岳飞已经足足七个月没与金军交手了，所以这一仗也像柏林镇之战一样，又打得有些"疯"：他率领一队人马直冲金军主帅所在的位置，连杀数人后，竟然成功突入了金军大阵的中枢，夺下了金军的"大纛旗"，也就是主帅认旗兼全军军旗。这种旗帜不同于旗头所执的令旗和部将所用的认旗、队旗，全军只有一面，为求威武醒目，图案和色彩都十分鲜艳惹眼，还要派一队士兵专门守护，说是一军士气所系也不为过。

就在岳飞砍倒金军大纛旗的时候，招抚司军其他各部也到达战场加入了战斗。眼见自己一整天连说带打，终于换来了全军将士同仇敌忾，同时也感动于同袍，尤其是其他十名统制官对自己的理解和仗义相助，岳飞不禁热血上涌，一把抄起横卧于地的金军大纛旗当作了兵器，时而用来击杀还敢冲到自己面前的金军骑士，时而运起神力将旗帜舞动如飞。作为主帅认旗，大纛旗只能跟随主帅所在前进或后退，不可乱动乱晃，更不能倒下。所以看到绣有金军标志的帅旗被岳飞游戏玩耍一般任意舞弄，金军士兵就知道自己的大本营已经被人端了，顿时士气大沮，阵型也难以保持。宋军则恨不得人人以一当十，争先向前，最终不仅击溃了金军，还一举夺下了新乡县城。进入新乡县城后，招抚司军清点俘虏和缴获的战利品，又发现本军将士居然在此战中生擒了一名金军千户阿里孛。这还是宋金开战以来，宋军第一次生擒千户级别的将领。

意外辉煌的胜利，一扫招抚司军中将近一个月的压抑气氛，人人笑逐颜开喜气洋洋。作为此战首功之臣的岳飞，也觉得胸襟大快，但同时也感到了一阵疲惫：事实再一次证明，金军并非不可战胜。只要充分了解敌情，筹划安排得当，懂得利用自己的优势，敢于选择恰当时机果断出击，金军同样会被击溃、被杀死、被生擒，同样会畏惧、会后退，会在宋军面前告饶求生。——但为什么想和金军打一仗就这么难呢？就说眼前这场胜利，追本溯源，不仅要李纲在朝堂上与官家、大臣们反复争执，以致最后为此被罢相；要张所顶着前途的巨大阴影、抗住各方面的掣肘和压力，费心周旋；还要刚刚被夺了官没多久的自己，再次站出来当"刺头"，和王彦反复争论、当场翻脸直至公然抗命……如今仗虽然打赢了，自己却还得回去跟王彦请罪，处理战前结下的梁子，甚至能不能活命都需要打个问号。毕竟，岳飞今早在王彦面前的一番言行确实是任何军队都难以容忍的。而如果不处理岳飞，王彦这个都统制，基本也没法当了。

但岳飞又一次没想到的是，还没等他和王彦掰扯清楚早晨的一番争论孰是孰非，两人就再次掐起来了。

可能是攻克新乡一战打得太漂亮，王彦率军进入新乡县城后，不但打算长期驻扎，还要"传檄诸郡"[124]，也就是以河北西路招抚司的名义，公开向河北各州县散发檄文，号召各州县官军和义军前来会合。

岳飞坚决反对这个想法，当面向王彦指出：这一仗擒获了金军千户级别的将领，战果太惹眼，金军必定会派大军前来镇压。而我军虽然拿下了新乡县城，却没得到足够的武器、粮秣和兵员补充，相反还有一定伤亡，新乡城又不是什么高垒坚城，一旦被金军重兵堵在城中，是很难抵挡的。所以全军不但不能在新乡县长驻，还应尽快出城，撤到县城西北的太行山中，利用山险组织防御，伺机截杀反扑之敌。待扛过了这一轮报复性打击，才能考虑下一步行动。另外，广发檄文也大可不必。只要招抚司军接连不断地打胜仗，周边有心抗敌的官军和义军自会知晓本军的威名，自发前来投奔，何必此时搞这些官样文章，既浪费时间，又提前暴露自己呢？

正在兴头上的王彦被当头浇了一盆冷水，气愤之余也有点"懵"了：逼我出兵打新乡的是你，现在让我主动撤离进山打游击的又是你，这难道不是自相矛盾？而且刚刚收复的县城，还没待满一天就要放弃，那之前争吵较劲，还有付出的伤亡代价，又算什么呢？另外，既然部队的人员装备损失还没补回来，将士们又都疲惫不堪，那不更应该在新乡休整一阵再说，顺便招揽人马壮大声势？至于可能前来报复的金军，不是也正好可以靠新招揽来的队伍共同抵挡吗？

眼看王彦钻了牛角尖高低转不过弯来，岳飞忽然想起了去年夏天自己在平定军间接见证的榆次之战，想起了被朝廷枢密院紧催慢赶而不得不匆忙出兵、但自己也因为心态急躁连连犯下用兵大忌的种师中，以及一个个虽不识姓名却也算有过一面之缘，孰料一夜之间就化作了沙场白骨的西军将士……临敌交锋，瞬息万变，为将者并没有多少犯错的机会。而任何一个来自指挥者的微小失误或犹豫，都可能酿成滔天大祸，葬送无数性命，何况王彦眼下这个决定实在错得离谱！

想到此处，再看看王彦依旧铁青着的脸色，岳飞一咬牙一跺脚，再次转身出帐，对部下士兵慷慨陈词：

都统制计划坐守新乡，还打算传檄书到河北各州县广招兵马。但我觉得这么做的话一定会导致我军最后困死在新乡城，实难奉命，因此决定自率一支人马上太行山，替都统制挡下势必来寻仇的虏人。现在，愿意上太行山继续杀敌的，跟我走；不愿意上山，想跟王都统在新乡休整的，可以留下来！

从后来岳飞下太行山投奔东京留守司时的兵力仍有两千多来看，岳飞这振臂一呼，拉走的很可能不止他自己统率的中军，还有其他十名统制官的部属。而眼看岳飞带着至少两千多人的队伍，可能还有几个平素要好的统制官扬长而去，都统制王彦和没有跟随岳飞出走的其余招抚司军将士，再次目瞪口呆，半晌说不出话来：和主将决裂到这种程度，以后就算立再大的功劳，也不可能不被追究，一追究妥妥的死罪。所以岳飞这是打算从此脱了官衣，落草当土匪吗？[125]

但尽管一天之内差点被气昏两次，又陡然失去了一员勇将和接近三分之一的兵力，王彦仍然没有转变主意，而是按照自己既定的设想，领着缺失了岳飞一部的招抚司军在新乡县驻扎了下来，也按计划以河北西路招抚司的印信，向河北各州县发出了各率兵马前来新乡会合的檄文。

然而王彦到此时还没能明白的是，他之所以能在新乡县衙中按部就班地做上述这些部署，其实还是靠了岳飞：岳飞率军离开新乡县城进入太行山后没多久，就侦察到一支规模与此前新乡驻扎金军相当、足有万人以上的金军大部队，正在往新乡开进。还打探到这股敌军的主将，是一位名叫"王索"的万户。在金朝立国初期，万户也即万夫长级别的高级将领，通常只能由女真人担任，所以这位"王索"的王姓，应是女真姓氏"完颜"的汉化，而非汉姓。主将是女真皇族子弟，麾下人马自然也是优中选优的劲兵锐士，按说应该避其锋芒才最为稳妥。但岳飞没有因已经脱离了王彦的指挥，就袖手旁观放任这股强敌前去攻打友军，而是主动出击挑战，最终依靠频繁不断又出其不意的袭扰，给这支敌军造成了较大伤亡，迫使其不得不放弃作战计划原路折返，替王彦部挡下了一次反扑。

其后，为了继续减轻王彦的压力，岳飞率领部队且战且走，引逗着身后新追来的金军，一路北上到了侯兆川[126]。恰好处在岳飞家乡相州汤阴县和河东路陵川县之间的侯兆川，是一处"四面皆山，中甚平旷"[127]的险地，可攻可守，也适宜打伏击战。指点部下选好宿营地点、布好岗哨后，岳飞郑重提醒麾下将士：先别为又一次击败了金军万人规模的大部队兴奋了。我部接连两场大胜，金军一定不会善罢甘休，明天追到这里的部队，肯定兵力更多、攻势更猛，必然是一场恶战。但是，咱们现在退无可退，所以不光要凭着这点人打这一仗，还一定要打赢！

翌日，又一波闻讯前来围剿岳飞部的金军到达侯兆川，果然兵力规模更超王索部。岳飞却自信满满，指挥若定，率领部下人马利用侯兆川四周的地形，时而亲率人马俯冲入川，正面冲击敌军大阵；时而引诱金军深入山间仰攻，本军则守株待兔凭高踞守；时而又抄新发现的小路绕到敌后，发动突袭。如此反复搏杀，双方都打得极为艰苦，岳飞部很多将士都因与敌军贴身肉搏或失足摔落山崖而或死或伤，就连岳飞也头一次在战斗中挂了彩，全身又是中箭又是着刀，光皮开肉绽的血口子就开了十多处。不过，凭借山区地形对金军骑兵的限制和岳飞准确灵活的指挥，也靠着全军上下一起咬牙重伤不下战场的韧劲，岳飞部最终还是赢下了这一仗。不但逼迫金军丢下满山尸首卷旗而逃，还缴获了岳飞现在最渴望的战利品：数量相当可观的战马。有赖此前在大名府的精心训练，岳飞现在带出来的这批士兵，大都掌握了最基本的骑术，还有不少具备了相当高的骑射能力。现在又有了这么多战马，几乎可以组建一支全骑兵队伍了。

很可能正是靠了这批缴获的战马，十月下旬岳飞得知王彦还是被金军困在了新乡县的消息后，才能立即率全军沿崎岖山路昼夜兼程，一口气从太行山深处奔回了新乡县。只是等他到达新乡县时，河北西路招抚司军的旗帜已经不见踪影，只有遍地残肢断骨和血污灰烬了。

原来，随着盖着"河北西路招抚司"印记的檄书在十月间陆续传到新乡周边各州军县镇，驻扎在河北、泽州（今山西省晋城市）和洛阳一带的金军，逐渐都知道了新乡现在已经是河北西路招抚司驻地，也果然"以为大军之至也，率数万众薄公（指王彦）营""围之数匝，矢注如雨"[128]。王彦一军本就兵力单薄，又始终没能补充上急需的马匹和盔甲兵器，无法抵挡如此凶猛的攻势，只能率众突围。突围过程中，不知是想把更多生机留给部下，还是纯粹无暇顾及有所疏忽，王彦没有去掉坐骑所披的马甲，以至金军很快注意到了这种高级军官才有的装备，集中兵力对王彦和跟随王彦的数十名亲兵穷追不舍。所幸冬季昼短，金军眼看就要追及时，太阳落山，天色渐暗，王彦才终于借夜色掩护甩开了追兵，进入了太行山。之后王彦遣人四下搜寻溃散的部下，最终一点人数，去掉伤亡、逃散可能还有自己渡河回了大名府的士兵，手下连兵带将只剩了七百来号人。

眼见自己拼了命想要改变的决策，最后居然还是走到了这最糟的一步，岳飞忍不住拔剑斫地，默然许久，但也无计可施，只能先想法让因为连日疾驰而困顿不堪的本部人马尽快休整。选择宿营地时，岳飞估量敌情，又玩了个险招：刚刚被敌军扫荡过的地方，就是最安全的地方。所以他没有率部转移，而是下令全军再次于新乡县城外的石门山下暂驻扎营。孰料入夜之后，远处忽然有火光和号角声，不少将士都认为是又有金军大部队前来，连忙跃起准备战斗。岳飞问清情况又观望一番后，判定这是附近驻扎的金军在移屯别处，断然不会再来攻打新乡，于是连起身都没起，蒙头照睡不误。看到主将如此淡定，将士们也安心不少，还有些心大的干脆也学岳飞，倒头就睡。果然一觉睡到第二天天光大亮，也没看见金兵一人一骑出现。

经此一事，岳飞算是彻底与王彦分道扬镳，想重新联络也一时间难以办到了。不过岳飞虽然看出王彦料敌决胜的才能不如自己，也恼恨王彦的固执己见，但却从未怀疑过他报国之志的真诚和坚定，也相信自己一度视作偶像的这位上峰，这回一定能痛定思痛，吸取教训，凭借丰富的军事经验和百折不回的毅力，迅速重整旗鼓。

岳飞这一次对王彦的期待没有落空。从新乡脱身后，王彦性格中执着坚毅、百折不挠的一面再次发挥了作用，没有一蹶不振，也确实对此前与岳飞的两番争执作了复盘和反思。最终，他采取了岳飞一个月前所提的策略，率领身边仅存的七百将士，在共城县（今河南省辉县市）西北的太行山中驻扎下来，一面重树旗帜招募兵员，一面继续派人联络各处抗金义军。

从靖康元年金军首次进攻河东起，河东民众便开始了自发组织的抵抗。他们在家乡附近的高山深谷中安营扎寨，以头系红巾为标识，凭借险要地势抗击金军骑兵的侵袭。

> 出攻城邑，皆用建炎年号。……金之兵械亦不甚精，但心协力齐，奋不顾死，以故多取胜。然河东之人与之谙熟，略无所惧。又于泽、潞间劫左副元帅宗维（即粘罕。宗维是其汉名，又作宗翰）寨，几获之。故金捕红巾甚急，然真红巾终不可得，但多杀平民。亡命者滋益多，而红巾愈炽。[129]

随着宋金战争的不断扩大，这种抵抗方式后来又随着战火蔓延到了河北两路以及一切被金军蹂躏过的土地，发展到此时，已经如燎原星火，遍布太行山两翼。只是这些民间武装第一多是各自为战，没有统一的组织和领导；第二缺乏武器装备和正规训练，即使只是自保和游击，也往往力不从心。因此王彦此时的主动联络可谓正逢其时：凭借官军将领身份和敢于直面金军收复失地的威名，王彦军很快联结起以傅选、孟德、刘泽、焦文通等人为首领的十九处山寨人马，总计十万多人。这十九处山寨推举王彦为共同的主帅，尊奉其号令，互通消息，联防联保，一处有敌情，其余数家便共同赴援作战，同时也积极寻找机会袭击金军的后方和交通线，很快成了金军的心腹大患。

为了瓦解这股抵抗力量，金军开始重赏捉拿王彦。向来防范心甚重的王彦担心部下有人经不住诱惑，一度连晚上睡觉都要一夜换好几个地方，以免部下知道自己的确切方位。如此坚持不懈的高度警惕，让王彦属下将士敬佩不已，但也有些属下因主帅猜疑而惶恐和心寒。为了彻底消除这道嫌隙，这些将士相互商议一番后，干脆主动在自己脸上刺了八个大字：赤心报国、誓杀金贼。刺字一旦纹上皮肤涂上颜料，就很难再抹去，而在最显眼的面部刺上这般文字，自然也难以再当平民或转投金军了。

亲眼见到部下将士这份毫无保留的忠诚与义气，一向有些"高冷"的王彦终于被深深触动，一改往日自视清高、对中下级官兵始终不够尊重信任的作风，从生活到作战，都开始与最普通的士卒同甘共苦，和部下的沟通交流也多了起来。于是将士们越发信赖主帅，作战也更加英勇。多次击败金军对山寨的围剿后，王彦统率的这支军队，开始被两河军民敬畏又亲切地称为"八字军"，意指此军将士面上都刺有"赤心报国、誓杀金贼"这八个字，声威一时遍及太行内外、大河上下。

但也还有一些抗金武装，没有被纳入八字军领导的这个体系里，其中就有岳飞率领的两千多游击军。赶赴新乡援救王彦未成后，岳飞略作休整就重新率部北上，继续以各种不拘成例、海阔天空的打法，到处寻找金军主动挑战，而不像绝大部分宋军及民间义军一样，多数时候只能被动防守。凭借指挥者近乎天赋的战场嗅觉和精准判断，以及一场场恶战硬仗锻炼出的"真功夫"与"大心脏"，岳飞领着自己这支靠敌军战马装备起来的骑兵小部队，在莽莽太行中来去如风，屡战屡捷，终于痛痛快快过了一把"仗要怎么打我自己说了算"的瘾，好好享受了一下从想法到行动再到精神状态都无比自由的幸福滋味。而他属下的将士，虽然经常要跟着主将面对殊死搏杀的凶险或长途跋涉的艰辛，但不必再担心因为主将的愚蠢和私心而枉送性命，也再没打过败仗、窝囊仗，每次付出都能收获应有的胜利与荣誉，所以不但没有半句怨言，还对自己这位年仅二十五岁的主将日益崇拜，几乎到了奉若神明的程度。

只是他们的指挥官终究还不是神仙，只能带着大家百战百胜，不能把大家点化成餐风饮露的天兵天将。而作为凡夫俗子血肉之躯，这两千来号人也不光要行军打仗，还得穿衣，还得吃饭，而且连人带马，每天消耗的粮食也不在少数……

但十月入冬之后，天气一日寒过一日，山区的温度又远低于平原地区，深山中鸟兽敛迹、草木凋零，可以用来果腹充饥的东西越来越少，御寒衣物也十分匮乏，很多时候还为防范敌军不敢生明火，不少人晚上冻得根本睡不着，真正是到了饥寒交迫的地步。若要从敌人手里解决吃穿问题，金军在山区行军时又很少带粮草辎重，顶多再缴获一些战马杀了吃马肉。然而马肉一来干柴无味，二来还是不能代替粮食和盐分。于是，岳飞部这一旅孤军，很快便陷入了将要绝粮断炊的困境中。


## 5　死去活来的重回体制之路

岳飞一军之所以断粮，除却作战条件确实艰苦，可能还有一个现存史料不便明说的原因：

在王彦已经成为两河义军领袖的情况下，以岳飞在官军中的职位、和王彦的上下级关系，他不便再出头去和各路民间义军联结，再搞另一个太行义军大联盟，所以只能继续孤军作战。同时其他已经奉王彦为主帅的义军，在知晓了岳飞的身份，特别是他和王彦的过节后，也不好和岳飞部公开往来，更不便直接出面施以援手。不要说互通消息协同作战，就是岳飞想去哪个山寨借几天口粮，可能都会碰钉子。

如此一连吃了几个闭门羹，全军上下肚子饿了好几天后，岳飞甚至不得不杀掉自己的坐骑和军中的伤马、病马，供士兵食用。但这显然不是长久之计。思来想去，岳飞觉得只剩下一条路可走了：

亲自去王彦的大本营向王彦认罪赔不是，顺便借粮。在周边义军几乎已经全部接受王彦领导的情况下，只有这个办法，才能从根源上解决自己一军面临的困难。

想明白了这层关节，岳飞不顾部下劝阻，单人独骑抄山间小路，直奔王彦在共城县西北深山中的大本营。为表自己不惮以死谢罪的诚意，他一个卫兵都没带，以至于出现在王彦眼前时，再次把王彦吓了一跳，直到十多年后王彦与人提起此事，还念念不忘岳飞此来是"单骑叩垒"。这个年轻人做事之率性大胆，对无论为人处世还是为将领兵都一板一眼、绝不含糊的王彦来说，实在是太挑战他想象力的上限了，以至于他无奈到极点后，居然也对岳飞生出了几分欣赏和佩服。

然而王彦对岳飞的欣赏，仅限于不再追究岳飞的死罪，没法再突破心障，做到更多了。岳飞向王彦认错谢罪后，王彦的下属中再次有人建议他将岳飞依军法斩首示众，号令三军，不然无以严肃军纪，也无法立威服众。

在王彦的记忆里，一向天不怕地不怕的岳飞听到这个建议后，是难得地露出了惊慌畏惧之色："左右或劝公（指王彦）斩飞以谢众，飞惶恐色动。"[130]但其实在岳飞而言，既然敢孤身入王彦大营，就考虑过最坏的结果。只是他到现在，还是对王彦的为人抱有信心，甚至可能多少代入了一点自己看三国英雄故事的想象。古有张飞入西川时义释严颜，诸葛丞相昭烈帝面前一语救蒋琬，自己和王彦之间的这场冲突，为什么就不能是这种解决模式呢？或许自己单骑回去请个罪，王彦训自己一顿，哪位老同事或新同事出来仗义执言打个圆场，再置酒坐下来喝两杯，酒碗一碰，这事儿就算过去了。接下来还是可以继续合作并肩作战……

当然，如果换作别人，岳飞也不至于有如此天真的念头。但这毕竟是王彦——八字军的领袖、自己一度的偶像榜样，和到现在还存有敬意的老领导，就难免"中二"一下了。

然而现在冷冰冰的现实告诉他，他小说话本听得有点多，对王彦的认识也还是有偏差。没人出来帮他说话，王彦也没露出重新接纳他的意思。不过自己要真被军法从事，说实在也不算过分，但是麾下两千多兄弟怎么办？

好在，王彦虽不能像十二年后岳飞对待先投奔自己又试图反出岳家军的山东义士李宝那样，做到灵活处理因人施教，却也不是落井下石、因私害公之辈。看看建议自己砍了岳飞的部下；再看看一脸窘迫，却没有再出言反驳争执的岳飞，王彦难得得跟岳飞说了挺长的一番话。在此之前以及从此之后，两人都再也没有这么深入的交流了：

> 汝罪当诛！然去吾之久，乃能束身自归，胆气足尚也。
> 方国步艰危，人才难得，岂复仇报怨时邪？吾今舍汝。[131]

几句话说得滴水不漏，堂皇正大，但也明确表达了不会再接纳岳飞为部下，也不会再与其合作的意思。

岳飞到此也无话可说，但仍抱着最后一线希望，向王彦提出了想借一点粮食渡过眼下难关的请求。但王彦却拒绝了这个要求。

不接纳自己一军回归麾下，甚至要把自己军法从事，岳飞都能想得通。但是眼看着两千多名宋军同袍饥寒交迫濒于绝境，却出于私人恩怨，在明明有能力帮一把的情况下见死不救，这就是岳飞无法接受的了。眼见已经无话可谈，知道岳飞好酒的王彦让卫兵给岳飞送上一盏热酒，以为话别之礼。岳飞本来连这杯酒都不想喝，但又不想让王彦和其属下将领小看自己，说自己是害怕王彦加害，所以才不敢饮王彦的赐酒，便端起酒杯一饮而尽，而后再次对王彦深深一拜，就此转身而去。

借粮没借到，王彦又不肯重新接纳，搁在别的将领身上，就是已入死地。接下来的流程，按说就应该像不久之后因上司猜忌或粮饷断绝而被迫投敌的西军大将关师古、张中孚、张中彦、慕容洧一样，下山找一路金军投降了事。再不然，也可以像曾为岳飞同袍战友，后来却沦为兵匪的桑仲、戚方、孔彦舟等人一样，到百姓家中、豪门庄园，甚至州县官府的仓库里去抢粮抢钱。

但岳飞却又一次走了另类路线。从王彦大本营回到本军驻地后，岳飞带领部下沿着太行山麓继续北上，试图寻找更大规模的金军部队，或者金军的后勤运输与存储节点，继续想办法从敌人手里搞到补给。当然，沿途遇上的小部队或者金军游骑也不能放过，马匹和金军士兵随身携带的口粮、军衣、铠甲、箭矢、御寒衣物……凡是能利用的，绝不浪费一星半点。

靠着零零星星但始终没中断的战场缴获，这支队伍最终还是存活了下来，并在且行且战的途中，真的咬上了一股规模较大的"金军部队"，一战之后，不仅又缴获了数十匹战马，解决了坐骑补充和好几天的口粮补给，还生擒了敌方大将。但是审问俘虏时一问话，再让随军通事一翻译，岳飞和部下都有点懵：这名俘虏居然自称拓跋耶乌，说自己本是西夏国大将……而且一搜此人的腰牌和印信，还真是刻写的西夏文字，而不是女真文字。

可是远在陕西五路之外河西地区的西夏党项人，怎么会深入河北地区呢？

再一盘问，原来金军左副元帅，也是金国实际上的军政一号人物粘罕，早在今年七月刚刚返回云中休整时，就派出使节，前往已经于宣和六年对金上表称臣的西夏，邀请西夏军队与金军联军攻宋。西夏在宋金缔结海上之盟前，被宋军种师道等部连连击败，不得不于宣和元年（1119）对宋割地求和，若不是金宋之战爆发，几乎有灭国之虞。如今形势逆转，西夏又与金国有名义上的臣属关系，自然乐得趁火打劫分一杯羹。不过，西夏发动对宋攻势，主要还是在宋夏交界的陕西五路攻城略地，派往宋朝腹心地区的军队则很少。拓跋耶乌就算是这些西夏东下部队中级别较高的大将了，却没料到竟然折在了一支两千来号人的宋军游击队手里。

此外，岳飞还从拓跋耶乌处得知，自家的大宋官家、宋高宗赵构，已于上月一日启程南渡，前往扬州。获知这个消息后，粘罕本人和金军右副元帅、人称"三太子"的完颜讹里朵[132]，于本月亲自领军自云中和燕京府南下，正式发动了对宋朝的第三次全面攻势。此次进攻，金军仍然采用兵分两路的模式。眼下，三太子正率东路军攻略京东东路，也就是山东地区；而粘罕还是选择了自己已经十分熟悉的河东地区，将沿泽州天井关南下，从怀州渡过黄河后，再次进逼西京洛阳。此外，粘罕还派出大将娄室，率领一支偏师，专门负责攻略陕西五路。

可能是给岳飞提供的情报太重要，外加在岳飞看来，西夏和渤海、契丹、辽地汉儿一样，都算是未来联众灭金时可以争取的对象，这个有点倒霉的西夏大将拓跋耶乌，很可能是被岳飞审问过后放走了。因为《鄂国金佗稡编》中没有明确说明此人的下落。如果是处死或者献俘，则一般会有明确交代。

倒霉的拓跋将军被岳飞打发走了，他带来的一连串爆炸性情报却在岳飞脑海中反复盘旋，逼着岳飞重新开始考虑自己一军的前途去向。

从拓跋耶乌所说的金军最新动向来看，河北并不是金军此次攻势的重点，真正的焦点一在粘罕本人亲自负责的洛阳—京西轴线，二在讹里朵负责的山东地区，其中又以洛阳更为关键。因为以洛阳为中心的豫西地区，北接南太行河东路，西控通往陕西五路的河中府（今山西省永济市）—风陵渡—潼关孔道，东连中原京畿地区，向南又可直下南阳盆地甚至江汉平原，是名副其实的战略枢纽。一旦这个枢纽被金军控制，那么不但在东京坐镇的宗泽宗留守无法支撑，其他几路毗邻地区也自此难保安宁，更不要谈扫清两河敌军，迎接皇帝銮驾回东京城了。

所以自己这一军如果想在目前的战局中发挥更大的作用，就不应再北上，而应掉头南下，尽快去支援东京留守司和西京洛阳附近的宋军。

此外，还有一个问题，也是岳飞近来一直考虑的：从九月底到现在的两个多月游击生涯确实是恣肆快意，但也让他认识到凭借地利袭扰金军的战果还是有限。因为地理条件是固定的，这就意味着战场也是固定的，自己只能挑选作战的时间，不能挑选作战的地点，甚至还可能没法挑选作战对象——随着金军对山地作战和宋军、义军游击战术的日益熟悉，未来宋军必然越来越难在山地捕捉到金军大部队。这种作战方式，只适合组织长期抵抗和袭扰作战，但是很难靠它重创金军主力，快速收复大片失地。而要做到后者，不仅要靠堂堂之阵，还得有充足、稳定的后勤供给，有大量武器装备，特别是要有粮食、盔甲和战马……这些都只能依赖充足的劳动人口，和官府、官吏们组成的庞大组织体系才能办到。单凭在山间结寨屯田养马自力更生，靠缴获的战利品以战养战，还是太难实现这个规模的装备水平了。就算有朝一日真能做到，金军也不会给大宋这么多时间。

一言以蔽之，自己拉队伍打游击，不是驱逐强敌、收复失地的最佳途径；要想尽快实现解民倒悬、重整河山的愿望，还得想办法回官军。

只是王彦已经明确拒绝收留自己。再投官军的话，能投哪儿呢？

岳飞再次想到了宗泽坐镇的东京留守司。无论从宗泽的人品、能力、一贯的战略主张，还是从当前的敌情形势来看，投奔东京留守司都是这支小部队的最佳选择。但是有一点岳飞是有些犯嘀咕的：

在河北西路招抚司期间，他听北上大名府前曾在东京留守司停留过几天的张所跟赵九龄讲过：别看宗泽是老弱书生，执行军纪、平定盗匪、恢复东京城里的治安秩序和市场秩序时，可是杀起人来绝不手软。凡是在宗泽公布了政策、下达了命令之后还敢哄抬物价、扰乱治安、冒犯上级、临阵怯战的，都当场军法行事，丝毫不讲情面。甚至杀掉违反军纪的部将后，敢于接着任用这名被杀部将的亲兄弟统率其原有部伍，还敢让这样的继任将领继续带兵器侍从自己左右[133]……可见这位老臣何等铁腕，又自信到何种程度。

问题是，按这个作风，自己的脑袋，能不能保住好像也够呛……就算宗泽还没听说自己当面斥责主将、抗命出战的出格行为，率部伍脱离王彦指挥自成一军，总是板上钉钉，无从辩解的。

四度从军，战场上下目睹了无数惨烈死亡，自己也经历了无数次性命交关的危急时刻后，岳飞对待生死大事，早已有了和年龄不相称的从容镇定。但是，死在与敌人搏杀的战场上和作为违反军纪的罪犯被自家军队处死，这还是差别巨大的。当然，宗泽一直十分爱惜人才，对自己的才华尤其欣赏，一直念念不忘，这点张所也提到过。但是这份欣赏，能抵得过自己明目张胆和上司对着干的大罪吗？

想想自己曾经对王彦的敬重、期许和最后的失望，再想想前不久在王彦寨中的遭遇，岳飞忽然觉得没有多少信心了。

大概正在岳飞一面犹豫、一面试探性地带着队伍沿太行山南下之际，这支宋军小部队再次遭遇了金军重兵——一队由人称"黑风大王"的金军大将率领的近三万人马。"黑风大王"这个外号听起来有些搞笑，但实际上，这正是当时金军高级将领的标志之一。盖因宋朝市民文化娱乐发达，老百姓浸淫久了，俏皮话也比较多，表现在政治生活上，就是特别喜欢给高官大将、知名人物起外号，敌军头目也不例外。譬如金军宿将完颜突合速，从绍兴初年开始，即使在宋军的官方捷奏、战报中，也被习惯性地沿用民间起的外号，称为"龙虎大王"[134]。

两千对将近三万，可不是凭奇谋巧计和敢玩命就能打赢的了。岳飞只能率领全军疾驰上山，凭借山峦险阻抵御敌骑冲击。但是对峙之中，岳飞敏锐地发现这位"黑风大王"性情颇为轻率急躁，经常把亲兵卫队尽数遣到前沿冲锋，自己身边则没有什么防护。于是岳飞令部下设法吸引住金军的注意力，自己则率领几十名骑兵，绕到了一条可以直奔"黑风大王"所在位置的山坡小路上，而后瞅准空当，手持丈八铁枪，单人独骑沿山坡猛冲而下，凭借过人的力气、铁枪的沉重分量和冲刺速度带来的冲击力，竟然一枪就将这位"黑风大王"当场刺死。

这堪比现代"斩首行动"的特种战术，瞬间瓦解了金军的斗志，"黑风大王"的余部很快停止了攻势，收兵远走。而岳飞此次近乎神话的取胜过程，也自此传播开来，成为宋朝军民津津乐道的又一则英雄传奇，甚至邵缉这种江南士子，都能说上两句："……以数十骑乘险据要，却胡虏万人之军。"[135]

然而岳飞却无暇回味这场大胜。在南下途中遭遇此等兵力的金军部队，说明敌军确实正在以洛阳为中心大规模集结，京西、中原战场形势空前严峻。无论是为抗金大局战场形势计，还是仅仅为本军两千名将士的存亡前途计，自己都不能再拖延犹豫下去了。

大概在建炎元年十二月初的某一天，岳飞带着麾下两千名左右的原河北西路招抚司军将士——也许还有其他游击期间招募的新战士，下太行山渡过黄河，来到了东京开封，投奔东京留守宗泽。然而到东京留守司衙门报上姓名和经历，清点登记过人马数目之后没多久，岳飞就被东京留守司派来的一队士兵看押了起来。和岳飞之前预料的一样：执法严明、消息灵通的东京留守司很快查到了岳飞的"案底"，要追究他违反"阶级之法"、擅自脱离王彦、别立一军的严重违纪行为。

由于岳飞自己本来也没打算隐瞒或者抗辩，审判过程很快，判决也没任何意外：岳飞被判了死罪当斩。结果，大概是在审讯官员将案卷上报宗泽，请宗泽批复同意执行的时候，宗泽注意到了"岳飞"这个自己至今念念难忘的名字，再叫下属把人带过来一看，正是今年二月在自己麾下两箭射倒金军旗头，而后一顿猛冲打得金军七零八落的小军官。待问清楚了岳飞的"犯罪经过"、跟随刘浩离开自己所部后的经历，以及眼下来到东京留守司的原因，宗泽一拍桌子："此将才也！" [136]当即命人放了岳飞，只暂时免去了他的职务，却没有再追究他的死罪。

如此痛快的法外开恩，不光岳飞颇感意外，更吃惊的是东京留守司的官员们：都知道宗留守向来执法如山，怎么忽然心慈手软起来了？

宗泽也知道部下的议论，却一直没有解释。一转眼到了十二月九日，从京西传来了金军进犯汜水关的警报。汜水关就是前朝历史上赫赫有名的虎牢关，是陕西和西京洛阳周边山地通往中原广阔平原的锁钥。眼下金军这次进攻，显然是粘罕攻略洛阳周边地区行动的一部分，但其意图究竟是要更加稳固地控制京西周边关津要道，还是要继续东进，需要有人去查个明白，顺便打一打金军的气焰。但粘罕现在刚刚攻占了西京洛阳，兵威正盛，寻常将领是完成不好这个任务的。

略一思忖，宗泽命人叫来了岳飞，将这个刚刚又被罢免了全部官职也暂时失去了部伍的年轻人，任命为"踏白使"，也就是侦查先锋，接着又一挥手给了他五百精骑，让他率队前去汜水关侦查兼伺机破敌，末了还忘不了激了岳飞一句："吾释汝罪，今当为我立功！"[137]——我破例免了你小子的死罪，你今天可得好好报答我，给我长脸！

不过话刚说完，宗泽又有点后悔，生怕激将过了火，于是又嘱咐了岳飞一顿"无轻斗"[138]的道理。显然，他不光记得这个年轻人的姓名、相貌和无敌神勇，甚至还记得他一贯的作战风格，而且到现在仍然为他好野战、不喜排阵的野路子打法捏着一把汗。

大受感动的岳飞没有让宗泽失望，领命后就立即率领五百名骑兵突进汜水关，完成硬探任务的同时，还大败了金军进攻汜水关的先头部队，凯歌而还。得意自己果然没看错人的宗泽立即将岳飞带下太行山的两千多部伍还给了他，同时将岳飞提升为统领，也就是一军的副手。不久又像张所一样，很快就将岳飞再次提升为一军正将——统制官。

不过，岳飞之前的违纪行为，宗泽到底没有完全放过。尽管很快就将岳飞的实职恢复为了一军统制，但在军衔上，宗泽把岳飞的从七品武经郎一口气贬到了从八品秉义郎，不光连降五官，还从"诸司副使"序列降到了"大使臣"序列，相当于从"校官"降到了"尉官"。此外，岳飞从新乡之战夺得金军大纛旗开始，到以少击众刺杀"黑风大王"为止的至少五次奇功，以及刚刚在汜水关立下的新功，真计功论赏的话，至少可以转十官。但宗泽没给岳飞计功，更没有加官行赏，统统拿去军法司"将功折罪"了。

这一通操作下来，东京留守司就出现了一个奇观：某个年纪才二十五岁、脸上胡茬都还有点嫩的小小从八品秉义郎，却担任着统制官，领着两千多的兵在东京城周遭晃来晃去。每每赴留守司开会议事，也和诸多须髯飘飘、满脸沧桑持重的宿将老将平起平坐。类比现代军事制度，相当于让一个青年人挂着中尉军衔，干着中校团长的活，参加着中高级将领的会。这倒让本就容易让人"一见奇之"的岳飞，更加惹人注目了。

天天目睹着这个奇迹青年本人，也很快熟悉了岳飞诸多生猛事迹的东京留守司将士，有的佩服岳飞智勇无敌，有的惊叹于他的年轻有为，也有不少人惋惜他本可以升得更快，甚至可以在天子面前出人头地，结果却全被自己近乎异想天开的胆大妄为给耽误了。但岳飞自己却洒脱更甚，完全没把这些议论放在心上。

在这个从"靖康"切换到"建炎"的糟糕年头里，他凭本事从军打仗，立功受赏，凭本事一口气升到了很多武人一辈子都求而不得的从七品高阶，也凭本事作了很多人一辈子想都不敢想的死，光差点被自己人砍了脑袋就有起码四回……以至于行军打仗时的许多生死瞬间、艰难时刻，相较起来反而是相对轻松的经历了。如今在天寒岁末回首这一年的来路，他承认自己也走过眼，犯过错，把很多事情想得太轻易了些，却并不后悔，反倒觉得几乎遭遇的每件事、每个人、每一次抉择，都让他对世道人心有了更深刻的认识，也让他更加清楚要实现自己救国救民于水火的理想，到底该怎么去做了。

更何况，在经历了无数坎坷艰难之后，他终于能够继续追随与自己志同道合的主帅，还留住了算是自己亲手带出来的部队，并且规模兵力达到了自己从军以来统领人数的新高峰，而没有随着自己的职位遭贬而降低。目标在前，利剑在手，他依然能够为自己的理想去厮杀，还有了更大的力量、更好的环境去施展一身才能，满腔抱负。想想在战祸中或死或伤、或家庭残破流离失所的百姓；想想那些已经捐躯沙场的宋军同袍、义军将士，想想壮志未酬就被流放岭南的张所，甚至被罢相的李纲；再想想明明有出众的军事才干却受限于宗室身份，只能交出兵权陪同官家南渡的赵不尤；还有已经死为国殇的李若水、刘韐、陈东、欧阳澈……自己只该庆幸感激，还有什么资格怨天尤人、顾影自怜呢？

# 第五章

# 东京留守司：上将之路的最后一关

老大那堪说！似而今、元龙臭味，孟公瓜葛。我病君来高歌饮，惊散楼头飞雪。笑富贵、千钧如发。硬语盘空谁来听？记当时、只有西窗月。重进酒，换鸣瑟。

事无两样人心别。问渠侬：神州毕竟，几番离合？汗血盐车无人顾，千里空收骏骨。正目断、关河路绝。我最怜君中宵舞，道"男儿到死心如铁"。看试手，补天裂。

—— 辛弃疾《贺新郎·同父见和再用韵答之》

## 1 硬核老年和轻狂少年的互助式成长

岳飞加入东京留守司，重新归隶宗泽统率，无论对岳飞还是对宗泽来说，都是适逢其时，风云际会。

建炎元年十二月初的这个冬天，正是金军第三次大举攻宋攻势最烈之时。以宗泽坐镇的东京开封为焦点，金西路军由金国左副元帅粘罕统率，占据了西京洛阳，与东京留守司宋军和当地义军翟进、翟兴部反复争夺洛阳周边地区和郑州（今河南省郑州市），战况惨烈；金东路军则由金国右副元帅、三太子讹里朵及其四弟完颜兀术统率，自燕京南下，一度试图先攻东京开封，以便像去年年底那样，与粘罕兵合一处，彻底解决东京留守司这个宋朝扎在中原的大钉子。大概在十二月中旬，这支金军的一部（主帅很可能是金东路军副帅、四太子兀术）攻占了东京北面的黄河重要渡口——滑州之南的胙城县，兵锋距离东京开封已经不到百里了。

当此危局，宗泽属下将领纷纷请求合兵拒敌，切断滑州渡口的黄河浮桥，凭河组织防御。孰料宗泽竟嫌这个建议太保守，没有采纳不说，还反其道而行之，在京西敌军形成的压力已经很大的情况下，仍然派出统制官刘衍率两万人东攻滑州、统制官刘达率两万人西出郑州，并命令部下所有将领，只要没有接到出战任务，就一律解甲归寨，同时不得收起城门吊桥，也不得禁止行人商旅往来，总之警戒不可过度；甚至还下令城内官员及百姓，要积极准备除夕及上元节的一应节庆事宜，特别是布置花灯、举办夜市等庆典活动，都要按照往常太平年月的规矩办。自己则更是日常与幕僚属官以围棋自娱，一派太平时节雍容安闲的风度。

宗泽的想法是有道理的。首先，地处平原的东京城是典型的易攻难守之地，只有主动出击滑州、郑州、汜水关这些京畿外围的水陆要津，才能保证东京城的防御不致陷入被动。其次，作为中原、两河乃至整个北方的人心所系，东京城必须有战火中也能保持正常生活的镇定和活力，才能真正安定人心、稳住大局，为大众树立起长期抗敌的信心，也为重新成为大宋朝的首都奠定基础。这样一条任重道远来日方长的道路上，绝不能遭遇一次敌军攻势就惶惶不可终日，更不能重蹈靖康之难自乱阵脚、不战而溃的覆辙。

不过从十二月中旬到来年的建炎二年（1128）[1]正月，宗泽派出的这两支宋军一直进展不利：刘达部没能压制住金军的攻势，导致金西路军兵锋一度直逼郑州城东的白沙镇，距离东京城不到四十里；刘衍在滑州也陷入了僵持，始终没有完全解除黄河渡口金军随时可能渡河的威胁。两个方向的压力

---

[1] 同一年份后文不再标注。

叠加，使得此次东京保卫战到了一个不进则退的紧要关口：如果不能尽快取得突破，那么东京就有重蹈靖康之难覆辙、被金军两路夹击的危险。其中滑州得失尤为关键，因为坐镇西京的粘罕此时正派手下大将娄宿和银术可各率偏师，分别攻略陕西五路与京西两路（今河南省汝州市到湖北省一带），对突破东京留守司军和京西义军重重阻击东向开封，则显得兴趣不大。但若滑州失守，金东路军渡河南下，那么粘罕必然不再犹豫，将全力东向争取与东路军会合，局势也就不可挽回了。

急需破局的时刻，宗泽再次想到了岳飞，这个自己帐下最年轻但也最敢打硬仗的统制官。他找来这个刚刚死里逃生休整还不满一个月的年轻将领，命令他率领人数在三千上下并且很可能是全员骑兵的部众，立即驰援刘衍，争取早日克复胙城县及滑州[139]。

于是，刚和部下们庆祝完新年的岳飞，又像去年此时跟随宗泽转战开德府时一样，冒着正月的春寒踏上了征途，并很快再次证明，宗泽没有点错将。

岳飞到达刘衍军前后，先是会合一名巩姓将领的人马，在金军刚刚占据的胙城县城下与金军正面交锋，大败金军，当日收复了胙城县；随即又马不停蹄，奔袭滑州城西南三十里的汲县（今河南省卫辉市）黑龙潭，通过在黑龙潭龙女庙侧的官桥设伏，不但杀散了此地驻扎的金军，还缴获了金军囤积在此的大批辎重粮草，同时再度生擒了一名金军千户——《鄂国金佗稡编》中记载这名千户是女真人，但是姓李。显然，这里的李姓又是女真姓氏的汉化，对应的女真本姓应为"蒲察"，与靖康元年九月底首攻河东路平定军的金军大将蒲察石家奴同姓同宗。从金军此时仍有氏族部落色彩的血缘近亲型人事组织方式来看，这个千户很可能与蒲察石家奴有很近的亲属关系。四舍五入，也算岳飞为平定军的死难军民稍报血仇于万一了。

最终，凭借岳飞神兵天降一般的助力，刘衍成功收复了滑州及滑州周边的胙城县、延津县及河阴地区，遏制了讹里朵所率金东路军与粘罕所率西路军会合的趋势。

完颜宗弼（兀术）乃遣使告左副元帅宗维，谓独力难攻，宗维将辍西京之行，并围汴京。既而知泽未可图，遂已。[140]

不仅如此，讹里朵部听闻滑州败报后，就彻底打消了渡河围攻汴京的计划，专心攻略京东东路，于建炎二年正月间先后攻克了潍州（今山东省潍坊市）、青州（今山东省青州市）。但随即就在千乘县（今山东省广饶县）被当地民军、弓手和一股自滨州（今山东省滨州市）南下的宋军溃兵合力击败。由于攻略的这两州地缘战略价值并不很大，沿途又遇到棣州（今山东省阳信县一带地区）、潍州、青州及州下各县军民极为猛烈的抵抗，讹里朵觉得得不偿失，干脆就此结束了本次南下作战，撤回河北驻扎。

刘衍部缴获的战利品、生擒活捉的女真蒲察姓千户及其他渤海族、汉儿俘虏一批批送到东京留守司时，正值正月十九，也是上元灯会的最后一天。正月十五上元节是北宋时期举国上下最重视的节日之一，隆重程度甚至超过除夕和新年。恰好宗泽此次为了鼓舞民气，在四面边声、警报重重的危局中，仍然解除了宵禁，下令民间可以张灯五日，尽情游赏玩乐，以便让最近终于惊魂稍定的东京百姓们好好放松下精神、舒展下心情。于是偌大的东京城里，一时又是灯影缤纷、人流喧嚷，竟依稀有几分盛时光景，让人心中生出许多对未来的信心和希冀。而来自滑州的捷报，又进一步增添了这种喜悦、振奋的气氛，给节日添了一个漂亮的"豹尾"，不过也让包括许多留守司将领在内的东京军民吃了一惊：原来大家欢度节日逍遥快乐之际，正是刘衍、岳飞等人与金军生死搏杀之时。惊叹之余，众人更加佩服宗泽的指挥若定，同时也对刘衍、岳飞等人感念不已，以至于提到这几个名字就忍不住要"举手加额"[141]，以示崇拜和感激。

而对宗泽来说，此次大捷的意义也非同小可。这还是东京留守司与金军交锋以来，第一次按计划甚至超额完成预期战略目标。不像之前在西京与粘罕部争夺时，总要靠消耗战术死磕周旋，战果还往往不尽如人意。他不禁更加激赏此战中起了关键作用的岳飞，再次暗叹这个青年的智勇才略实在惊人，不枉他像宝贝一样给捞了回来。

不过，在向报捷探马详细询问了岳飞此役中的两次战斗经过后，这位科举出身的老臣，也再次开始纠结一个问题：

　　这后生能打是能打，但怎么总是玩横冲直撞甚至单骑刺杀对方大将的"野路子"？会不会是因为出身底层士兵，没接触过兵书和阵图，所以完全不会摆阵？如果真是这样，那现在还没什么，但若是以后他的职务再进一步，带了上万人的部队，还接受不到正规的军事教学，自己岂不是耽误甚至毁掉了一块难得的大将材料？

　　这个担忧，宗泽其实早在第一次从刘浩处听说岳飞的事迹时，就存在心里了。但他当时和岳飞还只是匆匆数面之缘，后来开德府一别又是近一年未见，甚至一度连这个小军官的生死存亡都失了音信，自然也就没有什么机会跟岳飞当面表达。但如今这名青年勇将失而复得，宗泽又再次见证了他在汜水关、胙城县和汲县的三次大捷，他愈加强烈地感到，眼前这个青年军官的前途不可限量，所以自己担心的这个问题必须得尽快解决，不能再耽搁了。

　　于是等二月四日刘衍率领岳飞等人凯旋东京之后，应当是在一个草木欣欣、万物生发的春日清晨或午后，宗泽特地让人找来了岳飞，亲手交给他一大摞阵图。

　　作为科举出身的官员，宗泽本来也像北宋中后期的众多士大夫一样，完全不知兵事。但金军入侵后，这位老人充分发挥了自己善于学习而且受得起挫折、耐得住性子的优点，在年届古稀之时、戎马倥偬之中，开始了勤奋也十分艰苦的自学军事之路。一面拿出青年时期攻读儒家经典的劲头，饱读兵书，甚至连《武经总要》和阵图这种"专业技术手册"类型的资料都没放过；一面在实践中反复对照思考，试错改进。应该说，宗泽的学习效果还是很不错的，虽然不能说成了一流的军事家，却很快成了一名合格的军政领导人。在磁州镇守时，宗泽第一次率领本州民兵攻打李固渡的金军结果大败而归，但第二次还是带着这拨人马去打同类型的战斗，就能取得胜利了；在开德府时，虽然因急于进兵中了金军伏击，但随后就能马上收拢部伍与金军相持，没有一溃千里；之后更能指挥孔彦舟这样的将领与金军打得有来有回，逼急了甚至还能亲自拿起兵器与士兵一起当阵厮杀……可见其进步之速明显，而且十分难得。

也就是说，宗泽给岳飞的这套阵图，不是随手一划拉随便一给，而是老人家几年来辛辛苦苦积攒下的心得，精挑细选的宝贵学习资料。与其说是上司指点部下，不如说更像是现代学术体系中的资深老教授，把自己在前沿新领域的全部工作成果和心得，倾囊相授给了一个刚入行的后学者，给的时候还千叮咛万嘱咐，生怕毛头小子愚钝不知珍惜，钻研时不能倾注全力：

> 尔勇智材艺，虽古良将不能过。然好野战，非古法，今
> 为偏裨尚可，他日为大将，此非万全计也。[142]

但宗泽没想到的是，岳飞很可能早在从军平定军的两年间，就跟季姓团练或者哪位老军官系统学习过阵图阵法了，所以对宗泽给的这批阵图"一见，即置之"。之前文献综述做得够扎实，以至于一翻宗泽给的阵图，就知道都是自己已经看过的，没有啥罕见材料。不过，等宗泽过了几天又把岳飞找来东京留守司衙门，追问他阵图看得怎么样，打算亲自考核检查时，岳飞撒了个小谎：

> 留守所赐阵图，飞熟观之。

直接说拿过来发现都是见过的就搁在一边了，那未免太伤老人家心。但再往下说到对阵图本身的看法，岳飞就不再委婉了。一来宗泽向来喜欢直言不讳，讨厌因为人情上的顾虑绕来绕去浪费时间；二来像宗泽担心岳飞好野战对阵法不够留心一样，岳飞其实也从大名府初识宗泽开始，就一直在发愁宗留守对兵法的学习还是有层窗户纸一直没捅破，如今既然老人家在真心实意地替自己发愁，那他也忍不住要把自己为宗泽担着的这份着急说破了：

> （留守所赐阵图）乃定局耳。古今异宜，夷险异地，岂

可按一定之图。兵家之要，在于出奇，不可测识，始能取胜。若平原旷野，猝与虏遇，何暇整阵哉！况飞今日以裨将听命麾下，掌兵不多，使阵一定，虏人得窥虚实，铁骑四蹂，无遗类矣。

——阵图是一定之规，是战术的基础没错，但真打起来，是不可能原原本本按着一定之规来的。比如有时候碰上地形变化，阵型就得跟着变。而且我现在不喜欢摆阵，也不是因为不懂阵法或者看不上摆阵对攻，是因为我手底下人太少了啊！拢共几千号人，一摆阵，对面连我多少人都能数清，再拿重甲骑兵一冲，还不一波送掉了？

突然在自以为比较擅长、能指教一下后辈的地方被"将军"，即使坦荡开明如宗泽，也还是有点本能的不爽的："如尔所言，阵法不足用耶？"——照你这么说，合着我给你的这些学习资料一点价值都没有啊？

眼看眼前的老人认了真，居然跟自己正儿八经争论起来了，岳飞察言观色一番后，还是决定把话敞开了说：

阵而后战，兵之常法。然势有不可拘者，且运用之妙，存于一心。留守第思之。

我不是说阵法没用，我是说，阵法是常规，但是临战时需要在这个基础上加以变化，这就不是光看阵图、记阵图就能学会的了，要根据具体的形势如敌我力量和地理条件变化，还得根据自己对敌情的判断和作战意图变化。换句话说，最关键的胜负手不在阵图里，在将领对阵图的应用能力和方式上。留守相公您想想是不是这么个道理？

接下来宗泽的反应，岳飞直到十几年后都还记得清清楚楚：

泽默然，良久，曰："尔言是也。"

——显然，自以为能指点晚辈几招，结果被晚辈反指点，宗泽不光有点郁闷，同时还有些被碾轧的失落感：自己堂堂大宋进士埋头苦读经典教材好几年，反倒不如一个农家后生边打边自学……不过宗泽的可爱之处是：作为年纪足够做岳飞祖父的长辈，和官职比岳飞高好几级的高层领导，一向在公众场合以不苟言笑、雷厉风行著称的宗泽，此时居然没想到要在岳飞面前打打官腔，掩饰一下自己的情绪，可见确实是全身心投入了和岳飞的交流讨论。而且，宗泽思考了半天，情绪也稳定下来之后，想明白了并且当场承认了岳飞的说法是对的，没有躲闪掩饰，更没有强词夺理恼羞成怒，作为身居高位的大领导来讲，岂止难得，简直放到现代社会也是万里挑一了。

更有意思的是，在后来宗泽女婿余翱整理的《宗忠简公事状》中，这段故事是这么记的："公曰：'尔智勇才略，古良将不能过。但好为野战，非万全计。'因授以阵图。飞答曰：'阵而后战，兵法之常，运用之妙，存乎一心。'"直接略去了宗泽被反指点的细节，至于"默然良久"的细节，更是提都没提。而岳飞讲给家人听的这段故事，却一直记得宗泽这个神态。两份记录对照，显然宗泽当时确实还是出现了情绪波动，以至于宗泽的女婿余翱，也不免有点心疼岳父的较真和激动，不得不在记叙时稍加回护。而岳飞之所以牢牢记得这个细节，大概也不是得意争论中辩赢了宗泽，而是记得自己当时决定直言不讳前，正经纠结踌躇了好久，在宗泽"默然良久"的时候，也着实忐忑不安了好一阵，生怕把好学不倦又对自己一片热心的老上司给伤到了。实际上，从岳飞后来应对上司的风格来看，如果不是面对宗泽，他断不会如此直率。换句话说，这番被后世兵家奉为经典的军事指挥艺术讨论，只有在宗泽和岳飞之间才能发生，任何一方气量稍有偏狭或者学习热情稍有不足，都不会有如此深入又坦诚的一番对话了。

不过阴暗点想，宗泽的反应，有没有可能是故作大度呢？

还是余翱的《宗忠简公事状》，交代了一条关键信息：

公是其言，共参机务。

宗泽的反应并不是装出来的，而是确实在这番颇为激烈的争论后，更加坚定地相信岳飞确实是百年难得一遇的名将胚子，其思维方式、眼界格局，都已经远远超出了他的年龄范围，也超过了宗泽以往的经验领域，于是干脆把岳飞当作机要参谋用了。凡是紧要军务甚至政务，都要和这个官位尚属低微的年轻下属讨论。

但这个使用方式对岳飞来说，一开始大概率是会让他郁闷的。

很可能是因为太爱惜岳飞，外加把岳飞当作了贴心幕僚使用，岳飞自此之后一直到宗泽去世，在东京留守司再无出战记录。虽然到三月底，金西路军主帅粘罕就因与东京留守司军相持不下而放弃西京洛阳，带本部主力和掳掠来的京西人口回了云中，大河以南再无金军纵横，但在二三月间，东京留守司在东线两次与金军争夺滑州，在西线与金军反复争夺郑州、洛阳，还是有很多出战机会的。

好在，凭借聪慧的头脑和人际关系上过人的敏感，岳飞很快就体会到了宗泽把他留在身边任用的良苦用心——他在协助宗泽处理机要政务、军务时学到的东西，都是在战场上学不到的，还有比单纯军事经验更复杂、更重要的知识和经验——他看到了宗泽理政手段的刚柔并济和不拘一格。

身为在宋哲宗朝就中举出仕的干员，宗泽曾经得到过王安石变法运动干将吕惠卿的赏识，加之在靖康之变前一直辗转在各地当亲民官，行政经验极为丰富，处事也老辣果断，有时甚至有些"腹黑"：譬如今年上元节，宗泽下令民间张灯行乐时，没有向居民通报军情，事后更是直截了当地对部下们说："民可使由之，不可使知之"——这时候让已经被战乱吓出心理阴影的老百姓知道实际军情，"徒扰败事"[143]。再早一点，去年冬天在磁州拦阻康王赵构时，宗泽更是不惮破坏士大夫"不语怪力乱神"的惯例，借力于磁州的地方保护神——崔府君，一切意图都装扮成神谕，很是把沉迷星象占卜、神鬼祭祀等旁门左道的赵构忽悠住了一阵，也凭此才留住了迷信天意的赵构，没有让这位亲王殿下继续北行。

但宗泽又不是视民众为愚民、只喜独断专行的厚黑术专家和暴力信奉者。相反，他重视民生民情，更发自内心地爱护、尊重每一个百姓、每一位普通士卒。譬如，大盗王善曾经是河北兵马大元帅府军之一部，被登基后的赵构踢走后才当了流寇。当了流寇后，他裹挟的军兵和百姓很快达到近十万之众。宗泽费尽心思招安了王善的部队，但马上就要求王善把军中掳掠来的妇女全部释放回家。其实如果只想让王善为官军所用，宗泽大可不必提这个很可能令王善及其部下不快，甚至炸营哗变的要求。但宗泽还是秉持着仁爱之心，非提不可，王善也感于宗泽的人格魅力，如言照办。同样的坚持也体现在宗泽处理赵海一部上。赵海也是宗泽招降的兵匪，但受招安后仍保留了较多土匪习气，连自己营区内的道路都派人把截，不许别部任意通行。之后大将闾勍部下八名士兵偶然路过，没有通报就闯入了赵海营地，居然被赵海凌迟处死。宗泽得知后，没有因为遇害者是小卒就姑息迁就，而是立即召赵海前来，公开审理后依律将其处死，为几名无辜枉死的士兵报了仇。

——何时该从权，何时该坚持原则，何时该强硬铁腕，何时该秉持仁心，这位老书生自有一套原则。而且无论任何时候、处理任何事情，都没有贪图安逸，放弃对这套原则的反复思考和检查，所以才永远能找到当时条件下最恰当、最正确的处理方式。

在军纪维护上，宗泽同样是如此。部将兵败溃逃、擅杀上司、降敌之后再来说降，到了宗泽这里都是有死无生，绝不迁就。另外，宗泽又善于化解矛盾，区分有罪与无辜，主将问罪后，其余人等就算是有罪之人的亲信副手、同胞兄弟，也照用不误并且任用不疑，以致这些将领感激之下都心甘情愿为宗泽出生入死，即使送命也在所不惜。

宗泽还特别注意照顾将士的家庭生活，部下出兵征战时，就派人去慰问这些将士留在东京城内的家眷，不仅安定了军心，也搭建了另一条能够上达下情、随时了解部众情况的消息渠道。这一点估计给岳飞留下的印象尤其深刻。所以到岳飞自己日后自领一军后，也沿用了这种管理方式。

甚至对汉族以外的各族百姓，宗泽也秉持着包容、仁爱的胸怀。二三月与金军鏖兵期间，留守司军曾擒获一名归顺金军的契丹族将领，押送到留守司后，宗泽不但没有将其问罪，反而亲自为之解缚，让他坐在自己身侧，宛如老友重逢谈家常一样讲了一番大宋、大辽本为兄弟之国，应该携手灭金以复国雪耻的道理：

> 契丹与大宋修盟好旧矣，今女真小国，既灭天祚，又侵凌中国，契丹臣民宜与我共奋忠义，杀灭仇方，以刷君父之耻，吾心即汝心也，我不忍杀汝。

这名契丹将领大受感动，当即下拜归附，为宋军提供了很多金国内部消息。对待其他俘获的契丹、渤海族将士，宗泽也都尽可能地采取这种方式，谈心之后予以释放，还给予一定的钱粮，发放一批承诺宋军若行北伐绝不妄杀契丹人的"公据"[144]，供其自留的同时散发给同族，以致这些契丹、渤海人被释放归国后，四处传播宗泽的仁义与威名，到后来竟有不少金军中的契丹人主动前来投奔宗泽。宗泽这一很有点"国际主义"和"统一战线"色彩的抗金方略，在其奏章中也有体现：在吁请赵构尽快回銮东京的上书中，宗泽曾经多次提出过，要灭金雪耻，不应只靠宋军，还应联结契丹、渤海、高丽、西夏：

> 北首燕路，访大辽子孙，兴灭继绝，约为与国，则燕蓟之感恩荷德，不患不为吾用。如此则仇方势必孤弱，自可缚而臣之。二圣天眷自此决有归期，两河故地自此决可收复。[145]

这一思路对岳飞也有极深的影响。九年后的绍兴七年，岳飞应高宗旨意上北伐全策，明确提到过自己北伐的最终战略目标之一就是使"大辽有可立之形"[146]，也就是在塞外重新恢复辽金并存、互相牵制的局面，以便本朝能以更灵活的方式和更大的战略回旋空间来确保塞外的安宁稳定，减少动用武力的成本。绍兴十年北伐期间，岳飞不仅接纳汉儿、渤海和契丹降军，也接受了很多女真族将士的投拜。甚至到绍兴十一年春天，轰轰烈烈的绍兴十年北伐功亏一篑后，岳飞也还在积极联络金国后方的契丹人，策划新一轮的北伐……

毫无疑问，单凭岳飞自己的品性和才干，也不难想到这种以仁为本、团结大多数的"统战"策略，但在东京留守司的见闻，显然大大加速了这个过程。

总之，日日耳闻目睹宗泽的立身行事，对岳飞的影响是巨大的。不论是推进主张的灵活手腕，对待生灵的仁爱之心或曰人道主义精神，还是别具一格甚至有点脑洞大开的民族政策，在岳飞后来的政治军事实践中，都不难找到继承发扬宗泽观念的痕迹。甚至宗泽在公众场合不苟言笑、沉鸷严肃的风度，自奉菲薄、清廉朴素的作风，闲暇时颇喜谈禅的精神追求，也都在岳飞身上留下了或深或浅的投影。此外，东京留守司内汇集的许多人才，武如老于行伍、于军国大事、朝政内幕上见多识广的间勍、陈淬、刘衍、张捴，文如才华横溢、文名显赫一时的李若谷（李若水和岳飞日后重要幕僚李若虚的大哥。此外李若虚此时有可能也在宗泽幕中）、张峄等人，也大大开拓了岳飞的眼界，给了他增长见识的机会。

而且岳飞也很快发现，这样的生活，并不比上阵厮杀更轻松——在被宗泽留在身边"共参机务"的几个月中，岳飞能接触到的工作，可能包括但不限于：1. 为宗泽献计献策、提供军事决策的依据和思路；2. 梳理、誊抄重要的档案文件；3. 搜集、判读和收发传递机密情报；4. 参与东京城内外几十万将士及其眷属的日常管理，包括后勤粮草的筹算和供应安排；甚至可能还要帮助训练和管束其他流寇兵匪出身的部队，督导或亲自教习各军将士的日常训练、监督军纪执行……

当然，在这些事项的间隙，岳飞大概也会有一些其他将领、幕僚都难以享受到的轻松快意的时光，作为高强度工作的补偿。比如，关起门来和自己的顶头上司一起，激情吐槽上至官家本人、下至百官群僚的全世界，或者和上司聊聊《左传》、三国、诸子百家、诗词文章。

宗泽和岳飞一样喜读《左传》和三国故事，一样爱好阅读和写作诗歌，宗泽本人就写过一些以三国人物为题的咏史诗。不过岳飞对杜牧的偏爱，到宗泽这里八成是不入眼的。作为从小接受系统儒家经典文献与学术教育的读书人，宗泽的阅读喜好表明他明显是"老杜"杜甫的崇拜者，很可能还花过不少时间试图改造岳飞在唐诗上的审美趣味、阅读习惯乃至诗风模仿对象——毕竟宗泽差不多也只能在这方面的科班训练和阅读积淀上，碾轧这个晚辈一下了。

甚至，岳飞可能还要忙里偷闲，帮忙照顾宗泽直接或间接抚养的近百名老弱孤寡。根据史料记载，宗泽晚年抚养的孤寡儿童老人足有百人之多，其中可能有不少是宋金开战以来宋朝死难军民的遗孤，光住在东京城内、跟随宗泽身边的，估计就不在少数，照顾起来也是个费时费力的活儿。而岳飞到此时仍然没有找到自己的母亲和妻儿，还是孤身一人。偶尔为人父母之心发作，拿出已经当过父亲的生活经验，照顾一下这些也因为战乱而失去父母家人的小孤儿，倒不失为排解、慰藉思亲之情的好办法。

在宗泽的悉心培育言传身教下，岳飞更加全面而快速地成长着。虽然还是不免忙碌，且背负艰苦和巨大的压力，却也倍感充实和振奋，而且和岳飞之前的经历相较，这已经算得上他第三次从军以来最稳定、最心神舒畅的一段时光了。

但国难当头，这样的时光当然不可能太长久。很快，对岳飞和宗泽来说都不啻战场上厮杀的严峻考验，又摆到了他们面前。


## 2  再谋破敌前，先需破心关

对于大宋大部分官员、将士和百姓来说，整个建炎二年的春天，是在绵延不绝的战火和血肉纷飞的搏杀中度过的。金军从建炎元年秋冬开启的第三次对宋攻势，一直到此年五月间才算彻底告一段落，战火不仅波及了靖康年间已经饱受摧残的河东路、河北路和中原地区，还蔓延到了此前基本未受战乱困扰的京东东路、陕西五路、京西南路：

——在陕西，金军在娄宿统率下，一度攻克了陕州（今河南省三门峡市）、同州（今陕西省大荔县）、延安府（今陕西省延安市）、长安（京兆府，今陕西省西安市）、凤翔府（今陕西省宝鸡市）、秦州（今甘肃省天水市）等地，不少官员、将领在与金军的厮杀中殉职遇害，其中也包括岳飞在河北兵马大元帅府军中的老相识——杨存中的祖父、永兴军路兵马总管杨宗闵。

——在京西南路和京西北路（今河南省中南部），银术可趁东京留守司军与粘罕、讹里朵两部主力鏖兵之际，率军先后蹂躏了汝州（今河南省汝州市）、邓州（今河南省邓州市）、均州（今湖北省十堰市一带）、房州（今湖北省房县）、唐州（今河北省唐县）、蔡州（今河南省驻马店市）、陈州（今河南省淮阳县），试图从西、南方向进逼开封，迫使东京留守司在三面交攻中自乱阵脚，放弃东京城南逃。

——正月即从京东东路回师的金东路军，也在南下京东路途中和回师河北后，攻占了河间府（今河北省河间市）、已经苦守了三年的中山府（今河北省定县），以及著名义士李若水和岳飞日后重要幕僚李若虚兄弟的家乡——洺州（今河北省邯郸市永年区）……

哪里有屠杀和劫掠，哪里就有反抗，更不乏英雄豪杰横空出世绽放光芒。

在陕西，娄宿大军在攻克长安、凤翔府后，便开始频繁遭受陕西六路驻扎西军的反击，先是在攻击泾州（今甘肃省泾川县）时，被岳飞日后的挚友、未来川陕宋军的主帅、但此时尚只是一个从八品秉义郎的吴玠击败于青溪岭，就此终止了沿泾水流域继续深入的势头；后又在侵袭巩州（今甘肃省陇西县）时，被宋军刘惟辅部击败，先锋大将也被刘惟辅斩落马下，不得不退回长安。继而又在其他宋军的不断侵袭下，退出了整个陕西地区。

随后，岳飞在绍兴年间的重要政治盟友之一、此时正任鄜延路经略使兼知延安府的文臣王庶"出兵攻同州，收复诸县，焚大庆关，檄召河南、河北豪杰共起义兵，并力击贼。远近响应，旬日间以供状自达姓名，孟迪、种潜、张勉、张渐、白保、李进、李彦仙等，兵各以万数"。[147]

一众义军将领中，李彦仙尤其令人瞩目。这位出身西军底层军官的名将"虽无猛勇之才，然有智信而能谋"[148]，不仅联络四方豪杰，趁金军溃退之际一举收复了陕州，还凭借出色的奇谋韬略和民政吏才，引得周边地区抗金义军如解州（今山西省运城市）义军领袖邵隆[149]等纷纷归附，一时在陕州这个陕西、河东、京西三路交界的战略要害，形成了一个声势颇壮的抗金中心。

在京西南路，银术可兵锋所及，也同样有军民起兵反抗。岳飞后来最得力的部将之一、此时还只是一个鲁山县（今河南省鲁山县）土豪兼汝州弓手的牛皋，即是此时挺身而出，发动父老子弟组织抗金武装，于四十一岁的不惑之年开始戎马生涯的。

在河北地区，山水寨更遍地皆是，并与太行山区的义军同气连枝、遥相呼应。如洺州军民与金军对峙期间，就曾得到过"西山"也即太行山义军李宗部的多次救援，还曾合兵数次夜袭金军获胜，直到最后城中粮储断绝，才集体突围去了北京大名府避难……

而此时的东京留守司，已经不仅仅是故都京畿地区的军政管理机构，还一并承担了经略两河、联通陕西的任务，成了抗金战争实际上的"总指挥部"。

> 结联河东、河北山水寨忠义民兵，及陕西、京东西路诸路人马，咸愿听公节制……凡两河、京东、西州郡文移往来求军需者，则撤在京所有，随多寡应之，欲其同心济难，不以彼此为间。[150]

因此无论是官军还是民间武装的战斗，最新动态都会呈报到宗泽处。随着一份份来自大河上下、潼关内外的布告、檄书、战报如雪片般飞来东京留守司，常要与宗泽讨论机要军务的岳飞，不知不觉中就对宋金战争有了更具全局性和战略高度的认识，同时也更加坚定了他从战争爆发起就一直坚持的一个观点：虽然"好生恶死，天下常情"[151]，但当生存都被威胁、欲求为奴隶都不可得时，大宋的百姓还是有胆魄和能力跟敌人拼命的。他们的反抗虽不能完全替代官军的堂堂之阵，但仍然是必须重视的强大力量。也只有用好这股无处不在，又与故国山河相依共生、源源不绝的巨大力量，才有可能完成驱逐强敌、重见太平的不世之功。

宗泽的看法与岳飞大体一致。虽然不同于出身贫寒的岳飞，与平民大众有着近乎天然的情感共鸣和深刻了解，出身士大夫阶层的宗泽之所以重视民间抗敌力量，更多的来自儒家民本思想的理论熏陶，和抗金战争爆发以来的亲身经历。但不管认知来源为何，宗泽和岳飞最终殊途同归，都成了南宋初年北伐派官员中重视民众抗敌力量的代表。而且，随着各地义军传来的捷报越来越多，宗泽心中一个酝酿已久的想法，也日益成熟和清晰了：

民心思宋，民气可用。只要指挥得当，即使是民间武装也可以与金军一战，甚至还有机会获胜。如果能整合这些武装力量，趁盛夏酷暑之际，金军不耐华北地区气候、疲于战斗之时，联军北上，分进合击，肯定能取得更辉煌的战果。

打定了主意的宗泽，很快与岳飞等部将、幕僚拟订了一个计划：联络、整合各路义军，加上东京留守司现有的部队，于建炎二年六月间正式发起宋军的第一次北伐，收复两河失地。

为了实现这个计划，宗泽特地在三月间派出了自己的独子[152]、当时在东京留守司中担任幕僚的宗颖，令其亲携相关奏章上书赶赴扬州行在，以便能更好地与宋高宗赵构和朝中宰执大臣沟通，充分阐释自己的北伐方略。

而就在宗颖将行未行之际，一位当时的风云人物——宋金"海上之盟"的促成者和见证人——马扩，也来到了东京城面见宗泽。

马扩在宋金开战后经历坎坷，先是在靖康元年正月末组织真定府防务时，得罪了当时的真定府知府、岳飞老上司刘韐的长子刘子羽，被刘韐诬以谋反罪投入狱中，直到当年九月金军攻占真定府时才趁乱越狱，上山召集了一支人马抗金。随后又在与金军的战斗中被俘，后来蒙老相识金国二太子斡离不优待，特许他在真定府开酒馆谋生，才得以联结附近一处山寨——五马山山寨中的抗金义军，改装出城，二次逃出生天。不过，这次上山参加抗金义军后，马扩很快遇到了一位贵人：在被金军驱掳北上途中寻机逃出的宋徽宗第十八子、信王赵榛。

这位年轻的皇子不同于赵构和自己的大部分兄弟叔伯，是个极富正义感又勇敢坚毅的青年，在国破家亡之际，竟然在生活条件艰苦的河北山寨中坚持了下来，并很快凭借皇子的声望和马扩的威名才干，号召了周边地区诸多义军前来投奔，"时两河忠义闻风响应，受旗榜者约数十万人"[153]。《会编》里记载的这一人员数字应该有夸张，但冀中地区也因此形成了一个规模不小的抗金中心，则是显而易见的。

声势渐起后，信王赵榛立刻派人赴扬州行在，向自己的九哥、当今的天子输诚并请求援军。在连派两名使臣后，又唯恐寻常使节不能充分表达自己的意图，专门派出了山寨二号人物马扩，亲自南下求援。临行之际，赵榛还特地题写了两首七言绝句赠予马扩，向马扩、同时也是向自己的皇帝九哥和朝廷官员们剖白心迹：

> 全赵收燕至太平，朔方寸土比千金。
> 羯胡一扫鸾舆返，若个将军肯用心？
> 遣公直往面天颜，一奏临朝莫避难。
> 多少焦苗待霖雨，望公只在月旬间。

如今马扩抄太行山山路，辗转来到东京留守司，先向宗泽汇报了信王和五马山义军的情况。宗泽得知后，一方面为信王和河北军民的义举感动，另一方面也有些担忧：同为宋徽宗亲子，信王在外掌兵，哪怕仅仅是义军，其实也是有些敏感的。但随即宗泽又想到：或许赵构得知自己有个亲兄弟正在河北亲率义军抗金，反而会出于防范手足至亲实力壮大威胁自己皇位的考虑，离开扬州行在重返中原，以便压制信王的声望？

不过不管结果怎样，无论是为信王、五马山和河北义军的安危存续考虑，还是从刺激赵构回銮考虑，这个情况都值得上奏一下试一试，反正什么结果，都不会比现在赵构待在扬州远离中原的局面更糟了。于是宗泽立即让马扩加入了宗颖前去扬州行在面奏北伐事宜的队伍，期望这从天而降的一枚重磅砝码，能给自己的大计增添一份助力。

向朝廷汇报的事情安排妥当后，宗泽就开始专心与东京留守司的幕僚将佐们筹划北伐事宜。凭借复国雪耻的号召，和雷厉风行但又公平合理、人尽其才的管理方式，宗泽很快招纳了更多的义军领袖和官军前来投奔，其中既有丁进、杨进这样的悍匪，也有河北雄州弓手李成，以及岳飞的同乡、汤阴弓手张用这样"白道"出身的草莽豪杰。到五六月间，仅东京城内外驻扎的、接受宗泽号令的义军及其眷属就已接近百万[154]，正是"记得太行山百万，曾入宗爷驾驭"[155]。如此声威，再加上东京留守司数次与金军鏖兵不落下风的战斗力，广结契丹、汉儿人心的仁义举动，不少金军、契丹和汉儿士兵都开始敬畏地将宗泽称为"宗爷爷"，而不敢直呼其名。

要维系、管理这样一支鱼龙混杂的大军实非易事。别的不说，光是不同军队之间就经常发生械斗。甚至赵构的御前大将、时任御营使司左翼军统制的韩世忠，在四月间率一万人马前来支援东京留守司争夺洛阳的战斗时，也因留守司军丁进部在会战中"失期"，而与丁进部士卒在驻地"相击无虚日"[156]，最后干脆趁粘罕主力已经北归、战事压力减轻之际拔营返回了江南。而当时身为东京留守司军统制、又被宗泽看重"共参机务"的岳飞，很可能因为一向重视军纪问题，又在军中素有"岳无敌"的勇名，威望和勇力都足以慑服这些莽夫悍将，而担负了一部分调解各部关系、阻止械斗，甚至专门镇压抓捕违法乱纪分子的任务。当然，这也再一次为岳飞日后统率管理十万大军、打造铁一样的军纪攒了经验包。

并非所有的宋军将士，都能像他，或者像刘浩、赵不尤、王彦一样，战场上面对金军悍不畏死，战场下也知书达理遵纪守法人畜无害。相反，这些身负足以取人性命的强大暴力、又尝过血腥和杀戮滋味的人，很可能对待自己和他人的生命都更加轻率，如不善加约束和引导，对无辜百姓和基本社会秩序的伤害，未必就比外敌更小。但要驱逐敌寇、收复河山，又不能鄙夷、排斥这些人。何况，很多士兵之所以变得暴戾、乖张，也不全是自己的责任，更多的是受环境逼迫和熏陶所致，只要悉心教导，还是可以转性向善的。所以作为管理者，不仅要找到管理之法、攻心之术，更要学会权衡利弊缓急，要有自己的一套复杂的价值标准。

换句话说，世间万事万物，不是非黑即白。好的管理者要知道黑与白的分别；但更要知道，那些介于黑白之间的灰色地带，该如何划分边界、如何应对调节，如何尽可能地引导其向光明的一方，让黑白之间的分隔区更稳定、安全，而不是适得其反。

　　只是，帮宗泽管理这些不爱守规矩的游寇悍卒山大王虽然麻烦，却还不是最大的考验。五月二十日，当时如大海纳百川的东京留守司迎来了一支军纪严格、声名显赫的王牌军时，岳飞才真正开始面对自己的又一次"艰难时刻"。

　　这支王牌军不是生人，正是岳飞前顶头上司王彦统率的"八字军"。建炎二年春夏间，王彦一面继续联络、整合太行内外的两河义军，一面指挥八字军于太行山中两败前来围剿的金军，使远近敌军对其望而生畏。有的金军将领甚至在主帅令其袭击王彦山寨时，"跪而泣曰：'王都统寨坚如铁石，未易图也。必欲使某将者，愿请死！'"[157]两河义军、百姓则大受激励。军民士气高涨之际，王彦"缮甲治兵，约日大举，直趋太原，断石岭关以临代北"[158]，打算一鼓作气收复河东地区，并将这一作战计划和拟定的出兵日期，汇报到了东京留守司宗泽处。

　　得知这一情报的宗泽大喜过望，但同时又觉得，仅凭王彦部万余人的兵力和他联结的太行义军，要从太行山滏口陉或井陉西出，直驱河东重镇太原，恐怕还是势单力孤，而且集结兵力规模和行军速度都会受太行山山地地形的限制，难以形成有效攻势。不如先与东京留守司军会合，而后以王彦部为主导和先锋，由滑州黄河渡口北上，再借助王彦之前联结的各部太行义军，沿太行山南麓和西麓，逐一收复河北诸州县。而河东地区，则可交给已经非常熟悉西京洛阳一带地形人情的间勃负责，先巩固、安定洛阳周边地区，而后再斟酌形势，择路进兵河东。

　　只是这样安排的话，就等于要让王彦担任北伐军中河北一路宋军的最高指挥官，这就产生了一个麻烦：自己一直视为撒手锏的岳飞，在这次北伐中该放在哪儿呢？

从岳飞对敌情的熟悉情况和之前的作战经历来看，他无疑应当跟从王彦，渡河进兵河北，负责收复浚州、卫州、怀州，同时打开岳飞家乡相州周围的金军包围圈。但因为之前在新乡县和太行山寨中的冲突，王彦很难再接受岳飞重归麾下；如果让岳飞有一定的自由行动权，那又难免伤害王彦的权威……

再者，岳飞去年年底本来因为擅自脱离王彦指挥，依军法当斩，宗泽不但网开一面还大加重用，这其实多少是有点扫王彦面子的，等于明摆着说宗泽在岳飞和王彦的冲突中更同情岳飞。只是当时王彦屯兵太行，与东京留守司消息不通，也不与宗泽照面，所以尚无大碍。但眼下这种情况，如果再派岳飞到王彦麾下效力，很容易让王彦产生不必要的猜测和误会，也不利于军事行动的开展……

有道是解铃还须系铃人。从后来宗泽最终确定的北伐进军方案、《王彦行状》中对岳飞此时反应的描述——"飞终不自安"，以及宗泽两份纪事行状中对这一时期的叙述行文来看，最终为宗泽解开这一难题的，或许正是岳飞本人。

眼见宗泽为人事调度犯了难，而这个难题又与自己之前闯下的祸有关，岳飞很可能在反复斟酌形势后，主动向宗泽提了一个建议：自己愿意去大将间勍所率的北伐军西路军中效力，由此避开王彦，减少军中发生人事矛盾的可能，尽可能地保证从东京留守司到前线的指挥顺畅无阻。

这个决定看似简单，但对当时思念家乡、牵挂亲人如狂如痴的岳飞来说，一点也不轻松。北伐和解相州重围，都是他从去年年初就开始期盼已久的大事。如今历尽千难万险、九死一生之后，这两个愿望终于眼看就要实现，自己却必须放弃亲手拯救故土，再次与家乡的方向背道而驰；还要放弃在主攻路线中大放异彩的机会，转而去跟随一位之前并无太深了解，也没有在军事上合作过的新上司——间勍，去远不如河北地区熟稔的新地域——京西地区及河东路南部地区作战，而且还是支偏师，不是主攻方向，不是作战任务最重的地方……

桩桩件件，都正踩在岳飞那颗要强好胜的少年心里的敏感之处。然而看看为即将到来的北伐殚精竭虑，以致陡然间苍老了许多的宗泽；看看东京留守司满怀热血与期待的同僚和数十万将士；再想想之前与王彦的冲突，以及冲突造成的一系列后果，岳飞知道，自己如果真的希望北伐成功，就没有其他的选择。

——北伐必须借助两河义军的力量。而王彦现在在义军中的巨大威望和半年多来积攒下的人脉资源，对东京留守司和北伐将士来说，是不可或缺，也无法替代的。

不过不管岳飞提出这个建议之前经历了怎样的内心斗争，他最终的选择确实让宗泽陡然轻松许多。确定了人员归属的宗泽当即提笔作书，邀请王彦下太行山前来东京留守司，共商六月北伐大计。然而满意于岳飞的成长成熟之余，宗泽可能多多少少也有点心疼这个已经学会了收敛锋芒、相忍为国的年轻勇将。

五月二十日，接到宗泽书信后于十五日渡河南下的王彦，率人数在一万左右的八字军全军来到了东京城，到东京留守司拜见宗泽。宗泽与王彦刚一见面，就握着王彦的双手，告以自己已经递上奏章，请求朝廷授王彦武功大夫、忠州防御使、河北制置使之职，总领河北一路军务；同时热切表达了自己对王彦的赞许和期望。

> 公力战河北，以沮金人之心腹，忠勇无前，海内所闻。然京师者，朝廷根本，某累上章，邀车驾还阙，愿公宿兵近甸，以卫根本。[159]

——但有意思的是，这段话仅见于范续感的《王彦行状》；而宗泽的两份行状及其他传记资料中，却只字未提，甚至连王彦这个名字都没有出现过，只有奏章里提过三次王彦，而且其中两次都在王彦和岳飞发生冲突之前。对照岳飞与宗泽讨论阵图的段子都出现在了宗泽女婿执笔的宗泽行状中，宗泽以及宗泽后人在这场大将与"偏裨"的冲突中，更倾向于哪一方，其实已经很明显了。

但对岳飞而言，既然已经彻底看开了跟王彦的过节，谁在这场冲突中站在他这一边、有多少人认为他对或者错，已经不那么重要了。真正重要的是，随着人事关系的理顺，王彦所率八字军得以安心并入东京留守司军中，作战任务和目标也随之明确；东京留守司军的北伐兵力至此基本集结完毕，其他诸多事项如联络义军、侦察情报、筹措粮草物资、预先准备一应官方文书材料等，也已准备就绪。整个东京留守司上下，如今只等着前去扬州行在汇报北伐方案的宗颖和马扩尽快归来，带回朝廷的一声令下了。

只要这宋金开战以来大宋军队的第一次北伐，能够如宗泽和全军将士所愿如期发动，岳飞自信，凭借自己的智勇才略、作战经验和学习能力，即使在京西和河东路，也照样能打出一片新天地。


# 3　呼渡河千秋遗恨

五月中旬，也就是王彦率八字军下太行山入东京城后不久，被宗泽、岳飞及整个东京留守司上下热切盼望的诏令，居然真的传达到了东京，而且内容竟然也与他们期望的完全一致——赵构在诏书中宣布，将择日离开扬州，回銮故都：

> 朕即位之初，跼蹐近服，会李纲上江左之章，继执南阳之义，鸠工藏事，浸失时几。旋为淮甸之行，就弭寇攘之患，守中原而弗远，见朕意之所存。昨稽时措之宜，默辨言还之计。设施有序，播告未先，或者不知，尚乃有请。可无委积，以谨备虞。宜令发运司尽起淮、浙入京物料，及军需、辎重等物，以次发遣赴京师。朕将还阙，恭谒宗庙。仍令三省、枢密院、御营使司条具合行事件。应臣寮、将士自应天府扈从至扬州者，并进官一等。[160]

诏书的内容和措辞都堂皇正大，然而稍一细读，就会发现赵构不但毫不客气地把去年秋天朝廷南渡的"锅"，甩给了从未建议过他来扬州驻跸的李纲，还不点名地指责了一直在不断上书要求赵构回銮东京的宗泽。

> 昨稽时措之宜，默辨言还之计。设施有序，播告未先，或者不知，尚乃有请。

其实什么时候回东京我已经盘算好了，没公开说就是了。偏你非得一个劲儿叨叨，显得满朝文武好像就你能耐！

不过赵构终于肯驾返故都，对宗泽、岳飞等人来说已经是意外之喜，不管是明面上对李纲的凉薄，还是措辞间对宗泽的不满，都顾不上计较了。然而兴奋之余，众人心中也生出一点诧异：

看文末所署月日，这道诏书是五月二日就下达了。如今已经是五月中，为何竟不闻一点官家北上的消息？

一众人且喜且疑中，于三月下旬赴行在奏对的宗颖和马扩也终于回到了东京，然而这两人带回的却不是更大的喜讯，而是当头一盆冰水：

原来，宗颖和马扩到达行在后，分别向赵构递上了宗泽与信王赵榛的上奏。由于两份奏章都忠义奋发、言辞慷慨，特别因为信王赵榛又是赵构在靖康之难后第一个失而复得的亲人，所以赵构一度大受感动，当着马扩的面流泪不止。当宰相黄潜善、枢密使汪伯彦质疑这个信王可能是他人假冒时，赵构还"玉音甚厉"地与二人争辩："信王是太上皇帝子，朕之亲弟，岂不认得书迹！何疑之有！"[161]并且一连重复了好几遍"何疑之有"；接着，又当堂拟诏，任命信王为"河外兵马都元帅"，任命马扩为"拱卫大夫、利州观察使、枢密副都承旨、河外兵马都元帅府马步军都总管"，给了两人相当高的官职和名位。又过了几天，信王的事迹在扬州行在渐渐传扬开后，不出宗泽所料，由于"或言榛有渡河入京城之谋"[162]，赵构果然出于对信王声望的忌惮，下诏还都东京，也就是东京留守司刚刚收到的这封下达于五月二日的诏书了。

然而，还不等欣悦不已的宗颖和马扩动身返回东京留守司报喜，局势就急转直下。一直到宗颖、马扩离开扬州行在，赵构再没有任何动身北上的动静，回銮诏书成了一纸空文。马扩的"河外兵马都元帅府都总管"，也没有获得实际的兑现，黄潜善、汪伯彦仅拨给了他几路无人管领的残兵败将，以及五百名自洺州突围到大名府后，又长途跋涉到泗州，准备投奔御营使司的将士。杂七杂八的人马全部加起来，也不过几千人。

——显然，情绪恢复了正常的赵构已经在黄潜善、汪伯彦的蛊惑下想起来，要防范甚至除掉远在河北义军山寨中的这位十八弟，并不一定要走正面竞争的路线，亲临东京，和金军来个硬碰硬刚正面；而是完全可以换个思路，假金军之手来达成自己的目标。

听完宗颖和马扩的汇报，宗泽和岳飞的心凉了大半，但其他人仍存有一线希望：官家的主意既然能变回去，就不能再变回来吗？毕竟还都的诏书已经下达，而马扩的官职头衔也并没有明旨收回……

仿佛是为了彻底扑灭这点跃跃欲试的火苗，还没等马扩与宗泽等人话别，启程继续北上，关于马扩职权界定的最新诏旨公文，就催命符一般接连不断地追来了东京留守司。所有诏书和枢密院命令的内容都大同小异："令（马扩所部）一人一骑不得渡河，听诸路帅臣节制。"[163]

——不但不准马扩过黄河出兵河北，还不准他擅自返回五马山寨，而是命令他必须到大名府驻扎，和之前岳飞的老领导刘浩一样，听从北京留守杜充的号令。

事情到了这一步，态势已经再明白不过：当今天子好不容易被刺激起来的胆气，如今又咽了回去。东京留守司谋划已久的北伐，恐怕是要胎死腹中了。

事态发展到如此令人绝望的地步，已经为抗金北伐大业殚精竭虑数月的宗泽，却爆发出了惊人的斗志和毅力。送走马扩后，他顾不得连日来的疲劳和失望，奋笔又写下了一封恳请赵构回銮的诏书；也顾不得自己唯一的儿子宗颖已经南北奔波了近两月，命令宗颖立即动身再赴扬州上奏。

而就在宗颖匆匆上路后没多久，也许是已经预感到自己的身体状况难以支撑长久，也许是唯恐错失夏季发起北伐的时机，宗泽又连写两封奏疏上奏，派人接连递往扬州。这已经是宗泽自去年六月担任东京留守以来的第二十三封、第二十四封《乞回銮疏》了，实际也成了他最后两封正式上奏。在这两封奏章里，宗泽全面阐述了自己的北伐方略，以及原定在六月实施的北伐作战计划：

### 《乞回銮疏》第二十三：

臣犬马之年已七十矣，陛下不以臣衰老无用，付之东京留钥。臣自去年七月到任，夙夜究心，营缮楼橹城壁，扫除宫禁阙廷，分布栅寨，训练士卒，教习车阵。比及终冬，诸事稍稍就绪，都城帖然，风物如旧，人人延颈跂踵，日夜傒望圣驾还阙。

臣以故自今年正月、三月，两次遣属吏及臣之子捧表远诣行在投进，恳请车驾西上，归肆大赦于宣德门，使天下晓然皆知陛下言旋旧都，再造王室，命令用是通达，盗贼用是消弭，无复有方命阻兵之患。然后用臣为陛下条画措置，造膝陈请，遣一使泛海道入高丽，谕以元丰构好之旧，令出兵攻仇方之西；又复遣官从间道趋河东，谕折氏修其旧职，以固吾围。使三陲交攻金贼，令彼应敌不暇。吾方大举六月之师，一道由滑、浚，一道出怀、卫，涉河并进。北首燕路，访大辽子孙，兴灭继绝，约为与国，则燕蓟之感恩荷德，不患不为吾用。如此则仇方势必孤弱，自可缚而臣之。二圣天眷自此决有归期，两河故地自此决可收复。而况两河之人，感祖宗二百年涵养之泽，虽陷敌逾年，而戴宋之心初无携贰。使吾大兵渡河而战，则东北人民必有背敌归我，前徒倒戈攻于后以北，谁不愿为吾死！孟子曰："虽有智德，不如乘势，虽有镃基，不如待时。"今时则易然也。臣尝以今日时势观之，天意悔祸，人心固结，虽三尺童子，争欲奋臂鼓勇，恨不碎仇方之首，食仇方之肉，又况当六月宣王北伐之时，机会间不容发，陛下何惮而不亟还京师，使臣获奉咫尺之威，请借箸以筹。

黄帝书曰：日中必彗，操刀必割。此言时不可失也。谚曰：当断不断，反受其乱。此言断不可诬也。今日之事，臣愿陛下以时果断而行之，毋惑谗邪之言，毋沮忠鲠之论。倘陛下以臣言为是，愿大驾即日还都，使臣为陛下得尽愚计。若陛下以臣言为非，愿陛下即日放罢老臣，或重寘责，臣所不辞。惟明主可与忠言，臣故昧死以闻。

### 《乞回銮疏》第二十四：

臣闻《诗》与《小雅》载六月宣王北伐之事，盖夷狄以弓矢马骑为先，而当六月歊蒸之时，皆难于致用。故宣王乘时行师，终于薄伐猃狁，以建中兴之功。臣自留守京师，夙夜匪懈，经画军旅，近据诸路探报，敌势穷促，可以进兵。臣欲乘此暑月，遣王彦等自滑州渡河，取怀、卫、浚、相等处；遣王再兴等自郑州直护西京陵寝；遣马扩等自大名取洺、赵、真定；杨进、王善、丁进、李贵等诸头项，各以所领兵分路并进。既过河，则山寨忠义之民相应者不啻百万，契丹、汉儿亦必同心歼殄金人，事才有绪，臣乞朝廷遣使声言，立契丹天祚之后，讲寻旧好，且兴灭继绝，是王政所先，以归天下心也。况使虏人骇闻，自相携贰邪？仍乞遣知几辩博之士，西使夏，东使高丽，喻以祸福。两国素蒙我宋厚恩，必出助兵，同加扫荡。若然，则二圣有回銮之期，两河可以安贴，陛下中兴之功，远过周宣之世矣。臣犬马之齿，今年七十矣。勉竭疲驽，区区愚忠，所见如此。臣愿陛

下早降回銮之诏，以系天下之心。臣当躬冒矢石，为诸将
先。若陛下听从臣言，容臣措画，则臣谓我宋中兴之业必可
立致。若陛下不以臣言为可用，则愿赐骸骨放归田里，讴歌
击壤，以尽残年。频烦上渎天听。

由于这两封奏章写作时，宗颖已经再赴扬州上奏，岳飞作为宗泽实质
上的幕僚，很可能参与了奏疏的起草抄录，以至于宗泽奏章中的许多方略
构想，都能在十多年后岳飞自己的几次北伐献策中找到投影。只是此时的岳
飞，已经没有了与伯乐兼知己纵论天下大势的兴奋，更没有了对未来的幻想
和期待，只剩下了对宗泽的担心。

凭自己在河北兵马大元帅府军中和在应天府行朝的亲眼见闻，凭刘浩、
李纲、张所甚至耿南仲、孔彦舟等人的遭遇，岳飞不相信赵构此时还有再次
回心转意的可能。只是，难道留守相公就想不到这一层吗？明明他老人家和
当今天子的交往比自己早得多，也深得多，对赵构为人的了解，并不下于和
赵构多有往来的赵不尤。甚至，岳飞来东京留守司后，还看过当今天子被拥
立为帝时，宗泽所上劝进书、贺表的底稿，那内容与其说是劝进，不如说是
对一个自己打心眼里不看好的花花公子，措辞严厉地劝谏和警示，只差指着
赵构的鼻子说你根本不配当皇帝了……

更让岳飞不安的是，宗泽一次次在上书中提到"若陛下以臣言为非，
愿陛下即日放罢老臣，或重窜责，臣所不辞""如臣言稍涉狂妄，请正典
刑，明臣罪恶"，甚至"臣若有毫发误国大计，臣有一子五孙，甘被诛戮，
以谢天下"之类的话，虽然有不少是大臣进谏时的套话，但宗泽的语气实在
太过激烈，考虑到赵构的为人和处事作风，岳飞不由得为宗泽暗暗捏了一把
冷汗。

然而眼看着时间一天天过去，眼看着宗泽的身体一天比一天更虚弱，眼
看着医官开始频繁进出留守司衙门和宗泽的居所，岳飞终于明白，这就是自
己看三国故事时曾为之动容流泪的"鞠躬尽瘁，死而后已"——虽然岳飞内
心一直拒绝去想这个可能，但现在，他不得不承认：属于眼前这位将近古稀

的老人的时间，恐怕已经不多了。所以宗泽现在的作为，无非是想利用人生的最后一点时光和精力，为抗金北伐大计尽可能地多做一点事情、多扫清一些障碍。其中就包括用最强硬的立场、最直接的方式和最激烈的态度去和赵构沟通，即便不能让赵构回心转意，也至少能强制提高一下这位青年天子的"心理阈值"和"三观底线"，为其他臣僚的谏言与作为，争取更多的转圜空间……

只是，这思之令人泪下的耿耿孤忠、一腔热血，真的能够感动天心吗？

让人心寒齿冷的答案在炎热的六月"图穷匕见"。大概在六月中旬，被宗泽派往扬州行在上奏的宗颖和另一名官员范宗尹，再次愤愤不平地返回了东京城。

不出岳飞所料，除了一封答复宗泽第二十三封《乞回銮疏》、褒扬其忧君爱国忠心可嘉的诏书外，宗颖两手空空，一无所获，更没看到朝廷有半点回銮故都的意思。

紧接着，在六月底，于五月被赵构任命为"大金祈请使"的著名才子宇文虚中也来到了东京城，向宗泽及东京留守司全体官员转达了当今天子有意对金议和的最新政策动向，并敦促宗泽尽快释放之前被扣押在开封府监牢中的金国使臣，不要再和朝廷对着干。

此外，宇文虚中还在私下半遮半掩地透露：由于宗泽的抗金立场坚定不移，当今天子和黄潜善、汪伯彦等宰执大臣很担心他继续留在东京留守司的位子上会妨碍宋金和议，因此有意将宗泽调回扬州行在担任虚职，改任其他人为东京留守……

一桩桩不出意料、却又比意料中的最坏结果更糟糕的消息，终于彻底摧毁了宗泽的健康，令他本已衰弱多病的身体在激愤焦急之下，又生了背疽，不便躺卧，难以入睡，也没有胃口饮食。

但即便受着如此折磨，宗泽仍然做了一个出人意料的决定：尽管等来的不是朝廷同意北伐的诏旨，而是各种或明或暗的指责和掣肘，但北伐仍要按之前的计划进行。

河北路还是以王彦的八字军为主力，同时由王善、张用、薛广三人各率人马为先锋和策应，于七月初率先出师，相机收复河北西路或沦陷或被围的各州县；京西一路则还是由闾勍带领岳飞等将官，一面保护位于巩义的历代宋帝陵寝，一面以荥阳汜水关和西京洛阳为支点，清除京西残敌，而后伺机北上，争取收复河东。

……

随着一条条命令接连下达，一部部人马的出兵日期陆续排定，原本眼看就要夭折的宋军第一次北伐，重新变得可望而可即，东京城内外的士气民心也一度又振奋起来。然而如此繁重的工作量，也耗干了这位老人最后的一点体力。进入七月后，宗泽已经不能起床办公，只能由宇文虚中暂时代理东京留守之职。七月十一日，宗泽的病情更加危重，连日来一面筹备出师，一面为宗泽病情忧心不已的东京留守司众将士僚属，到此再难克制压抑已久的情绪，遂相约集体到东京留守司衙内探望。

看到一众下属齐刷刷站在卧房门前，每个人的脸上眼神中都流露着真挚的担忧和关切，宗泽也大为感动，强撑病体接见了自己的部下，随即说出了令这群刀头舔血不眨眼的武夫猛将们终生难忘的一番话：

吾固无恙，止以二圣蒙尘之久，主上驻跸于外，忧愤成疾尔。诸公能为我歼灭丑虏，以成主上恢复之志，虽死无恨！[164]

说这番话时，宗泽"瞿然"而起，目光炯炯，语调激昂，仿佛又恢复了往日那种仿佛永远不会枯竭的热情与锐气。眼见这位病体支离的老人到此境地仍豪情不改，满堂将领无不感动下泪，一起罗拜于地，同声应答道：

敢不尽力！

慷慨盟誓之后，为避免宗泽过度伤心劳神，众将略略寒暄几句，便纷纷告辞而出。然而轮到岳飞起身要走时，宗泽却叫住了他，示意他坐到自己身边来。待其他人都退出走远，只剩宗泽与岳飞两人在房间后，刚刚还精神矍铄的宗泽怆然倒下，握着岳飞的手长叹了一声：

> 吾度不起此疾。古云："出师未捷身先死，长使英雄泪满襟！"[165]

对比刚刚说给众人听的"吾固无恙"和"虽死无恨"，宗泽在岳飞面前流露的，无疑是更私人化，也更为真切的情绪。可见他此时对岳飞的感情，早已超出了领导与部属、伯乐与才俊、师长与弟子的情分，更像是一对平常人家的爷孙俩，在絮絮说着任何一个弥留之际的老人都可能对钟爱的晚辈说的家常话。只是，余翱执笔的《宗忠简公事状》，记下了"诸将退，惟岳飞在侧"这个温暖也伤感的细节，却没有记叙两人之后的谈话到底说了些什么。

——宗泽弥留之际单独留下岳飞，显然不可能只感叹一句自己的病情以及再念两句杜甫的名作，但宗颖、余翱为何略而不书呢？

结合宗泽、岳飞的立身行事，尤其是两人对待"国""民""君"的态度，宗泽弥留之际与岳飞的这次长谈，很可能与赵构有关。

其实早在靖康元年冬磁州民众击杀王云、阻止赵构继续北上使金的崔府君庙事件中，宗泽就已经觉察到，赵构不但为人心机颇深，而且对黎民百姓、对宗庙社稷、对父母亲人，乃至对人世间最基本的道德伦理、人之常情，都有一种令人心寒的冷漠和无感。所以面对磁州民众的诚挚挽留和宗泽主动组织民间义军抗敌的行为，赵构不但不感激感动，反而动辄与随从宦官冷嘲热讽，极尽折辱取笑之能事[166]。此外，赵构为何直到靖康之难后，仍对实际救了他一命的磁州军民无半点感激之情，反而对一力促成他北上使金的王云念念不忘，这也是宗泽每每想到，都觉得寒生毛发的一处疑点。

这些负面印象，在赵构不告知宗泽就匆匆逃离磁州返回相州时便深了一层。到大元帅府军的使命落空、赵构登基之后，宗泽对这位青年天子更是产生了深深的怀疑。但由于赵构是靖康之难后唯一幸存于中原的徽宗血脉，为凝聚人心计，宗泽又不可能有其他的选择。所以金军掳徽、钦二帝北去后，宗泽只能一面和其他宋臣一样，写下劝进书，表态支持赵构登基称帝；一面又在明知天子无意进取、对自己本人也深怀忌惮的情况下，仍然如偏执症患者一般反复上奏进言，对天子进行措辞严厉的进谏和规劝……

　　但现在，一方面，自己的努力眼看就要和自己的生命一起付诸东流了。换言之，赵构的品性之卑劣、意志之薄弱，甚至超出了宗泽最坏的预期。可另一方面，北伐又还是要继续推进下去，并且这副重担无疑会在不久的将来落到岳飞身上。所以眼前这个年轻人必须对当今天子有更充分的了解，以便提前筹划好将来的君臣相处之道、庙堂周旋之术，并且要比自己之前所做的更具策略性、更周全也更稳妥。

　　——虽然宗泽自己都不太清楚，在眼下这个仿佛老天爷与苍生搞恶作剧而造出的时局下，岳飞到底要经历多少冥思苦想、艰难险阻甚至委屈磨难，才能在不引起内乱、保证本国军心民心稳固的前提下，实现北伐复国、中兴社稷的理想。而对一个天资过人、才华横溢，本质上并不喜欢受各种常规惯例拘束的青年人来说，要在这样的战场上也能进退自如、应对得法，所要经历的煎熬，会比战场上的生死搏杀更艰难，也更痛苦。


　　只是不管对眼前的年轻人有多少期待，多少担忧，宗泽除了把自己所知的一切朝局内幕尽数相告外，已经没有办法再去指点和帮助岳飞了。就在勉励众将、与岳飞执手长谈的第二天，建炎二年的七月十二日，弥留之际的宗泽听到窗外呼啸的风雨声，忽然挣扎坐起，连呼三声"渡河！渡河！渡河！"后，没有再说哪怕一句与自身、与家人有关的话，便与世长辞，终年七十岁。

　　——直到生命的最后一息，他念兹在兹不能忘却的，仍然是北伐。

　　这饱含愤懑与不甘的呼声仿若滚滚雷霆，在风雨大作、天色如晦的东京城中迅速传开，不仅伴随着宗泽最后的悲壮结局，就此铭刻在汗青史册上千古流传，更深深印在东京城中包括岳飞在内的每一个人的心里。

# 4　承遗志辗转关山

宗泽的去世，令中原乃至整个北方的抗金局势，都陷入了一片风雨飘摇、昏沉不明之中：

在宗泽病重期间，就已经代宗泽执行东京留守职事的宇文虚中，在宗泽病故后，立即释放了去年夏天被宗泽扣押的金国使节，并礼送其上路，任其返回金国。显然，宇文虚中的举措是有朝廷支持的，同时也表明朝廷对宗泽之前的很多强硬措施不满已久。而一力挺、一不满之间，宋高宗本人在战与和、北归与偏安等问题上的倾向，也几乎不问可知了。

紧接着，由于寒心朝廷释放金使、迟迟不返东京的举措，以及朝廷对宗泽的态度，不少被宗泽感召而来的义军将领纷纷拔营离开东京。就是其他尚能坚守营地、岗位的将士和幕僚，也大多士气低落，陷入了迷茫无措之中。

当然，最深感前途莫测，如丧考妣的还是手无寸铁的士大夫和普通百姓。他们中的不少人，或写诗作文凭吊宗泽的功业事迹，或焚香上供祭奠英灵，或者干脆连日痛哭哀悼。人间的哀恸与天上的狂风暴雨相应和，使得偌大的东京城一连数日，都仿佛是浸泡在了泪水之中。

然而一片悲观失望中，也有不少人真的将宗泽的临终嘱托铭记在心，继续为这位老人也为所有大宋子民奋斗着：宗泽去世前夕，作为北伐军河北路先锋的王善、张用、薛广三部人马，已经离开东京进兵河北，他们是在行进途中得知宗泽去世的。闻听噩耗后，王善和张用都心生犹豫，没有再继续北上，率部返回了东京城周边屯驻；而曾跟着刘光世之父刘延庆夺门逃出东京城、见证了刘延庆父子惨死，又当过兵匪、祸害过地方的薛广，却不改其志，照旧领兵渡河，前去被金军围困已久的相州，试图解相州之围，最终在与金军交战时壮烈战死，以身殉国。

和薛广一样坚定的还有北伐军京西路主将闾勍。这位时年大概四十多岁的老将出身北宋禁军班直，由于北宋中后期的班直卫士通常是从禁军将士后代中选拔，他很大可能也是簪缨世家子弟，不仅有膂力、擅骑射，而且为人厚道和善，但在大是大非上又能坚守底线，从不让步。在东京留守司，作为主将的间勃当时正担任"主管侍卫步军司公事"，也就是宋代三支御林军之一部[167]。和之前一度前来西京支援作战的韩世忠部一样，算是东京留守司的"客军"，并不能算是宗泽的直接下属。但自从去年十月，赵构在动身南下扬州之际把间勃踢开，支派到东京留守司协助宗泽后，间勃便一心一意辅佐宗泽守卫东京，不仅战场上作战勇猛、主动，在战场外也知无不言、顾全大局，是宗泽最得力也最"省心"的下属和助手之一。如今宗泽故去，人心浮动之际，间勃再次显示出了非同一般的忠诚和定力。在宗泽去世后的第三天，也即七月十五日，便按照宗泽生前下达的命令，率领人马冲风冒雨出征京西，赴洛阳戍守。

之前被宗泽调拨给间勃的东京留守司军中军统制官岳飞，也率领自己三千左右的骑兵，行进在这支队伍里。从本心而言，他其实很想在东京城多留几天再出发，给自己视若长兄的宗颖帮帮忙搭把手，为自己深深敬仰的宗留守再尽一尽作为下属和晚辈的心力，也稍稍排遣一下心中的哀痛和忧愤。但看看眼下的形势，他又明白间勃的选择才是正确的：一方面，东京留守司需要有人站出来执行宗泽生前的将令，给其他人做个榜样、鼓舞一下士气；另一方面，此时已经是七月中旬，距离入秋已经没有多少时间。而进入秋季后，金军很可能又要发动新一轮的攻势，"防秋"迫在眉睫，军事形势也不允许他再沉浸在个人情绪里了。

果然，间勃部进入西京后没多久，散布在两河和京西地区的小股金军就重新活跃起来，同时金军主力也再次开始分批南下。八月三日，一部应当是沿太行山东麓相州、卫州、怀州一线南下的金军渡过黄河，进逼荥阳汜水关，如果金军得逞，很可能切断驻扎在西京的间勃部与东京留守司之间的联系。因此间勃闻报后，急命当时正在永安军（今河南省巩义市）护卫八代宋帝陵寝的岳飞东出救援，与汜水关守军合力迎击，务求击退金军，保障京西与东京之间的通道。

岳飞接到命令后，立即率麾下骑兵从永安军急驰到汜水关，在汜水关前与守关宋军一起与金军展开了生死搏杀。当战斗逐渐进入白热化之际，掠阵的岳飞发现敌军主将又和他之前在开德府遇到的两名金军旗头、太行山遇到的"黑风大王"一样，是个骄傲自大混不吝的角色，常常孤身突出阵前，亲自与宋军将士短兵相接，于是岳飞一催胯下战马，直冲到阵前这员金将的左侧，而后施展自己"左右射"的箭术绝技，"跃马左射"[168]，也就是以右手持弓、左手控弦发箭，射了对方一个冷不防。

——大部分人在日常活动中更习惯用右手，所以两手的力量和灵活度并不均衡，包括射箭时，绝大多数射手也更习惯以右手控弦发箭，这就导致对方遭遇的弓箭攻击角度，要么是正前方，要么是右方。因此，这员金将虽注意到有宋军将领冲到了自己的左侧，却完全没想到箭矢会从这个方向发出，结果"应弦而毙"，刚听到弓弦震动利箭呼啸心里暗叫了一声糟糕，便两眼一黑，跌落马下闭眼咽气了。大将一折，金军的气焰顿时消了一半，指挥也陷入混乱，宋军则士气倍增，在岳飞率领下奋勇冲杀，很快将这股金军杀得大败奔逃。

然而金军攻关部队在被击退后，并没有彻底退出汜水关周边地区，而是收拾人马，驻扎在了汜水关东面的竹芦渡。考虑到汜水关的重要性，间勍不敢掉以轻心，也不敢让别人来负责这个重要交通节点的防御，遂又发急令，命岳飞先不要回师永安军，暂率人马驻扎于竹芦渡西岸，务必确保汜水关的安全。

岳飞依令而行，在竹芦渡与金军隔河对峙，试图寻找合适的机会再玩一次奇袭。无奈金军充分吸取了之前的教训，不再贸然出击，而是安营不动，一面等待本军援军，一面盼望宋军先耐不住性子，率先发起攻击。

可岳飞也想得明白：本部人马人数少于金军，强行出击，就算能打赢，也会折损不少。所以自己一定得把持住，不能中了金军下怀。于是两军如同高手过招，谁都不肯先出手，隔着渡口一对峙就是好几天。如此一连数日后，岳飞所部携带的军粮见了底，宋军顿时陷入了两难境地：不撤兵，继续在这儿守下去，没有粮食吃是撑不了几天的，出去找粮食又会被金军觉察；撤兵，金军就算不尾袭，也会再度围困汜水关，一旦吸引到周边的金军大部队前来增援，汜水关就保不住了……

进退不得之际，岳飞忽然想起，根据这几日的观察和估算，对手的军粮其实也快吃完了，而且心理也快到了崩溃的临界点，仿佛一个担负着千斤重担、在烈日酷暑中站了很久的人，再往担子上加一根稻草，都可能让他崩掉。

——从哪儿能找来这根稻草呢？岳飞想起了自己在《左传》《三国志》等史书里读到的诸多古时名将设疑兵的案例，决定来个有样学样：他从部伍中挑了三百名精锐将士，令他们趁夜色渡河，埋伏在竹芦渡金军一侧河岸不远处的一座土山下，入夜之后，每人持两个用两束柴草交叉绑成的十字状柴捆，四端点火后，当作火把高高举起，同时擂鼓呐喊。如此一来三百人就有了数千人的声势，夜色中看去，甚至会觉得是万人规模大军的先头部队。本来就已经坚持不太住的金军看到后，也果然以为是宋军援军到来，一下子被击穿了心理防线，炸了营，纷纷上马奔逃。岳飞趁势率军追袭，杀伤缴获甚众，终于彻底将金军逐出了氾水关周边地区。

此战之后，京西地区的宋金战事便告一段落，沉寂了很久。这部分是因为金军此次南下攻宋的重点方向是陕西和河北—山东，但也有大部分与岳飞的出色战绩分不开。因此这两战的战果上报后，又被定为"奇功"，岳飞凭两次大捷连升三官六级[169]，升到了"诸司副使"的最高一阶——从七品武功郎，从而终于超越了去年此时因上书而被罢掉的"武翼郎"官阶。虽然如果没有太行山下和王彦的那次冲突，或者宗泽对军纪执行的要求没有那么严的话，岳飞早在去年冬天，就应该实现这个成就了。

闾勍和部下将士纷纷向岳飞道贺，岳飞自己也小小兴奋了一阵。但比起个人官职升迁的又一里程碑，他更关心的，还是宗泽临终前仍在牵挂的北伐，是否还有可能继续推进。这几天他已经听到消息，朝廷在获知宗泽去世后，于七月二十二日任命北京留守、大名府知府杜充为新任东京留守兼开封留守，并在任命诏书中告诫杜充要"镇抚军民，尽瘁国事，以继前官之美；遵禀朝廷，深戒妄作，以正前官之失"[170]。这等于公开否定了宗泽之前拘押金使、结联义军、策划北伐、呼吁朝廷回銮东京的一系列举措，也透露了朝廷当前的倾向。朝廷这样一"定调"，继任的杜充几乎不可能再延续宗泽之前的理政治军路线。另外，根据岳飞去年秋天在河北西路招抚司对杜充的了解，这位前北京留守虽然坐镇前沿重镇的时间不短，却并没有过什么真正于军于民有利的建树，还自视甚高、独断专行，很不好相处共事，之前张所、赵九龄、王彦、刘浩等人与之打交道时，都多多少少吃过苦头、伤过脑筋。所以如果真让杜充来接任东京留守，只怕东京城内会平地掀起不少风浪，远不止北伐夭折这么简单。

不过，岳飞也听说，东京留守司的很多幕僚和将领，还在做最后的努力：他们已经联名上书，请求朝廷任命宗泽的儿子宗颖为新任东京留守。在东京留守司军将士心目中，宗颖不仅是宗泽的独子，更是一名业务出色、尽职尽责的合格幕僚，一个德才兼备、政务军务都熟悉的优秀官员，同时也像宗泽一样，是一位毫无官威和傲气，值得信赖和跟随的上司、兄长、友人。如果真能由他来担任东京留守，不仅诸军将士足可安心，宗泽的遗志和北伐大计，也有望继续推行下去了。

抱着这样的担忧和期望，岳飞在戍守永安军之余，焦灼地关切着政局变化和东京城内的最新消息。然而到九月底，来自东京的一封书信，把他对东京留守司前途的最后这点盼头也断掉了。

书信来自宗颖。在信中，宗颖告诉岳飞，朝廷接到东京留守司僚属将领的联名上书后，并未更改已经下达的对杜充的任命，只是又任命宗颖为东京留守司通判，也就是杜充的副手，算是对东京留守司上下的群情激奋作了个交代。但宗颖这个通判，并无任何足以抗衡顶头上司的职权。因此九月三日杜充来到东京城正式上任后，宗颖只能眼睁睁看着杜充推翻了宗泽的几乎一切决策和做法，对众多义军将领不但不予信任，还大发官威，动辄呵斥、惩戒甚至枉杀无辜，以至于短短几天内，就逼得诸多义军将领拔营而去，复叛为寇，其中就包括王善和岳飞的同乡张用。

宗颖几次向杜充进言劝谏，甚至最后公开与杜充发生冲突，都没法改变杜充的粗暴作风。眼见小人得志，父亲的心血被糟蹋殆尽，宗颖心灰意冷，深感再留在东京留守司的话，不但不能发挥任何作用，倒可能得罪杜充被排挤陷害，到时自己获罪事小，连累父亲的清名事大。

思前想后，宗颖毅然向朝廷呈上了辞官表章，请求免去自己的东京留守司通判之职，并准许自己扶送父亲宗泽的灵柩回镇江安葬，然后依礼在镇江为父亲"终制"，也就是守孝三年，三年之内不再出来做官。

好在，宗颖的这个请求朝廷倒是答应得很快，允其扶宗泽灵柩还镇江而后终制的诏书，也已经在几日前下达到了东京留守司。所以现在宗颖写信给岳飞，一是告知东京留守司和自己的最新境况，二是想问岳飞一件事情：是否愿意陪自己下一趟江南，护送宗泽的灵柩归葬镇江？

宗颖提出这个要求时，心里恐怕多少是有点拿不准的。作为宗泽的儿子和僚属，他了解父亲对岳飞的赏识器重和悉心栽培，更知道父亲临终之际，对岳飞寄予了怎样的厚望；作为岳飞的同事和长辈，他也了解岳飞对父亲发自内心的尊重和敬爱。但同时，作为深谙朝局走势以及父亲与朝廷关系内幕的宦海老手，他更知道自己的父亲并不受朝廷待见，相反因为磁州事件和抗金立场上的冲突，自己的父亲一直是赵构登基以来最不信任甚至忌惮的臣子。如今朝廷已经在诏书里公开表示了对父亲之前诸多强硬举措的不满，也没有给父亲赐谥、封赏子孙等大臣去世后应有的礼遇，态度之冷淡，对时局稍有关切的人都足以觉察，何况一直对国家大事密切关注，嗅觉也很是灵敏的岳飞呢？作为东京留守司军的统制官，岳飞以后很可能还要继续受杜充的领导指挥，会不会为前途身家计，和父亲划清界限、保持距离？

不过事实很快证明宗颖是过虑了。接到宗颖书信后，岳飞一面痛心宗颖的遭遇，一面却又欣慰宗颖能在这样的时刻想到找自己求助，自己也终于能有个略报宗留守知遇之恩于万一的机会了。恰好此时京西地区并无大战，岳飞便向闾勍说了事情原委，请求告假一段时间。闾勍赏识岳飞，也敬重宗泽，很快准了假。于是岳飞将军务托给可信僚属，亲自挑选了一队精锐将士，赶到东京与宗颖会合，而后和宗颖一起保护着宗泽的灵柩，踏上了南下镇江的千里长途。

宗颖和岳飞由东京南下镇江，需经由宋代的淮南东路，也就是现在的河南东南部、安徽东北部和江苏中部地区。这一带的大多数州县虽然到建炎二年尚未被金军的铁蹄蹂躏，但却是河北、京东和中原地区众多溃兵、流寇南下的必经之地，加之当地一直是宋代诸路中经济最发达的一路，物阜民丰，便成了这些乱兵眼中的肥肉，屡被劫夺财物人口，被祸之惨，比金军刀锋下辗转求生的两河、中原民众好不到哪儿去。因此，岳飞带着亲兵陪宗颖走这一趟，实际也起到了保护宗颖及宗泽其余家人安全的作用。这也正是岳飞不辞辛劳，宁可暂时脱离前线、辗转南北数千里，也一定要出这趟长差的原因。

大概在十月下旬，岳飞和宗颖到达了江山雄丽的江东重镇——镇江府，将宗泽灵柩安葬在了京岘山下宗泽夫人陈氏的墓旁。其实岳飞之前听宗泽和宗颖讲过，镇江并不是宗泽的家乡，而是宗泽在宣和末年获罪后被罢官安置居住的拘留地。只是这个拘留地的自然风光太过优美，竟令困顿中的宗泽生出了他乡胜似故乡之感。因此宗泽的夫人陈氏在宗泽安置拘管期间去世后，没有归葬宗泽老家乌伤（今浙江省义乌市）的宗氏祖坟，而是就地安葬在了镇江京岘山。之后，临老失却爱侣的宗泽怀着对妻子的愧疚和追思，写了一首题为《葬妻京岘山，结庐龙目湖上》的七言绝句，表达了自己身后希望与发妻合葬于此的心愿：

一对龙湖青眼开，乾坤倚剑独徘徊。
白云是处堪埋骨，京岘山头梦未回。

这首诗岳飞曾经在拜读宗泽的诗词文章时翻到过。他当时感动于宗留守和夫人的夫妻深情，也想起了自己仍未找到的母亲、妻儿和姐姐，很是红了一阵眼圈。但同时也没忘记安慰自己：宗留守看起来精力旺盛得很，距离他诗里说的"埋骨魂牵梦萦的京岘山"应该还早，肯定能看到抗金局势好转，甚至北伐成功的那一天。当然，也肯定能看到自己成为大将，统率雄师立下北伐首功的那一天。

——实际上，在东京留守司的大半年时间里，岳飞不止一次地这样幻想过，甚至到如今站在京岘山下新落成的宗泽墓前，他还是觉得开德府转战献捷、东京留守司释罪立功、讨论争辩阵图之用……都像是昨天刚刚发生的事情。直到宗泽"出师未捷身先死，长使英雄泪满襟"的长吟和三呼"渡河"之声又回荡在心底，才让他清醒过来。

斯人已逝，百身莫赎。如今自己唯有继承宗泽遗志，把北伐大业担当到底，"毅然任之，因而奋然为之"[171]，才能不负这位老人临终前对自己的殷殷重托，才是对这位到生命最后一息仍喑呜叱咤、斗志不歇的猛士最好的告慰。

带着对宗泽的怀念和完成宗泽遗愿的决心，岳飞与宗颖作别后，匆匆踏上了北归之路。其实镇江之行是岳飞人生中第一次踏足江南，但哀痛忧愤之下，兵戈扰攘之际，他实在来不及，也没有心情在这风景壮阔的"天下第一江山"多作盘桓。因为就在岳飞协助宗颖料理宗泽后事的这一个多月时间里，他已经收到了闾勍千里迢迢派人送来的书信，说是有要事相商，催促他尽快返回洛阳[172]。

## 5　伤情中原路，告别"舒适区"

大概在建炎二年十一月上旬，陪宗颖料理完宗泽身后事的岳飞，作别宗颖及宗家子孙，踏上了返回西京洛阳的道路。

对于心思敏感、极重感情的岳飞来说，宗泽的赍志以殁，以及身后遭受的来自官家和朝廷的冷遇，是他心头难以平复的创痛。此次镇江之行虽然稍稍弥补了他七月里想为宗泽执丧礼而不得的遗憾，却也再次激起了他心里的悲愤和伤感，因此一路之上心怀郁郁，只觉触目尽是萧条肃杀，毫无生机。

而时局仿佛觉得岳飞的心事还不够沉重，在他回归洛阳的途中，又不断给他送来了一条比一条更糟糕的消息：

先是他的老上司王彦，在九月初突然率麾下万余名八字军自开封赴扬州行在，但在到达行在后，并没有获得当面向赵构进谏、陈述北伐方略的机会，反而因极力主张北伐，被主张与金军和议的宰相黄潜善、枢密使汪伯彦排斥，仅仅给了王彦一个"武翼郎、阁门宣赞舍人"的官衔，没有给予任何实际职权和重要军事任务。武翼郎是从七品"诸司副使"军阶中的第一阶，比起岳飞现在的"武功郎"军阶，低了整整七级，可见汪伯彦、黄潜善对王彦的打压何等明显。

这还不算，十月中，之前被赵构派往襄阳、洛阳一带剿匪的范琼，在剿灭兵匪李孝忠部后，也率军回到了扬州行在，但马上又被派往开德府抗击南下的金军。看出朝廷就是想拿自己当炮灰消耗的范琼郁闷之际，听说著名的八字军领袖王彦也在扬州，当即眼前一亮，以抗金需要为名，向朝廷要求把王彦及其部众调到自己的"平寇军"中，出任平寇军前军统领。而宋廷为了打发范琼，很快同意了这一请求。这意味着王彦不但要去当范琼的部将，还连中层正职都不是，一旦就职，就必须受范琼原从亲信将领的监视、辖制。如此憋屈的人事安排，再加上范琼本人在靖康之难中的恶行恶名，性格忠正刚烈的王彦当然无法接受，当即上书辞职，并佯称自己身患疾病，必须长期医治调养，就此在扬州闭门不出。然而王彦可以称病避嫌，他麾下的八字军将士却不能，只能被范琼纳入麾下，跟随范琼北上开德府。

——说实话，对于这样的结果，岳飞在九月中获知王彦突然率八字军赴扬州行在时，就有所预料了。王彦虽然是武人中少有的文武全才，但为人过刚，也不擅长与人交流，肯定玩不过一帮浸淫官场多年的大臣，更不要说打动君心、促成北伐了。宗泽临终前一直没有让官军出身的王彦来扬州行在"游说"，就是考虑到了王彦的这个弱点。但宗泽去世后，新任东京留守的又是原来的北京留守杜充，所以王彦也很难再在东京留守司待下去。从这个角度来说，岳飞很理解王彦不继续留在中原战区，自行率军南下的举动[173]。只是他也没想到，王彦到行在后触怒黄潜善、汪伯彦的程度，比他预想的还要严重，更没想到还招惹上了范琼。如今自己的这位老领导称病不出，倒是可以暂免个人道德上的污点了，但他一手带出的八字军将士，却不能不让岳飞牵挂担忧：这些太行山中百战余生才练出来的劲卒精兵，被迫并入范琼麾下后的前途会怎样？会不会被范琼打压欺凌太过，或者沾染了范琼部下的不良习气，最后也沦为溃兵流寇？会不会被范琼当成炮灰苦力，在无谓的厮杀中白白丢掉性命？

　　来自东京留守司故人的坏消息，还不止王彦这一处：五月时被朝廷塞了一个"河外兵马都元帅府马步军都总管"头衔和几千散兵的马扩，辞别宗泽与东京留守司众将后，于六月间到达北京大名府，随即就被朝廷"一人一骑不得渡河，听诸路帅臣节制"[174]的命令摁在了原地，眼睁睁看着黄河就在眼前却无法再多走一步，同时还要受当时还是北京留守的杜充等人各方掣肘，连招募兵员、筹措粮草辎重也难以办到。

　　屋漏偏逢连夜雨，就在马扩想尽办法和庸官恶吏周旋之际，一直苦等援兵不到的五马山义军又出了向金军告密的叛徒。得知义军已派马扩南下求援的金军，唯恐马扩率大军前来与义军里应外合，急速将情报上报给了金军东路元帅府，很快由东路元帅府左监军（相当于副元帅）完颜挞懒亲自调拨人马，将五马山重重合围，最终通过切断水源、坚壁清野等战术，攻破了义军山寨。义军主帅赵邦杰战死，信王本人也就此下落不明、生死未知。这处一度成为河北西路抗金力量中心枢纽的义军据点，就此不复存在。

　　接连收到宗泽去世、五马山寨被破两大噩耗，马扩再难忍耐。恰好此时杜充被朝廷任命为新一任东京留守，南下开封赴任，马扩这才得以趁着杜充离开的机会争取了一些军用物资，而后在九月初带着人马继续向北进发，却不料部队刚到大名府北面的馆陶县（今河北省馆陶县），就传来了大名府以北的第一个重镇冀州（今河北省衡水市冀州区）被金军攻占的消息。马扩麾下未经整合训练的"杂牌军"闻讯大为恐慌，竟因此而逃亡了好几名将领。这几名逃亡将领返回行在后，还向朝中官员诬陷马扩，说他本来就无意进兵，而且心怀不轨。流言四起中，进退两难的马扩内外交困，所部携带的军粮也渐渐见了底，只得于十月十二日强行出师，东攻清平县（今山东省聊城市高唐县以南）以图自明。却不料与金军交战之时，先是友军失期未到，后是清平县守军开门降敌，导致马扩部腹背受敌，伤亡惨重，大败而还，只能率领余部回到扬州行在，上表待罪，最终被朝廷降官三等并罢去兵权，从此告别了抗金战场。

　　马扩兵败回到行在并被罢职，大概是十月底十一月初的事情，岳飞接到消息时，已经在北归洛阳的路上了，并没能和马扩在行在再见一面。虽然只有匆匆两面之缘，但岳飞从未因马扩是宋金"海上之盟"的主要参与者而对其抱有"招祸误国"之类的成见，相反却一直钦佩马扩往来南北、纵横捭阖的传奇经历，以及敢于到义军、到普通百姓中发动抗敌力量的远大目光，甚至还想过若以后真成了国之上将率师北伐，那么无论整合义军力量，还是联结契丹、渤海、北地汉儿共同抗金，都一定少不了马扩的襄助。但现在，至少宗泽生前筹划的这次北伐，已经失去机会了，下一个"时间窗口"还不知道何时才能再次到来。而且因为辅佐过信王赵榛，马扩此后必然在天子眼中背负着原罪，贴着不可信任、不得大用的标签。别说共事，他甚至不知道以后是否还有再和马扩交往的机会和可能……

还有一直在西京洛阳一带坚持奋战、多次从金军手中夺回洛阳的翟兴、翟进兄弟俩。十月底，两人奉杜充之命，围剿在宗泽去世后，因不愿受杜充辖制而重新叛为兵匪的杨进部。交战中，翟进为鼓舞士兵，一马当先向敌阵发起冲击，却不料冲锋时中了暗箭，战马也失蹄坠落山崖，翟进遂被杨进麾下士兵杀害。一员义军出身、与金军杀得有来有回不曾退却半步的猛将，就这么折在了原本同为东京留守司部众的自相残杀中……

从七月十二日宗泽去世到现在，不过四个月的时间，东京留守司的旧日同僚们便或叛，或走，或死，或闲废，力量折损大半，却又于国于民几乎没有半点益处。这让岳飞痛心不已，也让他更加愤恨朝廷的决策和新任东京留守杜充的一系列昏招。如果宗泽还在，或者朝廷能够任命一个比杜充更称职的继任者，"萧规曹随"，忠实承袭宗泽的战略安排和管理方式，这些悲剧大部分是可以避免的。何况，看间勃信中提到的战况，就在九十月间，金军已经再次集结南下，兵分陕西、河北、山东三路，大举攻略尚在宋军掌握中的北方州县，到目前为止已经拿下了河北的冀州、陕西的长安府。如此严峻的形势下还有心思内战，不识大义与大局的骄兵悍将们固然可恨，但朝堂上和东京留守司内的朝廷大员们，又在想什么呢？

这个问题的答案，或许在另一批更让人想起来就头疼的消息里。早在十月下旬刚到镇江没多久，岳飞和宗颖就听说当今天子已经于十月十三日下诏，要将隆祐太后及六宫妃嫔宫女南迁到临安府（今浙江省杭州市）。对比一年前朝廷自应天府南迁到扬州前的一系列操作，这不禁令人怀疑朝廷是否要故技重施，继续向南撤退，连淮北甚至江北地区都打算放弃。但很快朝廷又下诏说：将六宫迁到临安只是为了太后和后宫的安全，天子本人和大臣们都会留在扬州，连一江之隔的建康府（今江苏省南京市）都不会去。然而这个表态，对岳飞来说却更可忧虑——以他对天子的了解，他不太相信这位年轻官家会突然长了胆子，倒是觉得坚守扬州云云听着有点耳熟……何况如果金军真的从山东一路打到了长江北岸，天子亲自固守扬州城也没有什么必要，既无军事作用，也无政治意义……

那么真相是什么呢？据扬州传来的消息，不但天子本人，黄潜善、汪伯彦这两位官家面前最得势的大臣，现在也一副高枕无忧的姿态，甚至连哨探金军最新动向的探马都懒得派出。与此同时，朝廷正在不间断地招募和派出前往金国的使节，其中不乏宇文虚中这样颇具分量的大员。还有，就在这几日，又传来一条劲爆新闻：李纲已经于十一月四日，被朝廷责令到万安军（今海南省万宁市）安置居住。对担任过宰执大臣的李纲来说，这是离死刑只差一步的极重惩处了。考虑到黄潜善、汪伯彦及其党羽从建炎元年开始，就一直竭力鼓吹"李好用兵，今召用，恐金人不乐"[175]，如此重惩想要释放出的信号，无疑大可玩味。

所以，综合上述消息，天子坚持留在扬州，恐怕不是要固守江北，而是觉得留在江北更方便和金军接洽、议和，甚至……

而既然天子和宰执重臣们直到现在还打着这样的算盘，也难怪文武大臣们观望、避事居多，无意投入多少精力在抗金作战上了。


但不管天子和朝臣们怎么想，怎么做，岳飞自己的选择都不会更改：不但要继续和金军打，还要继续寻找和创造机会发起北伐。而且，正是因为眼下朝廷中枢的态度如此软弱可疑，东京留守司、间勃所率的侍卫步军司和开封、洛阳一带的中原宋军，在抗金全局中的作用才显得更加关键。

一旦有不测，如今名义上仍然是北方抗金活动总指挥部的东京留守司，可能要承担更大的责任。

打定了主意的岳飞快马加鞭，大概在十一月底回到了西京洛阳。此时金军的第四次南下攻势已经全面展开，但由于金军此次主攻方向是陕西、山东这一西一东两个重点地区，以及河北两路尚在宋军控制下的领土，所以开封到洛阳一带的局势反而相对平静。眼见战局如此分明，岳飞不顾旅途疲劳，下马便直奔闾勍的官衙，想劝说闾勍，由他向杜充提出建议：趁此机会，正可整合东京留守司现有人马，支援和收复正被金军分兵围困的河北州县。

然而，见过分别两月之久的老上司后，岳飞才开口说了没几句，闾勍就长叹一声，心事重重地递给岳飞一纸文书。岳飞接过来一看，满怀热情顿时凉了一半。手里这张白纸黑字的文书，是杜充亲自下达的军令，不仅盖着东京留守司的官印，还有杜充本人的"花押"[176]：

命令闾勍立即将其麾下统制官、武功郎岳飞及所部人马拨回东京留守司，不得稍有迟延。

其实九月初杜充到任开封时，岳飞还在汜水关戍守，不曾前去拜见，随后又陪护宗颖扶宗泽灵柩归葬镇江，足足两个月既未参战，也没和杜充打过照面，按说杜充没什么理由想起他来。然而岳飞的才能之出众，杜充在大名府时就已有深刻印象，只是当时岳飞忙于辅佐张所、王彦南下收复失陷的河北一府三州，又对杜充心怀戒备，所以杜充结交未成。此番来到开封就任后，杜充再次不断听到部众称道这名年方二十六岁的统制官如何足智多谋，如何英勇善战，又如何受已故宗留守的器重。大概是听得多了，终于又犯了眼馋，所以刚一听说岳飞即将回到西京洛阳，就急匆匆下令来跟闾勍要人了。

问题是，杜充想要岳飞回东京留守司，岳飞却不愿意回开封跟随杜充。

从北伐计划的搁置，到东京留守司军的分化、内讧甚至自相残杀；从自己对朝局、战局的暗中观察，到耳闻目睹的宗颖、马扩，还有更多昔日同僚在杜充手下的遭遇，岳飞心里很清楚，东京留守司已经不是宗泽执掌的那个豪英满座、士气如虹的东京留守司了；也不再是能让自己多方面汲取营养快速成长、为北伐枕戈待旦的"梦想孵化器";更不会再有前辈伯乐悉心教导,有既像父兄又是战友的靠谱同僚热情呵护。相反,只会有生不完的闷气、看不惯的各种恶习,像翟兴、翟进兄弟进剿杨进那样的脏活累活,甚至决黄河以阻敌这种离谱至极又残暴至极的昏招[177]。以及最重要的:以杜充一贯的避事畏战,回去以后可能又会长时间捞不到和金军正面交战的机会。自己难道就这么倒霉,舒心日子才过了半年多点,就又要把大好时光一身本领,浪费在杜充这种庸官兼懦夫手里?

但倘若自己真不回去,不但又要违反军令军纪,还会让间勍无法向杜充交代。虽然在对岳飞转述杜充的命令时,间勍也透露出了不想放岳飞走的意思。而以间勍主管侍卫步军司公事的职位,和天子亲军兼东京留守司客军的身份,他如果要向杜充争取把自己留下,也未为不可,至少不妨一试……

然而这念头刚一冒出,岳飞就决定还是打消掉:杜充的官位职权毕竟在间勍之上,反驳上级提出的要求,在现在的情势下终究不妥。何况根据自己的了解,杜充官威十足而且极其虚荣,若让间勍挽留自己,杜充不但不会答应,还可能以小人之心度君子之腹,认为间勍是以下犯上,甚至故意要在他接任东京留守之际挑战他的权威,难免生出更多事端。

何况,自己回去效力,或许反而能凭借突出的战力和口才,赢得杜充的信任,进而有机会做些建言献策、弥缝调和的工作。东京留守司虽然已经不是自己熟悉还有些留恋的那个东京留守司,但在抗金战局中的地位和职责仍在。现在宗泽生前联结的义军已经分崩大半,内讧、内战不断,如果连自己都望而生畏撂挑子跑路,宗留守的遗愿和诸多留守司军同袍的牺牲,怕是要随着越来越难以维系的东京留守司空掷了,以后自己又有什么脸面去面对他们、又算什么"尽忠报国"呢?

——总之,如果连这个坎儿都迈不过去,连这个局面都应对不了,也就别幻想当大将了。未来官场上的各种关系,远比一个杜充复杂得多,也麻烦得多。想做的事情越大,方方面面要考虑、要背负的责任就越多,要忍耐的也会越来越多。这是宗留守去世前反复叮嘱过岳飞的一条教训,也是岳飞期望自己能尽快做到的。

心意既定，岳飞向阎勃稍作解释，便打算清点人马尽快率部起发，免得杜充再找出什么碴来。阎勃虽然舍不得这员勇将，但也明白岳飞的考虑和选择是完全理智也十分合理的。不过分别在即，他踌躇再三，还是向岳飞提了个请求：

自己这部人马又要戍守西京洛阳，又要把守汜水关，还得随时准备支援京西地区甚至河东路、陕西五路的义军；同时永安军的八座本朝历代天子陵墓、西京洛阳行宫中的众位官家画像与"神主"也就是灵位，也都需要派人守卫；一旦情势危急需要撤兵，画像和神主还得跟着部队撤，还得派兵守护……如此繁重的任务，自己这点人手实在应付不过来。所以岳飞能不能留几个手下勇将在阎勃这里帮帮忙搭把手，一旦情势缓解，当令其回到岳飞军中，权当是向岳飞借的人了。

阎勃的这个要求，按现实需要看是合理的；但之所以说得犹犹豫豫，是因为无论什么时期，向一名军事将领"借"其部众，都是兵家大忌讳。乱世之中，谁的拳头大、拳头硬，谁就有理，所以兵力就是权力，是身家性命，把自家兵员借给其他将领这种损己助人的事情，别说人家答不答应了，问一句都是冒犯。

——半年后的建炎三年四月，韩世忠就是因为想把刘光世的第一心腹大将王德调到自己麾下而闹出了人命，还差点害得王德也送命，自此与刘光世结下深仇，相互争斗数年，闹得朝廷几无宁日[178]。

只是阎勃眼下是真的犯愁，又对岳飞的人品有了解、有信心，才鼓足勇气开了口。但话一出口，还是觉得这个要求未免太不近人情，因此颇有些忐忑岳飞到底会怎么回应。

出乎阎勃意料之外，岳飞略一沉吟之后，不但答应了阎勃的要求，还帮得格外慷慨。经过一番考虑和沟通，岳飞一下子给阎勃留下了十名"使臣"，也就是十个品级至少从九品的军官，换句话说全是相当于现代军制中"尉官""校官"之类的精英骨干。其中还有一个相貌威武、外号"赵胡子"的军官，名叫赵宏，原来是汤阴县弓手，是靖康之难后特意前来投奔自己的小老乡。这种同乡部曲在以籍贯也即地域为重要人际关系纽带的中古社会中，通常是一军主将的绝对亲信，不容旁人染指，更不要谈分拨给别人了。但岳飞却在与赵宏商量过后，大手一挥让他跟了闾勍[179]。此外，岳飞还同意这些军官留下一部分亲兵和原从部众，最后十名军官加起来留下了近千人的兵员，等于又给了闾勍一支分兵，岳飞自己的部众，则只剩下两千人了[180]。

如此大方相助，让闾勍惊喜之余又有些惶恐不安，但岳飞却表示：一来西京洛阳是东京开封的重要屏障，和西出联络河东、陕西、京西乃至湖北的战略通道，军事地位确实重要，留一批精兵强将帮闾勍，其实也是帮自己、帮东京留守司。换句话说，怎么做有利于抗金作战才是第一要务，何必非要分谁是谁的兵？二来自己此次回归东京留守司，前途未卜，也未必马上就有仗打，留下一部分生力军在闾勍这里，也算是留个后手。

——但实际上，岳飞还有一重担忧，没有当着闾勍的面说出来：他欣赏闾勍的军事素质和方正人品，但也看出这位老将的长处是练兵带兵，临阵指挥才能并不算突出，自守有余、应变不足。此外，闾勍作为禁军班直子弟出身的老军官，为人太过厚道，缺少必要的防人之心和强硬手腕，所以才会发生被赵海欺负到部下头上，还要宗泽出面处置才能讨回公道的情况。如今率部驻守西京，周边山区除了金军，遍地都是手段狠辣、诡计百出、毫无信义可言的兵匪流寇，岳飞真有点担心这位马上也要成为"老领导""前上司"的老将撑不住，所以才特意留下了一支精兵。无论是出于公心为国事军情抗金大局考虑，还是从私人关系个人情感出发，他都真心不希望自己的这第八任上司出什么岔子有什么闪失。

当然岳飞的这份小人儿大心思，闾勍应该是没有察觉的。相反，作为年龄比岳飞大十几岁的前辈，在目送岳飞率麾下剩余的两千名骑兵飙发电举，直奔东京而去时，他也在替这个其实就跟了自己两个多月的得力部下发愁。

虽然被宗泽宗留守相公熬鹰琢玉一样磨了半年多的性子，但对这个向来以天纵奇才和敢说敢做著称的年轻人来说，是不是半年的时间还是不大够？

包括杜充这个级别的考验，对他来说是不是还是……太难了？

# 6　上司是个坏蛋，统制官你怎么看

　　建炎三年正月十五上元节这天，岳飞率领所部两千名骑兵回到了阔别近半年的东京城。刚入城安顿下部属，岳飞便立即去参见现任东京留守杜充——不管在大名府还是此番回归东京城，都已经有很多人叮嘱过他：这位杜充杜留守本事不大，脾气却大，对待僚属部下官威十足。无论文士还是武将，礼节上稍有不如杜充之意处，轻则当面斥责羞辱，重则杀人立威。所以和他打交道，时时处处都要小心，一点疏忽怠慢都使不得。

　　然而没想到的是，岳飞遇到的情况，居然比上述两种都更麻烦。才进入戒备森严的东京留守司衙门，按当时下级武将拜见主帅的礼节向杜充行礼完毕，杜充就扔给岳飞一个烫手山芋：

　　岳飞的老乡、原汤阴县弓手张用，去年七月中旬在北上救援相州途中得知宗泽去世的消息后，和王善放弃宗泽生前部署，撤回了东京，随后又因不服杜充的管束，叛出了官军。但不久前，这两人又接受了杜充招安，再次加入东京留守司军。如今张用正领着自己连带家属在内有六万左右的兵马，驻扎在东京正南门南薰门外的南御园，王善部的数万人则驻扎在城东刘家寺。不过二次受招安以后，两人对杜充的命令经常迁延违抗，并且屡屡为军粮供应等事与杜充起争执、起摩擦，实际并未归心。杜充对他们也同样放心不下，一心想找个机会彻底灭掉这两支他眼里的"巨寇"，只是苦于张用、王善两人都骁勇善战，兵力也是东京留守司诸军中最强大的，自己手下则在王彦、李成、杨进、丁进等人或走或叛之后，缺乏能与这两人一较高下的勇将，所以一直隐忍未发。可巧，现在人人都说是东京留守司第一能打的岳飞回来了，这简直让杜充喜出望外。于是也不考虑岳飞和部下一路劳顿还未歇息，就命令岳飞立即率部下骑兵去剿灭张用部。

　　岳飞虽然已经对杜充的霸道有了充分的心理准备，但听到这个命令，还是觉得不可思议。张用、王善现在好歹还是东京留守司的人马，如果真有违反军纪军令的行为，甚或心怀不轨，那杜充身为主帅，像宗泽一样公开审理按律处置张、王二人就可以了，发兵剿灭两人的全部人马是什么操作？金军如今正在陕西、山东大肆攻略，自己内部还这么热衷自相残杀，不怕敌军和天下人耻笑吗？何况自己和部下远道而来，人马都还没来得及喘口气，就要去和兵力数倍于己的张用部厮杀，真当自己这支队伍是天兵天将不成？

但岳飞也明白，杜充下如此荒唐的命令，并不全是因为愚蠢，也有给他下马威、考验他忠诚度的用意。张用是岳飞的同乡，在古代军队中，这层联系就是最可靠的人际纽带，往往是将士之间拉帮结伙的基础。何况岳飞与张用的关系确实不错。因此杜充上来先让岳飞打张用而不是王善，也是想看看，在岳飞这里，是老乡的情分管用，还是自己这个上司说的话管用。所以岳飞还不能直接回绝，更不能把自己认为不妥的理由照实说出来……

略一思忖，岳飞没提能不能接、愿不愿意接这个差事，先报了个实际存在的困难：自己的兵力太少，才两千骑兵；张用的部下则有六万来人。两千对六万，实在寡不敌众。

哪知道杜充一听就火了：两千对几万怎么了？你岳飞之前在刘浩麾下也好，在张所、宗泽麾下也好，不是一直擅长"以少击众"吗？怎么打金军的时候能以一敌百、以数十骑乘险据要却胡虏万人之军，现在就不能了？难不成是看不起我，心怀二志？还是你陪着宗颖去给宗泽送葬，小半年没打仗已经成废物了？不行，必须去。还必须现在就去，"杜且斩"[181]——再敢找借口就立刻要你的脑袋！

话说到这一步，岳飞简直被气得哭笑不得：杜充和岳飞的两任老领导——刘浩和张所，都有时间不短的交集。刘浩被赵构踢到北京大名府后，一直是杜充的部下；张所的河北西路招抚司也曾在大名府驻扎了很长一段时间，倒也难怪杜充对岳飞的事迹这么熟悉。可如今好事到杜充这里变了坏事，成了杜充要挟岳飞出战的凭据，让岳飞骑虎难下了。另外岳飞还知道，杜充说要他的脑袋，可未必是吓唬人——岳飞还记得在大名府时听说的、杜充靖康元年担任河北沧州知州时，只因担心城中从燕京迁徙而来的

"汉儿"有可能在金军攻城时作金军内应，就将这些难民无论老弱妇孺全部诛杀的事情。对待手无寸铁的无辜百姓尚且如此，更不必说对一个敢挑战他权威的小小统制官了。

但眼见杜充发怒，岳飞也不愿再僵持下去，倒不是怕杜充的威胁，而是觉得再僵持下去势必要和杜充撕破脸，那就失去自己服从命令回东京留守司的意义了，还不如当初就别回来。可是和同袍，尤其是和在宗泽麾下时称得上恪尽职守的张用兵戈相见，岳飞也确实不能接受……领了杜充的军令离开东京留守司官衙后，左右为难的岳飞在率部前往南薰门外的路上想了一路，又想出一招：

你杜充不是嫌张用不服节制吗？那我让张用写个保证书，保证今后坚决服从你指挥，再有违反，军法从事。直接给你解决最核心的问题，你应该也不会计较我用什么方式解决的吧？

于是岳飞率军出南薰门后，令部下原地扎营设防，自己则带了几名得力部下和亲兵，直叩张用大营，亲自"说降"，劝张用为了抗金大局向杜充低头，并且白纸黑字写下"申状"，也就是保证书，以为从此服从杜充号令绝不违背的凭证。

而听着岳飞苦口婆心从当前危如累卵的天下大势，讲到东京留守司同袍之义和已经殉国殉职的诸多同僚，甚至扯到当年在汤阴县一起切磋武艺共立大志的同乡之谊，张用也有点动心了：他本人还是有抗金之心的，不然也不会在金军南下时主动组织乡党抗敌。当然比抗金更重要的是，从在汤阴县当弓手开始，他就很佩服岳飞这个"雄勇绝人"又热诚仗义的小老乡。加入东京留守司官军后，更是对岳飞在一系列战斗中表现出的军事才能心服口服，深怀敬畏。如今这个在东京留守司深孚众望、人气爆棚的小老乡亲自来给他和杜充说和，也算是给足了自己面子，不妨借台阶赶紧下来。不然真要和岳飞打的话，别看自己兵力比对方多几倍，但推演一下可真不觉得自己就能赢……刚想象了一下和岳飞对阵的情况，熟知岳飞武艺根底和从军以来战绩的张用就不禁打了个哆嗦，很快满口答应着签下了保证书，还对岳飞的善意称谢不已。

拿到了张用的保证书，岳飞松了一口气。此时已经是第二天清晨，但岳飞生怕杜充等得着急又听不到两军交战的消息，再生变故，顾不得一天一夜未得休息，又飞马驰回东京留守司官衙，以最快的速度将张用的保证书禀报给了杜充。

然而杜充听完汇报，又一次勃然大怒，当着前来点卯参见的东京留守司众将官，对岳飞咆哮如雷：

我让你去说降招安了吗？我是让你去剿匪，而且还必须给我把张用生擒活捉，绑到我跟前来！

如此蛮不讲理的命令，如果搁在和王彦发生冲突之前的岳飞身上，早就一甩马鞭扬长而去了。但现在的岳飞却清楚，自己要还想实现统率大军北伐的愿望，这些腌臜事窝囊气就只能先受着，断不能再公开和顶头上司当面开掐，只能想别的办法消极抵抗。

然而还没等岳飞想出转圜之法，官衙外就突然传来了惊天动地的战鼓声，震得地面仿佛都颤动了。原来是驻扎在城东刘家寺的王善，大概昨天就从安插在东京留守司的眼线处，知道了杜充要派岳飞去剿灭张用的消息，但等了一天一夜又迟迟未听说岳飞和张用交战，心下狐疑，便去找张用商量对策；恰好张用听说岳飞去杜充处禀报却迟迟未归后，也心生忧惧，遂在王善的蛊惑下改了主意，同意和王善一起联军讨伐杜充以求自保。王善和张用率军往南薰门而来后，张用的结义兄弟曹成、马友闻讯也率兵前来，于是南薰门外一下子聚集了数万人马，远远看去很有几分"黑云压城城欲摧"的意思了。

一直怀疑要叛变的心腹大患真叛了，杜充反而更加恼羞成怒，当即命令自己手头还能指挥动的几个统制官，如马皋、李宝[182]，还有前不久刚刚率部归降杜充的桑仲等人，一起点动人马应战，自己也亲自出马，料敌观阵。当然，岳飞他也没放过，只是岳飞此时在他眼里，简直就是造成目下局面的罪魁祸首，需要戴罪立功。所以官军开到南薰门外，摆开阵势后，杜充对其他几个统制官罕见的客气尊重，对岳飞却没有好脸色，更不给他发言插话的机会。

眼见岳飞受如此冷遇，张用又出尔反尔"坑"岳飞坑了个狠的，岳飞部下都有些替主将担心，但岳飞却并不着急，只是在一边默默观阵。另一边，留守司军中绰号"赛关索"[183]的李宝大概是急于立功，率本部人马率先向王善、张用的部队发起了冲击，但很快在张用、王善两军的合击中落败。李宝本人更是倒霉到家，居然在混战中直接被张用从马上生擒了过去。

连李宝这样的勇将都如此惨败，剩下的留守司众将不禁大惊失色，面对王善、张用部的持续骂阵挑战，你看我、我看你，谁也不肯再贸然向前，沉默一阵后，齐刷刷把目光投向了岳飞。岳飞倒也不客气，不但端坐马上坦然受之，甚至还主动看向杜充，露出了跃跃欲试的神色。杜充见众人都往后缩，唯独岳飞镇定如常，也明白了摆平这事儿还得靠岳飞，于是连忙又把岳飞叫到身边，命他率部应战，完了还不忘换上一副长者的慈爱之态，故作亲切地拍着岳飞的肩背给他打气："京师存亡，在此举也！"[184]现在你就是全东京城的希望，拯救大宋首都全靠你了！

亲眼看到杜充这般翻脸如翻书，岳飞心里翻了一万个白眼，但表面上还是立即作出了一副受到领导鼓励后深为感动大受鼓舞的样子，向着杜充及众将高声道："贼虽多，不整也，吾为诸君破之！"[185]——话说得豪气、自信，还带点文绉绉的古风。不光东京留守司诸统制听了受用，对科举进士出身又好拿腔作调的杜充来说，也正好对了胃口。

话音才落，岳飞便跃马向前，点名要王善、张用出来答话。三人相见，张用不免说些岳飞言而无信，说好了招抚，转头却来剿杀友军的话，岳飞当即回怼：说好了受招安听调度，谁让你不抓紧时机主动来东京留守司请罪，又首鼠两端出尔反尔，搞得我夹在中间，一心想劝和反落了尴尬？如今和平解决是别想了，只能开打。不过为了少死点人，我愿意和你们斗将[186]，以两人胜负分两军胜负。东京留守司军就是我了，你们这边派谁来？

张用、王善理屈词穷，面面相觑了一阵后，还真派了军中一员大头领，跃马挥刀出阵挑战。大概是为了和对方保持兵器的相同以示较量绝对公平，岳飞没有用自己从太行山游击开始就惯用的标志性兵器——比对方所持长刀沉重得多、杀伤力也更大的丈八铁枪，而是也换了同样斤两和式样的长刀，而后"驰骑独往"。对方敌将见状也策马直扑过来，两马眼看就要相交之际，岳飞一面闪躲对方的刀锋，一面瞅准对方空当奋力出刀，竟然一击即中，并且由于战马前冲带来的加速度，外加角度、力度可能也同时凑巧到了一处，居然一刀把这名敌将"自顶至腰分为两"[187]，竖着劈成了两半。

如此意外的效果，不但敌军震恐，连岳飞自己都有点被惊到了。短暂的寂静之后，直接看到了这一骇人场面的张用、王善部士兵精神几乎崩溃，纷纷掉头奔逃。岳飞一见对方阵型要乱，立即回身示意部伍出击。待部下第一批八百名骑兵陆续到达身边后，岳飞撇了长刀，换回了常用兵器，"左挟弓矢，右运铁矛，领数骑横冲其军"，将对方本来就在崩溃边缘的步兵方阵彻底冲垮。马皋、桑仲等军见状，也紧随岳飞部之后纷纷出击，追杀乱兵。张用、王善和曹成等人见大势已去，只得偃旗息鼓，收罗败兵向南逃走，就此彻底撤出了东京周边地区。南薰门之战，终于以东京留守司军大获全胜而告终[188]。

然而众将凯歌还东京留守司后论功行赏，杜充却只给此战居功首位的岳飞升了一官半，也就是三阶：由从七品"诸司正使"的最高一阶"武功郎"，升到了正七品"诸司正使"的第三阶"武经大夫"。

——前面提过，宋代军官从"诸司副使"第一阶的武翼郎开始，就进入了军功升迁的快车道，可以"双转"，也就是计功时进一官升一阶的军功，实际中可升两阶，为的是让构成军队骨干，同时也是战争中主要"消耗品"的中层军官们更加卖力作战。而岳飞此次南薰门之战的战功，原本属于当之无愧的"奇功"，足可转三官六阶，甚至更多，再不济也该是两官四阶。因为按照惯例，如果作战获大胜，很多在参战名单上但实际并没见阵的将官幕僚，都可以"沾光"象征性地升一官。现在杜充却强行把岳飞的奇功压到一官半，打压之意，已经明显到近乎羞辱了。

而且，南薰门之战的计功不公还只是个开始。此战之后的半年内，岳飞又参与了三次对内剿匪作战：

一次是南薰门之战后，开封府之东的东明县被两个名叫杜叔五、孙海的兵匪率军围困，岳飞奉命解围，生擒了两个匪首。但战后计功只升了半官一阶，由正七品武经大夫升到了武略大夫。

一次是在二月，岳飞跟随新调来东京留守司担任都统制的老将、同时也是两年多前一起跟随宗泽南下开德府的同袍——陈淬，袭击自东京南下后围困陈州（今河南省周口市淮阳区）近一月之久的王善部，解陈州之围。在此战前，杜充已派统制官马皋率部偷袭张用、王善和曹成，结果却被张用、王善、曹成合兵"大败，尸填蔡河，人马皆践尸而渡……官军存者无几"[189]，马皋也因此被杜充问罪斩首[190]。惨败如此，杜充不得已只能派身为东京留守司众将之首的陈淬亲自出马，同时又让他带上了岳飞，算是给出了东京留守司军的"顶配"。好在这个组合确实有奇效：出战之后，先是岳飞派出得力部下岳亨，率骑兵小部队四下出击、巡哨，截断了王善自陈州向外劫掠周边州县粮草财物的全部通路和后勤运输通道，将王善部死死压制在陈州城附近，围困了好几天，使得对方饥困难忍，士气大跌；随后又由陈淬派人到王善军营前日日骂战，终于激怒王善发兵出战。两军在清河对阵，岳飞率先挥军猛攻，杀得王善部溃不成军，还生擒活捉了其麾下数员将领，成功解救了苦守快一个月的陈州城。但战后计功，杜充又一次将岳飞的"奇功"压到了只升一官半共计三阶，仅由正七品武略大夫升到正七品武德大夫，还是在大使臣的行列里打转。

还有一次，是入夏后的六月二十日，岳飞奉命跟随陈淬，再次袭击兵力已经损耗大半、但仍在京西北路一带游荡的王善部。战斗中，岳飞与岳亨一起单骑突阵，当场擒杀了王善部下的大将，又是一次可以升三阶的奇功。但这一次杜充就更过分了——他干脆没给岳飞计功，半官都没让岳飞升。

接连四次奇功被压成普通小捷的战功甚至直接归零，不少岳飞的同袍、部属都开始替岳飞抱不平，但岳飞却很清楚杜充的意图：

按照宋代军制，武将官衔升到正七品大使臣序列的最高一阶之后，再要往上升到正六品及以上官阶，就必须有"特旨"，也就是必须申报朝廷，由天子和宰执大臣亲自批准通过，然后颁发委任诏书和委任状才行。这是因为宋代的武臣品级普遍低于文官，即使官拜太尉也不过是个正二品，所以正六品及以上的军官就算是准高级军官了，相当于现在的"将军"衔，自然要格外谨慎和隆重。

而杜充虽然从南薰门之战开始就一直压制岳飞的战功，却无奈岳飞实在太能打，压来压去，还是在二月份就升到了武德大夫这个大使臣序列的第二高阶。所以如果六月的这次战斗再给岳飞计功，那要不了多久，岳飞的军衔就会达到正六品武阶的入门官阶"右武大夫"，也就是必须上报朝廷下"特旨"了。这当然是杜充不愿意看到的。

杜充现在的想法，是要把岳飞牢牢掌握在自己手里，成为自己的护身符和战功收割机；而绝不愿意岳飞被朝廷注意到，进而升迁得更快、掌握更多兵力，直到自成大将独当一面。当然，如此阴暗的想法，当大领导的肯定不能明着说出来，所以还要找些理由压制舆论。比如岳飞这几次作战对敌将总是生擒为主，下手不够果断不足以震慑群盗；追击不力，战报上的杀伤数字不好看；战后擅自主张放了俘虏；等等。以至于每次战后论功，岳飞都得不到什么夸奖，倒总要被杜充数落一顿。

不过，自诩能够恩威并用的杜充，在打压之外也有拉拢：正月南薰门之战后，杜充在升阶官之外，又给了岳飞一个"借英州刺史"的加衔。这种加衔分为"正任"和"遥郡"两个序列，各有五到六级，从刺史直到最高级的节度使，都是承袭自晚唐五代的官职名，但到北宋时期已经不代表实际权力，而仅作为在实际差遣和武阶序列之外"锦上添花"的一种"荣衔"，对应着相应的俸禄，给中高级武将们又一份荣誉和物质上的双重优待。岳飞南薰门后的"借补英州刺史"，即使在二月陈州之功后转为正任，也是这个序列中的最低一级。但对于一个不到三十岁的正七品中级武将来说，已经是非常耀眼的荣耀了。何况这个荣衔还意味着岳飞又多了一份工资，步入了妥妥的"高薪"阶层。杜充试图以此表示对岳飞的"恩信"，到此再明显不过。说白了，他是希望一面在官职上控制住岳飞的升迁速度，确保岳飞能够一直为己所用；一面通过真金白银拉拢住岳飞，免得岳飞对自己生出怨恨、消极怠工。

殊不知杜充这种自以为得意的"手段"，到非常坚持自己只可以义激、不可以利驱、又机敏过人的岳飞这里，不但小算盘被看得一清二楚，还让岳飞更多出一分对杜充识人不明、"把自己看扁了"的鄙夷。其实他还不如直接打着"治军以严"的旗号，对岳飞的军功另设一个远高于其他人的衡量标准。

只不过岳飞此时抱定主意忍字当头，懒得和杜充计较这些。至于忍耐的理由，还是他决定回归东京留守司时就想明白的那个道理：东京留守司现在仍是北方的最高抗金指挥机构，自己也还是东京留守司军的统制官。要留在官军，要留在抗金前线中原两河，要当统率十万军的上将军，就得像钉子一样钉在这里，不光不能怕死畏战，也不能怕和小人打交道。不然以他现在的职务和品级，就只有再去当义军一条出路了，甚至都不能像王彦一样直接拉队伍走人。而义军这条路，他又在太行山游击时就已经验证过，是走不通的。所以自己只能隐忍，等待，等待下一次和金军的正面战斗；等待自己在战斗中大放异彩，战绩震动天下，杜充想压都压不住；等待自己被朝廷或者更高级别的大臣发现，抑或官职上升、调动，总之可以名正言顺地脱离杜充的指挥。

拿定了主意，官职的升迁岳飞反倒不太在意了。和世间大部分人不同，从幼年起，岳飞就有个几乎是与生俱来的习惯：无论是父母师长的要求，还是书上读来的道理，抑或大众习以为常的道德礼法要求，他都一定要自己从头琢磨一遍，按照自己的"三观"和处事原则做个判断。想通了、认为有道理有意义的，才会接纳到自己的价值体系里，然后照着去做；想不通，或者觉得没什么意义的，就弃若敝屣，并且不管其他人怎么看怎么想，都会坚持自己的做法。具体到眼下，他觉得在杜充手底下，不去和金军作战，却凭着打"自己人"的战功升官，就是件看似光彩其实没什么意义的事，甚至还有些丢人。诚然，王善、曹成、马友等人也绝非善类，但事实证明，倘若有宗泽宗留守那样的国士来主张，这些人就可以发挥出人性中好的那一面，为国效力，上前线杀敌，而不是和自家同胞杀来砍去血流成河，造成无谓的杀戮和灾难。所以他不光在刚刚回到东京留守司时就千方百计避免和张用等人开战，即使如今已经屡次被迫参战，也依然不愿大开杀戒赶尽杀绝，总是能网开一面就网开一面，对对方的大小头目能生擒就不阵斩，对待俘虏的士兵，也是尽量收为己用或甄别后遣散，尽量争取少流点血。

同样是基于这个认识，杜充一再压他的战功和官职，岳飞也不觉得多生气，反倒有点正中下怀，以至不光心里不介意，面上也毫无不快之色。外加他本就比一般武人重礼仪、会说话，还读过书、通文墨，和杜充打交道时又总是格外谨慎小心，半年下来，倒真让杜充以为这个二十七岁的青年统制官，其实还是很容易驯服的，对自己也算得上忠心耿耿；进而又以为，一定是自己人格魅力爆棚，胸怀韬略、霸气外露、恩威并济、手段了得，才能驾驭得了如此英杰，让其任己驱使而毫无怨言。追求自我实现的心理一得到满足，"好名而遗实"[191]的杜充看岳飞就更顺眼，不过两三个月，竟渐渐有些拿岳飞当心腹爱将的意思了。以至于东京留守司众多武将中，只有岳飞才能在日常交往中，得到杜充相对较为尊重、客气的对待，甚至偶尔还能向一贯刚愎自用的杜充进一进忠言、提一提建议，连东京留守司军的都统制陈淬都自叹弗如。


但这样的虚与委蛇勉强营业，对岳飞来说，到底还是痛苦而不是轻松愉快的：虽然靠着内里的机敏聪慧和表面上的恭谨小心，他渐渐有了向杜充进言的资格，但也仅限于东京留守司军内的事务。比如生擒的王善、曹成部叛将叛兵，是论罪全砍了，还是编入岳飞或者其他统制官军中，以期戴罪立功；比如从河北、河东沦陷州县逃难至此的难民还要不要接纳；比如被杜充以败军之罪处斩的马皋的遗孀，之前东京留守司军中著名的女将"一丈青"王氏夫人，是否可以令其改去洛阳间勍处效力[192]……

然而一到国家大事上，岳飞还是会被杜充打回"人微言轻"的处境中，很难扭转杜充的想法。譬如本年年初，金军正在猛攻山东和淮北地区时，岳飞曾建议杜充趁金军主力集中在陕西、淮北之机，出兵收复两河州县，既可收复失地、解民倒悬，还能"围魏救赵"、减轻行在扬州面临的军事压力。但杜充却充耳不闻，仍然把岳飞踢去和张用、王善等"大盗"厮杀。最终，东京留守司军在建炎三年的整个上半年都没有任何对金作战行动，白白丧失了宝贵的战机，几乎是袖手坐视着相州、开德府等坚守数年的河北州县被金军逐一攻陷。

另一边，驻跸于扬州的南宋朝廷，也受累于金军没有受到其他宋军的有力牵制，加之赵构到此时还在苦盼金军前来议和，不肯早做防范也不肯撤出扬州南渡避敌，反应迟钝到超出常人想象，最终导致二月间金军即将攻到扬州城下时，赵构和几名心腹大臣才获知金人此番并不是来议和而是要抓他去和父兄作伴，于是仓皇出逃，致使城中猝然大乱，诸多文武官员和扬州军民或在奔逃中自相践踏而死，或被攻入扬州的金军屠杀殆尽，是为"维扬之变"；随后，由于江南民众和御营使司三军对赵构怨气深重，朝廷新择定的行在临安府，又在三月爆发了宋军苗傅、刘正彦部"兵谏"逼宫、逼迫赵构退位让位于皇子的"苗刘之变"，一直闹到四月才告平定……

不足半年时间，一北一南，尽是新仇深耻、荒诞闹剧。而岳飞空怀一身本领，却只能一面眼睁睁看着祸难接踵而至，一面继续跟杜充打太极拳、受窝囊气、干脏活累活。精神之苦闷、心理负担之沉重，仿佛又回到了靖康元年、二年他在大元帅府军中那段噩梦一样的时光，却不知何时才能再得柳暗花明。


还有一重痛苦是国事如此不堪之际，家事偏偏也来给岳飞添堵：

从靖康元年冬与家人分别之后，岳飞已经足足两年半没有见到自己的母亲、妻子和两个儿子了。虽然早在前年春天驻扎柏林镇期间，岳飞就曾利用战事间歇派手下同乡士兵回乡探望家眷，但只得到了金军围困相州后，家人逃难离开汤阴县，至今音讯全无的噩耗。

投奔东京留守司后，岳飞的生活总算稳定了一阵，又有宗泽、宗颖关照爱护，自然少不了继续加派心腹部下潜回河北西路汤阴县一带寻访母亲妻儿，然而前前后后派了足有十来次人，还是难觅家人音信。好不容易到了今年年初，总算有岳氏、姚氏族人，听说岳飞已经是东京留守司名声在外的统制官后，主动来找岳飞了，但等双方千辛万苦接上头见到面一开口，却又给了岳飞当头一记闷棍。

岳飞的母亲姚氏，两个儿子岳云、岳雷，还有姐姐一家倒是还健在；但是岳飞的结发妻子刘氏，却受不住流离颠沛之中还要照顾老人、抚养幼儿的辛苦，以及迟迟不闻丈夫音信、生死不知的绝望，丢下了两个年幼的儿子和已经年近七十的老婆母，改嫁他人去了。

平心而论，刘氏的选择在乱世之中，也不当苛责。大战大灾之下，别说抛夫弃子，就是忍耐不住饥饿与他人易子而食，甚至亲手杀了自己的孩子果腹充饥，都是所在多有不足为奇[193]。相比之下，刘氏只是丢下婆母和两个儿子另觅生路，已经算得上是有情分有底线了。这个道理，见惯了战火中生灵惨状的岳飞心里再清楚不过。但不能不令岳飞格外难过的是，他对待夫妻感情一直是极为认真诚恳的，纵然已经两年半不见妻子的面，也不曾像其他军士们习以为常的那样，去驻地附近寻花问柳，或者干脆另找一个能日日在眼前看得见摸得着的搭伙过日子，哪怕遭到同袍的调侃嘲笑也不以为意，一心只盼着能尽快和刘氏重聚。换句话说，他对自己和刘氏之间的夫妻情分，是有信心和期待的，总觉得两人成婚以来一直恩爱有加相互尊重支持，所以面临生死离别的考验时，也应该会比其他乱世中的夫妻多一分坚定，也多一分幸运才是。却不想如今期待都化作了失望和幻灭，饶是岳飞理智上能想通，情感上也一时难以接受[194]。

不过最初的震惊和痛苦过后，岳飞很快又清醒过来：现在没什么时间来让他抚平自己的情伤。真正的当务之急，是得赶紧再派人到敌后，把母亲和两个儿子尽快找到再接到自己的军营中。因为一方面，刘氏的改嫁，必然让年迈的母亲和两个儿子缺乏应有的照顾，纵然有其他一起逃难的亲眷族人帮忙照看，也难免不周，终是让人难以放心；另一方面，建炎三年整个上半年的军事形势变化和纷乱的朝局，让岳飞心中不知不觉起了一层隐隐的忧虑和不安。

——他当然绝不希望这个担忧变成现实，也下定决心一定会尽自己所能阻止它变成现实；但内心理智的声音却又十分明确地告诉他：

他还是得为这个担忧一旦成真后的局面做些个人准备。比如，尽快把流落在北方的亲人接回自己身边。

# 7 马蹄南去人北望

很可能是在建炎三年的春夏之间，岳飞在多次派亲信部下潜回北方沦陷区、前后共"遣人一十八次"[195]之后，终于把一度失联的母亲和两个儿子，也许还有姐姐和外甥女、外甥女婿一家，以及其他一起逃难的亲戚族人，从已经完全被金军占领的黄河以北地区，接到了自己驻军的东京城[196]。

生死离别后，辗转重逢初，母子、父子、姐弟之间相对如梦，悲欣交集。欣慰的是，一家人不但都大难不死，还能再得团聚，在这个动辄易子而食、南北隔绝的乱世里，无疑属于人品爆棚的小概率事件，简直得立刻焚香拜谢上苍保佑再找个寺庙祠观捐笔钱做功德；悲的是岳飞的母亲姚氏已经年近七十，在当时绝对属于高龄老人，却因为儿子投军后生死不知、儿媳又丢下孩子改嫁，不得不以暮年衰弱之身在乱世中挣扎求生，不但要承受颠沛流离、饥寒交迫、担忧恐惧，还得照顾两个小孙子、参与家务劳作，原本硬朗的身体一下子垮了下来，还染上了心悸、风寒等多种痼疾，全凭一口气撑着才没倒下。

还有岳飞的两个儿子，长子岳云此时还没过十一岁生日，次子岳雷则刚满四岁，兄弟俩足足两年半没见到亲生父亲，还在一年前甚至更早就失去了亲生母亲，几乎成了实际上的孤儿。尤其是岳雷，因为长期营养不良又饱受惊吓，瘦得干巴巴的小脸上总带着一股怯意，甚至见了岳飞也是如此。由于靖康元年年底岳飞第三次投军时，岳雷还不满周岁，所以他此时压根儿认不出岳飞，别人想方设法哄他喊声"阿爹"[197]，都高低喊不出来。

眼见最亲的亲人被战乱摧折至此，岳飞既难过又自责，深觉自己没有尽到做儿子、做父亲的责任。尤其是对母亲的负疚感，更是从此贯穿了他短暂的一生，直到姚氏去世都未能完全得到纾解[198]。不过事已如此，仅有愧疚也是徒劳，他也只能从现在开始倾力补偿，尽量给母亲、儿子能力范围内最好的照顾、最悉心的呵护和培养。当然，还得尽快再结一门亲，尽快给这个仍然残缺不完整的家庭，找个比刘氏更靠谱也更坚韧的女主人。不然老的老、小的小，自己又要带兵打仗，就算是有心要分一点精力给家庭，也实在是分身乏术。

但是还没等年方二十七岁的东京留守司"加强团上校团长"找到靠谱的媒人，开始相亲大业，更大的动荡就降临在了这个军人家庭，以及东京留守司数万将士及其家眷的头上。

六月一日，南宋朝廷发布诏书，任命杜充为宣抚处置副使，节制淮南、京东西路，也即在其原有的京畿、京西、京东诸路辖区基础上，又加上了淮南这一重地（宋代的淮南东路大致相当于现在的江苏省），并要求杜充即刻率全军南下如今的"行在"建康府（今江苏省南京市）。而杜充接到诏书后，也没怎么犹豫，很快任命时任蔡州知州的程昌寓为东京留守判官，前来东京城接替自己守护故都。杜充本人则着手整顿人马，准备率东京留守司军南渡。

如此重大的军事调动一公布，整个东京城的军民都陷入了震惊之中。因为就在上个月，由于一直在京西一带坚持抗敌的翟兴部义军击败了巨寇杨进，再次收复了西京洛阳；王善、张用、杜叔五、孙海等活跃在东京东、南方向的兵匪，也被陈淬、岳飞等人或清除或逼退到了淮西地区[199]，京畿形势再次趋于稳定。于是杜充便在留守司众将和东京军民的一致要求下，与副留守郭仲荀、主管侍卫马军司公事兰整、主管侍卫步军司公事闾勍等人联合向朝廷上书，请求赵构还都东京开封。

应该说，杜充等人在此时提出这个要求，时机掌握得很不错。因为当时正值苗刘之乱刚刚平息。举国军民，尤其是东南地区的百姓和宋军将士，都热切盼望刚刚吃了大亏挨了大教训的赵构，能深刻反思苗傅、刘正彦部之所以能在兵变初期获得不少民心的缘由[200]，痛定思痛，一扫汪伯彦、黄潜善当政时期的消极气氛，奋起抗战。而对赵构来说，要向天下人证明他确实做到了这一点，只要还都东京开封即可，哪怕仅仅利用盛暑之际金军通常不会南下作战的空档到东京巡视一遭，都会收到良好的社会效应。当然，这样的举动也无疑会增加杜充的权位和声望，这也是杜充之所以愿意提出这一建议的原因所在。但就当时的形势而言，整个北方也确实需要再出现一位能深孚众望、统一指挥各方政治、军事力量的重臣，才能有效组织起北方防线，避免再出现今年年初金军击穿山东各地的防御力量，直扑行在的大娄子。

正是考虑到了这一点，东京军民对杜充等人的上书反响极为期待，也包括对当今天子称得上知根知底的岳飞。这位官家过去确实是不敢指望太多。但经历过苗刘之变的教训后，难道还不能稍作改变吗？

可惜事实再次证明，他们所期盼的改变并没有发生。而且在岳飞看来，官家急于让杜充南下，是一个极为让人不安的信号：这说明朝廷中枢的形势，可能比他在邸报和各路消息中了解到的更糟糕，或者说，更让皇帝本人缺乏安全感，所以才急于要召杜充前来，甚至不惜以削弱北方的军事力量为代价。包括对金作战的形势，以及以后要采取的国策，当今天子也可能有了更为消极的态度。

——比如，官家或许想进一步将行在南迁，同时彻底放弃淮河以北地区。这或许才是杜充的新"差遣"也就是实职里，管辖地区会加上淮南一路的真正含义所在。

但官家可以将列祖列宗的陵墓、生于斯长于斯的故都宫阙，和淮河以北的山河土地、子民百姓们一起弃如敝屣，大部分家乡在北方的将士们却做不到。因此尽管君命皇皇、军令难违，他们却仍想再做一次努力，为故都中原，更为家乡父老争取一线希望。

比如利用杜充权欲重、喜功名的心态，劝说其上书朝廷，请朝廷收回成命，继续留守东京。不过，考虑到杜充非常在意自己的领导权威和个人形象，这次建言绝对不能采取联名上书或者集体发声的形式，那样只会让杜充觉得这是下属们又要闹事，要给他难堪，很容易搞僵甚至闹到动刀子；只能找个合适人选，找私下场合单独"游说"，或许杜充还能听进去。而承担这个重任的人，第一，得和大家一条心，能如实表达大家的想法，不能到时一见大领导就跪了，根本不敢提和领导决策相反的话头；第二，得头脑敏锐、能说会道，还得眼界开阔站位高，最好还会察言观色临机应变……这样才能把建议陈述得既清楚又婉转、既入情入理又冠冕堂皇，让杜留守相公这种进士出身的文化人不但听得进去，还听着顺耳，觉得有道理；第三，这人最好和杜充关系不错，或者杜充看着还算顺眼，不然以杜充的官威，根本连个开口的机会都找不到，就算找到了，也可能因为忠言逆耳激怒杜充被砍了……

商量来商量去，三个条件都完美契合的，全东京留守司也就只有岳飞了，甚至东京留守司军都统制陈淬都不如岳飞合适。

陈淬本人也是文武双全的人才，不仅身经百战，老于兵事，还知书能诗，曾给自己的画像题过两句极具士大夫情怀的言志诗："数奇不是登坛将，竹杖芒鞋归去来。"[201]算是当时行伍中少见的知识分子型军官了。只是读书多并不必然等于脾气好、会说话，很多时候倒恰恰相反：和王彦相近，陈淬的性格也是刚正清高一路，只不过待人接物比王彦宽厚温和得多。说话也直来直去，不太愿意绕弯子。总之当领导是个很不错的领导，但是跟平级或者更上层的领导沟通，就不太容易收到好效果，所以现在杜充对待他还不如对待岳飞客气，也基本听不进陈淬的意见。这点连陈淬自己都承认，因此讨论劝说杜充的人选时，他也带头投了岳飞一"票"。

既然同袍寄予厚望，本来也不甘心束手听命南撤的岳飞自然当仁不让，加之杜充现在确实对岳飞非常信任，经常在点卯议事后留下他议论紧要军务，所以岳飞很快找到了进言的机会。对于岳飞这次对杜充的劝谏，《鄂国金佗稡编》是这么记载的：

> 中原之地，尺寸不可弃。况社稷、宗庙在京师，陵寝在河南，尤非他地比。留守以重兵硕望，且不守此，他人奈何？今留守一举足，此地皆非我有矣。他日欲复取之，非捐数十万之众，不可得也。留守盍重图之![202]

不但给杜充分析了东京及中原京畿地区不可放弃的原因，还正经把杜充捧了一番：留守相公现在手握重兵、名满天下，是全天下人抗金复国的希望所在，所以要是您都不管这片地方了，其他人还能指望吗？

言外之意，这么关键的地区是沉重的责任，但将来也是巨大的、独一无二的政治资本，简直就是专为您这样的当世名臣准备的，千万不能丢。——丢了的话，万一回头让其他臣僚，比如马上要来接替杜充的程昌寓，撞了大运捡了风头，那不是追悔莫及？

对于自视甚高的杜充来说，这番话算是正中下怀，怎么听怎么舒服。不过顺耳归顺耳，杜充是否采纳了岳飞的意见？

对此，《鄂国金佗稡编》的记载是"充不听，（岳飞）遂从之建康"。然而考诸更多的史料，岳飞这番肺腑之言之所以未能奏效，杜充恐怕不是第一个要被追究的责任人。

根据《宋会要辑稿》的记载可知，赵构应当是在诏命杜充南下之前，也就是四五月间，正式断绝了东南地区至东京的漕运，导致东京城内乏粮[203]；同时《会编》在记载杜充最终奉命南下的原因时，也提了一句杜充是"留守京城，以绝粮，遂赴行在"[204]的，这也与《要录》中所载程昌寓于六月二十八日进入东京城接替杜充后不久，就出现了"吏、士皆持半月粮，既而食尽，乃挑野菜而食"[205]的情况相契合。

换言之，杜充本人对于是应该继续在中原坚守还是南下江淮拱卫行在，态度其实是更倾向于前者的，而这种犹豫的坚持，除了杜充对于自己实际权位和"势力范围"的计较，恐怕也多多少少有岳飞的影响。真正把砝码拨到南下一端的，是不惜通过断绝漕运来督促杜充率军南下的南宋朝廷。

只是杜充后来投降金国，成了十恶不赦的叛臣，所以南宋官方记载干脆讳去了赵构曾下令断绝东南至东京漕运的史实，把放弃故都东京的责任完全甩给了杜充。而岳霖、岳珂父子在记叙岳飞事迹时，因为一来想避讳岳飞确曾是杜充"爱将"这一事实，二来要替宋高宗赵构讳过，所以也不能记载岳飞的劝说对杜充产生的真实影响，以及导致杜充最终还是决定放弃东京的真正原因，直接用"充不听，（岳飞）遂从之建康"一笔带过了。

当然，不管岳飞的劝说对杜充上表请赵构还阙和不愿南下起过多少作用；也不管放弃东京城这口大锅，官家、宰执和杜充应该各分多少，岳飞最终要承受的伤痛和遗憾都是一样的剧烈。

大概在六月上旬[206]，人数约在六七万左右的东京留守司军，和大概八九万左右的将士家眷，浩浩荡荡踏上了由陈州太康县（今河南省太康县）—亳州（今安徽省亳州市）、宿州（今安徽省宿州市）—濠州（今安徽省凤阳县）、泗州（今江苏省盱眙县）—滁州（今安徽省滁州市）南下建康府的道路。开拔之际，他们中的大多数人并不清楚此次南下的目的到底是什么，只是为不得不告别浴血捍卫过的故都、告别中原乃至整个北方故土而愤懑又悲伤。同样，他们也不敢想之后还会不会回来、多久才能回来。因为绝大部分士兵和百姓都认为，这是官家、宰相、大臣、将帅……总之肉食者们才能决定的国家大事，而他们自己，作为乱世洪流中飞蓬浮萍一般的小人物，只能随波逐流，默默承受。不管是幸运还是不幸，也不管是不是自己的意愿和期望。

他们同样不知道的是，在对前途和命运的把握上，他们眼里的大人物，譬如杜充，其实也不是很明确、很笃定，比如自己一军到达行在后，会不会失去现有的兵柄、权势？会不会被久在中枢的文臣武将联手打压？杜充都拿不太准，并为此寝食不安、辗转反侧。

整个队伍中真正例外于这种心态的，只有岳飞，或许还有他最信任的几个部下兼战友。

——就像一眼看破了六月初朝廷授予杜充淮南地区管辖权的真意一样，岳飞此时不仅已经大致猜得出官家何以要严令杜充率军南下，也看清了或者说自己为自己选定了将来要走的道路：

不管今后要经历什么，也不管东京城接下来会经历什么，他本人都一定会在将来的某一天，带着十万甚至数十万的英雄儿郎重回这里，回到这座即使蒙受了战祸摧残，在他眼中也依然光芒万丈的大宋故都；回到这个曾让他起死回生重归官军，曾给他平生知己前辈伯乐，也曾目睹他一次次出征、一次次凯旋，见证了他无数成长印记和悲欢瞬间的城市。而且仅还于旧都还不够，还要越过这高大的城池、越过绵亘在城北平原上的黄河，去收复已经阔别两年多的家乡汤阴和相州，以及更北方更为广阔的疆土和山河……唯有如此，他才能对得起赍志以殁的恩师宗泽，对得起东京留守司军诸多殉国将士，对得起中原百姓洒在这里的重重血汗和泪水，也对得起自己留在这里的青春时光——也许是他束发从军以来，内心最为留恋的一段时光。

但究竟这一天要等多久，岳飞也还拿不准：他此时为自己人生终极梦想设想的最长时限，应该还是不会超过三五年。所以大概想不到再见东京城内琉璃砖塔和繁塔的高大身影，竟然要在十一年之后[207]。虽然他在劝说杜充时，已经精准地言中了他日收复中原需要的兵力——"数十万之众"。十一年后的绍兴十年夏秋，宋金双方在空前也是绝后的两国大决战中，确实是各自都动用了近三十万的兵力，也几乎是两国全部的正规军储备了。

和充满伤痛与苦难，但也飞扬着眷恋和梦想的北方不同，通往江南的旅途，对岳飞而言似乎注定压抑又伤感，去年秋天陪宗颖护送宗泽灵柩到镇江时是如此，此次随杜充南下建康府，还是如此。甚至十一年后的初秋，他再次从中原回转江南时，也仍会是如此。只是他那时的悲愤，又远非目前经历的这两次可比了。

不过这一次，全军才走到太康县和陈州之间的蔡河渡口——铁炉步，就有岳飞的老相识来给他调剂心情了。

在铁炉步，东京留守司军再次遇上了岳飞的同乡张用。年初的南薰门、陈州之战后，张用不愿意再和王善一起戕害曾经的战友同袍，只想带着部下混口饭吃，能大块吃肉大口喝酒也不再受气就行。所以大败马皋之后不久，张用就和王善客套一番好说好散，领着本部五万人马和大概同样数目的家眷，游荡到了淮西地区的蔡州（今河南省驻马店市）一带。在蔡州，张用严令全军不准攻打州县城池，也不准杀戮百姓纵火烧房，违令者斩。但是因为实在缺粮没东西吃，他没禁止部下去乡间抢粮，结果因为部伍人数实在太多，导致"上自京西，下彻光、寿，据千里之地……房掠粮食，所至一空"[208]，效果堪比蝗灾，因此被送了个绰号"张莽荡"，意思是人马声势浩大，所过之处百姓人家的粮草积蓄都会荡然无存。五月时，张用又带着主力跑到京西洛阳一带抢粮，待了将近两月后，又从京西折回蔡州确山县（今河南省确山县），打算和老百姓抢新熟的小麦，因此和南下的东京留守司军碰了个正着。

两军相遇，岳飞率先出马应战，还是出于尽量不在这种无聊内战中多伤人命的考虑，岳飞指名道姓要张用出来和自己单挑。而张用不知道是不是武瘾发作，遗憾从汤阴县到东京留守司再到南薰门之战，一直没和自己这个小老乡正面比试过，外加觉得此一去分隔江南江北，恐怕再难见面，居然答应了。

　　结果也没什么意外，自然是张用没几个回合就被岳飞打得大败亏输，几乎丧命。好在张用为人向来想得开，从不死缠烂打强撑面子，见势不好立即带兵就撤。但差点没命的惊心动魄，还是让张用心有余悸，以至于两年之后，岳飞奉命在江西招降还在当游寇的张用和已经成为张用妻子的女将"一丈青"王氏时，还要拿这一战吓唬他："吾与汝同里人，忠以告汝：南薰门、铁炉步之战，皆汝所悉也。今吾自将在此，汝欲战则出战，不欲战则降。"[209] 可见此战给张用造成了多大的心理阴影。

　　击溃张用之后，当时纵横在淮河流域的诸路匪军慑于岳飞的神勇，再没人敢来找东京留守司军的麻烦。直到行至真州六合县（今江苏省南京市六合区），马上就要到建康府时，才又遇上了另一个熟人——曾在宗泽去世前夕短暂接受过东京留守司招安，但宗泽去世后迅速复叛为寇、如今正祸乱淮南的李成。此次相遇，奉命出击的还是岳飞，双方在盘城小接一仗，号称双刀无敌、骁勇非常的李成很快被岳飞击败，迅速遁走。东京留守司军也因此得以挟一路小胜之威，顺利到达行在建康府。进入诸山虎踞龙盘于大江之东、气象雄伟的石头城，看着城中熙熙攘攘奔走的官吏、士大夫和颇为繁华的市井人烟，岳飞一时感慨万千。

　　在建炎元年秋初上书言事被罢军职赶出南京应天府之后，他一直在河北、中原的抗金前线厮杀，到此时已经整整两年没有接近过朝廷中枢所在了，只能从诏命、公文、邸报和各路小道消息、民间传闻中，揣测朝廷最新的决策意图、最近的氛围气候，和下一步可能的动作方向。如今再次来到天子驻跸之地驻军，又有杜充这种现下官家眼里的"红人"携带，料来这些都可以看得更真切、更清楚。但这没有让岳飞感到放松，反而让他更加忧心忡忡，甚至有点儿紧张。

他即将在这里近距离看到的，有关官家、朝廷乃至国运的一切，是会让人更绝望，还是能生出一点期望？

结营扎寨、点卯公干、拜会迎送、安顿家小之余，岳飞穿城过巷，登山涉江，忙着熟悉建康府的地理形势，偶尔也迎着渐起的西北风凭栏远眺，但见江天空阔，北方的山河故土已经成为一片遥不可及的苍茫，一如他此时的心境和思绪。

# 第六章

## 鹰扬大江东：天下初识岳家军（上）

> 建立起因果逻辑和工作顺序。这是随时专注、随时先想事情、随时盯着现实变化微调自己想法做法的人才拥有的一张时间表，包括对未来（接下来可能发生的事）的先一步穿透和掌握，这让他耐心而且坚持。
>
> ——唐诺《眼前：漫游在〈左传〉的世界》引意大利作家卡尔维诺语

### 1  四顾何茫茫，谁及长城壮

建炎三年七月二十六日，杜充刚刚到达建康府，就被朝廷任命为"同知枢密院事"，也就是执掌天下兵权的"西府"枢密院长官，一跃进入了"执政"之列。考察杜充的为官履历可知，他大部分时间都是在河北当地方大员，还未在赵构登基后的朝廷中供过职，所以这次任命，无疑是被破格提拔了。

不过，天上掉馅饼，往往不是什么好事儿，倒是可能砸死人。赵构这次任命也是如此：还没等杜充开始兴奋，他就得知，赵构在任命他为枢密使的同时，还宣布了另一个决定：

即日派军队护送隆祐太后，及六宫、宗室，还有其他职务与军务不怎么相干的官员去江西，以躲避可能在秋冬再次来袭的金军。当然，赵构自己不会走，而会与一批军国重臣继续留在建康府，"……与谋臣宿将戮力同心，以备大敌，进援中原。"[210]

但现在都建炎三年了，无论是杜充，还是自靖康元年年底开始就在赵构麾下效力的陈淬、岳飞，抑或其他但凡还有点记性的人，都知道赵构的这种话根本不能信。

早在建炎元年七月十五日，赵构刚登基两个半月的时候，他就为了应付李纲，下诏书说自己要和李纲等人一起"独留中原，训练将士，益聚兵马。虽都城可居，虽金贼可战"[211]，结果转眼就罢了李纲的宰相之职，自己也跑到了扬州。

今年年初，赵构不顾臣僚劝阻，坚决不肯离开扬州，还"诏有警而见任官辄搬家者，徒二年。因而摇动人心者，流二千里"[212]，结果金军真打来时，赵构几乎是单骑出逃，第一个抛下了扬州城跑路……

有道是事不过三。所以赵构诏书中这些慷慨激昂的话都没法听，也不能信，真正能信还值得多琢磨琢磨的，只有一条——

隆祐太后及六宫、宗室、大部分官员南迁江西，说明赵官家八成在建康府也待不住了，还要继续往南跑。

所以赵构对杜充的这次提升，与其说是答谢杜充留守东京长达一年的奖赏，不如说是哄他继续去前线卖命的诱饵。这点也在八月二日杜充第一次上朝议事时显露了出来：此次议事，宋高宗赵构与时任宰相的吕颐浩、刚刚升任枢密使的杜充，讨论人才选用标准。吕颐浩认为当今艰难之际，帅臣大将都必须有智谋方能称职；杜充则认为眼下是乱世，做臣子的无论才干大小，有敢于亲冒矢石的勇气，才是最重要的。赵构当场肯定了吕颐浩的说法，而把杜充的意见驳斥了一通，实际也是借机敲打了自认为一直在抗金最前沿"亲冒矢石"的杜充本人。赵构对杜充之不喜，由此也可见一斑了。

一直干着送命的差事，还要被官家明里暗里打压嘲讽，杜充当然受不了，下朝回府，就再次施展出了担任北京留守时用过的大招——闭门不出，声称自己中风发作，无法上朝议事，也无法办公。如此僵持了将近一个半月，宋高宗实在没法，只好在闰八月十三日，将杜充再次破格提升，任为"右相"兼御营使，形成了杜充与吕颐浩并相[213]，吕颐浩主内总理政务，杜充主外总督军事的局面。

两天后的十五日，赵构再下诏命，令杜充在担任右相和御营使的基础上，再兼江、淮宣抚使，总领十多万将士，负责建康府、淮南地区及长江下游沿线的防务。同时还宣布赵构御前军的几名大将，如御前前军统制王瓒，驻守镇江的浙西制置使、御前左军统制韩世忠，驻守太平州（今安徽省马鞍山市当涂县）及池州（今安徽省池州市）的江东宣抚使、御营副使刘光世，也要听杜充指挥。杜充个人在南宋的职位和权势，至此达到了巅峰。

当然，如此重用，仍然是有交换条件的。在赵构几乎将整个东南地区兵权都交给杜充的十一天后，即闰八月二十六日，赵构率仍留在建康行在的其他官员，以及大将张俊、辛企宗的两部人马，头也不回地离开了建康府，南下平江府（今江苏省苏州市）、越州（今浙江省绍兴市）驻跸。

官家破例到如此地步，防江防淮的重任又不可能甩掉，杜充继续不满也没什么意义，也就不再装病，在拜其为右相的诏命颁布四天后，宣布身体已经康复，即日起恢复日常办公，开始履行右相兼御营使兼江、淮宣抚使的重任。

眼见顶头上司"躺平"也能获得如此重用，来到建康行在后一直默默关注朝局变化的岳飞，终于确认了一个他很不想承认的事实：

国家如今的政局，果然并无起色，倒是更危急了。因为以杜充的性格和才能，原本当不起总揽军务、捍御江淮的重任，何况杜充对朝廷极为不满，装病装了足足一个半月，若在平常，不要说皇帝本人难以容忍，就是其他大臣也早就上书弹劾了。但赵构现在却只能姑息迁就，足见这位青年天子所面对的局面，已经糟烂到只能连杜充都当作宝贝不敢撒手了。

而导致杜充成为"朝廷柱石"的原因，主要有两个：

第一，是赵构本人，此刻已经没有任何勇气再在建康府待下去了。

至于令天子畏怯至此的祸根，则要追溯到年初的维扬之变：当时赵构一心只幻想能与金军议和[214]，被金军诳在扬州半步不敢挪，同时又为了维持稳定局面、营造一切尽在掌握的政治氛围，放任当时担任左、右相的黄潜善、汪伯彦对内封锁消息，钳制舆论，对官员实行严厉的行动限制手段，最终导致被禁锢在扬州城里的官员和民众，在金军杀来时逃避不及，遭金人"纵火城内，烟焰烛天，臣民子女及金帛所储为金人杀掠殆尽""民未渡者尚十余万，奔迸堕江，而死者半之。……比敌至，皆相抱沉江。或不及者，金兵驱而去。金帛珠玉积江岸如山"[215]。

劫难发生后，广大军民悲愤难抑，"军民怨咨，如出一口"[216]，当着赵构的面都不加掩饰。以至于赵构刚从扬州逃出，就接连有御前亲军将士为了被赵构抛弃在扬州的家眷，当面向赵构要说法。大受刺激的赵构拔出佩剑，亲手砍了一名出语不逊的卫士，才勉强镇住了场面。

然而，在人前的赵构，可以在杀死卫兵后，用"坐水帝庙，取剑就靴擦血"[217]这种近乎失态的粗野动作来强撑天子威严，也可以忍痛割舍视为心腹、言听计从的黄潜善、汪伯彦做替罪羊。但夜深人静时、于无人之处，他却无法摆脱巨大的舆论压力和道德谴责，以至几十年后，已经惯会表演作秀的赵构在谈起维扬之变时，仍不得不承认自己当时"多坏了人"[218]。

如此沉重的心理负担，让当亲王时本就没受过什么政治教育的赵构，对自己的统治更加缺乏信心，同时对人世间的道德伦理也产生了更严重的排斥甚至逆反心理。而之后发生的苗刘之变，又进一步加重了赵构的这一心态。自我认知的不断探底，最终导致赵构对任何人和事都难以有发自内心的同情心与责任感。所以当金军即将再度南下的情报传来，军事形势也越来越危急时，赵构根本没有能力和勇气再反思自己该为如此局面负多少责任，应该采取哪些措施补救，而是满脑子只有早跑路早保命，还能早点摆脱一些责任这一个方案了。

另外，维扬之变和苗刘之变，还对赵构的生理、心理造成了巨大创伤。维扬之变中，刚刚得知金军并非前来议和，而是马上就要袭击扬州城活捉自己时，赵构正在行宫中"方有所御幸，而张浚告变者遽至，矍然惊惕，遂病萎腐"[219]，从此得了不育之症。虽然后来靠御医王继先的所谓秘药，还能继续享受男女鱼水之欢，却再也无法让承幸的妃嫔宫女受孕。这一隐疾对绝大部分成年男子来说，都是生理心理的双重沉重打击。何况赵构一直习惯通过对未成年女性施暴，来彰显自己的男性气概，所以，一旦人事不能，心理就崩得尤其严重。

偏偏祸不单行，七月，赵构的独生子，曾在苗刘之变中被拥立为帝、取代赵构坐了一阵天子宝座的赵旉，又因为苗刘之变染上了惊悸之症，居然被一名宫女不小心踢翻铜鼎弄出的响动吓到抽搐不止，没一会儿就咽了气。暴怒的赵构当场处死了闯祸的宫女，却无法挽回独子的生命，从此绝后。这令赵构的心态更加消极、脆弱，也给后来的南宋初年政治乃至宋金关系，增加了一个不算太大、但也颇为棘手的难题[220]。

总之，自建炎二年年底开始的一连串身心打击，让此时的赵构，比河北兵马大元帅时期和登基之初更为冷酷自私，也更加犹疑善变、喜怒无常，同时还新添了不少对一个政治领袖来说极不健康的习惯。

比如，信用"为人奸黠，喜诡佞，善亵狎"[221]的江湖郎中王继先，不光任命其为御医，还对其大加宠信无事不谈，日子一长对王继先产生了严重的心理依赖，公开将其称之为"朕之司命"[222]。

再如，迷上了看星象，甚至迷到要命令太史局官员带着徒弟入宫住宿，以备随时咨询[223]，哪颗星星往哪个方向移动了一个刻度，都好几天吃不下饭睡不着觉的地步[224]……

以赵构这样的精神状态，在去年冬季河北、山东诸多州县开始纷纷失陷、金军险些打过长江并且随时可能再来一次的危局下，还想要求他有勇气亲自率军御敌，或者至少不要离前线太远、保持和前线的沟通，也确实属于"苛求"了。实际上，能意识到金国现在对他的策略不是议和休兵，而是不容忍他所代表的政权存在，更打算抓他去白山黑水和父亲、长兄作伴，已经算是赵构吸取了教训、开了窍了。

当然，跑归跑，马上要直面敌军攻势的江淮防线还是不能直接扔下不管，必须得找一个人主持防御。而留下的这个人，不能是最能干的，因为最能干的赵构得带在自己身边，陪自己应付可能发生的意外和危险；但也不能完全不顶事儿，否则赵构连跑路的时间都没了。按这个标准来看，那确实是杜充最合适。

第二，不管是赵构用人的眼光不行，还是能鉴别人才但每每因为私心自用而坏事，现实是现在赵构的手下，确实缺乏能独当一面的大臣，尤其缺懂军事、有战场对敌经验的大臣。就算有几个，如左相吕颐浩，也得优先保赵构，不能留在这里。

还有一个在平定苗刘之变过程中崭露头角的张浚，也算是年少有为又有几分胆略，但他已经在几个月前被委以总督川陕军政的重任，带着包括岳飞的老上司王彦在内的一干精兵强将，远赴陕西，作为大宋天子在帝国西线的总代表，总抓陕西六路军政。所以眼下身在东南的大臣中，在抗金最前沿故都东京待过整一年的杜充，就已经算是难得的具有掌兵经验的"能臣"了，至少在赵构眼里是这样。

纵然岳飞对赵构的这个认知有再多腹诽，也不得不承认，他来到建康府后接触的几位大将，确实没有一个给他留下过太好的印象，更没有一个表现出足以总领前沿防务的"帅才"。

——跟着赵构南下越州的御前右军都统制张俊，也算是岳飞的老领导之一。两人实际相处时间虽不长，但早在应天府御营中军时期，岳飞就对他有了定评：算是能打仗；也算是有管理手腕，会带兵能立威；再就是为人精明有城府，非常会揣摩上意讨领导欢心。但是缺点也是致命的：第一，暴戾刻毒，小算盘太多，对上对下对平级，都不是一个可以放心交付后背的战友；第二，智谋不足，要点小心眼小计谋可以，战略眼光谈不上；第三，也是最要命的一点，过于自私和油滑，没有公心。事到临头为了保命是可以拼一下的，但是积极求战，则想都不要想。也正是因为这个特点，外加赵构一直信用张俊，将其视为自己亲军中的亲军，不肯轻动，所以张俊自靖康元年年末跟随梁扬祖加入赵构麾下后，就再没和金军交过手，将近三年的时间里一直是靠打各路土匪乱党刷战功，靠平定苗刘之变建节[225]，维扬之变中逃离扬州护送赵构过江，可能就是他目前为止离金军兵锋最近的一次军事行动了。

——御营副使刘光世，也算是岳飞的熟人。这位刘延庆的二衙内[226]，岳飞早在伐辽时就记牢了他和他爹的名字，记得他是导致宋军攻入燕京城却又功亏一篑的责任人之一，也是导致宋军在卢沟河不战而溃、被按说已是强弩之末的辽军追着打的罪魁祸首。这样的人居然到现在还在领兵，本身就是个天大的笑话。更不要说刘光世自建炎元年跟随赵构以来，同样没和金军正面打过，只在维扬之变时抵挡了一阵，还"未至而军溃"[227]，甚至因为找不到渡船，把相当一部分士兵直接扔在长江北岸了。

——还有一个熟人是御前左军都统制韩世忠。建炎二年春，还是东京留守司统制官的岳飞和韩世忠正式打过照面，见识过韩世忠的本事，也处理过他和丁进的那次火并，留下的印象可以说是好坏参半。好的方面是，岳飞认为韩世忠比起张俊和刘光世，算是才略高出一等，性格也更为磊落，不然也不会在建炎二年一度被赵构踢去开封协助宗泽，更不会身为行在诸大将中唯一一个和金军正面交过两次手的将领，官位却一直没高过张俊和刘光世，直到苗刘之变，才因救驾大功得以和两人并驾齐驱。此次赵构向诸将征求防秋建议时，韩世忠也当着赵构的面直接吐槽："国家已失河北、山东，若又弃江淮，更有何地？"[228]坚决要求留在长江防线，抵抗随时可能南下的金军，实际是拒绝了跟随赵构南逃——这件事，岳飞刚听说时，暗地里赞了韩世忠一声英雄好汉。但不好的一面是，韩世忠和当时很多武人一样好酒好色，这都还在其次，真正要命的是两点：第一，韩世忠喜欢与人斗气，不管是文人还是武将，总要想办法别个苗头压别人一头，稍觉不快就要大闹一场甚至动刀枪。譬如前不久，韩世忠就因为想要刘光世的部将王德来自己军中效力，而和刘光世翻了脸，更险些因为斗气倾轧而让王德丧命。再比如去韩世忠军中办事的文臣，几乎都免不了要让韩世忠羞辱一番，轻则被韩世忠蔑称为"子曰""萌儿"[229]，百般嘲讽调戏；重则如几个月后的胡舜陟，只因被韩世忠怀疑是弃城而走的懦夫，刚卸任建康府知府的堂堂大员竟被绑在海船桅杆上示众，险些稀里糊涂丢了性命。第二，岳飞自建炎二年春洛阳一战后，便认为韩世忠勇猛有余，智谋不足，所以才会发生因部下临阵脱逃而致全军溃败的事情，也才会在去年年底出兵淮北、抵御自山东直扑扬州的粘罕时，既没识破粘罕的分兵意图，及时向行在示警；又没能抵挡住粘罕的攻势，兵溃沭阳（今江苏省宿迁市沭阳县），险些连番号都打没了。因此，虽然眼下韩世忠主动请命留在镇江，但岳飞却担心他并不能在战斗初期就抵御住金军的攻势。

——另外还有一个跟着赵构南下的御营都统制辛企宗，以及他的两个弟弟辛永宗、辛道宗。对于这几个人岳飞倒是相对陌生，但也在宣和四年从军真定府时，就多少听说过：辛氏兄弟和赵构登基之初任用的大部分将领一样，也出身驻扎陕西六路的大宋西军，还是西军诸多将门世家之一。如果正经论起行伍资历，比刘光世的资格还要老一些——早在徽宗朝末年，辛家兄弟就已经是自领一部人马独当一面的大将了。同时哥几个还都继承了西军将家的好学传统，文化素养极高，不但识文断字、读书颇多，还能甄别鉴赏前代文物书画[230]，所以被当时宋军实质上的主帅童贯当作了心腹参谋，是童贯眼前红极一时的人物。宋金战争爆发后，辛永宗、辛道宗在建炎元年赵构称帝前夕加入了赵构麾下，曾扈从赵构到应天府登基；辛企宗则在建炎三年苗刘之变结束后，才从陕西率兵前来建康府勤王。然而由于辛企宗文武双全、谈吐举止儒雅不俗，赵构才见到辛企宗，便对其赏识有加[231]，竟把他一举提拔为御营使都统制，以代替苗刘之变中被乱军所杀的王渊。这个提拔实在太过意外和破格，以至于刚刚率军平定了苗刘之变，自恃在赵构麾下居功最伟的张俊、韩世忠双双抗议。赵构也生怕两人心怀怨怼甚至生出异心，不得不把张俊、韩世忠的军号从"御营某军"改为"御前某军"，同时把两部人马也从御营军的系统中划分出去，另立一支御前军，避免了张俊、韩世忠要受御营使都统制辛企宗管辖的尴尬，这才平息了一场眼看要闹大的风波。然而，费了这么大周折提拔起来的大将，真的是可用之人吗？岳飞同样持有怀疑态度。在他看来，辛氏兄弟除了文化修养确实高之外，其余方面和刘光世没有本质上的区别，不过是沾了西军一系光彩、吃着父辈所积功劳的军事官僚，除了惯于钻营，没什么真本事。否则辛道宗、辛永宗两人不至于跟着赵构从南京应天府跑到扬州，也没和金军打一仗，要靠平苗刘之变乱才出头；辛企宗也不会甘于跟着赵构南下，只是没有像韩世忠一样，留在最缺人手的前沿战场抗敌。

更让岳飞看不惯的是，这几个大将缺乏公心、军事才能平庸也就算了，偏偏还特别喜欢生事斗气。赵构下令韩世忠和刘光世需听杜充的节制后，韩世忠、刘光世都大感不服。而杜充偏偏又特别喜欢在武将面前摆文臣的架子，特别苛求官场上武将见文官时那一套表示谦退恭顺的礼节，以至张俊前来参见时，杜充只因为张俊派亲兵交纳名帖"通名"后，还没等自己传召就径直上前议事，就直接处斩了张俊手下那个负责递送名帖的倒霉亲兵，把张俊气得从此和杜充反目[232]。而本就不忿的韩世忠和刘光世，听闻此事后就更不愿伺候杜充，刘光世甚至直接向赵构上书，"言受杜充节制有不可者六"[233]。气得赵构大发了一通脾气，下诏不准刘光世再进建康府行宫宫门一步，必须立即赴任杜充辖区内的太平州，这才逼得刘光世不情不愿遵从了指挥。但即便有赵构亲自下场撑腰，韩世忠和刘光世对于杜充这个名义上的领导还是敷衍而已，一个在镇江驻扎，一个在太平州驻扎，离着杜充所在的建康府都只有一日路程，却往来不多，更不要说听杜充调拨驱使了。等赵构带着朝廷班子和张俊、辛企宗去了越州，这两位就更是天高皇帝远，谁也管不着，江淮宣抚司中直接连他们的面都见不到了。

岳飞诚然憎恶杜充，对杜充妄自尊大、动辄侮辱部下的作风更是反感已久，但像韩世忠、刘光世这样为了私人恩怨就意气用事、不惜耽误国家大事的性格，岳飞也看不上。

——他自然还记得前年冬天在太行山下闯的大祸，但自认即便是自己最"犯浑"最出格的这一次，也没有因为和王彦有矛盾就耽误了与金军作战。不像如今的韩世忠和刘光世，双双不买杜充的账，让本来就御敌乏术的杜充更加抓狂，也让本就一团乱的江、淮防务，更加像一盘散沙。

当然，防务如此一塌糊涂，杜充自己也有责任：他现在顶着名"总十万师"，实际真正能运用如意的，只有东京留守司的五万多人马。其他军队，如淮北、淮西各地前来投奔江淮宣抚司的义军，杜充觉得人家出身"匪类"，根本看不上，还"日事诛杀，殊无制御之方"，"识者为之寒心焉"[234]，更别提团结人心，形成堪与正规官军匹敌的战斗力了。至于调拨给他的官军，韩世忠、刘光世两员大将如前所述，根本不搭理他；还剩一个曾经在建炎元年被任命为河东制置使的御前前军统制王瓖，本是资历可以和刘光世匹敌的大将，此时倒也还能指挥得动，可此君在战场上实在是弱到了家，不光不敢和金军正面刚，年初在陕西关中地区被金人兵马连败几仗后，一口气逃来了建康府，甚至连内寇都打不过——

十月，一直在江淮间纵兵骚扰的游寇将领李成攻陷滁州（今安徽省滁州市），"大肆杀掠，沟涧流血。……尽取强壮以充军"[235]，还杀害了滁州知州、宋神宗皇后向氏的后人向子伋。事态闹到如此严重，杜充不敢不管，便命王瓖前去讨伐李成。谁知王瓖将辎重粮草安置在长芦县后，竟然畏战，在长芦县到滁州的途中磨磨蹭蹭，走了好几日也没走到滁州。狡黠的李成看准了王瓖没胆色，趁他在道中龟速挪动之际，派出五百骑兵绕到王瓖背后，突袭了长芦县，想一举截取王瓖的辎重粮草，但没想到负责运送粮草的粮船士兵倒是机灵，一见李成部来袭，立即砍断缆绳离岸而去，让李成扑了个空。主要目标没实现，李成部心有不甘，本着"贼不走空"的原则，转而掳掠了当地的僧人、百姓共百余人，还劫取了另一部分刚送到此地的犒军银绢。

还好杜充虽然不知道王瓖这么不靠谱，却对李成的凶悍勇武留有深刻印象，所以总觉得只派一个不知底细的新手下不踏实，几经踌躇，到底还是派出了属下第一勇将岳飞前往滁州增援王瓖。

而岳飞从入驻建康府之后到现在，虽然没直接上阵厮杀，但也没闲着，除去勘察地形、安抚训导部伍和准备一应防秋事务外，还花了不少时间处理一件半公半私的事情：接待照顾自己的老上级、刚刚从西京千里迢迢撤到建康府的间勋。

间勋南撤的时间和杜充撤离东京的时间相隔不远。只因东京留守司一撤，西京周边形势也日益恶化，加之间勋也听说了行在可能要继续南迁的消息，深感再以孤军坚守西京不是长久之计，于是便按照当时礼法规定，请出供奉在西京行宫中的历代天子画像，而后带着部众和画像一起南下建康行在。

哪知道好不容易辗转到了建康府，行在却又换了地方。间勃一行人想要继续南下，却又饥寒疲惫已极，亟须补给休整。然而主政建康府的杜充，此时眼里根本没有间勃这个人了，加之他手头军政事务也确实繁多，所以根本顾不上一应接待礼仪。最后还是陈淬、岳飞等东京留守司的老相识念着同袍情谊，一力周旋接济。尤其是岳飞，凭借自己现在已经是杜相公的知名"爱将"[236]，在军中和建康府都有些人脉和面子，不但各方奔走为间勃一军联络安排营地住处、送钱送粮送军需，还主动让自己的旧部、去年年底借给间勃的岳亨等十名使臣以及近千名部众，仍然听从间勃指挥，继续跟着间勃南下追赶天子大驾所在。

——虽然依照岳飞的看法，间勃与其继续寻找朝廷，还不如留在建康府，和自己以及陈淬等人合力抵御即将南下的金军。至于"祖宗神御"，左右建康府也有不少官衙、古寺，还有旧南唐行宫，找个庄严清净够气派的所在一供，也就算礼数到了。

但间勃此时却显出了自己循规蹈矩到近乎固执的一面，他坚持认为祖宗神御不可轻慢，必须由自己护送到天子本人所在之处，再请专职负责的官员安置好，才算尽了臣子之道。何况他间勃是以"三衙"之一的"主管侍卫步军司"主官身份派遣到东京留守司协防的客军，如今原有使命结束，下一步该去哪儿干什么，也应该由朝廷决定才是。总之，他一定要继续南下，岳飞的好意实在不能从命。

不过争执归争执、固执归固执，患难时得人雪中送炭，间勃对岳飞还是很感激的。只是以他现在的境遇，已经难以对岳飞这个小自己十几二十岁的晚辈有更多回报，倒是担心自己待的时间再长些，会让岳飞在杜充处为难。所以不管岳飞如何劝说挽留，间勃仍然只在建康府休整了几日就匆匆率部启程，告别岳飞等东京留守司故旧，继续南下追赶朝廷了。

岳飞就是在这个刚送走"故人"的当口，接到了杜充要他去会另一位"另类故人"李成的命令。虽然这次这位故人才当过自己的手下败将，但在这个内外交困处处冒火星的当口，岳飞仍然不敢怠慢，立即率一支人马渡江追敌。结果才踏上建康府对岸宣化镇的江岸，就听说了王瓒囤放后勤物资的长芦县被李成部偷袭、当地百姓也被掳掠了百十来口人。事涉民众身家性命，本来临阵指挥多是淡定自如、举重若轻的岳飞，顿时心急如焚。但他也没有轻举妄动，而是又行进了一段路程之后，另找一名当地人打听了一番，发现他说的李成部动向和自己在宣化镇打听到的完全一致，从而确认这个情报可靠无误后，才下令全军急行军，最终在九里岗截住了李成。凭借人数和战斗力的双重优势，岳飞很快指挥部下将这五百多名轻骑兵全数歼灭，生擒了一名贼将，还救出了被李成部掳掠的全部百姓和僧人，并将他们送回了长芦县，挽救了当地百十来条人命、数十个家庭，同时也解除了王瓒后方的威胁。

按理说李成受了如此重创，后方又稳固无虞，王瓒就应该积极进兵收复滁州。但此时金军已经大举南下的情报传来，岳飞被杜充召回了建康府。王瓒一见强援撤回，脑门一拍、灵机一动，也借口金军南下要回去商议江防大事，带兵调头过江回了建康，根本连滁州城的影子都没有看到……

总而言之，这个还算听话的王瓒，打起仗来是个废物，还不如韩世忠、张俊和刘光世，以及现在还不知道几斤几两的辛企宗。

眼见这些声名在外的统军大将一个个就是这副德行，岳飞既郁闷，又不解，更愤怒：

自己空有智勇和威名，却得给这么一帮人打下手收拾烂摊子，简直比上半年回东京留守司之后的日子还憋屈——那时候要忍的基本就杜充一个，没想到来了建康行在，层次高了、热闹大了，看不下眼的却也更多了。

岳飞不解的是，以赵构为首的朝廷，从建炎元年到现在的这两年多时间，究竟都在忙些什么，居然连个像样的统兵大将都发现不了、栽培不起来，以至于会拿着杜充这样的货色当救星。

愤怒的是，眼前目睹着一桩桩怪事、闹剧，他不由想起了很多牺牲在两军阵前的东京留守司同袍；想起了那些自己或者见过一两面，或者听说过的，至今仍活跃在两河、中原、京西的义军将领，如翟进兄弟和五马山的义军将士；甚至想起了临清兵败后被贬斥的马扩，以及不知不觉已经阔别两年多的好友、宗室子弟赵不尤。在岳飞眼里，这些人的才干、品德、抗敌意志，起码比王璯强多了，却根本没有机会得到赏识和提拔，朝廷反而让一群酒囊饭袋居于高位，糟蹋用百姓的血汗供养出的军费物资，甚至民众和士兵的身家性命，真真是"世胄蹑高位，英俊沉下僚"[237]！

激愤之下，他忍不住对几个军中好友发了牢骚：

　　使飞得与诸将齿，不在偏校之外，而进退禀命于朝，何功名不立，一死焉足靳哉！要使后世书策中知有岳飞之名，与关、张辈功烈相仿佛耳！[238]

这话若在别人，可能就是句气话牢骚话，但在岳飞，却是不能更真切的心声，每一字每一句，都是反复琢磨过无数遍的。而且，从二十岁第一次从军到如今，他在经历了无数重大考验、挫折教训，目睹了众多正面案例反面教材后，他甚至连怎样才能实现"何功名不立"，都已经想得差不多了。

——如果他做了统兵大将，绝对不会对部下动辄摆架子要威风，更不会拿军法当借口，为所欲为，草菅人命。一方面，只有无能的人，才需要靠这些简单粗暴的手段去震慑人心、树立权威；另一方面，士兵如果仅仅是领导者践踏、侮辱、奴役的对象，就不可能有太高的战斗力和太强的作战积极性。

——如果他做了统兵大将，绝对不会仗着手上握有兵权，就"乃因统兵，胁持州县，或至驱掠官员、轻侮典宪"[239]，纵兵掳掠手无寸铁的百姓，抢夺民间财物、女子和青壮年人口，甚至虐杀百姓和当地厢军、乡兵[240]。武力应该是用于保护民众的生存和生活，以战止战的。如果仅仅用来当作破坏规则、满足自己私欲的工具，那么所有人都逃脱不了没有尽头的暴力循环，总有一天自己也会成为受害者。

——如果他做了统军大将，绝对不会碰到棘手的局面就一筹莫展，逃避迁延；或者还没搞清状况，就凭着蛮勇或者求名求胜的功利心，逼着部下硬打硬拼，让将士们白白牺牲；而且，为大将者不仅自己要有勇有谋，熟悉一线情况，敢担责任，还要有集思广益的意识和虚心包容的态度，要能听得进部下的意见，尽可能让每个人都最大限度地发挥出自身才干和特长，才可能让人数在万人以上的部队，真正成为一个内部之间能相互配合协作、输出效果"一加一大于二"的大规模组织，而不是一群只能一哄而上、一哄而散的乌合之众，甚至互相拆台、自相残杀。

——如果他做了统兵大将，绝对不会歧视义军出身的将领，甚至也不会拒绝那些曾经当过土匪的游寇。身为农家子弟，身为目睹了宣和伐辽以来无数人间惨剧的"年轻的老兵"，他很清楚现在很多土匪也是迫不得已才走上了歪道，甚至有不少本来就是想到前线为国出力的地方勤王军，若非宣和末年开始，朝廷朝令夕改、措置无方，大将统军无能，官员又对他们百般歧视，这些粗豪但也悍勇的儿郎本该在北方前沿和金军厮杀，也不至于沦落至此。说白了，眼下外患深重内乱又起的局面，不是因为百姓脑后有反骨，主要还是朝廷失职官员无能。如果多几个像宗泽那样的朝廷大员，对这些民间武装待之以公道诚心的同时，又用宽严相济的手段去约束，那么这些草莽豪杰，是可以为国效力，成为护国护民的正面力量的。

——还有一条在当时绝对属于另类的想法，就是如果他做了统兵大将，不会再允许军中豢养军妓，更不许招揽民间娼妓、艺人或者平民女子，哪怕是为了迎来送往、应酬接待各路官员也不行。这一点，是岳飞跟随杜充参加了几次官方应酬宴会后触发的觉悟。

一来，他看不惯高官大将们在宴会上表现出的豪奢风气、暴露出的种种丑态，觉得这些行为再怎么吹也跟风雅不沾边，就算就着歌儿舞女的红巾翠袖和强颜欢笑写出几首酬唱诗词，也不过是建立在他人痛苦之上的自我陶醉罢了，于国于民没有半点益处，还浪费时间、糟蹋百姓血汗外加糟践活人。

二来，公开允许这种行为广泛存在，从士兵到各级将领，就免不了随时随地打女人的主意：要么骚扰民间时乘势掳掠良家妇女[241]；要么解救百姓时不予放还，而是强占强娶；甚至有时候会因为抢夺有姿色的妓女，而互相争斗以至结怨；更过分的，还可能侵犯麾下将士女眷……总之会带来各种管理问题和人事纠纷，对维持军队纪律有百害而无一利。

三来，可能是由于从小在母亲和姐姐的呵护下长大，母亲的性格又极为刚强和睿智，所以岳飞对待女性，有一种当时罕见的尊重和善意，以及朴素朦胧、但也确实存在的平等意识——他在东京留守司时真心敬佩女将一丈青王氏"能带甲上马，力敌千人"的职业素养，多年后还印象深刻，即使当着爱妻的面也心怀坦荡，不吝赞许；第二次婚姻后，他对后妻李娃最大的期许和夫妻关系中最得意处，不是李娃温柔体贴宛如解语花，也不是她贤良淑德持家有方几乎无事不能，而是妻子能与自己"同忧乐"，可以经常对谈军国大事、时局热点并且所见略同深有共鸣。总之，岳飞并不认为女性就是弱者，必然在体力和智力上弱于男子，更不认为女性应该是被玩弄、被欺凌的对象，甚至是可以当成牲口、物件一样送来送去、折价变卖的商品。所以参加那些充斥着衣香鬓影、莺声燕语的官方应酬场合，对他而言不是什么享受和荣耀，倒是煎熬，几乎每次列席都要默默在心里发一回狠：有朝一日自家当了大将自家能说了算的时候，一定要禁了这些又糟践人又浪费时间的乱七八糟的恶习！

……

当然，上述这些更具体的想法，岳飞就没怎么对其他人说起了。他很清楚，这里面的每一条，如果现在就公开说出来，都更可能招致一番嘲笑，而不是赞许和支持。何况知易行难，虽然自己现在已经有了一幅蓝图，但真要在现实中实施，还是困难重重，不是动动嘴皮子就能实现的。

——比如，他现在就连实践上述想法的第一道关卡都还没通过，并且不知道哪一天才能通过。

究竟要到什么时候，自己才能不再当偏裨部将，自领一支人马独立成军呢？掐指数数从军的年头，不提儿时效法关云长、张翼德，当盖世英雄建不世功业的少年白日梦，就是宗留守对他说过的那句"他日为大将"，一转眼也已经是一年半以前的事了。

## 2　虽千万人，吾往矣

不过，不管心头压了多少本不该一个中级军官去操心的重担，只要岳飞自己不开口，岳飞的同僚部属，以及江淮宣抚司的众多士兵，就基本察觉不到他的情绪波动和真实想法。——虽然陈淬等人，还是会偶尔看到这个青年统制官眉头紧锁、神色郁郁的样子，但在更多的基层军官和普通士兵眼里，岳飞始终是公众场合沉稳严肃，但私下相处时又开朗活泼、爱说爱笑的，而且很少受到外界环境的干扰和影响。

比如眼下，即使在大战随时可能爆发的沉闷气氛中，即使手下已经有三千人马，这位小岳统制，也还是会和等级最低的士兵们一起吃饭、谈心、传授武艺战术，偶尔还要开个玩笑、讲个兵书上的故事，甚至学段杂剧表演[242]。

岳飞的观察能力、模仿能力和语言表达能力都极强，所以学起别人的语言动作活灵活现，就算是日常无聊的小事，经他一说也很容易引人注意，常常把士兵们弄得一会儿热泪盈眶、一会儿开怀大笑，连带着情绪都好了很多。虽然有时笑完了说完了，有些消息灵通的老兵也会奇怪：这个年轻人为什么总能保持这么乐观向上的心态，像是永远有无数的大事好事要忙要筹划，怎么几乎不见他发愁和疲惫，尤其是为自己发愁呢？

因为在他们眼里，岳飞此时按说应该是有些郁闷，甚至愤怒才对。刚刚结束的对李成部的战斗，杜充还是没有给岳飞计功。这样从建炎三年六月开始，岳飞已经有四次战功被杜充归零不计了。眼瞅着自己的小上司从北到南一直到处当救火队长，却不但没得一官半职，连工资和津贴都没长半级，即使粮饷远不如岳飞拿得多的普通上兵，也不禁要替自己的领导咸吃萝卜淡操心了。

其实，岳飞倒也没高尚到完全没在意杜充压自己的官职。只是眼下的军事形势，让他早顾不上跟杜充计较了。刚从滁州回到江淮宣抚司，岳飞就获知，金军已经于本月二十三日，大举倾国之师，兵分三路开始了第五次对宋攻势。

其中，金西路军在金国名将娄室率领下继续攻略陕西，意图将陕西六路全部拿下后，再沿蜀道长驱直入，攻占素有天府之国之称的经济重地四川。

金中路军于二十五日由黄州（今湖北省黄冈市）渡过长江，开始向长江中游的江西地区，即隆祐太后和六宫、宗室所在地发起攻击。

金东路军主力则由金国四太子完颜兀术亲自率领，由寿春（今安徽省寿县）、庐州（今安徽省合肥市）向江淮宣抚司的防区——长江中下游挺进，目前马上就要到达长江北岸，随时可能强渡长江。具体地点估计不是采石矶，就是再往东北一些的马家渡（今南京市江宁区铜井镇镰刀村[243]）。两个渡口中，采石矶在太平州（今安徽省马鞍山市当涂县），马家渡在太平州东北，但不管哪个渡口，一旦过江成功，金军骑兵打到建康府也就是一天的事情。

然而江北各州县陆续失陷的消息雪片一般飞来之际，杜充却因为不满赵构独自率中枢南下避敌，韩世忠、刘光世又不听其指挥，又一次破罐子破摔，"杜门不出"，日日与身边亲信、歌儿舞女宴饮高会，军务则全数丢给陈淬、岳飞等人，几乎没做任何预案，更不要提组织军队西进长江渡口甚至过江主动出击、积极防御了。

眼见杜充又犯了老毛病，陈淬、岳飞以及江淮宣抚司诸将都有点抓狂：

江南地区不比两河和中原，不是近百年没和北边的大辽开过仗，而是自残唐五代以来就再没怎么打过仗。金东路军一旦过江，长期处于安宁富庶温柔乡中的江南民众，就是砧上鱼肉、待宰羔羊，被祸之惨不可想象。而且长年缺乏军事经验的地方官府和厢军，以及不知兵事的百姓，绝难抵御金军铁骑，纵然民气可用，纵然有江河湖泊纵横密布的地利，恐怕也难以抵挡太久，让金军长驱直入直接端了朝廷中枢都不是没可能……

再说直白点就是，如果说之前上位者出昏招的后果，还只是一再失地、不断退守，总还有苟延残喘的余地；那么这一次，大宋是真的面临着亡国灭种的危险了。这样的局面，已经不是单凭岳飞的智勇无敌，或者陈淬的老谋深算就能挽救的，必须得有杜充这种级别的重臣出面主事，统一协调东南各大将兵力和各方资源，联动联防相互配合，才有可能转危为安。

千言万语一句话：不能再让杜充这么"宅"下去了，高低得把他拖出来。

于是诸将跟排班值守一样，今天是你，明天是我，后天是他，轮流去宣抚司衙门求见请命，恳求杜宣抚动动金身，坐衙理事。但杜充这回也真决绝，居然任凭诸将日日叩门求见，就是不露一面，不答一词。可能后来被逼得急了，也只撂了一句反正有岳飞在，万事不愁，大事不决就去问陈淬，金兵打过来就找岳飞，把陈淬、岳飞气得直瞪眼。

如此僵持拉锯之中，一转眼就到了十月中旬。探马来报，兀术已经纠合了在滁州作乱的李成部，到达了长江北岸的乌江县（今安徽省马鞍山市和县乌江镇），发兵渡江是早晚的事。宣抚司众将只能再次在陈淬召集下集结，一起商量到底还有什么办法能把杜充拖出来，然而商量来商量去，还是一筹莫展。

看如今的情势，要拖杜充出来，怕不是只能硬闯强谏，甚至兵谏。可大宋军内有阶级之法，以下犯上乃是死罪。何况杜充现在还兼着右相，一人之下万人之上，跟他们这些中层武将之间的职级差距，不啻霄壤。这种情况下真要强谏，也跟造反差不多了。外加杜充本就嗜杀成性，如果赶他心情最不好的这当口去说逆耳忠言，怕不是能直接被杜充亲手砍了？

耳听着同僚们的议论越来越丧气，一直在旁静听的岳飞实在按捺不住了，一跺脚一转身，大踏步进了宣抚司衙门，也不递帖求见，也不报门等传召，几下推开了门口值守的小吏，直冲官衙大堂后的杜充私人居所。途中有数名警卫和杜充家仆试图阻挡，但一看是军中威名素著的岳飞，再一看岳飞脸色和紧紧攥着剑柄的手，腿已经先软了。加上大概也都知道岳飞此时闯衙是为了什么，所以谁也不愿真出头来拦，放着岳飞直接闯进了杜充的寝阁。

几乎一脚踢开了杜充寝室的大门后，岳飞一眼就看到将近半个月没瞅见人影的杜充神色颓唐地坐在书案旁，突然发现自己在门口时，竟然吓得差点跳起来。再看他满脸惊惧惶恐，和平日那个官威十足、声色俱厉的杜充判若两人，岳飞对杜充的憎恶和鄙夷一瞬间满了格，差点又想跟两年前在共城西山军营里斥责王彦一样，直接指着杜充的鼻子痛斥一顿，甚至觉得按剑的手都有点发痒……但想想宣抚司外危若累卵的大局，岳飞还是冷静了下来，抬起手行了下级见上级的叉手礼，溜到嘴边的一肚子骂人话也咽了回去，迅速包了好几层"软包装"，才重新拿出来劝杜充：

> 勍虏大敌，近在淮南，睥睨长江，包藏不浅。卧薪之势，莫甚于此时。而相公乃终日宴居，不省兵事。万一敌人窥吾之急，而举兵乘之，相公既不躬其事，能保诸将之用命乎？诸将既不用命，金陵失守，相公能复高枕于此乎？虽飞以孤军效命，亦无补于国家矣！[244]

说到"虽飞以孤军效命，亦无补于国家"时，岳飞心里一急一窝火，眼泪涌上了眼眶；再一提金军过江后江南百姓可能遭遇的祸难，更是难以克制心中的愧疚和无奈，"流涕被面"，声音也哽咽颤抖了。

而杜充不知道是被岳飞的震怒所慑，还是被岳飞设身处地、入情入理的分析说服了；抑或亲眼看到自己视为靠山的勇将急成这样，总算意识到了事态的严重性，居然一反常态没有追究岳飞擅自闯衙、对上不恭之罪，还对岳飞好一番宽慰安抚，顺便给了个口头承诺："来日当至江浒。"——明天我就去巡查江防。

然而众将第二天就发现，杜充这句承诺不过是敷衍，实际还是宅在府邸中大门不出二门不迈。不过岳飞的冒险强谏，也不是一点作用没有——都统制陈淬前几日一直在向杜充建议，应该派军队去采石矶、马家渡两个要害渡口设伏，利用金军现在只有渡船五十余只、每次一船只能载五十人的弱点，借助江边芦苇丛的掩护，分批截杀渡江金军，力求将金军歼灭在江中。但杜充大概是怕削弱建康府的防御力量，不肯采纳，始终不放一兵一卒出城，把陈淬气得不轻[245]。现在被岳飞一闹一骂，杜充才总算松了点口，派出麾下王民、张超两员部将，分别前往采石矶、马家渡，阻击渡江金军。

陈淬、岳飞对这个结果并不十分满意，因为这两员将领中的张超，虽然还算尽职敢战，但计谋机变不足，也不够谨慎细心，绝非防护渡口的最佳人选。而如果不能实现阻拦金军过江的目标，那派不派人去渡口，其实差别不大。事实上，岳飞很希望能由自己领军前去马家渡，但还没等他和陈淬再想办法去跟杜充争取，张超的败报就在十一月十八日一大清早传到了建康府。

张超到达马家渡后，一开始防御作战尚称得力，或以神臂弓射杀渡江金军，或主动派军士在江岸阻击金军渡船，一度成功逼退了不善水战的金军骑兵。但随后兀术耍了个花招：在白天集结全军于江岸列阵，而后分批向北撤退，作出一副因渡江不利而打算全军北归的架势。张超对此信以为真，当夜就降低了戒备程度。孰料兀术派出的探子一直在附近逡巡，待确认宋军果然中计、松懈了防守后，突然出动了几十艘在北岸埋伏已久的战船，一举突破了江面，成功登陆南岸。缺乏准备的张超应战不及，待发现金军已经成功渡江后，沮丧之下自觉陆战根本不是金军对手，心理瞬间崩溃，于是连夜率军败走，将马家渡彻底让给了金军[246]。

得知金军已经渡江成功，杜充终于急了，当即传来陈淬和岳飞，令两人从江淮宣抚司军中挑选两万精锐将士，再加王瓒一军一万多人，以江淮宣抚司新招纳的统制官、流寇出身的戚方所部为前军，以陈淬、岳飞所率的原东京留守司军中坚力量为中军，以王瓒所部为后军，迅速赶往马家渡应战登陆金军，务求将金军阻拦在建康府城外。

对于杜充的这一指挥，岳飞仍然不看好，因为一来兵机已失，如今再去阻击金军，时间、空间、战术上的回旋余地都大大缩小了，很容易打成硬碰硬的消耗战，伤亡必然惨重，还不一定能实现目标；二来有过讨伐李成的经历后，岳飞对王瓒的职业操守根本不放心，认为其不适合参加如此关键的战斗。但杜充显然到此时还是有保存实力的想法，一心想优先消耗戚方、王瓒等"非嫡系"部队，所以坚持这个布置，非要王瓒参战不可。

看出来大领导到了这个时候还是不能放下心里这点小算盘，队友又是显而易见的猪队友，岳飞默默做了最坏的打算。

此战凶多吉少，而且基本只能和金军硬碰硬正面对抗，不像之前在河北、在太行山的战斗，虽然也是敌众我寡情势不利，但好在战术选项多，自己作为指挥官的选择空间也比较大；甚至也不如靖康元年的平定军保卫战——平定军好歹有山险和城防可以依托，马家渡到建康府之间，却是一览无余一路平旷的江边低地。何况在平定军，他还是低级军官，还能在力战之后，领几个正好在身边的战友设法突围。如今却是手底下几千号人的小中层，一旦战败，全军不被打散集体突围的难度，和小股部队、零星残兵突围的难度根本不是一个量级。此外，岳飞自从军以来，至今还没输过一仗，因此也就没有败阵情况下组织部众成建制突围的经验，如果此次猝遇不利，实在不敢保证能把队伍带出来。而如果不能全军突围，自己作为指挥官，是绝不会抛下部属独自落跑的，只能和麾下将士一起拼到最后一口气了。

所以，这次去马家渡，可能真就回不来了。但职责所在，岳飞也决不允许自己临阵推诿，哪怕领导的指挥是瞎指挥，所谓的战友也随时可能坑人、跑路甚至反水背刺；哪怕朝廷都已经跑到了千里之外的越州，据说马上还要航海避敌。——别人的责任是别人的，自己的责任是自己的。因为别人的失职和背叛，就放弃自己应负的责任、应尽的努力，这在岳飞看来同样是懦夫行为，甚至比直接认怂更可鄙夷。虽然想到死亡，想到这次要是战死可能连尸骨都无人收埋，还可能会被敌人践踏侮辱，想到可能马上就要和慈母幼子阴阳永隔，岳飞心里还是如有刀绞，狠狠抽痛了几下：他不怕死亡，也早已习惯了死亡。但为什么不早不晚，偏偏要在他千辛万苦把家人找回身边还不到半年的时候，让他再度面临如此严峻的考验？而一旦自己有个三长两短，失去保护和依靠的老母幼子，在这个乱世里又能存活多久，又会有怎样的遭遇？

在厄运和人性都没有下限的年代，事实永远比想象更令人恐惧。所以岳飞不敢再想下去了，只能强迫自己把这个念头远远抛在脑后。

风萧萧兮江水寒。十一月十八日当天，岳飞匆匆辞母别子，抛下对亲人的万般眷恋与牵挂，率部随陈淬离开建康府，连夜赶赴位于建康府西南的马家渡。马家渡距离建康府六十多宋里，即使是步军慢行军，也一日半即可到达，因此江淮宣抚司军和王燮部的总计三万宋军将士，很快就在长江边与尚未完全渡江完毕的金军正面遭遇。二十日，双方在马家渡的江岸上摆开战场，全军接战。

交锋开始后，抱定了必死之心的岳飞还是依照平日作战的惯例，"自为旗头"，率领本军人马冲锋在前，时而在大阵最前列率众正面迎敌，指挥步兵以长枪强弓瓦解金军铁骑的反复冲锋；时而率领精锐部众直贯对阵敌军的指挥所在，斩将夺马；时而快速穿插到战阵其他方向的薄弱处，打掉试图迂回到宋军侧面寻找宋军阵型漏洞的游骑。还没完全渡过长江、更来不及集结大阵的金军没想到会遭遇如此迅猛凶狠的阻击，一时一片混乱，不少还在渡江的船只犹疑着不敢靠岸，已经上岸的金军看到身边战况的激烈和渐渐变成淡红色的江水，也不禁军心摇动，动了后撤的念头。当然也有不少悍将很快看出岳飞才是眼前宋军的真正组织者和攻势源头，摩拳擦掌试图一举解决掉这个最大威胁，奈何无论是远程对射还是骑马交兵，都不是岳飞的对手，倒有不少人在岳飞手下送了性命。侥幸能逃得性命回归本军的，或者指挥着手下拼死拼活才守住自己阵脚没被冲垮的，也从此记住了对手旗号上的"岳"字，和这个骑射枪法都冠绝众人、险些把大金王师赶回长江对岸的青年宋军军官。金军此战负责前沿指挥的大将之一、汉儿名将王伯龙，就是其中之一，以至于若干年后还念念不忘马家渡这一战，动辄就要对人讲说一番，炫耀自己当年曾经击败过大金最可怕的敌人：

> 取庐州、和州，伯龙之功多。军渡采石，击败岳飞、刘立、路尚等兵。[247]

但其实王伯龙传记中的这一记载，多少有点不厚道。因为如果真是完全的正面比拼，那么王伯龙是无法击败岳飞的。至少截至建炎三年十一月二十日的日暮黄昏，江淮宣抚司宋军与金军交锋已达十几个回合时，胜利的天平还无法看出倾向哪一方，甚至非要认真度量的话，倒是宋军赢面更大一些。因为之前的宋军面对金军时大多是一触即溃，即使获胜，也往往需要借助其他条件，如城防、地形等，战术也通常是设伏、奇袭，而绝少有正面迎击还能不落下风的战例。但这一次，有赖于岳飞精妙的战场感觉和无敌神勇，也有赖于陈淬对岳飞的信任，宋军竟然正面扛住了金军的十几次冲锋还仍有战力，这对金军的冲击是很大的。好比体育比赛中，一旦进入僵持阶段，事先认定自己能够轻松取胜的一方会更容易焦躁，进而出现失误或者心理问题。所以如果局面继续胶着下去，还真不好说鹿死谁手。

但就在以岳飞为首的宋军将士"战方酣"之际，位于大阵后方的王燮居然掉了链子。王燮一军本是作为宋军预备队使用的[248]，陈淬还指望着如此安排，能多少减轻王燮的畏战心理——最难熬、最容易挂的时候不用你，让岳飞去；要分胜负而且是我军要赢的时候，才请你出马，你总不会尿了吧？

谁知战局进入相持阶段，马上要轮到王燮上场时，他大概是围观时被反复无止的血腥厮杀吓破了胆，居然没作任何提前告知和示警，就突然领着自己的一万人马撤出大阵，掉头跑了！

两军相持不下的时刻，正是投入预备队的窗口期，谁能找准时机和攻击点再投下一波生力军，哪怕仅仅是几百、几千人的力量，都可能成为最终赢家。结果宋军这边可好，预备队还没上就自己先把自己吓死了，总体兵力也陡然减少了三分之一，就是神仙下凡也再难挽救局面。

眼看王燮部的旗帜背阵而去，本来就在苦苦支持的宋军其他将领也再难坚持，一直提着的一口气一泄，败的败，撤的撤，阵型瞬间瓦解，只能任凭金军骑兵横冲直撞，肆意踩践了。

一度以为自己能力挽狂澜的岳飞更是差点被王燮气得吐血。实话实说，从军以来，他遇到的战场危机也好，遭遇的上级坑蒙拐骗瞎指挥也罢，都已经数不胜数了，但因为友军卖阵而失去即将到手的胜利，还真是破天荒头一回。更可气的是，他明明早知道这人靠不住，却还是没得挑也没得选，只能眼睁睁看着一直的隐忧变成天降巨石把全军将士砸在坑里，眼睁睁看着近在眼前的大好转机变成惨败，这比力战不敌还要憋屈一万倍。

血撞顶梁的一瞬间，岳飞真有种冲动：干脆拼死在这算了。不然就算逃出生天，也得活活憋屈死。然而就在他跃马挺枪，打算再找一队金军发起冲击时，他忽然于乱军丛中，一眼瞥见了依然在宋军中军驻扎处高高挺立的陈淬的帅旗，于是陡然冷静下来。

陈都统制还在战场，没有跟随乱军败走。那他至少得先把陈淬救出去，才能想其他有的没的。此次大败后，再想指望杜充抗敌恐怕会更加艰难。而如果陈淬这员老将能死里逃生，那么凭借他的威望、资历和经验，重整防务的机会或许还有一些。

然而岳飞终究还是迟了一步：宋军因王燮卖阵溃败后，身为主帅的陈淬的情绪也受到了严重冲击。这位哲宗朝时因科举不第而投笔西游、从戎西军的老将，自宣和伐辽以来一直没有离开过抗敌前线，屡挫屡起，历尽艰险，全家人除了次子、侄子和一个女婿之外，已经先后或殉难或战死，但换来的却是一次次打击和宋军防线的不断南撤。如今跟随杜充撤到江南，关键的大战又遭遇如此窝火的惨败，使他大受刺激，深感"义无再辱"，于是指挥身边以侄儿陈仲敏为首的亲兵死战不退，一直战斗到势穷力竭、身受重伤，被金军团团围住之后，仍挣扎着"据胡床大骂，刃交于胸而色不动"[249]。等岳飞千辛万苦突破金军重围杀到陈淬的帅旗下，却只来得及手刃杀害陈淬的金兵，抢回他的遗体了[250]。

眼见自去年以来几次作战都与自己合作愉快、对自己信任爱护有加的上级壮烈战死，岳飞被深深刺痛了，但也彻底清醒了：大仇未报，徒死无益。为国家百姓计、为将来计，他现在最需要做的，是尽可能让更多的将士在逆境中活下来，等候反攻的时机，而不是意气用事一死了之。

但展眼四望，战场上已经只剩岳飞一部宋军，不但没有后援，连粮草辎重都已经被其他先行撤退的人马悉数带走，想要设法在附近驻扎休整，伺机再战，显然是不可能了，只能先撤回建康府。好在一场大战后，现在已是傍晚时分，斜阳已经隐没在地平线后，如血的江水和天空逐渐没入黑暗，岳飞连忙抓住金军也筋疲力尽接近崩溃的空当，挥动令旗，召集本部人马前来集合，而后布置好前队后队的次序，自己亲自断后，指挥着部下且战且走，终于借着夜色掩护，将全军顺利带出了战场[251]。

二十一日一早，岳飞率领全军经过一夜急行军后，回到了建康府。但他没有入城去杜充处汇报军情，而是径直率领部下以及全军家眷，上了建康府城东北的钟山[252]驻扎。因为他探听到建康府城中已经一片混乱，并且很快从多个消息渠道确认了几条尤其糟糕的情报：

一是王燮这个坑货没敢回建康府，已经带着人马又跑到别处去躲着了，据说很可能是要去江西避敌。

二是很多江淮宣抚司军的将领，在溃败后也迟迟未归，甚至有人复叛为寇，重新当了兵匪，如前军主将戚方。许多还没有上战场的部队也被戚方带得人心惶惶，开小差、擅自拔营出走的情况比比皆是，杜充能控制的军队已经不多。

三是驻守在镇江的韩世忠，早在得知金军已经逼近长江北岸时，就"悉所储之资尽装海舶，焚其城郭"，一旦获知马家渡的败报，可能马上就会全军登舟撤退，所以没法指望他的援手了。

四是杜充也已经得知了马家渡宋军惨败的消息，现在正在与心腹筹划出城北逃。

以上这些消息，岳飞其实并没觉得很意外，大部分在战前推演时就想到了。唯独杜充的动向，令他起了警惕之心：

以杜充的职位和身份，就算是建康府即将失守，他也应该南下去投奔朝廷中枢所在，往北去干什么？

而且就算杜充北上是想重新组织抗敌战线，以其之前的所作所为，积累下的民怨和军怨，也很难再有所作为。因为无论韩世忠、刘光世，还是江淮宣抚司军的其他将士，基本没什么人会信任他。能不落井下石、趁势诿过，就已经算是厚道了。而既然不能有所作为、逆风翻盘，那么江防失守、致使金军挺进东南重地这一重大政治责任，就只能由杜充来背负。始终不待见、不信任杜充的赵构，在追究责任时是不会给他留情面的。

总之，综合种种消息，岳飞果断判定：杜充已经是条要沉的船，而且还是条心有不甘、倾覆前仍然想努力挣扎几下的破船，比一般的将沉之船更危险。其实如果杜充此时选择老老实实南下找朝廷请罪，那岳飞没准还会再跟他一阵，毕竟岳飞的下一步计划也是打算南下找朝廷。但偏偏杜充又不肯，这说明他到此时仍有所图，也意味着他未来的每一个行动，都会有极高的不确定性和极大的风险，不定什么时候就会连着身边的人一起炸掉。

所以，是时候和这个烂人分道扬镳了。同时，由于城中军心、民心都已经乱成了一锅粥，本军和家眷必须得换个相对安全的地方驻扎休整，还要随时准备离开这里长途行军。因此地地广林密也有水源，还有能够下瞰南京城的钟山，就是最好的选择。

然而由于岳飞在军中的声望，跟随他一起上山的，不止其本部人马和家眷，还有江淮宣抚司军的其他将领及麾下人马。更要命的是，这连带家属在内的几万人可不都是老实人，很多人心里都打着学习戚方，自己拉着人马出去单干的小算盘。而当土匪这件事情，人数多点总是好，所以一时之间，钟山军营内几乎到处都有人在密谋私语，仿佛无数道致命的岩浆在地下越流越急，随时都可能涌出地表取人性命。

二十二日，这种情绪又因为杜充的新一项乖张行径，更加严重了。这一日，杜充终于率众出了衙，想要径直出城，北上真州。谁知没走多远，就发现逃难的军民挤满了街道、堵住了城门，杜充的队伍根本走不动。无奈之下，杜充只能让随从表明自己的身份，并对民众宣言此时出城是"相公欲迎敌金人耳"，请大家让个道。

谁知积怨已久的建康府百姓当场爆发：你现在要去抗敌？那"我亦往迎敌！"还是你给我们让道吧！还有些人更为激愤，直接高呼："杜相公枉杀几许人？及其警急，乃欲先遁！"[253]

群情汹汹之下，杜充生怕像宋金开战后的许多倒霉大臣一样，成为百姓悲愤情绪的发泄口，丢了性命，只好原路返回。但他想出城北逃的消息却无法再隐瞒，迅速在城中传开了，也传到了钟山驻军的耳中。

建康府注定失守的巨大灾难和上位者的无耻无能，是蛊惑人抛弃道德与秩序的最佳号召。于是意图为盗为寇的将领和士兵越发摩拳擦掌、跃跃欲试，眼看就要压不住了；而无意如此的其他将士，则陷入了不安和迷茫之中，出奇的沉默。两种截然相反的情绪互相试探也互相催化，仿佛连空气都随时可能迸出火星来。

千钧一发之际，岳飞没有因为瞧不起心怀不轨之徒，就无视将士中间普遍存在的不满情绪，也没有立即动用军法和暴力手段去压制那些人，而是将诸军将士集合到一个山坡下的空地，然后纵身跃上一块山岩，当着众人的面，开诚布公地说出了自己的想法和决定：

> 我辈荷国厚恩，当以忠义报国，立功名，书竹帛，死且不朽。若降而为虏，溃而为盗，偷生苟活，身死名灭，岂计之得耶！建康，江左形胜之地，使胡虏盗据，何以立国！今日之事，有死无二，辄出此门者斩！

——岳珂在《鄂王行实编年》中记载的这番演讲，大概只是一个经过润色后的节略，但仍能看出岳飞对士兵宣讲道理的层次与逻辑：国难当头，之所以应该继续维系对大宋的忠诚，而不是去当土匪甚至投降金军，是因为当土匪降金军只能快活轻松一时，此后却要面对漫长的现实歧视、良心谴责和进退两难，得不偿失；不如秉承报国保民的志向，做一番事业，不但能够封妻荫子，满足自我实现的要求，而且一旦被写在历史书上，就有了超越生理寿命限制、获得不朽荣光的机会。此外，从历史上看，建康府作为江东重镇，是一切南方政权能够在东南地区立足的基础，倘若失守，就等于失去了长江下游的防御枢纽，根本无法生存下去。而以金军眼下的蛮横和凶残，要是大宋真的亡了国，那大家就都成了亡国奴，就是当了土匪或者投降了金军，也只会被金人任意欺凌压榨，别想再过安生日子了。所以即使只为自家身家性命计，也应该从现在开始积攒力量，随时准备在将来的某一天，为国家夺回可能注定要失守一阵的建康府。

不长的一段话，有为士兵设身处地的考虑；有直截了当、同时也扎实靠谱的利益分析；有远期目标和激励机制；甚至还有渊博的知识，和一点恰到好处的英雄情结；当然，最后也没忘了严厉而有分寸的威慑、实打实的军法约束。不由将士们不信服，不重新掂量一下自己的小算盘。

注意到士兵们的神色正渐渐变得认真、专注、若有所思，很多人还情不自禁哭了出来，岳飞知道，他讲的这番道理，大部分人是听进去了。欣慰和感慨之下，岳飞不由讲得更加动情，当说到总有一日要为国家夺回建康府时，他禁不住热血上涌，一把挽起左手衣袖，拔剑在手掌上划了一道不短的口子，当着众人的面歃血为誓：

凡不为红头巾者，随我！ [254]

殷红的鲜血顺着岳飞举起的拳头和臂膀蜿蜒流下，很多人都能看得见。即使看不见，岳飞恳切但又严肃的声音，也足以让他们明白，这个青年刚刚说的每一个字都是认真的。这让大部分人感动、惭愧，同时也让一小部分人畏惧。他们知道自己眼下其实并无第二条道路可选，之前的相处经验和军中见闻让他们绝不敢去挑战岳飞的执法严厉度和战斗力。于是众人纷纷跟着岳飞刺血立誓，表示愿意追随岳飞的声浪一浪高过一浪。

当看到刘经、傅庆、扈成，这些今年秋天才投入江淮宣抚司效力、和自己差不多是平级的将领，也或叉手行礼，或微微点头，向自己表达赞许、支持和愿同行南下之意时，岳飞终于暗中松了一口气，眼中陡然爆发的光芒和着泪光闪闪烁烁，亮过了周遭军士手中擎着的、在寒风中噼啪作响的松明火把。但很快，他又微微拧起了眉头，几不可察地轻叹了一声：

这次哗变的危机算是度过去了，自己的队伍也算是拉了起来，并且暂时拢住了，但以后呢？先不说收复建康，更不提报国立功、名书竹帛，他能带着这几万人活下来吗？就算活下来，他那些自己都觉得过于理想主义的治军理念，在这个毫无疑问马上就要成为人间地狱的江南，在这个国脉微如缕的时局里，在这么一帮看尽了人间几乎一切阴暗面的凶兵悍将中，能执行到哪一步？

沉沉夜色中，前方仍然是无尽的未知。唯一能确定的，只是接下来的每一步，都必然充满了足以瞬间让玩家毙命下线的风险。

## 3 至暗时刻，要有光

建炎三年十一月二十二日深夜，岳飞用一场军前演讲拢住了军心后，立即命令部下收拾辎重，带上家眷，连夜拔营起发，下钟山越府城，前往建康府东南百余里的茅山暂驻。

在岳飞看来，凭自己和扈成、刘经、傅庆手上加起来还不到一万的兵力[255]，至多再加上杜充的两千多名亲兵，就想和兀术统领的近十万金军对峙，是不可能的。

而且受地理条件所限，建康府的主要作用在于控扼长江江防，以及作为北上淮南、南下江南的"跳板"，总之更利于进攻，而不利于防御，所以一旦敌军突破长江江面，建康府就不再有多少军事价值了[256]。比如，现在已经成功渡江的金东路军，甚至可以绕过建康府不打，直接取道太湖西岸丘陵间的陆路孔道，或者太湖东岸的运河水路，直扑如今正在越州驻跸的南宋小朝廷。

所以岳飞认为建康府确已不足守，不如进入位于太湖东、西两岸交通线汇合点上的茅山暂驻，待明确金军的南下路线后，或者尾随金军，边游击袭扰，边设法前往中央朝廷驻跸地；或者乘金军后方空虚之际，收复建康，断其归路，方是江淮宣抚司这几支散兵的生存之道和用武之地。

但认为建康府不足守，不等于就要继续追随抱有同样观点的杜充。因为岳飞不仅不信任杜充的能力，还深深怀疑，杜充此时不南下寻找朝廷，反欲北上，是在做两手打算。

眼下正是敌强我弱之际，宋军又连战连败、溃不成军，投降金军的高官实在太多了；同时由于金国直到现在仍没建立起足够成熟的官僚体系，无力统治新占的广袤土地和繁盛人口，投降后被重用的宋朝降官也着实不少。譬如去年此时，在金军由山东攻略淮南时，投降金军的济南府（今山东省济南市）知府、进士出身的文臣刘豫，现在就当着东平府（今山东省东平县）知府兼节制黄河以南全部被金国所占州县，几乎拥有了四分之一大宋故疆的统治权，颇为风光。当然，杜充这种宰执级别的重臣，按说不该和刘豫这种贪婪粗鄙的人一样[257]，眼皮浅见识短，金人稍微给点甜头就卖命做事。但岳飞认为杜充的弱点在于他的过度自私，和已经到了自恋程度的自负。这种受不得一点委屈和自身利益损失的人，若真在本国落到走投无路、千夫所指的境地，是不可能宁为罪臣远斥荒蛮，忍受朝野上下的斥责甚至迫害，还要坚守大义的。

总之，建康府已不可留，和杜充也要尽快切割，越干脆越好。拖得越晚，军心再次生乱的可能性就越大，这几支散兵的处境也就越危险。正是抱定了这个判断，岳飞才决心连夜率军起发，奔赴茅山。

岳飞的果断决定，也得到了扈成、刘经和傅庆的支持和响应。四支人马连带上家属将近两万多人，走了三五天后，终于到达了茅山。身为道教名山的茅山山不在高，最高峰不过三百七十五米，但胜在占地颇广，位置冲要。兀术率领的金东路军，无论是要沿广德军—安吉县（今浙江省安吉县）的太湖西岸陆路南下，还是要沿着常州—苏州—秀州（今浙江省嘉兴市）的太湖东岸运河水路南下，都必然要经过茅山周边。岳飞正是看中了这一点，才选中了这里做南下途中第一个落脚点。

为了及时侦查金军动向，提高警戒防御的安全系数，岳飞主动率军驻扎在了茅山三观中位于山脚的下观，而安排扈成驻扎在中观、刘经驻扎在上观。至于在军中以悍勇绝伦著称的傅庆，本来就对岳飞的武艺才略钦敬有加，此时看到岳飞又一次主动承担风险最高的任务，越发感佩，干脆主动将人马并入了岳飞部，甘心当岳飞手下一名部将，一起担任这支宋军的外围防护。

刚刚安营布防完毕，岳飞派出的探马便带回了两个让诸将擦了一把冷汗的消息：一是二十三日，也就是岳飞等人刚离开建康城南下之际，杜充便再次带着两千名亲兵出城北逃，如今人已经在长江对岸的真州了；二是金军已经于二十七日兵临建康府城下，知州陈光邦当即归降，兀术几乎是兵不血刃地占领了建康城。

也就是说，即使只晚走一天，这几支散兵的命运都很难预料。就算已经离开了建康府地界，如果离金军距离过近，也可能被记着马家渡阻击之仇的兀术派兵追击。岳飞部以骑兵为主，倒还有一线生机；而以步兵为主的扈成、刘经、傅庆三部人马，一旦在无遮无挡的平原被数倍于己的金军骑兵追上，就是有死无生了。

惊魂甫定之余，扈成、刘经、傅庆以及各部将士都更加钦佩岳飞的先见之明，尤其是刘经，从这一刻开始，认定了跟着岳飞才能在眼前的乱局中挣出一条活路，从此也对岳飞言听计从。于是在四名统制官中年纪最轻的岳飞，此时反而说话最有分量，成了四支人马实际上的主帅。

但乱世中的一军主帅，并不是在战场上战无不胜、料事如神就可以了。岳飞等人率军进入茅山时已经是农历十一月底十二月初，也就是公历的1月上旬，正是一年中最寒冷的时节。偏偏这一年的江南地区降水又颇多，湿寒更甚往年。这让基本是北方人、连岳飞在内都是头一次在江南过冬的宋军将士和随军家属们十分不适应，起冻疮的起冻疮，睡不好的睡不好，不少在马家渡之战中负了伤的士兵恢复缓慢，家眷中一些身体较虚弱的老弱妇幼也纷纷病倒，非战斗减员增加不少，全军士气也大受影响。此外，岳飞等人出发匆忙，随军携带的粮草辎重有限，冬季的山林又难以找到食物，所以军中粮草很快捉襟见肘，两万多张嘴吃什么就成了头号问题，只能尽量节衣缩食，数米下锅，不求吃饱，饿不死人就行。如此没过几天，很多士兵受不住冻饿和焦虑的多重折磨，便开始结伙下山，到周边村镇中抢粮抢物资了。

掳掠百姓，这是岳飞自己带兵时绝难容忍的行为。因此刚一发现这个现象，他便斥责惩罚了几个为首的士兵，加强了岗哨和警戒，同时也知会了扈成和刘经，明言若再有如此行径，将严惩不贷[258]。但考虑到刘经、扈成的部队不同于傅庆部，目前还维持着独立地位，两人仍然是自己平级的同事，岳飞还是留了些情面。因为三部人马尚未完全整合为一军，也还没来得及统一纪律、号令，如果立即一丝不苟地严行本部军法，一则容易触发矛盾，甚至引起内部火并；二则也有不考虑士兵实际困难、不教而诛的嫌疑。

再有，不管怎么样，饭是不能不吃的。如果过两天彻底断了粮，自己就算狠下心来大开杀戒，也无济于事。可如果放任这样的行为，那就和占山为王的土匪、四处劫掠的流寇没有区别了，独立成军的意义何在？

忧心如焚中，岳飞再次想起了两年前的太行山游击岁月：一支孤军如果想快速解决吃饭问题又不想侵害百姓，只能因粮于敌；想保持队伍团结、树立权威，也得靠不断与敌接战来实现。而且，让士兵在安全感和荣誉感上获得了满足，再对他们提出军法军纪上的严格要求，士兵们也会更容易接受。当然，要做到这些都有个大前提：你敢主动找敌人干架，而且能打赢。

恰在此时，岳飞派出的"硬探"来报，金军前锋已经在兀术亲自统领下，于几天前的十二月七日、八日，连克广德军和湖州安吉县，直奔临安府、越州而去了。看来，这位金国的四太子还是选了太湖西岸的陆路行军，也显示出他此次深入江南，誓要生擒赵构、彻底灭亡宋朝的意图何等坚决——若走太湖东岸水路，行军速度会比走陆路慢得多。

这正是岳飞渴求已久的战机。他当即向刘经和扈成建议：全军立即离开茅山，循广德军—安吉县这一金军进军路线南下，跟踪尾袭兀术部金军，用战斗缴获解决军粮问题。同时依托浙西山地的掩护，且战且行，争取尽快到达朝廷驻跸地越州。那时一来可以直接秉命于朝廷，部队的身份归属、钱粮物资都将有长远保证；二来可以联合张俊、辛企宗所率的御前军马，给金军更大的打击。

刘经和扈成都表示同意。但岳飞敏锐地察觉到，扈成不光答应得比刘经慢，眼神中也有犹豫和不爽。于是他又特意宣布：明日出发时，由自己所部人马为前队，以刘经部为中队，以扈成部为后队。

——这样的出发次序，又无岳飞自己的亲信殿后监督，是给足了刘经和扈成信任。所以两人都颇为感动，扈成眼中的犹疑也一时消失了。


第二天一早，茅山驻扎的这支宋军按岳飞的布置，依次起发南下。然而岳飞率部先行后，派出轻骑巡视全军行军情况，却只见刘经部，不见扈成部。再一打听，原来扈成待岳飞、刘经两部人马行尽后，便带领手下将士背道而驰，径自往茅山东北的镇江府金坛县而去了。

确认了这个消息后，岳飞不禁苦笑了一下：扈成的举动，其实在他预料之中。因为早在岳飞提出全军游击南下、投奔行在的建议前，扈成就对岳飞和刘经提过好几次：金军侵占建康府后，没有继续向东攻略被韩世忠部放弃的镇江府，镇江府现在还在宋军残部手中。所以当昨日扈成对岳飞的提议流露出不满，岳飞便猜到，扈成还是更想去金军后方的镇江附近避敌，弄不好想拆伙单干了。但岳飞认为扈成的兵力也不算特别雄厚，如果执意要分军，自己也没有必要为了留下这点人就用强动粗，倒不如给扈成一个自己选择的机会。这就是为什么昨日岳飞故意让扈成作后队，自己也没有率军殿后监督的原因。

现在扈成做出了选择。岳飞虽然还是难免有些失望，但仍然觉得，这也不失为一种淘汰机制：剔除了这部分心志不坚的人，队伍其实会更好管理。

但现实很快就让岳飞为这次大度交了一点学费。当岳飞部和刘经部冒着江南的寒风冷雨，行军五六日，到达广德军西南的山区时，岳飞发现，军队又有些带不动了。

首先，扈成不告而别造成的负面影响，远比岳飞想象得要严重：不少士兵都对扈成的选择流露出了羡慕之意，觉得比起去镇江逍遥的扈成部将士，自己未免有点傻，也有点倒霉；同时这事也让很多士兵认为，岳飞的管理手段，并没有他们想象得那么严厉，至少在去留问题上，看起来还挺好说话的。

其次，在从茅山到广德军的途中，全军上下不断接到宋金两军的最新战报，几乎每一份都让人绝望：

在江西，从十月底金中路军自黄州渡江到现在，不到两个月的时间，金军已经先后攻陷了洪州（今江西省南昌市）、袁州（今江西省宜春市）、抚州（今江西省抚州市）、吉州（今江西省吉安市），将隆祐太后、六宫妃嫔和从行的百官、宗室，逼到了僻处赣南的虔州（今江西省赣州市）。洪州、袁州、抚州的守臣全都投降了金军，其中也包括靖康之难中，因所谓"上书存赵"[259]而被金军俘虏北上的御史中丞秦桧的岳父，北宋神宗朝宰相王珪之子、抚州知州王仲山。

负责护卫隆祐太后的节度使级大将杨惟中，全军万余人在被金军追击过程中溃散殆尽，不少部将都领着麾下人马当了土匪。

而早在十月就被赵构命令从太平州前往江州（今江西省九江市），以保护正在江西的隆祐太后等后宫眷属的刘光世，先是在江州日日饮酒作乐，连金军自黄州渡江都未察觉，直到派部将迎敌前，还以为渡江的是哪支流寇。之后则一味逃遁避敌，即使被跟从隆祐太后的官员质问："观村人之强壮者，尚敢与之（指金军）敌，其间胜负参半。岂有国家素练之兵，反不如村人之强壮者？"[260]也依然无动于衷。文官武将皆怕死，士气正盛的金军便越发肆无忌惮，很快就对江南西路的首府洪州进行了屠城抢掠放火的"三光政策"。

在江东，金东路军在自建康府南下杭州的途中，从建康府南的溧水县，再到刚刚攻克的广德军、安吉县，同样是"皆焚烧杀戮而去""焚烧罄尽""入县纵火，悉为灰埃"[261]，而且现在又攻陷了杭州、越州，马上就要继续南下明州（今浙江省宁波市）了。

当然，说到明州，就要说到对全军打击最大的一个噩耗——由于战乱期间消息难通，直到行军到广德军附近，岳飞等人才知道，他们头脑中"越州行在"这个认知，早已又过时了。当今天子的驻跸之地，已经于月初从越州进一步南迁到了明州。但金军攻势如此锐利，明州显然也待不住，所以早在上月月底，官家就与宰相吕颐浩，以及在杜充战败后顶替杜充为宰相的新任右相范宗尹，定下了航海避敌之策，这会儿可能已经乘船下海，在明州或者比明州更南的哪片海面上漂着了。

自盘古开天以来，似乎还没听说过，哪朝哪代曾有皇帝被敌人逼到下海逃难的地步；也从没听说过来自北方的外族军队，居然能一口气深入华夏文明的江南腹地。无论是先秦、两汉时期的匈奴，还是魏晋时期的"五胡"、隋唐时期的突厥，抑或唐朝安史之乱后几次攻入长安逼得数代唐天子迁播流离的吐蕃、回鹘，就算是崛起于唐朝后期，一度全取燕云十六州、能够废立中原天子的大宋宿敌契丹，兵势最盛时也不过是饮马黄河之南，谁敢想象打过长江？

况且敌军开挂就算了，朝廷也没个朝廷的样子。转进速度如此匪夷所思，他们这样的散兵小部队怎么追得上？就算硬着头皮继续追，有朝一日真追上了又能干吗？新官家从应天府登基，到如今也就在位两年半，国家已经从河北、山东、中原大部分州县和东京故都仍在掌握的状态，堕落到了连江南、江西都被人家杀得遍地流血，再跟下去保下去，怕不是要一起下海喂鱼……

总而言之，大部分士兵到这会儿都觉得，大宋这下大概真的要完了。于是队伍行军的速度越来越慢，无论将官们如何督促、惩戒都无济于事。晚上宿营时，开小差的人渐渐增多，流言和密谋也再次在军营中兴盛起来。不过，有赖于岳飞的威名，也有赖于这支队伍到此时仍然竭力维持着的严整军容，行军途中，也不断有流落在附近的其他各部宋军溃兵前来投奔，人数林林总总，竟有五六千人之多。但当他们面见岳飞时，提出的归顺条件或者说期望，却让岳飞震惊又唏嘘。

这些溃兵都希望岳飞来做他们的主帅，但不希望岳飞率领他们继续抗敌或者南下寻找朝廷，而是希望岳飞能带着大家投降金军。——投降也是个技术活，人多一点、声势壮一点，再有个心眼活泛脑子够用、又对部下士兵好的靠谱主将当头做主，才能避免投过去以后被人家化整为零搓圆捏扁，随意欺凌使唤。

更让岳飞头大的是，他自己手下和刘经麾下的将士，也有人提出了同样的要求。个别有东京留守司经历的老兵，甚至举出了他们最新的见闻，试图说服岳飞：岳统制可还记得东京留守司的王善？他在上月月初也投了北边，听说如今高官得做骏马得骑，再也不用四下流窜朝不保夕，好不快活！

言外之意，王善是岳飞手下败将，尚能如此，何况岳飞？能不能带着手下兄弟化危为机，顺势而为博取功名富贵，就在岳飞一念之间了。


看到这些从北方流离到江南、饱受挫折和打击的军汉们，连这样的打算都和盘托给自己，岳飞好气又好笑，同时心里清楚：这固然是对自己的信任，但也是示威和要挟。

——军心人情浮动如此，如果处理不慎，要么背离初心，助纣为虐；要么激起哗变，自己、家人和很多将士的性命都难保。所以不能不用强，但也要用得巧而得当，而且不能有任何失误。

与几个军中好友、亲信部将筹划一番后，岳飞找来曾向自己提过类似建议的本部军官和新投奔溃兵头目，向他们表示：我反复考虑了很久，现在想通了。大家说得对，我也觉得大宋这回是真要完了，赶紧投降金军才是正途。但是既然要全军投拜，就得有个大军的样子，编制、人员、号令都得清清楚楚整整齐齐，才能让金人另眼相看多加优待。所以现在需要大家把自己手下赞同此事的人，或者曾经一块商量过此事、但是没明确表态的人，以及没提过这事但是应该能指挥得动的人，一起统计一下，造个详细的名册和名单给我。我知道有哪些人靠得住用得上，才好安排后面的计划。不然万一我手下有哪个勇将悍卒不肯投拜金人，猝然发难，岂不坏了自家弟兄们取泼天富贵的大计！

说这番话时，岳飞没浪费自己的表演天赋，先是双眉紧锁，神色郁郁，眼里也说着说着又涌上了泪水，一副痛心疾首，但是深思熟虑后终于大彻大悟不得不尔的样子。然后又若有所思，语气郑重，恨不得掰着指头跟众人分析如何才能把投降这事儿干得滴水不漏，说得一帮武夫深信不疑，有的甚至还有点愧疚，觉得自己是不是把这个素有忠勇纯正之名的年轻人逼得太狠了……于是登记了有投金意向之人的名册，很快一本本递到了岳飞手中。当然，岳飞自己也没闲着，早就派了心腹暗中侦查、清点本军近来透露过类似意图的士兵和将领，打听新来投奔溃兵的底细。两下里的调查统计结果一对，发现报上来的人数和自己掌握的情况差不多之后，岳飞突然下令：全军现在立即、马上在山中一处空地集合，自己有重要决定要宣布。

递了名册的军官和新投拜溃兵头目，以为这就要收拾收拾投奔金军了，不敢拖延，匆匆集合了人马前来会合，但到了地方，却都倒吸了一口冷气：岳飞和手下几员亲信将领披挂重甲端坐马上，麾下亲兵也都个个全副武装、如临大敌，似乎不太像要去投降金军的样子……

还没等众人回过神来，岳飞已经拿出他们之前递交的名册，按名册叫了几个名单上的人出列，当面说破了这些人的心事：

——某某某，听说你有意投降金军？我看你这模样气势，应该是从军数年身经百战的好汉了，为何今日要做这种辱没爹娘祖宗的事？

——某某，我还记得你在东京留守司，是和金军对面厮杀过的，如今居然动了投降金军的念头，是贪生怕死了，还是觉得金人是天兵天将怎么也打不赢了？对得起你死在两军阵前的兄弟吗？

——某某某，我听说你是河北人，算起来也是我的同乡，你不想堂堂正正打回老家去了？投降金军，他们只会赶着你再上战场，不可能放你回家！

……

现代心理学有个很有意思的发现：一个人呼救求助时，向一个或者几个具体的人求助，往往比向着人群泛泛呼救有效得多，因为明确的责任联系，会加重人的责任感和道德压力，缩小推卸、规避的空间。岳飞这里直呼其名的效果也是一样，很多人被点名后都懵了，之前琢磨的投敌理由一条也说不出口，当时就红了脸出了一身汗；同时也没想到岳飞居然对他们的底细了如指掌，心里一哆嗦，气势上就先输了。

当然，也有几个头目见势头不对，依然不服，公然对着岳飞喊叫：眼下这个情况，难道岳统制以为宋军还有胜算？我们今日打定主意要投北面，谁也别想拦住！说话时还拔剑挥枪，看样子马上就要暴起作乱了。

岳飞冷笑一声，对左右几员心腹将领使了个眼色，而后突然一起催动战马，直扑这些人的所在方位，挥锏的挥锏，抢枪的抢枪，各展神通，还没等大多数人反应过来，就将几个喊得最凶的大头目和亲随兵尽数打翻在地。之后几个人仍然不回中军旗号所在，而是继续在阵列中纵马逡巡，一面疾驰一面厉声呼喝：哪个还不服？只管上来招呼！赢了岳统制便是一军主帅，全军听凭你指挥！

其他军官明白，这是比武挑战的意思。于是真有胆大心雄的上前应战，但基本还没冲到岳飞面前，就已被岳飞左右部将击败；偶尔有一两个侥幸能与岳飞过招，也至多撑一个回合就被击落马下；还有几个想在远处放暗箭下黑手的，也被岳飞眼疾手快，左右开弓，一箭一个结果了性命。不过一炷香的功夫，地上已经躺了足有几十个人，告饶呻吟声不绝，应战是没人敢了，只剩下几个之前串联密谋最起劲，但城府心计又深、刚刚一直没出头的头领，坐在马上脸色忽红忽白，眼神闪烁，却又畏畏缩缩不敢再向前一步。

岳飞冷眼看得真切，又从箭壶中抽了一支箭搭上弓弦，一转身瞄准了剩下的这几个人，"抵弓矢，大骂曰：'朝廷不负尔曹，尔以数万众，不能斩一岳飞，即能死我，乃为贼！'"[262]

本来就两腿发软越想越怕的一干人，被岳飞这么一瞄一骂，彻底死了心破了胆，纷纷扔掉兵器跪伏于地，表示再不敢有叛降之心；而其他原无叛逃之意的军兵，目睹了自家主将的八面威风，又是惊喜又是骄傲，也忍不住跟着罗拜欢呼起来。

看到众望已归，军心复稳，岳飞神色由厉转温，亲自搀起了几个下拜的溃兵和先前被打倒在地的头领，策马回到中军旗帜下，对众人好言抚慰，但同时也再次申明了自己带兵的原则：

> 以尔等之众且强，为朝廷立奇功，取中原，身受上赏，乃还故乡，岂非荣耶！必能湔涤旧念，乃可相附！其或不听，宁先杀我，我决不能从汝曹叛！[263]

设身处地、既往不咎到这个份儿上，再没有人好意思有异议。不少士兵还在愧悔内疚之下，失声痛哭了起来。不知谁带了个头，新来投拜的溃兵和岳飞、刘经部下的原从士兵，一起振臂高呼起来：

> 惟统制命！

又一场哗变就此被化解，岳飞趁热打铁，按照之前收集到的名单，将新接纳的溃兵，和麾下除刘经部之外的原从将士统一整编，曾经有过叛降金军意图的官兵，都被拆散原有部伍，编入了岳飞亲信将领麾下。整编后一清点人数，岳飞手下这支人马，加上刘经部的一千多人，已经达到万人之数，是一支相当可观的武装力量了。

刚整合完的部队，按说还要继续磨合一阵，但岳飞认定了非常之时必须以非常规手段应对，直接领着这支新军到战场上磨合了。

兀术攻克广德军后，为保障后方安全和来日金军北归的通道，在这个交通要道上的重镇，留了规模不小的一支分兵，总人数可能也接近万人，不过分散在大小不等的军寨中，没有合兵在一处。

岳飞抓住金军布防相对分散这个弱点，和广德军境内多山的地利，频频派出小股部队，轮流至金军各寨前骂阵挑战，待金军出兵应战后，或小战即退，将其引入山谷中预先设好的包围圈，群起而歼之；或正面突袭，速战速决，打完就跑。

此外，早年从军时经常当侦察兵的岳飞，也十分重视岗哨和"硬探"的重要性，不管手头兵力、物资多么紧张，始终保持了硬探骑兵的从优配置，侦查范围也设置得较广，有时还要亲自带兵出巡哨探，因此周遭敌情总能第一时间掌握，即便遇上较大规模的金军分兵突然而至，也能提前设伏，从容应对。如此不到半个月的时间，岳飞一军便在广德军境内六战六捷，俘获颇众，俘虏中除了金军将官，还有四十八名"剃头签军"[264]。

所谓"签军"，是指金国强行征调的汉人士兵，有的来自辽东、燕云等辽国故地，有的则来自刚刚被金国侵占的大宋疆土。这些汉人士兵被征调进入金军军队后，也必须遵循女真风俗，剃头辫发，衣衫左衽，强行改变自己原有的文化习俗和生活习惯；但在待遇和地位上，却又并不能就此与女真人平起平坐，甚至也不如渤海和契丹族士兵，经济上待遇最差，作战时常常被充作攻坚战等消耗型战斗的"炮灰"，平时还要充当女真贵族将领的仆从、家奴，甚至个别极端情况下，如军粮长期断绝时，还可能会被当作牲畜一般宰杀吃掉[265]。这样赤裸裸的歧视和虐待，令签军士兵对自己的女真、渤海上司们多有不满。对此，岳飞早在东京留守司时，就多有见闻。如今时隔一年多后，再次遇到这些饱受欺压的汉人签军，岳飞打听清楚他们在金军中的境遇并无改善后，便决定继续秉承宗泽的俘虏政策，绝不对这些异族装扮的汉人士兵歧视、侮辱，而是好言抚慰，耐心沟通，不想再打仗的，就发一点钱钞和口粮遣散；愿意加入宋军的，就收编为宋军。

恰好此时，广德军的金军在连吃了几次败仗后，与建炎二年夏季汜水关前的金军一样，祭出龟缩大法，紧闭寨门，任岳飞部如何挑战也坚决不出兵了。岳飞便在新俘获的几名签军头领中，挑选了几个他认为人品忠信可靠，也真心想为大宋效力、洗雪投敌之耻的，令他们佯装脱逃，回到广德军城下的金军大寨中去，而后按计行事，来个里应外合。

这个做法，很多刚归顺岳飞不久的将士都认为太冒险也太轻信于人了，搞不好会偷袭不成反被卖。但岳飞却坚信自己看人的眼光不会错，自信满满地下令全军，只管做好夜袭金军的准备。

事实很快证明，岳飞识人断事的本领，还真是从不失手：入夜之后，被岳飞放回金营的这十来名签军，果然趁金军熟睡之际，放火点着了金军的随军辎重、武器装备，其中还包括数具七梢、九梢砲车。宋代的砲主要还是大型抛石器，七梢、九梢，是指一具砲车用来承载、发射砲石的抛杆数量，数量越多，等级越高。而能有七梢、九梢这样的大型砲车，也足见这支金军的规模和实力都在精锐之列了。

望见金营中火光大起，岳飞立即按约定率部出击，乘乱突入金军大寨中，一面纵兵大杀四方，一面指挥一部分士兵搬运粮草，直到闻报城中和他路金军援军将至，才撤出战斗。

随后清点战果，此战仅将士割取的敌军首级就有将近一千级，已经可以算是当时宋军罕有的大捷[266]。从火中抢出的粮草物资也不在少数，不能说可以完全解决口粮问题，但也足够全军将士和家眷再撑一阵子了。

连续的胜利鼓舞了士气，团结了军心，还激发了内部的"良性竞争"——看到岳飞率部七战七捷，声威大震，一直没有上前线的刘经出于各种原因坐不住了，主动向岳飞要求作战任务。恰好这时岳飞得到情报，紧邻广德军的江宁府溧阳县（今江苏省溧阳市）金军人数不多，守备也相当松弛，便命刘经率领他部下一千人马轻装出发，夜袭溧阳县，顺便也探听一下常州、镇江府、江宁府方向的最新形势如何——溧阳县地处这三府的交界处，与广德军之间隔着一片丘陵山地，因此虽然相距不远，但消息却不十分通畅，所以即使只为勘查形势，也该派人走一趟。刘经也不辱使命，率麾下人马全速疾行，于半夜时分到达溧阳县后，不作休整即发起突袭，还真打了城中金军一个措手不及，一战下来，杀伤俘虏敌军总计五百多人[267]。战果虽不及岳飞广德军一战，但在当时的形势下，也是宋军少见的胜仗了。

刘经率众凯旋，回到岳飞驻军的大本营、位于广德军西南群山中的钟村时，已经是岁末年初。他惊讶地发现，年节之时，这里的村镇竟然像承平时节一样，有不少百姓出来摆摊赶集、交易货物，而且秩序井然，气氛和睦，真有点世外桃源之感。这让刘经颇感意外。岳飞一军屡战屡胜，金军畏威不敢前来骚扰，百姓赖以为安，这是可以想到的；但是他离开前记得很清楚，由于部队规模扩大了一倍还多，他估计从广德军抢来的那批军粮也管不了很长时间，何况他率部出击时还带走了一部分，所以这会儿岳飞部下的将近两万人，恐怕又在饿肚子了。这些百姓这时候出来贩卖货物，不怕被饥寒交迫的士兵们抢个精光吗？

就在刘经困惑之际，恰巧有几个岳飞部下的军士前来采买物资，刘经叫住这几个士兵一问，才知道自己刚刚率部出发，岳飞便集合全军重申了军纪。而其中强调最多的一项内容，就是今后绝对不准再骚扰民间，具体包括：

第一，不得掳掠百姓的钱物粮食，即使军粮断绝的情况下也不行。

第二，不得强征抢夺人口，拉壮丁、抢民女都不行。

第三，不得擅入民家住宿，如果迫不得已借宿，不准毁坏或强占民家器物，离开时还要给借住的人家洒扫庭除、整理床铺。

第四，不得欺行霸市，强买强卖，从老百姓那儿买东西，必须按市价来，少一文钱也不行[268]……

以上诸条，一旦违反，就是死刑，绝无赦免。

如此详细具体的条款，处罚又如此之严，从东京留守司时期甚至更早就开始跟随岳飞的三千多"原从"将士还好，其他数千名新加入的士兵，则不免暗暗叫苦。恰在此时，由于军粮还是紧张，全军上下连家属在内，重新开始了饥一顿饱一顿、凑合饿不死就行的日子，但见识过岳飞比武招降的心机手段，再加上岳飞原从部众总在有意无意地"宣传"岳飞以往执法如何铁面无私、不留情面，还真没人敢去以身试法，看看抢点粮食会不会真的掉脑袋。

而且，更让士兵们没话说的是，他们吃不饱，岳飞也陪着他们一块挨饿，每次开伙都是和军中最低级的士兵坐在一起吃饭，吃的口粮饭菜，也从量到质都没有任何差别。堂堂一军主帅，伙食水平还不如军伍中年资稍长的老兵。而且不是一顿两顿做做样子，而是从口粮紧张开始，顿顿饭都是如此。有些士兵军官实在看不下去，想劝一劝让一让，也根本劝不动。

不仅如此，岳飞还按时自掏腰包，让士兵到市集上采买粮食和肉食，以便维系军粮供应，顺便尽可能地改善一下伙食。

——岳飞的薪水倒是从军以后就没低过。军阶晋升为"大使臣"，又在杜充手下借补了"英州刺史"的贴职之后，工资更是达到了一个月一百贯钱，虽然经常不能按时足数发放，但也是笔相当可观的收入。毕竟当时一个普通人家一个月的生活总开销，也不过十来贯钱而已[269]。何况岳飞立功频频，常有赏赐和其他进项，又向来洁身自好，吃喝嫖赌一样不沾，几乎没有任何额外消费，家人也刚刚接回来没多久，简直是只进不出的攒钱机器。所以饶是他在军中一向乐善好施，也仍然攒下了不少钱。只是如今这钱又补回官中来了，岳飞自己没当事儿，反而是跟久了他的老兵们，知道了之后都有点替领导肉疼。没后台没背景，全凭自己从小兵一阶一阶干起来的中层军官，每文钱都是拿命赚来的，能攒住不容易。而且别的将官都是贪污公家的钱、克扣小兵的钱，双管齐下充实自己的腰包；到自己这位主将这里却好，完全反过来了……

所以，眼下来采买物资的这几个士兵，身上带的就是岳飞刚掏出来的现钱。而亲眼看着主将把日子过成了这样，士兵们也实在没脸再动歪脑筋，或者出言抱怨，反而也相互勉励起来，并且很快就总结出了一句最受好评和欢迎的口号：

**冻杀不拆屋，饿杀不打虏，是我军中人也！**[270]

这句口号，其实是有点自嘲的意思在里头的。因为军粮供应断了就去抢，是当时很多军队的惯常做法，像韩世忠这样位高权重的大将，还常常公然闯进州县官衙强征库府存粮，近乎明抢，地方官们也只能打落牙齿和血吞，不敢有太多异议。所以自己主动提出宁可忍饥挨饿也不准犯抢的纪律要求，在这些辗转南北、见惯了军中积弊的老兵们看来，实在是有点小孩子犯幼稚病的嫌疑。不过，没过多久，岳飞部下的士兵们就发现：当他们真的严格执行主将制订的严苛军纪、即便饿得面有菜色也不敢扰民之后，附近百姓看他们的眼神都不一样了。有时像是进寺庙道观烧香礼拜时看神像的眼神；有时又像是看自家的兄弟子侄；甚至小孩子小姑娘见了他们也不躲不跑，反而要指点几下，赞叹几声，满脸都是赞叹甚至向往。

——这样的目光和议论，是很多士兵之前困顿、艰辛甚至"非主流"的人生中，从未感受过的。如今头一遭体验，只觉得腰杆都陡然直了起来，浑身也简直莫名其妙地多了股劲头，好像饿几顿也没那么难受了。而且，这样的军风军纪下，百姓也不再惧怕军队，反而很乐意和他们做生意，并且卖什么货物都是尽量挑质量好的给，有时还要趁当兵的不注意多塞上一些，所以对士兵的生活水平也有实际改善。

一句话：原来遵守军纪的好处这么多。并不是他们之前想的那样，纯属自己给自己找罪受。

于是自嘲渐渐被自信和自豪所代替，原本近乎调侃的一句话，最终竟成了这支万把人的军队最具辨识度的身份标识之一，并且直到这支队伍成长为十万大军，也始终形影不离，伴随始终。

还有一个标识，自然是主将的姓氏。

被士兵讲得愣愣怔怔、但还是有些难以置信的刘经回到军营后，发现军中的兵员人数似乎又多了一些，并且马上确认，这并不是自己的错觉：岳飞的驻地，现在几乎每天都有偷偷从金军中逃出的汉儿签军前来投奔。当他们千辛万苦来到钟村附近，看到一队队军衣破旧、形容清减，但身姿挺拔、眼神明亮的士兵行过村镇市集，百姓丝毫不惊慌畏惧、反而面带喜色地围观赞叹时，便可以确认，这就是他们从同袍那里听闻已久的，既能打败不可一世的金军，又从不骚扰民间、克扣士兵，还肯优待俘虏、信任降军的"岳爷爷军"，可以放心投拜了。

——"爷爷"是辽宋金时期汉语口语对父亲的又一称呼（祖父在当时则一般被称为"大父"或"大爹爹"）。

刚从大部分比自己大好多岁的降军中听到这个称呼时，在军中向来以同级别将领官员中年纪最小而著称的岳飞，一时有点懵，也有点不好意思，揪了好几下耳朵[271]，才勉强适应了这个有点"伦理梗"色彩的敬称。他知道，以父呼之而避免直称其名，是民众表示敬畏悦服之情的最高形式。以前在东京留守司时，他曾听被俘的金军将领、汉儿签军，和刚被招安的各路土豪兵匪这样称呼过宗泽宗留守，却没想到自己居然这么快就获得了同样的称呼。

不过，也不是所有人都习惯称呼岳飞的部队为"岳爷爷军"。广德军一带的百姓们，就更喜欢将这支军队称之为"岳家军"——"某家"是宋人口语中的常用定语，称呼自己是"自家"，称呼皇帝是"官家"，甚至连群殴都有个名目叫"社家拳"，而对于官军，宋代军队那些冗长复杂又文绉绉的番号，识字不多的百姓们记不住也嫌拗口，通常也只以现任将领的姓氏指称为"某家军"或者"某家人"。不过，和之前那些来来去去早就记不住了的队伍不同，"岳家军"这个名字，在他们心里有着特别的光彩和分量，一下子将其他类似的称呼都压得暗淡无光了。

他们从来没有见过这样的军队。甚至不敢相信，在这个塞外异族军队杀得遍地血火灰烬，官军又兵匪一家、抗敌不行骚扰民间第一的人间地狱中，竟然还有这样一支既能打胜仗，又将百姓当作自家父母敬重的军队——能占一条都是神迹了，两条同时做到，莫不是昊天上帝派下来救民于水火的天兵天将？那个看着也就二十多岁的主将，不会是武曲星下凡吧？

然而被百姓当作天神下凡、被降军追着叫"爷爷"的年轻人本人，这会儿并没有太多时间来品味这份荣耀，也没什么心思欢度新年：队伍扩大到了一万多人的规模；新组建的部队能拉出去和金人打仗还能打赢；士兵们能够遵守自己制订的、远比其他军队严苛的纪律，这三条确实是里程碑式的成就。但是粮食还是紧张，怎么才能吃饱饭还是个问题；军队下一步往哪里去，也是个问题。——投奔朝廷？现在看来是想也别想了。可是不去找朝廷，又该往哪儿走、做些什么呢？

如果不解决这两个根本问题，这支军队还是难以维持下去。毕竟，饿着肚子也要死守军纪，只能是非常时期的非常之举；但若长时间这样，即便不炸营溃散，军队也不会有太强的战斗力，更别提有朝一日反攻金军、为国家收复建康府等江南失地了。

千头万绪心事浩茫中，一岁又过。在这个空前湿寒阴冷的冬天里，无数士兵百姓在金军的铁蹄和土匪流寇的刀锋下化作了灰烬齑粉，但也有很多大难不死劫后余生的人，在默默祈祷着新到来的建炎四年（1130）[1]，能是个否极泰来的好年头。

岳飞自己其实不太看好这类祈愿。他认定随着金军深入浙江、江西，新到来的一年，只会比刚过去的建炎三年更加艰难和动荡。但不管多难，只要还想让眼前的这群人、这支队伍，以及远方更多的人活下去，并且尽可能活得有尊严，他就只能竭尽一切奋力向前，不能后退一步。

——天翻地覆之际，国脉微如缕的时节，生机对国家、对军队、对任何一个人来说，都是渺茫不定又稍纵即逝的，稍有胆怯和疏忽，就是万劫不复。

# 4 "振起宜兴"

建炎四年正月十五上元节前后，正当岳飞为手下一万多人下一步该如何行动、又该如何解决后勤问题而日思夜虑、绞尽脑汁之际，先后有两队官差

---

[1] 同一年份后文不再标注。

来到广德军，一路打听着找到了岳飞部在钟村附近的驻地，自称是奉命于常州（今江苏省常州市）知州周杞和常州下辖宜兴县（今江苏省宜兴市）县令钱谌，前来求见岳统制，有事相商。

见到岳飞后，小吏们向岳飞递上了两封书信，信件分别是周杞、钱谌亲笔所书，知州、知县的官印、花押一应俱全，还有当地其他官员的联署签名。其中周杞那封信的签名中，还有一个岳飞十分熟悉的名字：赵九龄。原来曾担任河北西路招抚司幕僚的赵九龄，在建炎元年秋张所被贬后便辞官归隐江南故乡，但眼看如今局势危殆，连素称太平无事的东南地区都不能免于兵火，便又出来做起了官员身边的智囊，如今正在周杞手下效力。

再看两封信的内容，也几乎完全一致：

周杞和钱谌都希望岳飞能立即率麾下人马，前来自己治下的州县驻扎，以保护一方生民。不过钱谌的书信比起周杞，又多提了两件事：一是宜兴现在已经有兵匪作乱，急盼王师前来解民倒悬；二是宜兴素称"鱼米之乡"，物阜民丰，粮食储备尤其充足，仅目前官仓中储备的粮食，就足够一万人的军队吃十年。

常州距离岳飞一军在广德军钟村的驻地将近三百宋里（约合150公里），宜兴县距离广德军也有近二百宋里（约合100公里），而且还隔着宜兴西南的天目山余脉和无数湖泊溪流，虽然山势不高、湖泊不广，但说是跋山涉水而来也不为过；更不用说此时到处都是金军游骑和溃兵、流寇，前来送信的人随时可能遭遇突然袭击，乃至有性命之忧。冒着如此大的风险，克服重重困难，只为给自己送这么一封书信，邀请自己麾下这支孤军前来本地驻军，岳飞不禁感叹周杞和钱谌实在是用心良苦，同时又有些欣慰。

自从金军入寇以来，宋朝民众固然恨极了金军，但对官军也说不上欢迎，甚至同样害怕。因为乱世中的武人和暴力组织，往往会因为命运叵测、朝不保夕，身上又负有足以决定他人生死的权力，而对欲望不加约束，一旦进了物质条件好一点的州县村镇，就要变着花样勒索钱物，甚至还可能纵兵抢掠人口。以至于地方上都把官军当瘟神，听说有兵马行经本地，就赶紧备上钱粮物资出城"犒劳"，名为犒劳，实际不过是希望官军得了犒赏后见好就收，赶紧去别处。和金军比起来，区别也无非是官军得了好处以后还是能拍马走人的，而金军则常常是跪迎投拜也拦不住烧杀抢掠。甚至此次金军大举南下，还有不少地方官因为消息不通，以为又是官军前来骚扰，丝毫未做军事上的准备便急匆匆前去迎接，到了眼前才发现是金军不是官军，出了无数闹剧与惨剧[272]……但现在，常州、宜兴的官员却主动来邀请自己率军前去屯驻，宜兴县县令还敢在信中公开透露本县的富庶，足见自己这支队伍敢战能胜、军纪严明、爱护百姓的名声，已经不限于在广德军一地流传，而是至少已经传遍方圆数百里之内了。之前为了维护军纪做出的种种努力，到此算是又得了一次回报和认可，没有白费。

不过军纪太好也有苦恼：两地官员几乎同时提出了同样的要求，该答应谁？还是说应该把这一万多人马拆成两部，分屯常州和宜兴？

一般人多半会选择去官员级别更高的常州。但岳飞详细询问过两队官差，又差心腹前往常州、宜兴打探一番之后，最终做了决定——不去常州，而去宜兴。原因有四：

一是经他勘察，钱谌信件中说的情况不是"卖惨"，而是实情。宜兴现在就正为兵匪所苦，而且不止一拨。其中规模最大的一支，头领还是岳飞在杜充麾下效命时的同事——原江淮宣抚司水军统制郭吉。此人去年十一月阻击金军渡江失利后率众溃逃，不知下落，却原来一路逃到了宜兴。如今率众驻扎在宜兴县县郊，虽还未大开杀戒，但也是今日要钱，明日抢粮，后日拉丁，把当地官员和百姓折腾得不轻。再有头领分别为马皋[273]、林聚的两支人马，人数各在两三千人左右，也是官军溃兵，装备颇为齐整精良，宜兴县本地厢军、乡兵根本不是对手。此外还有一个外号为"张威武"的头目，虽搞不清什么来路，但他本人和手下的凶悍残忍，尤胜郭吉等官军溃兵。这些大小不一、但每一伙人数都至少在千人的匪军散落在宜兴近郊，依仗当地多丘陵、湖泊的地形，倏忽而来，倏忽而去，时而长驻骚扰，时而突袭劫掠，仿佛悬在当地人头上的无数利剑，不定哪天哪一支就会突然降下收割生命和财产。而自去年十一月下旬金军南渡、江淮一线宋军纷纷溃败以来，这种惶惶不可终日、能不能保住生计和性命全靠运气的日子，宜兴百姓和官员们已经过了将近两个月，神经都快要崩断了。所以以钱谌为首的宜兴官员，在听说数百里外居然还有"岳爷爷军"这么一支不扰民也能打的官军后，才会不惜以县中积聚数年的粮草为赌注，招揽岳飞尽快前来屯驻。

二是相比宜兴县，常州现在的形势并不吃紧，虽然十二月七日也曾一度被马家渡之战后溃为兵匪的戚方围攻，但戚方次日便被正在常州驻扎的"赤心队"主将刘晏击败退走，至今并无其他人马前来袭扰——刘晏也是岳飞在江淮宣抚司的同事，而且经历颇为传奇：此人本是辽国进士，但宣和四年宋军伐辽时率部投宋后，却一直干着武将的差事，专司统领由原辽国境内汉儿士兵所组成的骑兵"赤心队"。更难得的是，虽是文人领兵，却有勇有谋，赏罚严明，是很称职的军官，手下兵力也雄厚。还在杜充麾下时，刘晏统辖的兵力就将近三千人，如今加上溃退常州途中招揽的人马，人数已经翻倍。所以有他镇守常州，按说就足以应付眼下局面了。

三是岳飞特意派人打听了周杞的为人，得知其为官一直以贪暴酷虐著称，建炎元年七月出守常州以来，更是变本加厉，常常当众将有违法行为的百姓用粗大木棒敲杀于公堂之上，以求震慑民间。加上其他方面的治理手段也粗暴苛刻，官声相当不好[274]。同时，此人又似乎颇有政治野心，早在北宋末年，就因交结被时人目为"六贼"之一的徽宗宠臣朱勔而被处罚；苗刘之变中，也表现活跃，虽未有多少实际贡献，却频频发布檄文和上书，意图博得朝廷关注；如今又在本州并无紧急军情，且已经有一支近万人官军屯驻的情况下，前来招揽岳飞，恐怕是有比保境安民更多的打算。而在经历了应付杜充的煎熬后，岳飞对这类为人处事过于强势、官场上结怨不少，但又有一定的政治野心、不安于本职的官员很是警惕，生怕因过从太密而陷入人事纷争，连累自己的职业生涯。何况自己宽严并济、以仁为本的治军安民理念，也与周杞不合。自己和刘晏又是平级，兵力也相当，一旦有意见分歧也不好处理……总之，若是此时率领一万多人马前去听命于周杞，恐怕会触发不少矛盾，惹上不少麻烦。

四是单论地理环境，宜兴也更适合大军屯驻。岳飞之前没去过宜兴，但其部下一名叫李寅的部将，却对宜兴颇为熟悉，认为宜兴县"三面临湖，唯有一陆路极狭，使一小将守之，不可犯矣"[275]，既方便约束部伍，又便于抵御来犯敌军。相比之下，常州完全处于太湖平原之上，无险可守，一旦敌军主力猝然来犯，很容易陷入进退不得的困境。

因此，通盘考虑一番后，岳飞决定选择接受钱谌的邀请。但周杞的邀请，岳飞也不敢直接回绝，而是亲自修书并委托官差向周杞解释：宜兴县目前盗匪纵横，而常州则相对安全，且已经有刘晏刘统制一军，足可应付军情，所以自己决定暂不去常州，而是先去宜兴剿匪。之后当利用宜兴三面环湖、一面背靠山野，且距离常州仅一日之程的地利，驻军宜兴，与刘晏一军遥相呼应，其实比两支军队同时屯驻常州，更能保证常州的安全[276]。

打发公人已毕，辞别了广德军钟村一带的百姓，岳飞率领连带刘经部在内一万多人的军队和近两万家眷，依次起发，前往宜兴县。拖家带口的数万人拔营、行军都不易，待到达宜兴时，已经是二月初了[277]。

刚进入宜兴县境，岳飞便修书一封派人送到郭吉军中，"以好语慰谕吉"[278]，试图说服郭吉加入自己军中，以免还要和昔日同袍兵戎相见。却不料郭吉固然是在杜充麾下时便畏服岳飞的智勇绝伦，但比起跟随岳飞杀敌立功的荣耀，他更打怵岳飞现下森严的军纪和针对金军的频频出击，不愿来岳飞手下过提着脑袋还得饿肚子的艰苦生活，因此早在听说岳飞要来宜兴时，就开始到处抢夺民船，不几日便抢了几百条，将本军老小、辎重和抢掠来的人口财物尽数装在了船上，依着宜兴县东的太湖岸边停泊，随时准备逃遁。所以岳飞这封极尽诚恳和礼貌的信，倒成了主动递给郭吉的警报，郭吉接到信才一看完，便"急解维，开船而去"[279]，把岳飞派来送信的士兵晾在了原地。

得到士兵回报的岳飞不禁大怒，也懊悔自己这一次确实是有点过于自信兼"走眼"了：之前在广德军驻扎时，先是当地百姓拥戴爱护，提起"岳家军"便笑逐颜开；再是金军中的汉儿签军都成帮结伙前来投奔，一口一个"岳爷爷"地喊，让他一度觉得，此后光凭本军这份令行禁止、守纪爱民的好名声，大概就足以让众多草莽豪杰归心悦服，至少招呼一下郭吉这样官军出身的江淮宣抚司老同事应该没什么问题。却没想到即使有崇高荣誉和优厚待遇加持，也并非所有人都愿意来他这里冒死亡的危险、受严格的约束。而且不作任何军事布置就投书劝降，也实在是太轻信郭吉的人品了。

不过反省归反省，岳飞亡羊补牢的动作并不慢。得知郭吉已经逃入太湖，岳飞当即派出两员爱将——傅庆和王贵，共率两千人马前去追赶郭吉余部。两名军官一个勇悍绝人，一个善于用兵，很快就率军急行军到了太湖东岸，将尚未开船入湖的郭吉余部杀得大败，俘获颇丰，还解救了一批被郭吉掳掠的百姓。

这一仗虽未能如岳飞所愿，尽数收纳郭吉部人马，但也还是赶跑了宜兴境内人数最多的一支溃兵，令前来迎接岳飞的宜兴县知县钱谌等人喜不自胜，连连称谢。但当钱谌邀请岳飞入县城屯驻兵马、安顿家眷时，岳飞却谢绝了：他手下这一万多人毕竟是刚刚整合的新军，如今突然从广德军附近的山野来到更为富庶繁华的宜兴县，是否能继续严守军纪、绝不骚扰民间，岳飞心里还没有十足的把握，也担心在城中不便施展手段管理部众，所以没有带人马紧邻县城驻扎，而是选择了自广德军前来宜兴县途中路过的、位于宜兴西南二十多公里的张渚镇。之所以选择这里，是因为张渚镇三面环山，与宜兴县城之间也有一片浅山丘陵相隔；同时位置冲要，如果宜兴县有警，向东北方向军行一日即可到达县城；自西北面的平原地带北上，可以一日之内到达进军建康府必经的溧阳县、进军镇江府必经的金坛县，和宜兴之北的常州；向南则可通过岳飞来宜兴时走的山路，直达广德军。可谓进可攻退可守，也方便岳飞对手下士兵进行集中管理。

看到岳飞坚持不入县城驻军，一切以作战需求和维持纪律为先，钱谌等宜兴县一众官员和当地的父老代表不禁大受感动。说实话，他们邀请岳飞前来驻军，也多少有点赌运气的成分。因为岳飞一部军纪严明到底只是他们的道听途说，是不是真能秋毫无犯，这些见惯了官军做派的人，心里其实还是有不少疑虑的。不想如今见了本尊，竟然比听说的还要好上十倍，这岂止感激涕零，简直要焚香拜谢昊天上帝庇佑宜兴了！

而钱谌以及宜兴的百姓很快就发现，岳飞以及岳飞麾下这支军队带给他们的惊喜，到这里其实才刚开了个头，更感动的还在后面：

岳飞率军到张渚镇安下营盘后，不仅设下了严密的警戒和岗哨，在张渚镇的大小路口都派了把守的将士，还常常自率数名骑兵巡视军营内外。麾下将士别说骚扰民间，如果没有作战或者到宜兴县取运粮草的任务，连军营都不得擅出，以至包括张渚镇居民在内的宜兴百姓，平时其实很难在街面上看到戎装打扮的人。

当然，如此严厉的军纪，到此时也还有一些人不习惯。虽然宜兴县提供的粮草已经解了岳飞部每日三餐之忧，但禁止了随意掳掠后，一些原本生活较为放纵的士兵和军官就没了浮财外快，手头一下子变紧了，也很难出营去寻赌钱召妓之类的乐子，时间稍长，仍然免不了口出怨言。

对此岳飞采取的措施是：首先，严守不得骚扰民间的军纪，绝不松动；其次，继续以身作则，和最底层的士兵同衣共食，减少将士们在生活待遇上的落差感；再次，尽力简化军队管理中的不必要事项，如作战甲具之外的军衣，就允许士兵自己选择做几套换几次，不作强制统一要求，以便裁减军营中多年沿袭下来的、名目繁多的克扣项目，尽量把士兵每个月的"工资"按规定数目全部给到他们手中，让士兵可以自由支配收入——花多少当然还是要看每个月领多少薪水。不过若真是宁可破衣烂鞋也要天天有酒喝有钱要，那只要不违法乱纪，影响作战、训练，就也随你自便。但要想超出正常收入去纵情享受，那是想也别想了。

不过，对于个别人，此时的岳飞还是忍不住网开了一面，这个人就是此时已经成为岳飞爱将的傅庆：傅庆是窑户出身，凭过人勇力当上手底下管着千把人的统制官后，很快就被军队里官场上的奢侈风气迷了眼睛，日常生活用度开销不小。如今岳飞严控军纪，傅庆没处寻钱，又不愿意降低生活水准，居然仗着岳飞爱重自己的才干，直接向岳飞哭穷要钱了。但岳飞觉得傅庆能来问自己借钱，一来是对自己信任，二来显出他还是尊重军纪的，总好过出去偷摸抢掠干犯军法；外加觉得比起傅庆在战场上的勇武果敢，生活上的这些习惯只要不违法不妨害他人，就都是小节，自己没必要横加干涉，所以稍微规劝了几句后，就从自己的积蓄中掏了一笔钱给傅庆，心说只当自己这笔钱是用来维护军纪了。

除却不扰民间之外，岳飞及其部众还有一个让人印象格外深刻的作风，就是待人接物时也遵纪守礼、买卖公平、言语和气，尤其尊重士大夫和读书人，甫一相见，必定作揖问候，礼让如仪。

这个画风，和当时民众对大部分武人的普遍印象比起来，实在差别太大了。因为兵荒马乱的年代，很多武人都瞧不起大多手无缚鸡之力、需要靠别人保护才能生存的书生文人。不要说大字不识一个、没见过多少世面的普通军官和士兵，就连已经位列朝班的大将韩世忠，都经常蔑称自己手下的文职僚属为"子曰"，纵容士兵欺凌文臣，以至曾因部众逼死了朝廷官员而获罪降职。

而岳飞不但没沾染这种习气，还始终保持了少年时期勤奋好学、善思多问的习惯，每遇到个读书人，都要近乎情不自禁地攀谈上几句，以求增长见识；偶尔聊得投机，还要乘势请教些经史知识、作文之法，以及对眼前时局的认识。读书人们也很快发现这个青年将领绝非一勇之夫，不但毫无骄横粗野之态，"临财廉，与士信，循循如诸生，动合礼法"[280]，还真心踏踏实实研读过几本大部头书籍，对兵法军政、国史掌故、天下大势，都有一套自己的认识和见解，甚至对书法诗词这类文艺爱好也极有兴趣。有道是士为知己者死，知识分子其实是最容易为纯粹精神层面上的尊重和共鸣而感动的，何况这个青年将领还手握大兵，能够提供如今最稀缺的安全保护。于是不仅宜兴周边地区，就连常州城里的很多士大夫家庭，听说宜兴来了个既能保境安民又礼贤下士、敬重文人的"岳爷爷"后，都纷纷举家迁来宜兴居住，甚至不惜抛下城中的产业、祖居，只求个平安无事。当然，普通市井小民、平头百姓来宜兴的就更多了，前前后后加起来竟有近万家之众。曾因"溪山好"而被北宋文坛领袖苏东坡青目为归老之所的宜兴县，由此一跃成为眼下东南地区的"第一宜居城市"，市井人烟越发繁密起来。

更为百姓们喜闻乐见的是，岳飞及部下在战场下的这些温良恭俭让，与他们在战场上的凌厉相得益彰，于是更给这支队伍增添了"反差萌"和"偶像光环"。

刚在张渚镇安顿下全军老小，岳飞便继续率军清剿宜兴周边的大小匪军，先是凭大兵威压和说客游说，就招降了各有精锐之兵数千人的马皋、林聚；随后又带兵剿灭了不肯接受招安的匪军头目"张威武"——这个外号听起来威风八面的土匪，大概是个有勇无谋之徒，扎营行军作战的布置全无章法，所以竟在交战时，被岳飞"单骑入其营，手擒出"[281]，而后掼于马前，当众砍下了脑袋。吓得张威武手下一帮乌合之众当即丢下武器纷纷投拜，全数归顺了岳飞。

与此同时，已经逃入太湖藏匿的郭吉部，也有一名将官率领部众前来投奔。岳飞一见之下，认出他竟是扈成手下的部将庞荣，再一问，才知道原来扈成和岳飞、刘经分道扬镳后，就将本军家眷连带自己的父母妻儿都留在了金坛县，自领部伍前往浙江府，不料还没拿下镇江，就被戚方抄了后路，全军家眷尽被戚方俘获。扈成大怒之下与戚方约战，却被诡计多端的戚方所骗，在跟戚方约和讨还家属时中伏而死，父母子女都被戚方杀害，颇具美貌的妻子卞氏也被迫委身给了戚方。庞荣不愿在凶暴成性的戚方手下听命，见扈成被杀，当即率部奔逃，辗转到宜兴时，打听到江淮宣抚司的老同事郭吉在宜兴，便又投了郭吉。之后听闻岳飞要来宜兴，庞荣有意劝说郭吉和自己一起归顺岳飞，但郭吉却坚决不同意。如今郭吉被岳飞击败逃入太湖，庞荣得了机会，也更加认定跟着郭吉混没前途，于是就趁郭吉不备，率部众出太湖前来投效了。

扈成的遭遇令岳飞等人又气又恨，又唏嘘不已；同时也让傅庆、刘经、庞荣等新加入岳飞麾下不久的将士，越发坚信主帅的谋略和判断力，更无二心。而在接纳了庞荣带来的部属后，岳飞统率的正兵已达两万多人，在当时的局势下，已经是一支相当可观的武装力量，单论兵力人数，甚至有资格和张俊、韩世忠掰掰手腕了。

眼见岳飞剿匪连连得手，手下人马越打越多，其他还没被收拾到头上的溃兵流寇也吓破了胆，降的降，跑的跑。于是岳飞率军入宜兴尚不到一月，境内盗贼便已绝迹，宜兴成了无论哪路人马都要绕着走的地方。青山碧水、竹林茶园之间，街市熙攘，炊烟日密，笑语时闻，渔歌声声，樵采耕作都无异于平时，几乎要让人忘了数百里外就是天翻地覆、血流成河。这让生活在这里的人们庆幸也满怀感激，每每交谈起来，总要相对感慨：

> 父母生我也易，（岳）公之保我也难！[282]

这句大白话看似浅显直露，实则感慨万千，有对眼下时局的嗟叹，有乱世中挣扎求存的辛酸自嘲，更有对岳飞设身处地的理解和敬重。然而淳朴的百姓们犹觉不足，很快又想了一个高规格的致敬方式：请来本地名气最大、水平最高的画师，再一起求见岳飞，请他匀出一点时间摆个姿势供画师写生，画出一幅岳飞肖像，而后大家都来摹刻翻印，将画像请回家中供奉，"与其稚老晨昏钦仰，如奉省定而后已"[283]。

这幅记下了岳飞青年时期容貌风神的画像，后来被宜兴民众刻上了青石碑，供入宜兴县内的周侯庙[284]，长年接受宜兴人的礼拜和香火；在岳飞蒙冤被害、相关资料行迹都被官方强行销毁时，又被不忍心毁弃刻像的周侯庙道士们沉入祠庙旁的荆溪，挨到岳飞平反后，才打捞出来重新供回原处。岳飞后期重要幕僚薛弼的侄子、从小就受父亲和伯父影响钦慕岳飞的薛季宣，在湖州（今浙江省湖州市）为官时，还曾特地前来瞻仰，并赋诗咏叹留念[285]。可惜此后近千年的岁月流逝中，这幅命途多舛的画像还是不知所终，没能保存至今。于是便无人知晓画像上刚满二十八岁的年轻人究竟长什么模样，和后世流传的所谓刘松年绘《中兴四将图》中的形象有几分相似；也无从判断钱谌和宜兴百姓口中的"英雄卓绝之姿"[286]，究竟是客观描述，还是对救命恩人的"粉丝滤镜"；更不知道画像刚完成的那一刻，被百姓们逼着匀出时间当模特的岳飞本人，对自己落在纸上的形貌是否满意。——虽然即便不满意，岳飞也肯定不会对一片热诚的百姓们流露什么。

不过此时的岳飞，也可能压根没什么心思琢磨自己的画像。因为比起纸上石上的丹青画影，此时有另一张鲜活生动的面容更值得他倾注心神，日日端详：

就在率军进入宜兴后不久，可能因为生活环境总算相对稳定了一些，军事生涯中最危急的时刻也已经度过，岳飞终于解决了生活里的一个大麻烦：

重新娶了妻子成了家[287]。这一次他娶的妻子姓李名娃，表字孝娥，比岳飞年长两岁，时年三十岁。——奇怪的是，不管是岳霖、岳珂父子整理的"家传"，还是其他源流的史料，对岳飞这第二位妻子的记载都十分简略稀少：没有任何关于她家世、出身的记叙，不知道她仙乡何处，有无兄弟姐妹，父母姓甚名谁，曾经有过怎样的过往经历；更无人记载她是如何在战乱最烈之际认识岳飞，并最终结下这门亲事的；就连嫁给岳飞后的经历事迹，也仅有岳霖、岳珂父子题为《秦国夫人李氏遗事》、附在岳飞传记之后的寥寥三行文字，一道不过百余字的岳飞平反后南宋朝廷颁给李娃的《复楚国夫人告》，和一则李娃身后百余年才出现在南宋末著名文人周密著《齐东野语》中的数百字轶事，除此以外就了无痕迹，杳如孤鸿入云雾。不少人猜测，或许是因为李娃嫁给岳飞时已经三十岁，很可能是丧夫后再嫁[288]，又涉及岳飞被前妻刘氏抛弃的尴尬事情，所以岳家后人没有详写。但一来南宋并不以女性再嫁为耻，很多行状、墓志铭之类的文字，遇到此类问题都是直言不讳；二来即便需要隐瞒嫁娶实情，又为何不写一下李娃本人的生平为人呢？

不过尽管行迹不彰，但透过散落在史书字里行间的吉光片羽，这位李氏夫人的神采风华，仍然隐隐可见：南宋朝廷颁布的《复楚国夫人告》，概括李娃的为人是"柔洁以为质，俭勤而自修，处安荣不闻骄妒之愆，居患难不改幽闲之操"。

岳霖、岳珂主笔的《秦国夫人李氏遗事》中，说李氏夫人能"筹理军事"；能以恩信情谊联结岳家军将士的妻子家人从而"得其欢心"；甚至能在岳飞不在军中时，独立维系住岳家军内部的安全稳定，不动声色中捕斩叛将；同时又对岳飞的母亲十分孝顺体贴，"奉其姑有礼度"。总之是位既有不让须眉的胆识和管理才能，又具有女性的敏感细腻和强大共情能力，内外都能独当一面的"女强人"。

岳飞的三子岳霖，名"霖"与表字"商卿"均出自《尚书·说命上》中的"若岁大旱，用汝作霖雨"；四子岳震表字"东卿"，出自《周易·说卦第九》中的"万物出乎震，震东方也"。这两个孩子都是李娃所生，以气象变化取名的思路与岳飞前妻刘氏所生的岳飞长子岳云、次子岳雷一致，但表字与名的关联和出处，却更为古雅深奥。而且岳云后来也在表字之外，另取"会卿"为号。——岳霖、岳震兄弟的名字、表字以及岳云的雅号，应当都是李娃所取，而非出自岳飞或者岳飞帐下的幕僚，因为为岳霖取名字时，岳飞手下还没有文士前来投效，更别说用如此高水平的典故了。此外，岳飞后来在江州（今江西省九江市）建造的私人宅邸有一处小型园林，名为"见易园"，典出《周易·系辞上》中的"乾坤成列，而易立乎其中矣。乾坤毁，则无以见易；易不可见，则乾坤或几乎息矣"，是用《周易》中的典故，表达再造乾坤、重见太平的夙愿，很可能也是李娃的手笔[289]。由此观之，李娃不但通文墨诗书，而且对《尚书》《周易》这些历代典籍中地位最高的儒家经典，已经熟稔到了可以信手拈来、运用自如的程度，比之士大夫也不逊色。

最后，岳飞、岳云父子遇害后，岳云时年三岁的长子岳甫虽然有母亲巩氏抚养，但由于巩氏夫人在冤案发生时刚刚年过二十，尚属年少，岳家在流放拘管中又不可能请私塾教师，所以岳甫的文化教育，更可能是和仅大自己八岁的三叔岳霖，以及四叔岳震、五叔岳霭一起，由李娃亲自主持完成的。在祖母李夫人教导下长到二十多岁的岳甫，一生磊落潇洒又才华横溢，写得出"我醉君起舞，明日隔江湖"[290]"江枫作意红千叠，野水何心绿一遭"[291]这样的佳句，才气之高，不像将门之后，倒像书香世家子弟，并且毫无童年少年时曾作为叛臣之子"漂泊缧绁"长达二十年的创伤感和自卑感。可见李娃可能于诗词文章上也颇具积淀和慧眼，同时对岳云长子的抚养照顾也显然是无微不至、极尽关爱的，故能教出这样才华横溢又心理健康的孙辈。

在中古时期的社会环境下，这样的文化修养，平民女子实在很难具备。所以李娃的原生家庭很可能是官宦世家、诗礼大族。只是才具、门第越高，岳霖、岳珂等岳家后人对李夫人家世出身的避而不谈，就越令人奇怪，也令李夫人与岳飞相识结缘的过程，更多了一重神秘色彩。

好在，不管佳人何所从来，也不管她的容貌气质究竟如何，还有哪些才干特长、性格爱好，可以确定无疑的是，李娃确是岳飞志同道合的知己兼贤内助，夫妻间的感情也始终亲密融洽，甚至有许多超越时代，即使放在今天也让人羡慕的特质。比如，岳飞自与李娃成婚后，始终未纳姬妾，更不蓄养歌儿舞女。这在风气奢靡、即使士大夫辈也多以"笙歌归院落，灯火下楼台"为韵事的南宋官场上[292]，固然极为难得；但更难得的是，李氏夫人也从未像有些官员的正妻一样，只因丈夫不娶妾，便自觉令丈夫受了委屈、妇德有亏；或顾虑外人认为自己不容妾室、染上善妒的嫌疑，而主动为丈夫纳妾，或者苦劝丈夫改弦更张。这显出她不仅理解岳飞的操守和情怀，自己的精神世界也独立而强大，在夫妻关系中绝非弱势一方，而且毫不介意世俗眼光评断，轻易不受外界议论左右。再比如岳飞经常与李娃议论天下大势、国事朝局，也经常对着妻子倾吐一些在外不能公开表露的忧思，有时说到伤心失望处，甚至会对着李娃"私泣"，连岳家几个年幼的孩子偶然撞见，都觉得父亲这样的行为有点"崩人设"[293]。但对成为一军主帅后责任越来越大、负担也越来越重的岳飞而言，可以毫无顾忌地对着爱人流露内心的真实想法和情绪，无疑是很重要的心理疏导和复健方式。更不要说李娃在家事、外事上也对他助力极多了。

总而言之，不知是偶遇之下一见钟情；还是相亲大业包办婚姻终于开对了盲盒、撞了大运礼包；抑或来宜兴之前就已开始的乱世奇缘终于有了结果，建炎四年二月中或者三月初，已经足足单身了三年的岳飞，又重新拥有了完整的家庭，而且比起之前和刘氏结成的小家庭，更加温馨和睦，也更让他放心安心，从此无论征战疆场还是折冲庙堂，甚至到最终蹈节赴难，都再无后顾之忧。

知己并肩，夫妻同心，再多艰险困顿也化作了风光旖旎，岁月缱绻。何况这段时间岳飞作战和整军原本就相对顺利，虽然兵力扩张到了两万之众，却没有发生太棘手的事件和矛盾；本地百姓和官员对这支队伍的热情也始终不衰，粮草物资供应从未出现过困难，行军也好公干也罢，所到之处尽是一派箪食壶浆的和谐气氛。之前历次战斗中负伤患病的士兵和家眷，也终于得到了休养生息的机会，战斗力恢复得很快。比起之前困守平定军，辗转两河、京东，游击太行，苦熬杜充，直至刚刚转战茅山和广德军山间的诸多艰苦时期，宜兴好溪山中这个清波粼粼、桃花灼灼的春天，确实是岳飞二十岁至今的军旅生涯中难得的快意时光了。

但岳飞和李娃心里都明白，这样平静温馨的生活只可珍惜当下，并不能指望长久。岳飞如今雄师在握，又志在恢复故疆，未来的路上只会有越来越多的挑战，越来越大的风险。——果不其然，大概就在岳飞成婚刚刚十余日后，即建炎四年的三月八九日之间，岳飞便见到了从常州匆匆赶来的老相识赵九龄，并从赵九龄处得知：兀术所率的金军主力，在远赴明州试图下海追赶赵构未成后，已经于二月十三日将辎重人马尽数装载上船，自杭州走运河水路北归。现在已沿着秀州—平江府一线的运河河道，行至常州境内，已于今日开始派遣人马围攻常州了。知州周杞为此极为惶恐，所以专门派赵九龄前来找岳飞商议对策。

根据赵九龄的描述，周杞被兀术亲自率领的大军吓得不轻，包括赵九龄自己，言语神色间也难免有些紧张。然而岳飞听到这个消息后，却只觉得兴奋。

虽然距离马家渡之战才刚刚三个月，但现在的他已经不再是手下只有几千号人的普通统制官，而是两万雄兵的主帅。兀术一军杀害陈淬、残害东南的血仇，他是非报不可了。特别是志得意满的兀术居然选择了经由运河北归，那就势必要先过常州和镇江府，不能径归建康，这正是岳飞眼里上佳的用兵机会。

# 第七章

## 鹰扬大江东：天下初识岳家军（下）

在战争中一切都很简单，但是就连最简单的事情也是困难的。这些困难积累起来就产生阻力，没有经历过战争的人对这种阻力是不会有正确的概念的。……在战争中，由于受到预先考虑不到的无数细小情况的影响，一切都进行得不理想，以致原定的目标远远不能达到。只有钢铁般的坚强意志才能克服这些阻力，粉碎各种障碍，当然机器也就受到很大的损伤。这一结论我们以后还会常常谈到。将帅的坚强意志，就像城市主要街道汇集点上的方尖碑一样，在军事艺术中占有十分突出的地位。

——［德］克劳塞维茨：《战争论》第一卷《论战争的性质》
第七章《战争中的阻力》

### 1　处处是"坑"的复仇之路和不可能完成的任务

接到赵九龄送来的急报后，岳飞立即整顿人马，准备前去常州与周杞、刘晏会合，依托常州城和附近几处运河水闸，邀击金军归师。不料，还没等全军束装完毕，宜兴县令钱谌就派人从宜兴送来了新消息：就在赵九龄到达张渚镇的次日，周杞便带着刘晏一军逃来了宜兴县。常州城现在已经在金军手里了。

虽然金军入侵以来，地方父母官们弃城而逃早已不是新闻，但自己二度出山后投效的地方大员，居然也咫得如此干脆利索，向来颇以慧眼识人自负，又刚在正月里向岳飞好一顿"安利"周杞的赵九龄，还是有种被打脸的感觉。

好在，比起去年年初丢下扬州军民孤身跑路的当今天子，以及其他落跑的地方官，周杞和刘晏还算是良知未泯。出逃之际，他们带上了常州城里的绝大部分民众，没把他们直接丢给金军。只是常州是"望郡"，北宋末年时人口已近四十万。即使刨去金军入侵江南后离开常州往更南方避乱的人口，和之前慕岳飞之名由常州搬来宜兴的五六万人，这次跟随周杞逃亡的民众也当有少则数万，多则近十万之众[294]。这个规模的人口集中涌入，即使在现代也足以构成紧急事件，何况是中古时期的一个小县城。所以仅安抚民众一项，就忙坏了以钱谌为首的一干官吏。

不过常州和宜兴百姓终究是乱世中的有福之人，因为岳飞虽也恼怒周杞不战而退，但并没当面表露出来，更没耽误应尽的职责，闻讯后仍旧率军由张渚镇到宜兴县城，协助周杞、刘晏、钱谌等人安置百姓、维持秩序，使得这批弃家逃难之人没有再受额外的损失和惊扰，反倒获得了不少帮助。

更幸运的是，除了岳飞，此时跟随周杞撤退到宜兴县的官员中还有一位能人，虽然年纪只比岳飞大七岁，处理起民政庶务却极为老练，尤其长于财务计算和管理，经他和岳飞合作，数日内就让难民们有了生计着落，没有过度消耗宜兴县储存的钱粮，也没有引发外来难民与本地居民的矛盾。这个青年官员，就是周杞的副手、常州通判梁汝嘉。梁汝嘉是处州丽水（今浙江省丽水市）人，因外祖父是徽宗朝宰相、追封清河郡王何执中，所以年纪虽轻，却早在徽宗朝就在朝为官了。去年年初维扬之变，赵构自扬州南下到常州避难时，时任常州武进县知县的梁汝嘉还不知为了什么受到了赵构的格外赏识，以至要将其姓名刻于御剑之上，不久又将其提升为常州通判。建炎四年后，梁汝嘉更是官运亨通，被赵构拔擢至行朝中枢任职，长期担任临安府、建康府等行在首府的行政长官和执掌财运大计的户部长官，并且私下也极得赵构优待。不过难得的是，虽然身为赵构宠臣，但在国家大政方针上，梁汝嘉却一直暗中支持岳飞，到绍兴十一年仍敢于上书反对朝廷收张俊、韩世忠、岳飞、刘锜等大将兵权，直指朝廷如此做法是"无复进取之计"[295]。究其原因，除却大义公心之外，建炎四年年初梁汝嘉曾和岳飞在宜兴县合力度过危难关头的经历，应当也有极为深远的影响。

彼时彼刻，时年仅二十八岁、出身比起梁汝嘉又只能算是寒微的岳飞，在危难关头表现出来的名将风范和赤子之心，一定令自小就在东京城内见惯了官场众生相的梁汝嘉一见难忘，所以才会在此后时刻不忘暗助一臂之力，即使宦海风波险恶也未改初心[296]。

一连忙了数日后，难民基本开始了新生活，梁汝嘉、钱谌、赵九龄、周杞等人稍稍松了口气，接着就打算和岳飞商量下，让他再匀些兵马来宜兴驻扎，以便保境安民。却不知岳飞看到宜兴这个大后方来了能吏主持后，就开始考虑下一步行动了，此时也已经有了成算。只是这个成算，一说出来就吓了众人一跳。

虽然周杞已经弃城而逃，但岳飞仍打算按原计划发兵——他要以手下刚刚聚拢起来的这支将近两万人的队伍，去正面挑战盘踞州城的金军，收复常州。

这个想法一提，不要说畏敌如虎的周杞，就是有抗敌之心的赵九龄、梁汝嘉和钱谌都不太同意：虽然刚刚听闻，金军正月派前锋部队到明州追击赵构未果，还遭遇了张俊部的阻击，但由于其主力并未受损失，基本上是一路所向披靡，而且掠获极丰，所以金军士气并未受到太大打击，二月十三日自杭州整军北归后，兵锋仍盛，先在正式撤退前对杭州进行了屠城，"纵火三日夜，烟焰不绝。……纵兵大掠"；随后陆续攻陷了秀州、平江府，沿途"沿路屋宇无大小并纵火，靡有孑遗"[297]，到平江府后又"纵火三日夜乃灭，城中悉为灰烬。……虽不甚屠戮，居人自赴水火而死者大半"[298]，使江南人间天堂顿成炼狱。而各地留守的宋军则或如秀州军民力战不敌，或如平江府守军弃民而逃，并没能起到邀击和牵制的作用。其他兵力更雄厚的大将如张俊、韩世忠、刘光世、辛氏兄弟、郭仲威、郭仲荀等，更是自金军开始北撤后，就不曾发一兵一卒与金军交战。

这种情形下，岳飞主动挑战金军的行动计划，实在令赵九龄、梁汝嘉和钱谌"压力山大"：万一岳飞有什么闪失，宜兴这片仗着岳飞一军洒血抛汗、自律自苦，才在修罗场中辟出的一片净土，会不会也要和杭州、平江府，以及更早之前的安吉县、广德军、溧水县一般下场？几十万生灵到时候还能指望谁？而且，若是常州城还在宋军手里，那岳飞与刘晏合兵后，或者还可凭借常州周边奔牛镇、吕城镇两处运河闸口与金军一战——这两处闸口都可调节运河水量，足以让运河河道干涸；但现在常州已失，这两处闸关也落入了金军掌控之中，周杞麾下的刘晏也无意与岳飞共同进兵常州，岳飞凭什么去击败金军？

但岳飞却力排众议，坚持前往。一来他认为金军此时留驻常州的部队应不是主力，所以本军人数虽少，但凭借常州虽处平地却河湖纵横的地利，应不难找到克敌之策；二来他早在正月末就得到过情报，说大将韩世忠年前从镇江撤退到秀州后，在秀州通惠镇的松江入海口处大造舟船，当时计划待金军沿运河北归时，以水军阻击兀术归师。到二月中旬，岳飞又得知：韩世忠果然自秀州出发，沿长江—江阴军—运河这条水路返回了镇江。岳飞虽看不惯韩世忠的许多行事作风，对其运筹帷幄、临阵指挥的才能也持保留态度，但却从不怀疑他的忠勇敢战，因此断定兀术撤退至镇江时，必然将与韩世忠部有一场恶战，甚至很可能现在已经开打了[299]。而自己作为与韩世忠处于同一战区的友军，当然要主动出击常州方向的金军，以尽策应之责。而且，如果韩世忠部进展顺利，那么常州的金军必然军心大乱，自己这边收复常州就更不是问题，还可以在收复常州后乘势进袭镇江或建康，更有力地支援韩世忠部。如果战况再理想化一些，就此策动整个东南战区的宋军纷纷反攻，都是有可能的。

说服了一干文士后，岳飞留下刘经部一千多人马，外加本军一千多人共守张渚镇[300]，自领其余一万八千将士，在三月二十日前后抵达常州城下，通过叫骂挑战、佯攻诱敌等方法，三次诱使驻扎在常州城内和奔牛镇、吕城镇运河闸口等处的金军出击，将其引至河汊内或河口处，利用金军骑兵在河网密布处难以展开阵型、纵马冲击之短，发起突袭，将出击的金军骑兵或围攻格杀，或拥入河中溺死[301]。接连三战三捷后，常州金军发现这支打着"岳"字旗号的宋军不好惹，但又难以忍受无往不利的大金铁骑居然被一支万把人的孤军折了威风，便开始集中周边兵力，预备与岳飞部大战一场以决胜负。岳飞也加紧战备，激励部下，准备乘势一战而复常州。

然而就在双方剑拔弩张之际，留守张渚镇的刘经却在四月四日前后，遣人送来了一封军情急报，让岳飞和麾下诸将拆读后倒吸了一口冷气：

据刘经来报，三月二十七日，一直在太湖西岸流窜的戚方，突然率军袭击了年前因屡遭岳飞奇袭而被金军放弃的广德军，攻陷城池后大肆杀掠，"凡官吏自太守以下，皆举室屠戮。每斩首竟，则剖其腹，折其股，而实之以钱"[302]，连在广德军暂驻以避金军的一干外地官员，如真州通判王俦、权签书真州军事判官李唐俊、宿州司户参军兼权司法潘偁等，都没逃过此劫，全被杀害。下一步，戚方可能就要趁岳飞领主力在外之机，从广德军来攻宜兴县。刘经深恐自己手头不足三千的兵力不足以抵御这帮悍匪、保护全军家小和当地百姓，也担心眼下正驻扎宜兴县的刘晏未必肯通力合作，所以恳请岳飞尽快回援。

刘经的这个请求让岳飞陷入了两难：若回防宜兴，可能就要错失全歼常州金军的大好战机；但若不回防，有戚方这样以杀人全家、寝人妻女为乐的大魔头游荡在本军大本营附近，也确实没法让全军将士放心在前厮杀而不回顾。——有年前在广德军转战、整军的经历在，全军很多人都对广德军百姓有了感情，如今听说戚方在自己奋战守护过的地方搞了大屠杀，不少人情绪很受影响，同时也更加不能接受如此悲剧再在同样受过自己保护的张渚镇、宜兴县发生哪怕一次。再者，全军家眷现在已经有将近四万人之众，而且多是老弱妇孺，凭刘经手上这点人，也真是很难做到万无一失……

恰在此时，岳飞果然收到了镇江、建康方向韩世忠部与金军的最新战况：三月十五日，韩世忠率军在镇江金山一带与金军小规模交战获胜，随即用宋军特有的大海船，将金军堵在了镇江运河河道内。金军几次试图出运河口未果，只能在镇江西津渡的蒜山之旁另开新河遁入长江，结果又被韩世忠率舟师沿江追击，逼入了位于建康府和镇江之间的黄天荡，至今已经被围堵了二十余日，仍未得出。兀术所率的金军主力困窘如此，那么盘踞在常州的金军应不会轻举妄动，要么固守待局势明朗，要么向建康府方向集中，不太可能再沿运河北上镇江了。于是岳飞最终决定留下大部分兵力，把守常州通往建康方向的几条要路，自己则亲率军中千余名精锐骑兵和一千左右的步兵回防张渚镇，力争速去速回，两边敌情都不耽误。

率麾下骑兵急行军一昼夜后，岳飞在四月八日前后返回了张渚镇。然而令他吃惊的是，初夏的张渚镇仍是自己离开时的一派和谐景象，并无半点紧张氛围。倒是刘经正在整顿人马、挑选精锐将士，不知要往何处出兵，现下倒被岳飞撞了个正着。

虽然手下不到两千人的刘经此时仍是名义上与岳飞平级的统制官，但岳飞出兵前令刘经总领留守军兵、保护后方，也是获得了刘经同意和保证的。两军共处，最忌讳的就是阳奉阴违，言而无信，所以岳飞当即质问刘经为何不遵职守，点拨人马又打算干什么。刘经支吾了一阵，回答说自己是想去常州援助岳飞——常州到张渚镇，快马至多两日路程。但刘经四月二日前后送出急报后，过了四五天还不见岳飞从常州回援，便以为岳飞多半是吃了败仗。看到岳飞仍有疑虑，刘经又进一步解释说：这并非他自作主张，也是岳飞新婚妻子李娃的意思。统制夫人听闻岳飞可能在常州进展不利后，忧心不已，亲来请求他前往常州救援岳飞，自己也是奉命行事。

李娃自与岳飞成婚后，便正式开始主理军属家眷事宜等一应后营大小事务，也参与过军中诸将议事，几乎已经等同于岳飞的又一名幕僚。但眼见这回军务与家事纠缠不清，险些酿成部众擅自行动的事故，岳飞一时真有些冒火，也有点懊恼不该让妻子卷入外务如此之深。但再看看刘经的神色，又怀疑事实未必如此：也没准是刘经心里有鬼，又拿准了自己夫妻恩爱，多半不忍心追究李娃的责任，才故意甩锅……于是强压下了怒气，转而询问戚方的最新动向。刘经更加窘迫，回答说经最新哨探，戚方可能是畏惧本军军威，并没有往张渚镇方向前来，而是转向广德军西南的宣州（今安徽省宣城市）去了。

岳飞到此终于忍不下去了，当面斥责了刘经：哨探军情含含糊糊，是足以断送全军性命的过失。刘经也算宿将，不该犯这样的低级错误。何况现在包括常州在内的整个东南地区战事正酣，兵机稍纵即逝，实在经不起这样的误报。

不过，考虑到刘经至今仍是自己的友军和平级同事，岳飞还是给了刘经一个台阶下：刘经有错，但自己留下防守后方的兵力确实太少，不足以应付周边巨寇悍匪纵横、偶尔还有金军游骑散兵出没的局面。所以岳飞决定将自己此次带回的步兵全数留在张渚镇[303]，以加强防守力量。

前方战事正吃紧，岳飞还能匀出这么多兵力协助刘经实属不易。何况岳飞这样表态，也等于向刘经认了错，刘经也就不好再有情绪。当然，岳飞肯分兵留守，除却大后方确实不容有失的军事需求外，也有其他考虑：他此时仍有些怀疑刘经这次擅自行动，不是要去常州救援自己，而是另有打算。好在刘经的兵力相对岳飞手下兵力实在太过悬殊，所以在原有的一千多本部留守部队基础上，再加千余兵力，就足以内压刘经，防止内讧；外攘群寇，确保后方无虞了。另外，军令下达完毕后，岳飞也没忘记与妻子和本军留守部将对证，调查所谓李娃要刘经出军常州之事，最终确认李娃其实只是在与留守将士交谈时，多次勉励过他们不要因留守后方就松懈大意甚至闹情绪，应当加强训练，选拔精锐，提前储备打点好行军作战所需的物资，以随时准备支援岳飞所率的在外作战部队，或者应对其他突发情况。但并不曾明示暗示过任何带有明确时间、地点的行动意向，也不曾提过任何带命令口吻的要求，更别说亲自求刘经率军去常州救岳飞了[304]。搞清楚了这件事，岳飞更确定刘经举动确实有些诡异，也更加笃定再留一些兵力在张渚镇是必要的。

处理完内部纷争、安排好后方防守，岳飞又亲率探马往广德军方向巡哨，确认戚方已从广德军前往宣州，近期不太可能再来骚扰张渚镇和宜兴县后，岳飞正打算率领千余名骑兵火速返回常州，却又接到了一份紧要军情，和一份意义极为重大的公文：

刚从海里上岸不久，正在浙东南温州、处州、台州、越州间逡巡徘徊的南宋朝廷，在获知三月中旬韩世忠部于镇江阻击金军主力获胜的消息后，于四月一日正式发布诏令，任命大将张俊为两浙西路、江南东路制置使，总领东南军事，策应韩世忠部阻击金军。

诏令还规定，整个东南地区的宋军，除韩世忠、刘光世部之外，都受张俊节制，也包括近期声誉鹊起、已经获得朝野瞩目的岳飞一军。所以诏令和枢密院的"省札"也即最高统兵机构的正式命令文件发布后，朝廷也向岳飞部驻地派出了使臣发送一应公文，就是岳飞现在拿在手上的这封省札了。

看着省札上流程严密、格式严谨的官方印信，岳飞心头喜忧参半：喜的是从军八年以来，这还是他第一次直接接到朝廷的指挥，也就是他早先屈沉杜充之下时格外渴望的"进退禀命于朝"；忧的是凭他对张俊的了解，这位也算是岳飞老上司的宿将虽有一战之力，但绝无敢战之心，即使年前的所谓明州之捷，也不过是他在迫于内外压力下，不得不尔的应付公事罢了[305]。如今朝廷想更进一步，要求张俊配合韩世忠，积极组织东南宋军反攻，怕是缘木求鱼，毫无可能。

但朝廷已下明令，岳飞不能不服从指挥，更不能不对张俊尽下属之礼。于是岳飞决定派亲信部属前往张俊现在的驻军地杭州问候致意，同时打探张俊是否有进军收复建康府的意图，自己则仍按原计划率军返回常州。

为等待信使回报，岳飞此次的行军速度有意稍缓，在路过宜兴县东南的名刹金沙寺时，还忙中偷闲游览了寺院，并应寺僧之请，在寺院墙壁上留下了一篇题记：

予驻大兵宜兴，缘干王事过此，陪僧僚谒金仙，徘徊暂憩，遂拥铁骑千余，长驱而往。然后立奇功，殄丑虏，复三关，迎二圣，使宋朝再振，中国晏安。他时过此，得勒金石，不胜快哉！建炎四年四月十二日，河朔岳飞题。[306]

不知是娶了才学过人的妻子后，岳飞舞文弄墨的热情在高人指点下更加高涨，进步神速；还是二次成婚后，终于有身边人对岳飞这些文风尚显直白、朴素的"闲笔"也倍加珍视、细心收藏，这篇文字成了现存岳飞所作诗文中系年最早的一篇，也是他在上书、公文之外的第一篇"闲文"。并且由于朝廷终于认可本军的鼓舞，以及可能还存有的、对张俊进兵建康的一线希望，文风格外畅快昂扬。然而，就在岳飞写罢题记、刚刚回军常州之际，之前派往杭州的信使便疾驰还报，带来了虽在他意料之中、但仍不免为之齿冷的不利消息：

现在正驻军杭州的张俊，果然毫无进取之意。从四月一日朝廷发布诏命至今，未作任何军事安排，也没有任何要发兵北上的迹象，以至于刚刚受过金军屠戮、眼巴巴盼着官军能为自己杀敌报仇的杭州一带幸存百姓，得知张俊"虽受命，未进发"后，"人皆切齿"[307]，恨张俊恨得牙痒痒。

张俊畏战不前，按兵不动，其他散落在各州县的宋军就更不能指望了。就连驻扎在宜兴县的刘晏部，都在朝廷已经明确下令诸军当积极进取收复建康的情况下，仍然按兵不动，并没有支援岳飞作战的意思。因此不少部将都建议岳飞，不如尽快拿下常州，然后就回军宜兴休整，等待朝廷下一步指示——韩世忠虽然以八千多部众就围困了金军数万主力近一月，但那是仗着金军不擅长水上作战，对江流、河道的情况不甚熟悉，以及舟船装备水平更是远不如宋军。饶是如此，听闻韩世忠与金军几次交锋仍是互有胜负，不敢轻易接敌。而且现在金军被困黄天荡，欲北渡长江而不得，如果再僵持下去，不排除会全部舍舟登岸，进入建康府驻扎，那时再要想收复建康，就更是难上加难了。因为听建康、镇江逃亡南来的百姓描述：早在二、三月间，留驻建康府的金军就开始"于蒋山、雨花台两处各札大寨，抱城开河两道以护之，及穴山作小洞子，以为避暑之地。陆增城垒，水造战船"[308]，明显是要把建康府打造成金军在江南的军事堡垒，长久驻扎。这样的阵仗，再加上近十万金军主力，岂是本军这一万来人能收拾得了的？

但岳飞却不以为意：年前他率军撤出建康府，是因为麾下兵力不过数千，虽还有扈成、刘经、傅庆等数部人马，却仍然众寡悬殊，且难以保证号令统一、作战配合默契，所以即便自己有万人敌之称，也是回天乏术。但如今自己已是万军之众的统帅，手下可出战的兵力足有一万六千多，而且经过了小半年的整编规训、战斗锻炼以及其他各种高难度考验，已经可以做到令出必行、运用自如，比起之前的作战条件，已经改善太多了——只要策略得当，自己呕心沥血带出来的兵，一个打十个难道不是应该的？比起之前经常要凭几百、数千人和至少十倍的敌军主力周旋，眼下这个兵力对比和局面，难道不是已经算是"富裕仗"了？

自信满满的岳飞集合全军作了动员，用为国家百姓报仇雪耻来激励麾下将士，要求他们做好从今日起连续作战、长途行军的准备，同时也许诺收复常州、建康后，决不吝惜功赏，而后便指挥部队对常州城附近集结的金军主力发动了总攻。士气本就低落的金军虽然集结了常州周边所有的金军散兵，但对阵之时，仍未能在布阵和战术运用上胜过岳飞，再次被杀得大败，最终连万户级别的主将都被岳飞部生擒，仅俘获的各族将领就达十一人之多[309]。岳飞也乘此大胜，一举收复了被金军盘踞一个多月的常州城[310]。

击溃常州驻扎的金军后，岳飞又分出了一部分兵力防守常州及周边重要通路、闸口，预备接应周杞、梁汝嘉等人和刘晏部回城，同时也保护滆湖两岸由张渚镇、宜兴县通往建康府、镇江府的通道。自己则连常州城都没进，便继续率余下人马追歼逃亡金军，一路追杀到了镇江东南的金坛县、丹阳县境内[311]。大概在二十一日前后，岳飞率军基本肃清了金坛、丹阳一带的金军残部，同时也从当地居民口中得知黄天荡战局又有了新变化：

就在岳飞刚刚返回常州城下的同一天，也即四月十三日，被韩世忠围困在黄天荡达二十五日之久的金军，再次通过偷掘新河道的战术，从黄天荡港汊中进入了长江，但随即便遭到韩世忠水师的追击拦截，北渡长江失败，只能进入建康府暂驻。现在两军正在建康府沿江对峙，金军在江南，韩世忠在江北，现下又僵持了将近十来天了。

听说韩世忠部与金军的交战地点果然从黄天荡转移到了建康府，兀术主力也进入了建康城，岳飞麾下诸将大多面露难色，还有不少人暗自埋怨韩世忠实在是太大意了，居然在水上堵金军都堵不严实，陡然加大了本军收复建康府的难度。但岳飞却越发觉得机不可失：现在的战局对本军而言，当然不如金军继续被韩世忠部堵在黄天荡有利。但只要韩世忠能维持住江面上的封锁，自己再从南面进攻，就形成了两军合击的局面，不愁不能大破金军。甚至重创金军主力、生擒兀术都是有可能的。

想到此处，岳飞不但没有半点畏怯忧虑，反而感到一种梦想成真的畅快，和大战在即时特有的兴奋。只是，要做成这个局面，自己一军的动作必须快上加快。因此彻底结束镇江的追袭战斗后，岳飞带部下稍作休整，就全军左旋，突然掉头向西，自镇江府丹阳县，直插建康城南郊。四月二十五日，岳飞率麾下约一万三千名将士抵达建康城南的清水亭附近，随即对驻扎在此、负责把守建康南面通道的一支金军发起了突袭。

在金军暴行的连续刺激和岳飞坚持不懈的教导激励下，岳飞部将士早就对频频屠戮东南百姓的金军恨之入骨，加之在常州、镇江屡战屡胜后士气高涨，所以人人奋力向前，特别是岳飞一直格外优待的猛将傅庆，作战尤为勇猛，将金军杀得大败而逃后仍穷追不舍，以至自清水亭向北到建康府城南十五余里路途中，横七竖八布满了金军遗尸，令驻扎在城南雨花台的建康府留守金军主力见之胆裂。此战结束后，岳飞部将士清点战斗中割下的敌军首级，仅"耳带金、银环"的金人首级，就有一百七十五级。此外还缴获了一百九十三副马甲，和弓、箭、刀、旗、金、鼓三千多件[312]，简直像是天公作美，特意给马上就要发动大战的岳飞一军补充了一批物资。

收复建康府头一战就取得了开门红，全军上下备受鼓舞，更加摩拳擦掌、跃跃欲试。然而，还没等丰厚的战利品全部清点归置完毕，硬探带回的韩世忠部最新战况，就让不少将士的笑容僵在了脸上：

今日一早，也就是岳飞一军清水亭大捷的几乎同一时刻，兀术所率的金军舟师，采用了建康府几个南宋士人所献之策，趁晴日无风，韩世忠军中所用的大型海船无法张帆航行之际，以轻舟小船出冶城之西金军刚刚掘成的、经由秦淮河通往长江的河道，绕到了韩世忠所率水师的上流，随即以火箭等引火之物对宋军船只发动火攻。韩世忠部将士未加提防，加之所乘大型海船只能靠风力航行，所以几乎只有坐受围攻。着火的海船或沉或漂，顺流而下，使建康府到镇江近百里长江江面上火光连天，黑烟蔽日，不少将士和家属阖家随船而沉，死状极惨。韩世忠部下至少两员大将战死，韩世忠本人也全靠江北长芦县崇福禅院僧人组织的一支民间义军救援，才得以幸免于难，只能收罗残部退回镇江驻扎，再也无力与金军缠斗了[313]。而兀术所率的金军则如愿突破了封锁，控制了建康府一带的江运通道，开始好整以暇地将此次深入江南"搜山捡海"掳掠到的财富珍宝，分批以船载入长江北岸运河中。兀术本人则前往建康府对岸的六合县驻扎，总督长江南北两岸金军，经营江防及一应军务。

一日之间，局势陡然逆转。本以为的十拿九稳上风局，转眼又成了万余名孤军对垒近十万金军主力的逆风局。而且宋军失去长江江面控制权后，已经于此月初自山东南下到淮东的金国重臣、元帅左监军挞懒，也随时可能调集人马南下助阵甚至南渡长江作战，协助兀术实现经营建康、长驻江南的图谋——早在兀术被困黄天荡之时，挞懒就曾派麾下将领乌林答泰欲南下到长江北岸的六合县，保护自江北输送粮草给建康府金军的漕运通道，同时策应并试图救援兀术，显出了远高于宋军的大局观和协同作战意识。相反，宋军这边，则除却岳飞一军外，再无一人一马到城下。张俊、刘光世根本连影子都看不见，而且可以确定就现在派人前去求援也没用；韩世忠部则确是有心无力，无法再参战了；还剩几支游荡在周边的前江淮宣抚司旧部和民间抗金武装，要么主将被牛撞伤了不能领军，要么还没起兵就事败被杀，更加指望不上……

不但要以寡击众，直面金国最高级别的将领和重臣，还没有任何友军外援可以指望，这个仗，还有办法打下去，还有义务继续打下去吗？

## 2 辉煌也沉重的立国东南第一功

建炎四年四月二十五日，一路转战逼近建康府南郊的岳飞一军，刚在清水亭获捷，就被不够给力的友军当头泼了一盆冷水，不少人的心态都有点崩。包括岳飞的情绪也不免有些波动。但倘若真的就此收兵回宜兴，那就再没哪支宋军敢来收复建康了。

而若宋军果真放弃建康，任凭兀术率部留在此地度夏，金军长驻江南就成定局，一待秋凉，便可再发人马攻击南宋朝廷中枢所在。到时宋军没有了时间和空间的缓冲，将无法组织"防秋"。刚被放了血的淮南、江南、江西民众也得不到喘息复苏的机会。南宋面临的问题将不仅仅是防务崩溃、财力民力再受重创，而是根本无法再在东南立足，只能试着转去关中、川蜀续命。但以此次宋军和南宋朝廷的表现来看，若真到了这一步，恐怕当今天子根本无法突破江南、江西金军的重重拦截进入川蜀或关中，而是不出一月就会被金军生擒活捉，拎去白山黑水和徽、钦二帝作伴。

简言之，还是半年前马家渡之战后，岳飞在钟山对士兵们演讲时反复强调的那个道理：建康乃江左形胜之地，使胡虏盗据，无以立国。所以岳飞认定自己一军此次只能是有进无退，就算真和金军拼个玉石俱焚全军覆没，也得把建康府拿回来。

把这层利害关系和全军将士分说明白后，岳飞审度清水亭周遭地势，率领麾下一万三千多将士，驰上了清水亭西面十五里的牛头山。牛头山即现在南京市江宁区内的牛首山，山如天然双阙，自北至南绵亘在建康府之南，虽然最高峰也不过四百多米，但山势曲折，谷深林密，方圆近百里，是非常好的驻军隐蔽之处。

由于牛头山距离金军设在建康城南城下的雨花台大寨只有十余里地，岳飞部清水亭一战又着实让金军吃了苦头，所以雨花台驻扎的留守建康府金军主力很快就锁定了这支孤军，发兵前来围剿。然而牛头山地势过于广阔，岳飞部下将士又个个精悍机敏，神出鬼没，时而隐身不见，时而声东击西，时而依托山势和金军正面相持，令前来清剿的金军疲于奔命。两三天下来，金军没能灭掉岳飞部多少人，倒是眼睁睁地看着山势高处石墙渐起，壁垒森严，俨然有长城之势[314]，要害位置的岗哨据点、机关砲弩也日益齐备。不仅如此，岳飞还开始招揽四周的民间武装力量，很快就联系上了建康府一名低级官员钱需设法集结的、原隶属建康府及下辖各县的数千名乡兵和民间义勇,说服他们一起上牛头山据守。随着敌军越来越难捕捉,己方伤亡越来越大,金军只好收兵回营,同时派人过江去六合县报告主帅兀术,请兀术定夺如何应对。

由于年前在马家渡之战中,险些逆转战局的岳飞给金军渡江诸将留下的印象太过深刻;也由于随后岳飞在广德军、溧阳县、常州主动挑战金军而造成的金军败绩,夹在一堆宋军望风而逃、大金无往不利的战报中着实刺眼,所以兀术是记得"岳飞"这个名字的。而且今年正月间,由建康府渡江北逃到淮东的杜充终于如岳飞先前预料的,在众叛亲离、走投无路之下,正式投降了金军。在向挞懒等人交代宋军内部情况时,杜充也没少提岳飞的事迹,还提到了自己想拉拢岳飞同来江北而未成的情况。所以一听是岳飞率万人之众前来建康府,兀术没有因岳飞此时官位尚低,就轻视这支还没有正式番号的孤军,而是当即安排人马渡江南归,打算亲自坐镇建康,清除掉这个看起来无足挂怀,实则可能致命的威胁。

五月五日,兀术沿十日前强渡长江时所经的长江—秦淮河新开河道,返回了建康府,驻扎于建康城东南正觉寺附近[315],打算亲遣人马增援雨花台大寨金军,合力剿灭驻扎在牛头山上的岳飞部军。然而,还没等兀术下令,已获知兀术返回建康的岳飞,就主动对雨花台驻扎金军发起了奇袭——就在兀术所遣援军前来与雨花台驻扎金军合兵的当天,岳飞挑选了百余名武艺高强、胆大心细的精兵,令其身着与金军衣甲颜色相仿、夜间又难于辨识的黑衣[316],趁中宵过后月沉西天[317]、夜色深重之际,潜入金军军营,四下杀掠纵火。本来就不擅长夜战的金军睡梦正酣时突遭袭击,好不容易挣扎起来找到武器,却是敌我难辨,但又不得不战。如此自相残杀许久,直到四周渐静、天色微明,才发现潜入的宋军早就撤到了寨外,自己奋力厮杀,却只是错杀了不少同袍,给宋军的功劳簿添了新功。

吃了如此大亏的金军再不敢疏忽大意,当天便选拔精锐兵力,组成了数支夜间巡逻小队,以加强入夜后的军营警戒。却不料岳飞又选了一批精兵,当晚便衔枚潜行,埋伏在雨花台金军大寨四周,摸清了金军夜间警戒队伍的班次和巡视线路后，瞅准各支巡逻队交汇碰头的空档和路线死角，分批出击，将这些警卫部队生擒的生擒，抹脖子的抹脖子，尽数歼灭，一个没剩。而金军则直到天亮，才发现精心添置的警卫力量，已经又给岳飞部送了人头。

两场窝囊仗打下来，雨花台金军的伤亡不知不觉已近半数。而且接连两夜寝不安席、同袍死伤惨重，就算命大接连躲过了两劫的士兵，到此时也已经疲倦不堪，人心惶惶，产生了严重的畏敌畏战心理，再也无力无心组织对牛头山岳飞部的围剿。

岳飞也判断这支金军的士气和体力，此时应该都到了濒临崩溃的临界点，于是趁热打铁，刚一接到夜袭金军成功的捷报，便亲率三百精锐骑兵和两千名步兵，自牛头山疾驰而下，直奔雨花台金军大寨，对盘踞在此的金军发起了突袭。由于金军在两次夜战中已经伤亡不小，剩余的金军也被宋军的频频夜袭折腾得精疲力尽，远未恢复元气，所以抵抗乏力，很快就被岳飞亲率的前锋部队攻破了营寨，最后只得忍痛放弃经营已久的这处据点，逃回建康城中。岳飞部则一举拿下雨花台大寨，不但缴获了金军之前囤积在此的钱粮物资，解救了一批被金军掳掠的建康百姓，还获得了可自雨花台上居高临下俯瞰建康城的地利[318]。城中敌军的大规模行动，如今都历历在目，掌握最新敌情方便多了。包括兀术返回建康府后驻扎的正觉寺，距离雨花台正对的建康府南城墙也不过四里地，两军的声息动静、各部旗号，已经可闻可望也可即了。

刚刚重入建康府就遭遇如此惨败，令向来鄙视宋军的兀术十分难堪，也对留驻江南丧失了信心。虽然岳飞现在只是打下了金军雨花台、钟山两处大寨中的一处，还没开始攻打城池，但一来，建康府之南地势开阔，只有牛头山、雨花台算是两处险要，如今却都已经被岳飞控制，实际等于宋军已经全面掌控了建康府之南的局面，进可以雨花台为据点袭扰南城，退可上牛头山保聚。相反，自己要想彻底剿灭岳飞部，却很难办到，因为牛头山山区过于广阔，就算自己亲统重兵清剿，也很可能事倍功半、劳而无功。

二来，兀术所驻扎的正觉寺距离雨花台不远，岳飞部两夜一天攻打雨花台金军大寨时的鼓角呐喊，兀术听得清清楚楚。他心里很清楚：岳飞在自己回建康府当天就开始袭扰雨花台金军，更在获知自己驻扎正觉寺之后立即出兵袭取大寨，除了战术上步步为营的需要之外，也有再明显不过的示威之意。一支不过一万出头的宋军，居然敢对自己挑战示威，这让兀术震怒不已。但通过询问雨花台逃还金军对整个战斗过程的描述，兀术心里又很清楚，岳飞一军现在的战斗力和斗志，已经远非其他宋军可比，也绝不是金军凭借兵力优势就能轻易剿灭的。自己如果继续率主力留驻在此，毫无疑问就得像雨花台驻守金军一样，时时准备面对岳飞一军不分白天黑夜的袭扰，歇兵休整根本无从谈起。

而且，一旦自己与岳飞部的缠斗成为日常，周边众多观望不前的宋军，和正在犹豫是否要天子亲征的南宋朝廷也会受到激励，随时可能转变态度，前来襄助岳飞。万一形成多路宋军合击之势，向来易攻难守的建康城就成了凶多吉少的险地，即便自己能以一敌万以少胜众，也是得不偿失。

但若就此放弃经营已久的建康城，和筹备了许久的长驻江南计划，兀术又实在不甘心。思来想去，他决定做两手打算：一方面，再派重兵，出城前去攻打驻扎在雨花台的岳飞一军，尝试夺回雨花台大寨。另一方面，组织城中金军部队，掳掠城中青壮年人口和财物，做放弃建康城北渡的准备——反正就算留在建康度夏，也免不了要抓壮丁补充兵员、劫夺财物赡军；要是真的北撤，那就更是不可或缺的固定动作了。

但五月八日出建康南门攻打雨花台大寨的这支金军，同样未能讨得便宜。凭借雨花台山势，和之前金军为防卫雨花台大寨而新开的两条"护寨河"，岳飞一军不但杀败了前来袭击的金军，成功守住了雨花台营寨，还趁势反击，突进到建康城西郊，破坏了金军自秦淮河入江的通道[319]。这样一来，金军即便要弃城北渡，也断了一条通路，选择余地大大缩小了。

闻听通江水路被断，兀术再也按捺不住怒气，亲率大军赶来城南增援，但等赶到雨花台下，却发现岳飞居然已经放弃雨花台大寨，退回牛头山了[320]。自己亲领数万金军铁骑冒酷暑而来，却只扑了一个空，白费了半天厉兵秣马、整装披甲的力气。

更让兀术灰心的是，岳飞一军将秦淮河入江河道破坏得十分彻底，短期内无法修通。这犹如搭在战马重负上的最后一根稻草，彻底压垮了他留在建康府与岳飞周旋的信心。自己重回建康府才四天，就连遭大败，现在连北归通道都被人断了一条。要是再对峙下去，怕不是所有归路，都会被这个狡猾的敌将用自己难以预料的花式，一点点堵上、封死？

兀术年岁与岳飞相当，在金国也是以年轻有为而著称的小字辈将领[321]，但他十八岁就追随父亲阿骨打、堂兄粘罕、二哥完颜斡离不等名将谋臣灭辽伐宋，战场经验和阅世经历都已经十分丰富，而且性格冷静理智、顽强坚韧，有时甚至冷静到了冷酷的程度。因此，他断定自己在智计机变上不是岳飞的对手，再在建康待下去绝无便宜可占后，他没有犯兵家大忌，怒而兴师，继续领兵往牛头山追剿岳飞部，而是直接连雨花台大寨也弃之不守，收兵回城，正式开始筹措弃城北归事宜。

但想到自己此次深入江南几乎无往而不利，就算在和韩世忠进行女真勇士完全不擅长的水战时，都能屡败屡战见招拆招，最终反败为胜，最终却在长驻江南大计眼看就要成功的最后一刻，棋输半招，被一个几个月前还是降臣杜充部下的宋军小将掀了自己经营了半年之久的好局，兀术还是一口恶气闷在胸膛里憋得难受，想起来就想吐血。恼羞成怒之下，他再次犯了当时大部分女真贵族的"痼疾"：以暴力手段来发泄愤怒，获得心理补偿和满足感。

五月八日回军正觉寺附近后，当日刚一入夜，兀术便令部下在城中"散取老弱之遗者，悉杀之。纵火大掠"[322]；随后又逐渐发展为无差别屠城，除了提前掳掠来监禁在正觉寺中的南宋降臣和青年丁壮，其余居民无论老弱妇孺，都尽遭屠戮。

另一边，岳飞率军撤回牛头山后，闻听兀术已经放弃雨花台大寨收兵回城，便料定兀术是要放弃建康城撤军了，于是只留少量人马看守牛头山营垒和缴获的辎重，保护山前通路以防万一，自己则亲率大部主力二下牛头山，再次进驻雨花台大寨。不料刚刚行到城南，就看见城中似有红光照天；再上雨花台登高一望，才知建康城已成了又一处修罗场。

眼睁睁看着百姓无辜被祸，岳飞和麾下将士又悲又怒，很多将领和士兵纷纷向岳飞请战，恨不得立即攻入城中解民倒悬。但岳飞悲愤之余却仍然清楚：凭自己手中万余人马，想要一举破城是不可能的。只能继续采用游击战术，逼迫城中的数万金军尽快北撤。于是九日、十日接连两天，岳飞一军将士不分昼夜，分批连续出战，或者寻找无人防守处攀越城墙，截杀城内金军；或者正面猛攻南城城门。兀术不堪其扰，只得提前开始向城北的金军钟山大寨撤退——其实，到此时兀术还是有一个翻盘的机会的，就是利用岳飞一军救人心切的心理，放弃建康城防，主动放岳飞部入城，而后在城中设伏邀击。但兀术此时已经对岳飞深为忌惮，生怕稍有疏忽，所谓的诱敌之策就成了主动递给岳飞的剑柄。加之金军骑兵本也不擅长巷战，所以根本没往这个方向考虑，而是彻底放弃了建康南城，全速向城北退却了。

获知城中金军已经开始向城北移师，岳飞更加确定金军是要放弃建康城、北渡长江，渡江之期很可能就在一两天内，而城南此刻应该已经没有金军留驻了。但他没有马上率军入城，而是找来了几日前自己邀请上山的钱需所率乡兵义军，和本军分出的数千正兵一起，自建康城南门入城，一面灭火救人，一面尾袭可能掉队、落后或潜藏在街巷中的金军。自己则领另一半人马，绕建康城外小路，直奔金军北渡长江的渡口静安镇（今江苏省南京市下关火车主题公园一带）——秦淮河通江河道被破坏后，金军要北渡长江，只能利用这一带的渡口。所以现在岳飞要尽可能快地赶到此处，以便趁金军半渡之时，再予敌军痛击。

五月十一日上午，岳飞率军急行军赶到了静安镇渡口，果然发现兀术一军已经开始乘船渡江，只是速度比他料想的快得多，这会儿已经渡走大半人马了。想来是兀术深恐动作迟缓再生变故，所以加快了行军速度。仇人相见，分外眼红，已经恨极了眼前这帮杀人凶手的岳飞部将士当即发起猛攻，甚至顾不上按照军中计赏的要求割取敌军首级，而是撞见一个敌兵就"以戈殪其人于水"，很快将还未登舟渡江的金军士兵尽数歼灭，以至金军还没来得及搬运上船的掳掠所得在江边"填委于岸者山积"。这一战，岳飞一军斩获的"秃发垂环"、可以确认是女真族士兵的敌军首级就近千级，更不要说还有不少敌军是被杀死或淹死在江中，无法割取头颅，所以实际杀敌数当达数千人，是当之无愧的大捷。此外，岳家军还在数日的连续作战中，招降了以汉儿为主的千余名敌军士兵；生擒了包括万户、千户这一级别的高级军官在内的各族将领二十余人，其他俘虏二百多人；缴获了三百匹战马，和数万件铠甲、武器、旗鼓，以及不少金军用来转运物资的牲口和辎重[323]。战果之辉煌，不仅于岳飞自己而言是前所未有，放在当时所有宋军官军取得的战绩里，也是破天荒头一次。

当然，更重要的是，通过长达十七日之久、不分昼夜地艰苦鏖战，岳飞竟然仅凭一万三千多兵力，就在内有强敌、外无援军的绝境下，从数倍于己的金军手中夺回了建康城，挫败了金军以建康府为据点和跳板长驻江南的图谋，更为大宋和江南百姓争得了生机。

——兀术北渡长江逃回六合县后，一直留驻到七月，才因要随三哥完颜讹里朵征战陕西六路而北返。而建炎四年三月开始频频南下淮南策应兀术的完颜挞懒，则一直没有离开淮北地区，更在当年十月发动了对南宋东南地区的新一轮攻势。足见五月时如果没有岳飞迎难而上，收复建康，那么兀术率金军南下主力留驻江南必成定局，如此只要再过三个月，江南百姓就得面临新一轮的战火威胁和烧杀抢掠，南宋政权也很可能挺不到第二年。因此说这一仗奠定了南宋立国东南的基础，使宋朝继续以半壁江山与金军对峙周旋有了可能，并不为过[324]。

尤其令时人难以置信的是，最终为大宋实现这个奇迹般胜利的人，竟然不是韩世忠、张俊、刘光世等成名宿将，也不是张浚、吕颐浩这些当时被视为"知兵"的名臣。

——要知道就在岳飞已经率军进入建康府境作战的四月底，大臣汪藻还在向朝廷建议，建康府能否收复，对眼下国脉的存续至关重要。所以朝廷应：

> ……及五、六月我师便利之时，会诸将与韩世忠，一举扫
> 除，……使惩创终身不敢复南。其利害岂不相万哉？虽近闻

遣张俊提兵过江节制浙西人马，迤逦前去，以为策应，此固陛
下长算也，不知张俊果能为陛下有慨然立功之意乎？臣愚欲乞
专差德里使臣数人，齐陛下宸翰星夜兼程自荆襄、邓、湖，以
来迎张俊军，令分数万人顺流而下……敌人见上流之师突然
而至，莫知其数必破胆奔溃，此制虏一也。如其不然，八九月
间，气候稍凉，彼得时也。机会一失，虽悔何追！[325]

也即会合韩世忠、张俊两大将和其余东南诸将的人马还不够，还要调坐
镇川陕、前不久东出至荆、襄一带，试图牵制东南金军的重臣张浚率军东下
合击。

谁知话音未落，朝廷也还没想好要再怎么激励张俊、刘光世诸大将为国
尽忠，这个人人视为畏途的艰巨任务，就让一个才刚满27岁的青年统制官完
成了。

于是，从仍然战战兢兢、喘息未定的天子赵构，到一干中枢重臣和韩世
忠、张俊、刘光世等成名宿将，再到饱受苦难、对官军已经近乎绝望的江南
百姓，都对这个名叫岳飞的青年将领产生了极大的好奇。很快，在岳飞的捷
报送抵朝廷后不久，命令岳飞亲自押送历次战斗所获俘虏前来行在，献俘于
朝，同时参见皇帝、论功行赏的诏书，便从千里外的越州，送到了刚刚自建
康府返回宜兴的岳飞手上。

得知主帅获得了觐见天子、面聆圣训的机会，岳飞麾下将士和宜兴百姓
都极为兴奋，也对岳飞此行充满了期待，以至于听说了消息后，整个张渚镇
都沉浸在一派喜气洋洋的节日般的气氛里。而看着手下几个年轻亲兵脸上一
连几日都掩饰不住的笑意，和恨不得走路都要蹦着高走的劲头，岳飞一时竟
颇感羡慕：

接到朝见的命令后，他心里也是一时之间感慨万千，然而却没法再像眼
前这些没比他小几岁、不少人还比他年长的青年士兵一样，享受无忧无虑、
纯然纯粹的快乐和轻松了。——建康大捷固然辉煌，因为大捷即将给他带来

的权位和名声也确实煊赫。可世间任何事情都是有代价的，而且往往越是辉煌的成就，索取的代价也就越高昂。比如五月十一日，率部取得建康之战的胜利后，岳飞也兴奋了好一阵子。然而凯歌而还之际，刚行到溧阳县，岳飞就迎头碰上了前来建康府寻他的刘经麾下部将、自己的汤阴县同乡王万，得知刘经其实早在年初就已经受不了本部严格的军纪，也厌倦岳飞一军出战太频繁，作为部将之一天天要冒出生入死的风险，得不偿失，动了离军出走的心思。四月中旬，岳飞回防宜兴与刘经发生矛盾后，刘经更加不满，还顺便恨上了没替他遮掩过失的岳飞妻子李娃。如今将近一个月过去，刘经见岳飞迟迟不归，又听闻建康府一带宋金两军的战况极为激烈，便以为岳飞这次出军必然不利，很可能要全军覆没在建康城下了，竟动了杀掉岳飞全家、吞并张渚镇留守部队自成一军另寻活路的心思。好在岳飞的妻子李娃，以及岳飞留下陪同刘经守护后方的几名将佐都机警细心，刘经目前还没找到下手的机会。而被刘经视为心腹的王万，作为岳飞的同乡，早在汤阴县时就佩服岳飞的为人，如今眼见刘经打定主意要作死，实在看不下去，一面偷偷给岳飞的家人递了警报，一面跟刘经说要带一队人马到附近提前找一下独自成军后的落脚地，实际出了张渚镇就寻小路调头北上，来找岳飞报信了。

刘经心怀不轨，岳飞事先不是没有察觉；但自己已经留下人马防范监视，他居然还敢起这样的心思，甚至还对自己的家人怀恨在心，必欲杀之而后快，却是岳飞没想到的。事涉母亲妻儿的生死安危，岳飞也着了急，根本不敢等到自己率领大队人马行抵张渚镇，就派手下心腹将领和母亲姚氏有远亲关系的姚政，秘密随王万赶回张渚镇处理此事。姚政回到张渚镇，偷偷潜回军营，与岳飞妻子李娃和留守将佐商议安排妥当后，率领一队心腹士兵藏于岳飞家中，而后假称岳飞母亲姚氏刚得到岳飞传信，有要事相商，请刘经前来岳飞家中商议。刘经不知姚政已回，认为岳飞家人都是老人、孩子和弱女子，便未加提防，大大咧咧进了门，结果被姚政当场格杀。不一会儿，岳飞也领兵急行军返回了张渚镇，顾不得拜见家人，便去安抚刘经部下。好在刘经部的士兵本也只有一千多人，刘经这事又做得太丧良心，所以士兵们倒是都愿意归入岳飞麾下效力，对刘经之死并无什么怨怼情绪。

然而，尽管刘经的罪行无可置疑，其阴谋也不及实施就被消灭在了萌芽状态，此事却还是对岳飞造成了不小的心理冲击：他自认从驻军茅山开始，自己对刘经一直是曲尽同僚之谊，并无任何猜忌和苛待，实在没想到最后还是以这样血腥的方式收了场。不过来来回回把两人的交往想了好几遍后，岳飞渐渐琢磨过来：也许问题恰恰是出在自己对刘经太过客气了。一来，长期容留一支一千多人的人马在军中，还允许对方主将一直保持和自己平起平坐的地位，就不是很合理的安排。正确的做法应该是磨合期也得有个期限，时间一长，就应该要么正式合军，要么发现对方不愿合军归编后趁早打发走。而自己平日出于同僚情面，对刘经多有迁就，怀德而未立威。包括之前对扈成和郭吉两部人马的做法，可能都导致刘经认为自己在处理同僚关系上心肠太软，所以才有了侥幸心理。

　　总之，在刘经这件事情上，如果提前把一些丑话说在头里，把一些不那么英雄好汉义薄云天的利害关系和小算盘摊开挑明、安排妥当，或许事情反而不至于到这一步。

　　——管理几万人和管理几千人不是一回事；管理十几个手下人马都是千人起步的人中英豪，就更是另外一回事了，不是仅仅做到赏罚严明公平仁爱，就可以不发生矛盾，而是必须正视权力牵引出的欲望才行。


　　"刘经事件"算是岳飞在领军治军上吃的第一个教训，也让他原本昂扬的情绪多少有些低落，但还不至于让岳飞难以释怀。

　　刘经的问题本可以处理得更好，和刘经最终的选择该当死罪，在岳飞眼里是完全不矛盾的两件事。何况平定刘经后，和妻子小别重逢的岳飞就得知了一个喜讯：李娃已经有了身孕，如今已经将近三个月了。想到若不是妻子和其他留守将佐够机警，又有王万这样心存忠义的同袍及时通风报信，爱妻没准就和腹中娇儿一起做了刘经的刀下鬼，岳飞不由出了一身冷汗，也更不觉得自己最后对刘经的处理有任何不妥之处。所以，此时真正让岳飞难以释怀、无法毫无负担庆祝胜利的，还是收复建康时，建康百姓的惨烈死亡。

　　——在静安镇成功截杀渡江金军后，岳飞率军自建康府北门入城，前去与南城分兵和钱需所率的乡兵会合，一路中亲眼看到被金军屠城的建康府是何等惨状："……城中头颅、手、足相枕藉，血流通道，伤残宛转于煨烬之间，……得全体四千六百八十有七，断折残毁不可计以全者又七八万。"[326]更让岳飞和麾下将士难过的是，还有不少被他们从烈火中、废墟里救出的百姓，虽然一时获救，却仍因伤势过重，生机渺茫，不少人"数日而后绝"。这些受难者垂死之际痛苦呻吟、求生不得求死不能的惨痛景象，以及施救者们面对这样的重伤员医治徒劳、不医治又不忍的煎熬，成了岳飞等人心头挥之不去的阴影。

在此之前，靖康年间金军在河东、京畿地区大开杀戒也好，此次深入南方后在江西、江南频频屠城也罢，岳飞大多数是间接耳闻，并未直接目睹；然而这次建康府的惨状，岳飞不仅看了个真切，还总觉得自己也多少有责任在其中。尽管自己一军的频频出击加快了金军自建康府北撤的速度、缩短了金军屠城的时间，入城后更是救助医治了不少百姓，但毕竟没能第一时间制止兀术的暴行；而且兀术屠城，也多少有发泄对岳飞一军屡败金军之恨的因素……

虽然这些早已超出了岳飞的责任范围；虽然如果没有岳飞收复建康城，建康百姓的遭遇只会更惨痛，但眼见同胞受难如此深重，岳飞还是不可避免地感到内疚。因此，每每有百姓和士人在他面前称颂建康大捷，赞扬他第一次独立领军作战就出手不凡、威震天下时，他心里想的却是这份胜利，实在是来得太惨烈，也太沉重了。

当然，内疚归内疚，岳飞并没有过度自责，更没有沉溺在这种负面情绪里不能自拔。他很清楚：一味陷在这种情绪里于事无补，除了自我折磨，并不会对暴行真正的责任者——以兀术为首的女真贵族们产生半点伤害。真正能惩治罪魁祸首、阻止这种悲剧再发生的，是更雄厚的兵力、更严明的号令、更积极主动的对金作战、更多真正愿意为国奋战也能够打胜仗的将领，更多恪尽职守才德配位的官员，以及，一个真正愿意，也能够对天下人负起责任的朝廷。

这些事情，有些在他力所能及的范围内，有些不在，或者他一个人说了不算。但是在建炎四年这个流血的春天里亲眼见证了无数人间惨剧之后，他已经下定决心要尽自己最大的努力去尽可能地争取、尝试。

——眼下的朝见，或许就是进行这种努力的一个上佳机会，他得好好把握。虽然回想起三年前在当今天子麾下的经历，他也不能确定自己究竟能把握住多少、争取到什么。

经历了扬州之变和航海避敌的惨痛后，大宋的这位新官家，和自己熟悉的那位康王赵构，能有些不同吗？就算真是有了几分不同，又是否足够支持自己的志向和心愿？

## 3  机关重重朝见路

建炎四年六月上旬，岳飞精心挑选出一批随行将士，清点好要押解到行在的一百多名战俘，准备动身前往越州，但尚未起发，便接到了朝廷的新指示[327]：

岳飞一军自六月七日起，归浙西、江东制置使张俊节制，即刻起兵前往广德军、宣州、湖州一带，配合将自杭州北上的张俊，剿抚悍匪戚方。

南宋朝廷为了区区一个戚方摆出如此大的阵仗，也是迫不得已。宋军在建炎三年年底到建炎四年年初的空前大溃败，不仅让江南、江西、湖南无数民众无辜枉死在金军刀下，还引发了国家机器崩溃所导致的社会失序。各地溃败的官军，报国无路四处流散的民间抗金武装，以及在朝廷和金军之间摇摆不定、夹缝求存的各路兵匪、草寇、流民……都趁着金军大举深入、宋朝官员或死或逃之际露头冒尖，兴风作浪，以致金军北归后，江东、江西、湖南、湖北等地的大部分州县并未归于太平，而是陷入了新一轮杀戮和动荡。

在京西北、南路（今河南省西、南部及湖北省西北部大部分地区）和荆湖北路（今湖北省大部分地区），有曾和岳飞同在东京留守司效力的李道、李横、桑仲。去年夏天杜充放弃东京开封南渡建康府，这三人被杜充扔在了东京，不久便结伙出走，成了活跃在京西、湖北的巨寇，到处劫掠民财、妇女，强拉壮丁，擅杀平民，甚至以人为粮，几乎无所不为。

还有盘踞汝州（今河南省汝州市）伞盖山的溃兵头目王俊，虽然名义上也是有品级官职的官军将领，实际却经常与桑仲，以及仍在洛阳周边山区坚持抗金的豫西义军领袖翟兴缠斗不休，把建炎元年冬被金军突袭后本就元气大伤、赤地千里的京湖地区，彻底搅成了水深火热一锅粥。

在湖南，有自称"弥天大圣"的钟相，趁金军入侵、人心惶惶之际，把自己已经偷偷摸摸搞了十多年的、以"等贵贱、均贫富"为号召的聚众传教活动，从地下转到了地上，在鼎州（今湖南省常德市）公开起兵，起初号称是保境安民的忠义民兵，也确实救助了一部分流亡的百姓和士大夫；但金军退出湖南后，却开始攻打州县、杀害官吏，不久便控制了整个洞庭湖周边地区。

这还不算，建炎四年三月，岳飞的同乡孔彦舟也来到了鼎州。孔彦舟在建炎元年赵构登基称帝后，被旧主人再次抛弃，踢去了东平府当地方统兵官。但仅仅当了一年半，就因与当地已婚赵姓宗室女私通事发，而与原本就互相看不对眼的顶头上司、东平府知州权邦彦彻底决裂，再次叛出了官军，一路游荡到了淮西、湖北。听说钟相在洞庭湖作乱后，孔彦舟觉得有机可乘，便率军南下湖湘，果然被畏惧钟相的鼎州吏民奉为了救星，也很快就击败了钟相部，将钟相本人和钟相的妻小、心腹都擒杀殆尽。

但百密一疏，钟相的次子钟子义和钟相旧部杨么[328]，这两个钟相旗下的重要人物，偏偏都逃过了孔彦舟这次清剿，辗转回到洞庭湖后，没多久就再次拉起了队伍，继续与官府为敌。而孔彦舟自一战成功后，也无意继续替朝廷干苦力，不久便由鼎州南下，占据了荆湖南路首府潭州（今湖南省长沙市），后来又陆续派兵占据了湘南的衡州（今湖南省衡阳市）、永州（今湖南省永州市）、全州（今广西壮族自治区全州县）、道州（今湖南省道县）和广南西路北部的柳州，成了湘东、桂北最大的半独立武装势力，几近割据。

在淮西，有大半年前刚被岳飞收拾过一顿的李成。李成自建炎三年十月底在真州六合县长芦镇败给岳飞后，转而去了滁州，之后又趁金军渡江南下的空当，经六安县一路流窜到了舒州（今安徽省潜山市），于二月间夺取了舒州城，扣押了提刑以下州县官员近百人，还杀害了知州郑严。但建炎四年五月南宋朝廷选任边将时，考虑到李成一部战斗力强悍，舒州又位于长江与大别山之间由荆湖东上淮西的通道上，位置冲要，所以没追究李成的罪责，反而顺水推舟，就势任命李成为舒、蕲镇抚使兼舒州知州。无奈李成表面接受了朝廷任命，实际故态依旧，一军内外事宜皆自作主张，还时常骚扰周边州县，拉丁抢粮，仍与叛军兵匪无异。

此外，还有岳飞的同乡、前东京留守司统制官张用，以及他的新婚妻子、原东京留守司女将"一丈青"王氏。后者是建炎三年九月间间勃在濠州遇到张用时，被其做主嫁与张用的。当时张用正从驻军的确山县（今河南省确山县）前往濠州（今安徽省凤阳县）一带搜刮粮草，和从洛阳南下寻找朝廷、遇阻于濠州的间勃碰了个正着。间勃一直对张用印象不错，张用也自打投效东京留守司后就一直敬重间勃的为人，所以双方没受官与寇的身份限制，故人相对好好叙了一回旧。间勃力劝张用值此国难当头之际，应该多跟他的小老乡岳飞学学，忠义为重，把一身勇武用在保国安民上；还顺手做了个大媒，将数月前刚刚经岳飞保举跳槽到自己麾下效力、被自己认了义女的女将"一丈青"嫁给了张用——说来，"一丈青"的前夫马皋被杜充所杀，就是因为建炎三年正月被杜充派去剿灭王善、张用时，被张用杀得大败亏输。换言之，张用其实算是"一丈青"间接的杀夫仇人，如今却能旧怨翻作姻缘，当是"一丈青"和张用在东京留守司共事时就对彼此的人品较为了解和认可，所以未产生太深的误会，间勃也才会开口提这门看起来简直像故意找事儿的亲事；甚至有可能因为两人都与岳飞关系不错，因而彼此闻名并互相敬重，进而能让间勃出面为两人说合的。不过不管两人之间到底有怎样的故事，也不管两人的乱世奇缘和岳飞有没有关系，间勃的这番苦心张用是没有辜负，从濠州回到确山县后，虽然还是日常和百姓、官府抢粮食，但没做什么太过分的缺德事。建炎三年冬金军全线南下时，张用正率部驻扎在确山县东南的光州（今河南省潢川县），虽然积聚了不少人马和粮草，但缺乏整合训练和盔甲装备，结果被由光州南下黄州长江渡口的金军以五百重骑兵击溃，囤积的粮草物资也焚毁一空，只能再度成为流寇，沿着淮河两岸时西时东地兜圈子。眼下，夫妻二人刚刚带着号称十万众的人马回到潢川县、信阳军（今河南省信阳市）一带，随即又越过大别山，南下荆湖北路的德安府（今湖北省安陆市），却不料刚到德安府扎下营盘，军中就爆发了兵变。而张用大概是在南北辗转的过程中精疲力尽，彻底厌倦了尔虞我诈弱肉强食的绿林生涯，竟然在兵变并没直接针对他本人的情况下，抛下近十万人的队伍，只带着自愿跟随他的两千多人跑到了鄂州（今湖北省武汉市），投奔了鄂州安抚使李允文，再一次接受招安当了官军将领；而张用麾下和张用结拜过义兄弟、在军中几乎与之平起平坐的曹成，因为恼恨张用不打招呼就投了官军，从此和张用成了仇家，对张用亲自统领的中军大开杀戒，还是多亏了"一丈青"王氏挺身而出、别立旗帜召集残部，才将连家属在内总共两万左右的中军人马带离了险地，转去了鄂州与张用会合；然而张用一军剩下的近八万之众，仍就此归了曹成，在曹成的控制和影响下，很快成了比张用统领时更为贪婪也更加嗜血的一支匪军。

在江南地区，主要就是戚方了。和桑仲、孔彦舟、张用动辄号称"十万"甚至"数十万"的雄厚兵力比起来，戚方手下人不算多，能上阵的战兵只有万人左右，但作战和劫掠手段异常残忍，破坏力一点儿不低，就在岳飞率军收复建康府时，还在宣州以诈败设伏的方式，暗害了从常州奉命前来剿灭戚方的刘晏。

从辽国辗转投宋后颇有战绩、并在苗刘之变中有反正之功的一时名将，居然没死在和金军的搏杀中，却折在戚方这个溃兵头目手里，这令南宋朝廷大为震惊，连忙下令正在江西鄱阳驻扎的刘光世移师江东，讨捕戚方。不料刘光世大半年都在江西躲着金军跑路就算了，居然连剿匪都打退堂鼓，不但没有秉命即行，反而上书朝廷，开始跟朝廷理论起自己半年多来受的所谓排挤，说什么"臣独立寡与，不善奉人。杜充当权，求一节制即能杀人，遂因申明军事，频触其怒，幸陛下保容。而大臣切齿恨臣，未尝一日忘念。含沙射影尚能杀人，况当路大权，生死在手。臣不容无惧"[329]，嚷嚷着要立即辞去官职，提前退休以保性命……

刘光世近乎撒泼打滚的推诿避事，把赵构和一干朝廷大臣气得够呛，而诏书奏书往来之间，半个月就过去了。这半个月里，戚方虽然被从平江府前去宣州助力剿匪的宋军统制官巨师古先后击败于宣州和湖州安吉县，被迫放弃了对宣州长达二十九天的围困，但部队主力未受重创，又开始从湖州往广德军方向移动……南宋朝廷实在受不了手下将领连东南心腹之地一股万把人的流寇都迟迟难以剿灭，这才下令由节制淮南、江南和浙江西、东路四路兵马的张俊亲自出马，还添上了刚刚在建康一战崭露头角的岳飞，几乎给出了当下东南地区驻扎宋军的最高配置，只求将这支悍匪从速平定。

正巧，几乎在岳飞接到朝廷最新指示的同一时刻，广德军守臣写给岳飞的求救信也到了。此时广德军的一应官员，多是三月底广德军被戚方屠城后才上任的，烂摊子还没收拾完，就听说罪魁祸首又要来，没法不慌，但又不敢随意邀请官军支援，生怕一时失察，招来的是贪虐不下于戚方的部队，所以想来想去，只能再到张渚镇，找曾被广德军百姓视为保护神的岳飞了。

而对岳飞一军将士来说，这封来自广德军父母官的求援信，其实比天子的诏书更能激起斗志。全军上下早就为广德军被屠一事恨死了戚方，一口恶气憋到现在，已经忍了三个月了；此外，岳飞军中有不少人是扈成旧部，如岳飞现在的两名得力部将庞荣、李璋，就都是在扈成被戚方杀害后，先后来投奔岳飞的。——扈成虽识人不明，军事才能也平庸，但平日治军作战还算尽职，待部下也宽仁，在军中人缘不错，所以不少人得知他被戚方所害后，都存了要为他报仇雪恨之念，如今终于对上正主，岂能不跃跃欲试？

全军报仇心切、纷纷请战，岳飞很快就挑出了三千名精兵，又点了傅庆等几名和扈成有共事经历的江淮宣抚司出身将领，即日赶赴广德军，在广德军南六十里的苦岭关扎下大营后，又马不停蹄地向湖州挺进，以求尽早堵到戚方，尽可能地压缩他残害地方的时间和空间。功夫不负有心人，全军行军没多久，果然撞上戚方正带着一支人马破坏河流上的官桥，以便断绝官军自安吉县以北来袭的通路。

眼看桥梁主体就要被毁，岳飞连忙摘弓引箭，一箭射在了戚方身旁不远的桥柱上——作为军中驰名的神箭手，岳飞所用的箭矢与一般士兵用箭不同，大多都做了富于个人特色的标记。所以戚方拔下桥柱上的箭矢一看，便知是岳飞亲至，大惊之下扔下还没破坏掉的官桥就跑，以致岳飞派出猛将傅庆追击都没能追上。不过戚方还是有几分胆色，跑回大本营后，他没有立刻拔营开溜，而是集合全军近万人马，仗着己方兵力是岳飞的三倍还多，重来苦岭关岳飞军前挑战。却没想到岳飞部下将士经过与金军主力部队数场硬仗的磨炼，战斗力已非一般军队可比，所以戚方部纵然人多也不济事，连战几回合都大败亏输，阵列很快分崩离析，只能再次夺路而逃。

看到戚方又要跑，岳飞一马当先，亲自率军追击，却忘了戚方此时还有个惯用的撒手锏没使出来：

戚方虽然刚正面的指挥水平一般，但随机应变能力却不弱，尤其擅长败中设伏，靠使阴招逆势翻盘。去年年底，戚方之所以能杀掉兵力远比他多的扈成，就是在假意与扈成谈和时，于两人约定交接人质的桥边预先挖了土坑，以芦席覆土掩盖其上，遮蔽藏匿在土坑里的伏兵，从而一击得手；上月反败为胜、伏杀刘晏，也是在败退途中，在刘晏追击必经的官桥旁埋伏了钩枪手，趁刘晏过桥时马陷泥中一时难出，以钩枪搭住了刘晏，才将刘晏乱刀砍死。

这次被岳飞穷追，戚方同样没忘了这一招，奔逃途中偶然发现有一段路途山势曲折，岳飞等人的视线一时难及，便立即找了一个林木茂盛之处，驰马而上，躲藏其中，待岳飞领兵追到时忽然现身，用随身携带的手弩[330]朝岳飞射了一发冷箭，准头、力度都足以让岳飞当场毙命。所幸，戚方的箭快，但岳飞反应更快，刚看到戚方抬起手弩，便立即一脚脱镫翻身滚鞍，整个人瞬间贴到了战马的另一侧，使了个"镫里藏身"[331]，才让戚方这一箭未能中的，只射到了马鞍上，不但岳飞本人毫发未伤，连岳飞的战马也安然无恙。

但电光石火之间险些阴沟翻船，还差点牺牲了心爱的坐骑，即便神勇的岳飞也不禁出了一身冷汗。而且戚方以冷箭向素号神射、又刚刚发箭警告过戚方的岳飞下杀手，颇有些以彼之道还施彼身的挑衅之意，虽然没能得逞，但在岳飞看来，已经是疏忽大意，让对方钻了空子让自己跌了威风了。震怒之下，岳飞一手拔下戚方射在马鞍上的暗箭，收进身侧箭箙，一手遥指着已经拍马继续奔逃的戚方，当着两边将士的面，当场"开麦"怒怼：

你等着，我非生擒活捉手刃了你不可！而且杀你前一定让你亲手折了这支箭，认输谢罪之后再死！

岳飞说到做到，话音未落便再度催马，率军继续追击，逼得戚方慌不择路，只能一路跑回安吉县。然而刚入安吉县界，戚方就看见山路前方旗帜飘舞，正中大旗上赫然一个"张"字——原来是张俊获知岳飞的进兵路线后，亲率人马从杭州出发，提前到此地拦截戚方了。

前有大军，后有死敌，戚方知道这回再硬抗就是死路一条，眼珠一转，干脆派人向张俊请降，并特别许诺：要将之前历次攻掠州县所得的钱财珍宝尽数送与张俊。

嗜财如命的张俊一听有这么厚的油水可捞，果然一口答应了戚方的投拜，还特意将戚方之前杀害朝廷官员的罪过，栽到了戚方的副手张花项和一个绰号"三哥哥"的陈姓头目身上，拿二人的人头当了给朝廷的交代[332]。而顺利脱罪的戚方也果然"献金玉珠珍不可计"[333]，让张俊大发了一笔横财。

只是即便博得了张俊的欢心，戚方也仍然对即将赶来的岳飞深怀畏惧，生怕他日一旦脱离了张俊的庇护，就算自己已经成了官身，岳飞也还是会想法弄死自己，因此反复哀求张俊一定要为自己开解这场祸事，至少要让岳飞当着张俊和自己的面，亲口承诺不再追究。

听戚方说罢这段恩怨的来龙去脉，张俊一面暗笑戚方真是太岁头上动土，一面开始掂量，自己有没有面子来说这个情。颇有识人用人之才的张俊，其实一直记着岳飞。所以去年秋天第一次拜见杜充时，就注意到杜充身边的东京留守司头号勇将兼"杜相公心腹"，正是三年前那个刚拨到自己麾下就一封上书搞丢了大好前程的从七品小军官。只是他之前以为此人必然一蹶不振，万没想到岳飞还能东山再起，所以即使三年前被杜充砍了传令亲兵、怒气冲天退出府衙之时，张俊都没忘了对着杨存中、田师中等一干有河北兵马大元帅府经历的老部下，感慨了一番这个岳飞果然不是池中物，不可小觑。

只是，张俊再重视岳飞，也想不到才过了半年，这个杜充手下的七品偏将，就成了手下有将近两万人马的新晋少帅，还抢在自己和韩世忠、刘光世一干大帅前，立下了收复建康的大功。因此，张俊不免担心岳飞会记恨自己在他当年上书被罢官时未予护助，如今又在他收复建康时按兵不动。虽然张俊的官位和资历都远远高过岳飞，又对岳飞一军有节制之权，但乱世里这些虚文认不得真，最终还是凭实力说话。而论起实力，岳飞一军的兵力，现在已经与张俊一军的人数不相上下了，又有奇功、盛名傍身，或许马上还会有天子圣眷，若是岳飞心中有怨，可真未必买张俊的账。更何况，张俊还记得，这个岳飞建炎元年还在他麾下当小军官时，就已经以军纪严明、爱护士兵和民众而闻名，如今所领的军队更是以不扰民著称，如此作风，对两手沾满无辜军民鲜血的戚方会是何等痛恨，不问可知……

不过琢磨归琢磨，忐忑归忐忑，张俊最后还是决定试试，以便试探一下这位军界后起之秀对自己到底是什么态度，以后再往来也好有个数。

戚方投降的次日，岳飞率部赶到了张俊驻地，张俊亲率麾下将领出营迎接，对岳飞百般慰劳褒奖，还说了一番三年前就看好岳飞必成大器，无奈被黄潜善、汪伯彦所逼，不得不忍痛割爱，但一直没断了探听他消息、关注他成长之类半真半假的瞎话；紧接着又举行了酒食丰盛、规格颇高的大宴，由杨存中、田师中等和岳飞有过共事经历的宿将，轮番向岳飞敬酒贺功。

令张俊欣慰的是，他做足了礼贤下士的姿态，岳飞也给足了他面子，从刚一见面下马参拜、叉手唱喏，到筵席间落座应答、敬酒称谢，一躬身一抬手，无不动作到位、毕恭毕敬，严格恪守官场里下级见上级的礼仪规定；同时闭口不谈建康之战前后并未收到张俊任何指示和援助，倒是感谢了当年在张俊麾下就多蒙庇佑，没追究自己擅自上书之罪；如今又进兵浙西以为声援，令他能够为国家收复建康。

——上书时岳飞受的惩罚已经是所有官职全部被剥夺了，但张俊没再额外赏他一顿军棍以向黄潜善、汪伯彦示好献媚，倒也已经算得上厚道；收复建康时张俊的所谓声援当然也不存在，但是能从温州、明州北上到杭州，已经算是张俊"秉命而行"了……

张俊也是聪明人，眼见岳飞话都拣好听的说，就知道岳飞这是有意示好，连忙趁热打铁，让人叫出了躲在幕后的戚方。戚方一见岳飞就趴在地上声泪俱下，把自己外加祖宗八代骂了个遍，张俊也乘势在一旁帮腔，劝岳飞不如看在国家用人之际，放过戚方，允许其戴罪立功。

一看张俊亲自开口说情，岳飞就知道戚方肯定已经和张俊达成了默契，自己这个人情怕是不容不准。但他不想把这个人情卖得太轻易，更不想让张俊麾下诸将以为戚方真就只是个被部下裹挟才造了大孽的小角色，所以没有马上答应，而是跟张俊解释了一番为什么不能放过戚方：

> 招讨有命，飞固当禀从。然飞与（戚）方同在建康，方遽叛去，固尝遣人以逆顺喻之，不听；屠掠生灵，骚动郡县；又诱杀扈成而屠其家，且拒命不降，比诸凶为甚，此安可贷！

然而张俊虽然也就着岳飞的数落又呵斥了戚方一顿，转头却还是劝岳飞放过戚方，并坚称广德军被屠是戚方部下张花项和陈三所为，自己已经将二人斩首，足可告慰广德军被害军民的冤魂了。

看到张俊如此固执己见，自己若再坚持，必然得罪这位顶头上司；又考虑到朝廷近期对流寇溃兵的政策，本来也是能招抚则先招抚、万不得已再行剿灭，岳飞终于还是应允了张俊的要求，告诉戚方：

> 招讨既赦汝一死，宜思有以报国家！

言外之意，不用你感激我，老子也是没办法，不如好好琢磨琢磨以后怎么才能干点人干的事吧！

但想到戚方之前险些以暗箭弄死自己，岳飞仍觉得窝了一肚子火，非得找个方式发泄出来不可，不然等戚方正式成了官军将领，就彻底没机会了，于是令亲兵取来自己刚刚卸在一旁的箭箙，把戚方射的那支冷箭抽出来，一扬手扔给了刚从地上爬起来的戚方：

这是你前日射我的那一箭。我当时说过，手刃你之前要让你自己亲手折了这支箭，认过输谢过罪再死。如今既然张招讨为你讲情，死罪可免，但你还是得当着在座诸位的面，自己把这支箭折了，就当是折箭为誓，发愿以后必定洗心革面吧！

戚方刚一看到这支箭吓了个半死，以为岳飞要变卦翻脸，直到听说是要他折箭为誓，才松了一口气，赶紧抓起箭支忙不迭地开始拗折。为了表示自己认罪悔过心意之诚，外加也有点被岳飞吓糊涂了，戚方没有将箭一折两段就算完，而是跪在地上将箭支一寸一寸地掰成了小段，一面掰一面嘟囔：我此后立志报国绝不再扰民间……两手也哆嗦个不停，令张俊和岳飞忍俊不禁，最后实在撑不住，双双仰面大笑。而戚方则扔下一堆箭杆再度匍匐于地，"流汗股栗，不敢仰视"[334]。

值得一提的是，张俊在人前原本一直是城府深沉、不苟言笑的做派，"性浑厚严重，家人莫见其喜愠"[335]，这次和岳飞的互动却如此不拘形迹，主要还是因为岳飞已经应了张俊说情的情况下，来这么一出，着实是给张俊抬了脸助了兴，让张俊觉得自己既让戚方欠了莫大的人情，又显出了天子钦命招讨的威风，还当着部下展示了一把能令各路豪杰归心的人格魅力。心满意足之下，张俊越发乐得摆出一副军界前辈领袖兼慧眼伯乐的架势，特地约岳飞在宴会结束后留下来单独面谈，正儿八经地和这个比自己小了十七岁的晚辈，推心置腹议论起了国事军事：

眼下好多大将平白享着朝廷爵禄，实际根本不称职，自己对此深感痛心。譬如，刘光世之前在淮西、江西的表现就实在太坑人，先是金军主力已经过江还懵然不知，只顾和地方官置酒高会；后是在金军深入时不发一兵，坐视江西、湖南民众被敌军屠戮，还几乎让在江西避敌的隆祐太后、六宫妃嫔、皇亲国戚以及一部分朝廷官员尽陷敌手，是可忍孰不可忍！所以为了防止马上就要开始的新一轮"防秋"中，刘光世再给友军遍地挖坑漫天甩锅，他有意向朝廷举荐岳飞顶替刘光世，带兵镇守鄱阳湖一带，江东战事紧急则入援江东，江西战事紧急则策应江西，作为同时照应两个方向的预备队。

张俊这个郑重其事的建议，让岳飞腹诽不已。合着去年冬天让金军深入到江南腹地杀人放火还嫌不够丢人，还打算今年再来一回吗？

不过，张俊不是宗泽，也不是陈淬、闾勍和刘浩，有不满不能当面吐露；而且张俊此举也不仅仅是为了提携岳飞，还存了借岳飞的上升势头打压刘光世的心思，如果应对不好，就成了不识上峰抬举甚至有意对着干了。得罪张俊事小，回头张俊在皇帝面前牢骚几句，影响了自己的未来规划事大。所以岳飞略一思忖，把差点脱口而出的不满，换了个尽可能委婉的说法：

其实年前金军之所以能大举深入，主要是因为杜充不会用兵，只知道派人死守长江沿线。实际金军若再从长江下游南下，目标只会是皇帝和朝廷的所在地，而江东、江西都是"山泽之郡，车不得方轨，骑不得并行，虏得无断后之虑乎？"本非战略争夺的关键区域，没有必要每个地方都安排重兵把守。再者，自古守江必守淮，相比江西、江东，淮东才是真正的重地。所以与其让自己顶替刘光世去守鄱阳，不如把自己放到淮东前线直接和金军对垒，将金军远远挡在长江防线之外。这样，不管刘光世一军此后被朝廷放在江东还是江西，都不会再坑到朝廷和友军，地位和名声也自然会越来越不如张俊。正是："但能守淮，何虑江东、西哉！使淮境一失，天险（指长江）既与虏共之矣，首尾数千里，必寸寸而守之，然后为安耶？"[336]

习惯了手下畏敌如虎、明州之战派个硬探都要悬赏的张俊，简直不敢相信这年头居然会有人放着山清水秀、离金军也远的鄱阳不去，还主动要求去前线；同时也挺高兴岳飞踩了和自己有仇的杜充，还领会了自己对刘光世的不满和小算盘，心下一爽，当即许诺回头自己入朝参见时，一定会向皇帝和宰执大臣转达岳飞想去淮东前线的愿望，尽力成全他。岳飞也立即起身拜谢，当场发愿若能得遂心愿，一定会尽忠职守，不负张使节知遇提携之恩。一时两人之间岂止是将帅相得，简直有点风云际会互认知己的热血沸腾，搞得张俊都有点激动起来。

但这些谦恭、婉转和偶尔退让，以及个别时候几乎有点表演意味的

"做戏"，只是岳飞迫不得已的"日常营业"，绝非他的本心。

得知戚方已被招降后，南宋朝廷再次命岳飞尽快动身赶往越州，完成朝见和献俘仪式。在等待张渚镇留守将士押解俘虏前来安吉县，与自己会合共往越州期间，岳飞在六月十五日这天，带领几个心腹部将和随从，游览了安吉县一处名为"五岳祠"的名胜。

时当盛夏，炽烈的阳光中山水含辉，浮云邈然，让人的心情也随之振奋，但又忍不住浮想联翩，想起一些白云苍狗、渐行渐远的人与事。于是几年来的征战经历和故人面容，如走马灯一样在岳飞心中转了一遭，搅得他心潮起伏，再想到几日后就要面见天子，直面之前从未直接参与过的朝堂风云，更是感慨万千，难以自抑，非借笔墨文章一吐为快不可：

> 近中原板荡，金贼长驱，如入无人之境；将帅无能，不及长城之壮。余发愤河朔，起自相台，总发从军，小大历二百余战。虽未及远涉夷荒，讨荡巢穴，亦且快国仇之万一。今又提一垒孤军，振起宜兴。建康之城，一举而复，贼拥入江，仓皇宵遁，所恨不能匹马不回耳！
>
> 今且休兵养卒，蓄锐待敌。如或朝廷见念，赐予器甲，使之完备；颁降功赏，使人蒙恩，即当深入虏庭，缚贼主蹀血马前，尽屠夷种，迎二圣复还京师，取故地再上版籍。他时过此，勒功金石，岂不快哉！
>
> 此心一发，天地知之，知我者知之。
>
> 建炎四年六月望日，河朔岳飞书。[337]

相较于人前的小心翼翼、面面俱到，这篇几乎尽是心声流露的《五岳祠盟记》，说起顶头上司们时就一点不客气了，"将帅无能，不及长城之壮"一句，直接将当时的几员大将一并鄙视了；说到未来打算时的"如或朝廷见念，赐予器甲，使之完备；颁降功赏，使人蒙恩"，不像文章其他段落那样痛快淋漓，倒更像是在一板一眼地设计和朝堂大佬的谈判方案，除了工具需要没什么感情；而结句的"此心一发，天地知之，知我者知之"，则直接将一腔热血托付给了数量显然不会多的"知我者"，和传统文化语境中比人世秩序更高一层的"天地"，却只字未提君主，更无任何对君臣之情的憧憬、祈愿之语。一派坚定自信中，也透出几分对道德文章和人言毁誉不屑一顾的傲岸狷介，以致后来岳珂在家传中收录这篇文章时，要特地删去这几句感情真挚、却明显不够"和谐"的话，以免惹来小人非议。

当然，除了"吐槽"，这篇题记更多的，还是岳飞在人生新节点前的抚今追昔，是他对自己宣和四年束发从军以来坎坷经历的总结性自传，也是他即将迈入军旅与仕途新阶段时的慷慨自誓。

岳飞心里清楚：现在和张俊，以及再早之前和周杞、杜充的种种虚与委蛇，只能算引子和"热身"；接下来他马上要正式亮相的朝堂，才是真正的新战场，一旦踏入，类似的周旋便将成为日常，他必须像习惯行军作战、排兵布阵一样习惯并玩转这些朝堂规则。只是，和两军阵前有形的修罗场比起来，这个新战场更为复杂、凶险，也更为陌生，他没法确定还要过多久、还要经历多少难关，才能在这个战场上也游刃有余，最终实现自己的宿志大愿。也正因为如此，他才需要重新确认一遍内心深藏的理想和誓言，以免在即将到来的旋涡激流中，忘记了初心，迷失了方向。

## 4　五味杂陈新征途

岳飞在朝见途中挥毫写下的《五岳祠盟记》，日后成了宋代散文名篇，传诵千古，经常被各种中国文学史教材和古代散文选本收录[338]。不过这篇短文虽然字字发自肺腑，却也并非每一条都是作者日后一定要不打折扣照章实践的目标。比如，"深入虏庭，缚贼主蹀血马前，尽屠夷种"这杀气腾腾的一句，就更近于岳飞亲眼见证了金军无数暴行，特别是近距离目睹了建康府被屠城的惨况后，激于义愤发的狠、说的气话。而实际上，不要说十年后率师北伐时，岳飞对女真族降将尽数接纳，并未有针对性的歧视和虐待；就是现在带去行在的这批俘虏，他也始终没擅自实施报复。相反，倒是有几位，已经在他军中养了半年多了。

——这批俘虏里有几个是年前在广德军、溧阳两战时就被俘的，之后一直押在军中，跟着岳飞一军从广德转战到宜兴。其间，岳飞所部一度缺衣少食，金军又几乎日日在江南烧杀抢掠，不断有新的暴行惨案传出，导致不少将士恨不得立即将这些敌酋千刀万剐，甚至像其他武装势力对待战俘、驱口[339]一样，直接杀了当军粮吃；但迫于岳飞约束，不但杀不得吃不得，倒要匀出本就紧张的衣食，供这些俘虏日常吃穿用度。

这么"圣父"的做法，很多人都理解不了，找岳飞抱怨过不止一次：就算要向朝廷请功，那砍了之后留个首级用石灰腌着，到时把首级献给朝廷就可以了，顶多就是官家给的犒赏打个小对折[340]，何必自己都吃了上顿没下顿的时候，还得养着这么一帮祸害加累赘？

还有的甚至在抱怨时语带威胁：自从靖康年间金军入侵以来，不少州县的军民，是一听说州县长官接待降金官员或金军来使客气了点，就怀疑上峰有投敌之意，动刀子杀怀疑对象全家的。眼下岳飞对这些异族俘虏这么克制，可得小心部下刚拢起来没多久的士兵，也怀疑岳飞有降金的打算，生出不轨之心！

岳飞理解麾下将士的激愤和不解，但并不打算在治军原则问题上让步，只能一遍遍向部下解释：如果不经审判就随意虐杀俘虏，宋军和野蛮凶暴的金军还有什么区别，何以谓王师？而且女真人、渤海人也好，北地汉儿也罢，终归也是人，是人就有感情和记忆。眼下我军严守军纪、依法对待俘虏，虽然辛苦还憋屈，但长期坚持下去，就必然能收到攻心之效，可以进一步瓦解内部各族间本就矛盾重重的金军，远比逞一时快意更有利于抗金复国大业。

但不管岳飞再怎么耐心教导，部下还是多有不服，只是畏惧岳飞执法时的铁面铁腕，所以纵然一时不满也不敢轻举妄动。好在这个政策坚持了一段时间后，果然有金军中的汉儿签军，甚至渤海族、契丹族士兵前来投拜，将士们看到了优待俘虏的切实效果，才总算克制住了拔刀砍人的冲动……

总之，光是把这一百多名俘虏全须全尾带到越州行在，岳飞和麾下将士就费了不少力、吃了不少苦，也经历了无数次天人交战。所以等到正式举行收复建康的献俘仪式时，一行人还真是感慨万千。

宋代献俘礼一个必不可少的环节，是由天子亲自讯问和审判俘虏。建炎四年六月，南宋朝廷策划已久的这次宋金开战以来第一次处置外战俘虏的献俘礼，也未例外。六月二十九日这天一早，岳飞与随行将士顶盔掼甲、全副戎装，在雄壮的鼓乐声和越州百姓的夹道观瞻中，以书写着收复建康府捷报的"露布"为先导，押着一百多名俘虏列队而行，浩浩荡荡地将一众战俘一路押送到赵构与大臣们日常升朝议事的厅堂前，俘虏们乌压压跪了一地。俘虏跪定、礼官通报后，赵构身着天子常服而出，高坐御座之上，命"通事"也就是翻译官居中传语，亲自向俘虏问话。得知俘虏中有八名女真族军官，其中还有万户级别的高级将领兼皇亲宗室子弟后，赵构颇感意外，立刻向其追问父兄及其他亲眷在金国的近况，听说徽宗、钦宗"今在韩州，及皇后、宫人皆无恙"后，"感动，不怿久之"[341]。——虽然赵构与父亲其实没什么情分，但大宋以孝治天下，倘若徽宗、钦宗真在金国有特别悲惨的遭遇，甚至死于非命，那么赵构将要背负的舆论压力会比现在更大，这个官家也会更难当。所以赵构此刻的情绪波动，倒也不完全是惺惺作态。

然而给赵构带来这个宝贵消息的女真贵族将领们，并未因此而得到宽免，仍被判了磔刑，并在大理寺卿（大理寺相当于南宋的最高法院。大理寺卿为大理寺最高长官）宣读判决后，当即由殿中侍卫官兵押出执行。这其实不太符合献俘仪式上的战俘大多会被当众赦免以示本朝仁德的惯例，只是靖康以来，国难深痛，南宋朝野上下、士夫军民都恨透了女真人，所以天子如此行事也不算太出格。而八名女真将领之外剩下的近百名非女真族俘虏，就还是依照传统免于死罪，被下令疏散到各大将军中效力，戴罪立功了。

看到这些战场上的冤家对头，或面如死灰地被拖出殿外押赴刑场，或如释重负地随着负责官员下殿，等着被分派到宋军中服役，岳飞心绪一时颇为复杂。千辛万苦费尽周折带来的战俘，真到这里，也就是皇帝陛下问几句话、下几道命令，前前后后不到一个时辰的事。所以就是岳飞，到此时也忍不住要再扪心自问一次：早也是一刀，晚也是一刀，自己之前在俘虏政策上的坚持，真的值得吗？

　　但想想广德军之战后就陆陆续续前来投拜的金军签军，再看看身边刚正式被允许到自己军中效力的数名渤海族和汉儿俘虏[342]，以及他们重新变得明亮的眼神，岳飞又笃定下来：他是为了让人能活着、最好还能更好地活着才投身沙场的。而这个"人"的范畴，在他看来，并不应该限于宋人、汉人。这一点，宗泽宗留守生前也和他有同样的看法，所以当时的东京留守司才优待契丹俘虏，甚至还没正式出兵北伐，就提前给契丹人颁下了保护政策。而且经过几年的交手，岳飞甚至对一些女真族中、基层军官和士兵也产生了同情。他们中的大部分，不过是和本朝的大多数士卒、百姓一样，上官有令便不得不听命行事罢了，对自己的所作所为没有多少自觉意识，遑论分辨是非、择善而从。但如果金国持续攻略南宋，这些十几年前，甚至二十多年前就开始追随部落酋长四方征战的士兵，早晚会察觉到杀戮的无谓和残忍，甚至会意识到自己和辽人、宋人一样是战争的受害者，进而对金国的大将高官们产生不满与怨恨。自己要做的，就是要用各种手段加速女真各族这个心理转变过程，而不是相反。这不仅是出于道德理想，即使纯以功利的角度来看，也是应该这么做的。

　　当然，这次被处死的八名女真军官，不在这个理解兼同情的范围内。这几个人都是年后收复常州、建康府战役中俘获的金军中、高级将领，也就是都曾跟随兀术深入过江南，手上必然沾满了明州、杭州、秀州、平江府、建康府无辜百姓的鲜血，如今被处死也是罪有应得——虽然岳飞还是觉得，这些人再罪大恶极，处以磔杀这样残酷的刑罚，也实在没什么必要。

　　想到此处，他忍不住抬眼打量了一下御座上清瘦文弱，甚至有几分苍白病态的天子：年轻的官家此刻还在为远狩北国的父母兄长伤心落泪，看起来哀伤又脆弱，连带着身边大臣、侍从们都忍不住陪着一起饮泣。但岳飞看着这副场景，却没觉得多感动，反而再次想起了三年前在广济军柏林镇，在跟随张俊、刘浩护送赵构去南京登基的途中，以及在应天府待的几个月里，那股一度占据了他全部心神的、令人绝望到脱力的困惑：

当年在河北、东京跑半圈时，眼前这位也没少当众失声痛哭，但是终究没有向东京城前进一步。大局尚未落定、形势千钧一发之际都不曾奋起救父母之念的人，可能在将来的某个时刻幡然悔悟、改过自新吗？可能把连血缘和亲情牵绊都没有的普通百姓放在心上吗？

何况河北兵马大元帅府留给他的心理阴影还不止这些：在相州城初识赵不尤时，赵不尤给他讲的那些"东京都市恐怖故事"，他到现在还记忆犹新；赵构登基之后，刘浩、陈东、欧阳澈、张所、宗泽等人的遭遇，几乎颠覆了他的"三观"和信念，至今不能释怀；更不必说此次金军深入江南前后，他对朝廷的作为是何等失望甚至鄙夷，否则也不至于写《五岳祠盟记》时，将一片丹心只对天地了。所以此次朝见，岳飞内心并没有多少感戴之情和荣耀之感，有的只是即将踏入又一处战场一般的警惕和审慎，真正关心的事情，也只有一件：

这位昔日的康王殿下，到底有没有在这三年金军接连不断的"打脸"中吸取点教训，长点脑子长点心？

不知道是岳飞的幸运还是不幸，在建炎四年，历史对他这个终极天问的回答，还是正面的。在经历了航海避敌这样前无古人的"奇遇"，用两河中原、江南京湖近百万军民的血肉交了几次学费后，赵构总算明白了一个原本很简单的道理：

就算是要和金人谈和，起码也得具备和对方相近的实力，才有资格坐到谈判桌前。否则派再多的使节前往金国，也只是有去无回；以再卑下的言辞和姿态去哀求，也只能让女真贵族们越发觉得菜鸡到这份儿上的政权，根本没有存在的必要，更不可能一起坐下来讨论和约条款、讨价还价。

也是因为明白了这个道理，二月金军自杭州起兵北归后，赵构一度想按左相吕颐浩的主张御驾亲征，亲统军马收复江南诸州。后来虽然在赵鼎阻拦下打消了这个念头，还罢了吕颐浩的宰相之职，但随即又起用了建议稍复藩镇之法的范宗尹接替吕颐浩。

按照范宗尹的计划，南宋朝廷将在淮东、西到京西北路一带，也就是长江、淮河之间各路武装犬牙交错的地带，设置多个"镇抚使"辖区，出任镇抚使的官员和将领，有权总领辖区的军政民政，兵员可以自募；治下地方官可以自行选任后，再开具名单请朝廷审批，也就是大多数时候只需要补个手续；应税收钱粮，除却茶监也就是官营茶业的收入，和按规定需要上缴朝廷的钱帛之外，都可以自留自用，朝廷不加干涉；而且所有镇抚使辖区头三年的上供钱帛，是完全减免的，也就是开始的三年只要上缴茶监之利即可；甚至镇抚使这个职务，都可以长期担任，而不必三年一更或一考，如果御敌有奇功，还允许世袭。总体上其实等于把李纲建炎元年提出过的方案又拾起来开始推行了。

五月二十四日和六月十日，南宋朝廷又分两个批次，一口气任命了十四位镇抚使。其中有陈规、程昌寓这样的朝廷命官，有翟兴、刘位这样本地土豪出身的义军将领，有解潜这样刚刚被重新启用的禁军宿将，也有李成这样叛服无常的兵匪流寇，可谓鱼龙混杂，但也由此可以看出，南宋朝廷此时确实是急了眼，要动真格了。

岳飞在动身朝见之前就听说了这个最新政策，又在到达越州后获悉了新近任命的十四位镇抚使的大名单，进而敏锐地捕捉到了朝局变化的关键：在向来重视中央对地方管辖权，视"守内需外"为国策的本朝，能采取这样的举措，也算是石破天惊，足以证明赵构总算放弃了建炎元年以来一心议和，防务完全丢给东京留守司应付的做法，开始有意识地建设国防体系了。

虽然基于建炎元年秋冬游击太行的经验教训，岳飞并不赞成这个政策。把财权放给沿边守臣，国家几乎完全不做财政配套措施，放弃做大战略层面的总体规划和资源统筹，也就是完全把责任推给地方和下级。这种应急意味太重还有点懒政色彩的措施，很可能收不到太好的抗敌效果，还会引发其他问题。同时对镇抚使名单中的几个人选，岳飞也有异议。但不管怎样，开始尝试着干正事儿，总比无所作为甚至倒行逆施要好——就像天子现在当着群臣流下的眼泪，即使是表演，也好过这位官家刚登基时的没轻没重、毫无顾忌，连做戏都懒得做。

他得抓住这个机会。

于是处置战俘已毕，群臣山呼万岁，赵构也终于稍敛哀容，传令岳飞上前奏对。奏对时，岳飞没有只等待皇帝问话然后回话，而是趁赵构勉励他时，稍微谦虚了几句就开始侃侃而谈，将自己对未来的规划，当着天子和一干重臣的面，又郑重其事地陈述了一遍：

> 建康为国家形势要害之地，宜选兵固守。比张俊欲使臣守鄱阳，备虏人之扰江东、西者。臣以为贼若渡江，必先二浙，江东、西地僻，亦恐重兵断其归路，非所向也。臣乞益兵守淮，拱护腹心。

虽然岳飞靖康元年年底就已在赵构麾下效力，也多次立下了意义关键的战功，但由于刘浩主动追随宗泽援东京得罪了黄潜善、汪伯彦，所以岳飞在河北兵马大元帅府军中时，从未有过面见赵构的机会，待赵构登基之后就更是难睹天颜了。因此这一次朝见奏对，算是赵构与岳飞君臣二人首次见面，也是岳飞在赵构和朝廷官员面前的第一次正式亮相。事实证明，岳飞这次亮相非常成功。

和张俊一样，赵构也早已习惯了手下的大将们百计避敌，以至于去年年底赵构命张俊在明州断后时，还要亲自召见张俊反复激励，才总算哄着张俊不情不愿地打了一仗。当然，大将如此做派，说到底还是赵构自己用人不当，外加惯的。倘若登基之初，他没有把真正和金军见过阵的宗泽、权邦彦、刘浩、孔彦舟，以及后来的闾勍等一干人踢到地方，又何至于如今身边几乎全是庸将，只有韩世忠还算是敢战的良将呢？

此外，赵构虽然自小就不受父亲宋徽宗赵佶的待见，却还是继承了几分父亲的艺术天赋，不但饱读诗书，还痴迷书法，性格中除却残忍阴鸷、冷漠虚伪的一面之外，也有细腻易感、文采风流的一面，也因此很受不了张俊、韩世忠、刘光世等大将不识字不读书、动辄还要侮辱文臣起哄闹事的粗野作风。也正是因为这点用人偏好，自去年秋天向来以文武双全著称的西军宿将辛企宗率军到达行在后，赵构才甫一见面便对辛企宗青睐有加，直接提拔为了御营都统制，以致张俊、韩世忠大为不满，不得不为二人之军另立番号才算作罢。然而，去年冬天金军大举深入之后，赵构很快发现辛企宗也是个遇敌退避三舍的样子货，绝非自己想象中资兼文武的古之名将，但苦于身边并无其他人才，辛企宗又起码能让自己在日常上朝理事和武将们打交道时舒服不少，也只能继续信用。

但现在，这个刚刚以一旅孤军收复了建康、力压多位前辈宿将的岳飞，居然主动向自己请战，要求去前沿和金军对垒！更难以置信的是，如此靠谱顶事儿的将领，竟然只比自己大四岁，站在一众最小也是四十上下的文臣武将中[343]，光是那股年轻人特有的朝气，就让人眼前一亮。更兼奏对时思路敏捷，言辞流利，举止也文质彬彬，显然是知书识礼之人。虽然还不能跟辛企宗的世家子弟风范相比，但另有一种朴实而纯粹的气质，让他看上去比辛氏兄弟更像个正心诚意、稳重笃实的青年书生，令赵构大起亲近之感之余，还有些激动：

又能打，又忠心，还有文化知礼仪，仪表风度也正气凛然，看着就可靠，这不就是自己理想中的武臣吗？莫非是祖宗垂怜，自己终于否极泰来，有了可以驱使的良将，从此也可以试试做个明君甚至雄主了？

不过有时候给大领导印象太好也不一定是好事。六月二十九日的献俘仪式结束后，赵构一口气赏赐给岳飞"铁铠五十副、金带、鞍、马、镀金枪、百花袍"若干件。这些赐物中，除却五十副铁甲，都是专门赐给岳飞本人穿戴使用的戎服装备，类似于奖赏文臣时的"赐章服"，是一种常规晋升赏赐之外的特殊荣誉，含有君主以个人身份对臣下表达勉励慰劳的意思，可见赵构对岳飞的恩遇不仅仅是公事公办，也是发自内心的欣赏看重。然而对于岳飞去淮东前线的请求，赵构却迟迟没有答复。原因很可能是赵构此时对岳飞的印象实在太好，以至于动了将这颗新晋将星留在中枢的念头——赵构的班直卫队在他去年年底航海避敌之际，因不满朝廷一味避敌的行径而再次哗变，遭镇压之后被彻底解散，此时正在重建中。而智勇兼备又诚朴恭谨、颇有儒将气质的岳飞恰在此时前来朝见，落在赵构眼里就成了上天特意给他送的大礼包，不乘此机会提拔成自己的心腹，更待何时？

然而对赵构颇为了解的岳飞却深知，官家虽然总算明白了"不能战便不配谈和"，但并不会更进一步，立马变成亲临前沿的雄主；也不会舍得把嫡系部队、心腹将领派到前线。在这点上，宗泽、闾勍甚至孔彦舟、杜充，和张俊、辛企宗兄弟的际遇对比，就是再现成不过的例子。所以自己若留在中枢任职，就不会有多少上前线杀敌的机会了，甚至还会更糟一些。

七月五日，也就是岳飞献俘、奏对的五天之后，南宋朝廷"诏婺、衢、信、饶州豫蓄钱粮，以备巡幸"[344]，等于公开宣布今年入秋后一旦金军再次深入，那皇帝和百官还是要南逃避敌。

这道诏书一下，把正在等待朝廷任命的岳飞愁坏了。这意味着他要是真被赵构委任当了御前将领，别说捞不着上前线，还有可能要保着这位官家去浙江、江西兜圈子。换句话说，是要他再经历一遍建炎元年跟着赵构绕着东京城画半圈的噩梦，这简直是要他的命……

但身在天子脚下，这份不满是万万不能直接表达的，所以岳飞只能一面小心翼翼、但又态度坚决地向赵构和宰执大臣们反复陈说：相比作天子近卫，还是让他去前线更能为朝廷分忧、为国家解难；一面想方设法找途径、找渠道，劝说天子回心转意；最后可能还不惜用了个自损八百的狠招：主动响应大臣汪藻五月间提出的建议，解除自己麾下一部分北地汉儿降军的军籍，将他们分散安置到江南各州县为民务农，即使兵力因此大减也在所不惜，只求给朝廷各位大佬一个识大体顾大局的好印象，以便换取这些人支持自己重回前线[345]。

功夫不负有心人，在韩世忠、张俊、刘光世、王瓊，以及辛企宗、辛道宗、辛永宗兄弟的衬托下，岳飞的这番努力总算没白费：被骄兵悍将们折腾苦了的范宗尹、赵鼎、汪藻等一干朝中大臣，没想到这年头大宋朝军队里还有不用哄不用吓，就拿着朝廷命令当事儿，不但照章执行还主动配合的"三好学生"；也没想到还有放着美差不要，非要上一线当敢死队的实诚人，当然不吝支持。

此外，七月十八日自杭州前来朝见的张俊，也果然按照之前与岳飞的约定，给岳飞当了次助攻，在面对赵构以及与宰相范宗尹议事时，"盛称岳飞可用"[346]，并建议朝廷在考虑岳飞新任命时，也不妨如岳飞所请，将其派到淮东独当一面。当然，这个助攻也还是岳飞花大力气争取的：六月二十七日，南宋朝廷曾经又下了一道命令，命岳飞再去镇江平定兵匪郭仲威，却不想诏令刚刚发布，岳飞就已经按照上一道诏命的要求赶到了越州行在，此时若再由越州折返镇江，则已经一延再延的献俘仪式又要推迟，也耽误兵机。

按理说，当时驻扎在镇江周边的宋军多得是，遇到这种情况，朝廷便应另派一支人马前去；但岳飞为表对朝命的尊重，也为了尽快平定兵匪，主动提出请张俊直接调用自己留在宜兴张渚镇的部队，前去镇江平乱，临阵指挥也一概由张俊或张俊委派的本军部将做主。

虽然张俊本就对岳飞一军有节制之权，但在南宋初年，但凡手头有点兵力的人都恨不得自立旗帜，手底下的部队绝不容别人染指，像岳飞这样全权委托、毫无隔阂戒备之意的做法，可以说绝无仅有。外加岳飞手下的士兵也实在好用，以至于郭仲威部才听说张俊此次是率岳飞部下之兵前来，就撤出了镇江府，逃到了江北的兴化县（今江苏省兴化市），令张俊又立新功，给他一个月后荣升检校少保、两镇节度使添了一把力。所以本就因为戚方一事而对岳飞十分满意的张俊，当然乐得还岳飞一个人情，以确保这员难得的勇将兼智将，能从此稳稳地站在自己这一边，成为自己刷战功升爵禄、外加挤兑其他大将的神兵利器。

最后，还有一位在岳飞驻军宜兴期间曾专程求见过岳飞，结果变成了这位青年将领铁杆粉丝的常州士大夫邵绪，此时也以在野士人、前朝廷命官的身份，向宋高宗和朝中宰执上了一封《荐岳飞书》。

——在上书中，邵绪以热情洋溢、极尽赞美之词的笔触，记叙了岳飞自第三次从军以来到如今的历次战功，几乎等于写了一篇岳飞小传，以至于后来岳飞蒙冤被害、相关记录被刻意销毁后，这篇文字成了岳飞早期履历和事功的重要史料依据。

同时他还郑重向朝廷建议：

今飞军中精锐能战之士几二万人，老弱未壮者不在此数，胜甲之马亦及千匹。朝廷诸将特然成军如飞者，不过四五人耳。飞又品秩最卑，此正易与时也。朝廷不收拾、旌宠之，则飞栖栖然持数万之众，将安归乎？飞常与人言："使飞得与诸将齿，不在偏校之外，而进退禀命于朝，何功名不立，一死焉足惜哉！要使后世书策中知有岳飞之名，与关、张辈功烈相仿佛耳！"飞武人，意气如此，岂易得哉！亦古人豹死留皮之意也。伏望朝廷论飞之功，加之爵赏，使与韩、刘辈特然成军者势力相抗，犬牙相错，如杜黄裳之御高崇文，李德裕之御何洪钦，破奸党谕靡之风，折强梗难御之气，使之相制以为用，相激而成功，此诚朝廷无穷之利也。[347]

看到自己一见之下便青眼有加、恩遇非常的军界新人，也得到了中枢重臣、军界大佬和士大夫阶层的认可，赵构体验到了已经许久不曾体验过的、被他人承认的获得感与满足感。欣慰之下，他甚至连之前恨得咬牙切齿的叛臣杜充，都觉得有些顺眼了，公开对大臣表示："飞乃杜充爱将。充于事君，失臣子之节；而能用飞，有知人之明，犹可喜也。"[348]在此之前的二月间，赵构刚得知杜充降金的噩耗时，是情绪低落到数日不食的；如今却能当众说这样的话，足见岳飞给他输入的"正能量"是何等充沛。

同时，在范宗尹、赵鼎、张俊等人的轮番劝说下，赵构也开始重新考虑岳飞的任用问题。根据近期陆续收到的淮东军情谍报，金国四太子完颜兀术已经于六月率两万精兵北归，很可能是要去支援金国三太子完颜讹里朵接下来对陕西的军事行动；但金东路军的剩余人马却并未一起撤离，而是跟随金国左监军完颜挞懒，留驻在淮东孙村浦金军大营，频频袭扰淮东前沿第一重镇楚州和其他相邻州军。楚州守将赵立几次试图反击都未能成功，如今双方正以楚州为中心对峙，朝野上下都担心入秋之后，挞懒会以楚州为突破口撕裂淮东防线，再度大举深入……考虑到江淮间的形势如此紧张，对于岳飞这样难得的勇将，是否还是将其放到前线更合适？

恰在赵构犹豫之时，又有一个人歪打正着地给岳飞帮了个忙，这人就是六月二日受命前来越州朝见后，一直赖在行在没走的刘光世。原本南宋朝廷已经任命刘光世为两浙安抚大使兼镇江府知府，命其率军前往镇江驻扎，总督淮东防务。但刘光世不想接这个在他看来简直是送死的差事，在行在待到七月初还没有一点动身赴任的意思，以至于大臣黎确公开上章弹劾刘光世不思报国、百计避事。赵构则为了督促刘光世赴任，一面将黎确的弹劾奏章抄了一本发给刘光世，一面将刘光世加封为节度使，连打带拉，才算把刘光世请上了赴任之路。然而几天之后的七月十五日，刚离开行在没多久还没到镇江的刘光世就又上了一道奏章，要求把本军驻地从镇江南撤到平江府（今江苏省苏州市），理由是"平江去大江不远，其利害不在镇江之下"[349]，至于镇江府，可以由自己选派的得力部将去镇守……

这道奏章一上，别说本来就看不惯刘光世的范宗尹、赵鼎、汪藻等人，就连赵构都受不了了。"平江去大江不远"，可镇江府就在长江边儿上呢！为了离前线远点儿居然如此强词夺理，是拿朝廷当傻子，还是自己就是个傻子？

刘光世无理取闹到这种程度，也进一步说明淮东防务指望他是不可能的，必须进一步加强力量。于是建炎四年的七月二十日，在岳飞献俘足足二十天之后，南宋朝廷终于正式发布了诏书和省札，给出了对岳飞的新任命：

将岳飞的官阶由武德大夫提升至正七品最高一阶武功大夫；遥郡官官阶由英州刺史连升两级，提升为昌州防御使；同时任命岳飞为通州（今江苏省南通市）、泰州（今江苏省泰州市）镇抚使兼泰州知州，总领二州军务与民政。

南宋朝廷此次对岳飞的提拔，是突破宋代官员晋职常规的一次"超擢"。原本按照宋高宗赵构建炎二年正月颁布的诏书，武臣阶官不到正七品最高一级的武功大夫，便不得挂遥郡官官衔，"虽系军功特旨，亦不施行"[350]，也就是有战功都不能破例。但此时赵构却仿佛已经忘了这道诏书，完全没计较岳飞"英州刺史"的遥郡官，是现在已成大宋叛臣的杜充，在岳飞去年年初还只是个武略大夫、军阶离着武功大夫尚差四阶时就给他借补的；

反而将岳飞的遥郡官官衔连升两级，越过团练使直接升到了防御使——按北宋时惯例，武将就算官阶到了正七品武功大夫，也必须"实历七年，曾历边任，有五人以上保举"[351]，才能加遥郡官；而遥郡官想再往上升就更是难如登天，一般要十年才能再升一阶到遥郡团练使。当然，在战争年代，为了鼓励将士用命，这些太平年月里制定的升迁制度难免要被打破，但像岳飞这样连提两级遥郡官官衔，仍属少见。

不过岳飞却还是对"通、泰镇抚使"这个差遣不太满意。不是因为自己年纪轻轻就成为独当一面的高级将领还不够荣耀；不是因为上马管军、下马管民还不够威风；也不是很多宋史学者猜测的那样，是不愿意与兵匪出身的李成等人同列；而是因为比起楚州（今江苏省淮安市）这样的准前线，位于楚州之南、长江北岸，僻处海隅的泰州和通州，离金军还不够近，位置也不够关键。

考虑到自己已经为了争取不留中枢而去前线费了不少力气，赵构也并未对自己不愿在行朝任职一事感到不快，岳飞觉得说一次也是说，说两次也是说，倒不如趁热打铁，再争取一下，于是接到任命后的第二天，便向朝廷上书，请求：

> 将飞母、妻并二子为质，免充通、泰州镇抚使，止除一淮南东路重难任使。令飞招集兵马，掩杀金贼，收复本路州郡，伺便迤逦收复山东、河北、河东、京畿等路故地。庶使飞平生之志得以少快，且以尽臣子报君之节。[352]

自淮东北上，经山东地区北进，先收复河北，再乘势而下收复中原、越过太行山收复河东，是岳飞随杜充南渡后，就开始暗自筹划的一个北伐方案。因为在此时的岳飞看来，他以后可能就要长期在江南、淮东地区驻防作战了，理想中的北伐路线，自然也要从之前计划的自中原或豫西地区北上两河，调整到沿着淮东—山东—河北推进的东线方案。当然，自川陕到中原，自淮西到淮东，都有由南而北的地理孔道和固定交通线，也各有军事地理上的优势和劣势，能不能走得通、打得过去，主要还是看指挥者的水平，具体的地域区块和路线之间，则并无必然的高下之分。所以岳飞自信，就算换到淮东，自己也一样能打开局面。

然而岳飞在军事上已经称得上老谋深算，在应对天子上却还是嫩了些，或者说，仍然低估了赵构心血来潮任意而为的随性程度：

这封上书上达天听后，赵构虽然不免觉得岳飞的北伐策略太过大胆激进，却也更加欣赏岳飞的忠诚、勇锐和才气，以至于又对岳飞的任用产生了犹豫，再次盘算着要把岳飞留在朝中任职。

恰好，进入八月后，淮东的局势愈发危急：

镇守楚州的赵立几次想要率军北上京东路，从淮东金军的侧后方打开局面，都没能成功。

淮东一带分峙林立的各家镇抚使，如郭仲威、薛庆、刘位以及刘位之子刘纲等人，还有从京东路梁山泊一路游荡至此的水寇张荣，不但不能和赵立并肩作战一致对外，还时不常和赵立以及其他人搞摩擦、抢地盘、争钱粮，或者骚扰地方。

被朝廷软硬兼施逼到镇江府驻扎的刘光世，则干脆按兵不动，根本起不到整合淮东各路人马防江御敌的作用，更不要说渡江击敌，进援楚州了……

眼看局势又要糜烂不可收拾，赵构再次动了航海避敌的心思。只是如果二次下海，军心民心都会更难维持，扈从将领必须得选个特别忠心又能打的。也难怪赵构更加不想放岳飞回前线，几番露出口风要撤回让岳飞担任通、泰镇抚使的诏命，另加任用了[353]。

好在还没等岳飞懊恼之余再想新的说辞，宰相范宗尹就出面制止了赵构的异想天开，指出"危事不可再蹈。若频年海道，则远近离心，大事去矣"[354]——去年那个大招只能用一回。眼下您只要再下一次海，那就没有大宋这一说了。趁早死了这条心吧！

同时，范宗尹也再次向赵构表达了对张俊举荐岳飞时所提建议的认可，认为岳飞人才确实难得，但是这样的将才，在当前局面下，还是应该放到淮东前沿去救急兼锻炼。否则现在的江、淮之间,简直没有一个既能打又能让朝廷放心的将领,崩溃几乎是必然的。

这样,凭借范宗尹的坚持和日益紧张的淮东战局,岳飞总算再次逃过了别人眼中的美差、他眼里的大火坑,可以如愿回抗金前线了。只是原本以为只要谨慎应对、清晰表达就可以基本实现目标的一次朝见,居然能闹出这么多幺蛾子,还一拖就是两个月,岳飞不禁暗中悚然肃然:

这个战场,还真是比疆场难应付多了。自己以后必须得多学多看、更加小心才行。

不过,岳飞上书引发的这场小波折,带来的也并非全是糟心事:由于赵构的犹豫,岳飞八月十日或更晚才得以离开越州行在,动身北归,结果正好遇上了隆祐太后带着六宫妃嫔、赵宋皇室宗亲和一部分非机要重臣们,自江西避敌处回转行在。因此,岳飞很可能和一位已分别三年之久的挚友、于靖康元年年底在相州结识的宗室子弟赵不尤重逢了。由于绍兴十一年岳飞遇害后拒绝落井下石污蔑岳飞,赵不尤的生平事迹几乎被毁抹殆尽,特别是建炎元年交出兵权后到绍兴四年(1134)或五年(1135)[1]到岳飞麾下任职之前的这段经历,完全是一片空白。但考察南宋宗室在建炎年间的活动,再结合赵不尤本身的才干和经历,他很可能在建炎三四年之间,作为宗室中难得的知兵精武之人,保护着隆祐太后及一部分宗室去了江西,也因此有很大的概率,在建炎四年八月的越州再次与岳飞发生交集。

而若真有这样一场故友重逢,这一次岳飞和赵不尤可以相对吐槽的话题,可就比当年在相州、大名府时多多了:不提赵不尤跟着隆祐太后,在江西先后目睹了地方官望风而降,刘光世百计避敌,扈从大将杨惟忠麾下士兵欺压百姓、焚烧民居而激起了虔州民变;也不提岳飞建炎元年夏天因上书被罢职逐出军营后的种种奇遇;单是岳飞在行在待的这两个月里撞见的各种怪现状,以及他刚刚经历的任职风波,就够对着赵不尤讲一阵子了。

---

[1] 同一年份后文不再标注。

除了见识了赵构是如何犹豫反复举棋不定、刘光世是如何跟朝廷讨价还价要无赖，岳飞这趟朝见，还撞上了赵构封赏王继先和戚方。前者本是个江湖郎中，但只因医术正好对了赵构的病症，深受赵构宠信，竟然在七月三日被提升为武功大夫兼荣州防御使，从武阶官到遥郡官，恰好和岳飞刚刚被晋升的级别相同。一介游医如此超擢还转了武阶，很多大臣都深为不满，劝谏赵构三思而行时连"深恐将帅解体"这种重话都说出来了。但赵构却还是固执己见，非封不可。

戚方则是投降张俊后，奉命跟随张俊前来越州朝见，在行在期间，天天和赵构宠信的几个宦官赌博行乐，以故意输钱的方式，向他们行贿了不下千两的黄金，最终凭借这些宦官在赵构面前的美言，竟然被任命为正七品的武翼大夫。虽然官阶比岳飞低了足足七阶，但和岳飞一样，都属于级别约略相当于现代军制中准将、少将军衔的"诸司正使"之列，以至于行在很快传开了一首讽刺歌谣："要高官，受招安；欲待富，须胡做。"[355]

王继先的种种奇葩事迹，以及和皇帝陛下之间明显不太健康的医患关系，岳飞初来行朝，听得还不多；但戚方是何等货色，他是再清楚不过。眼看戚方得意扬扬，耀武扬威，再想想已经成了泉下枯骨的扈成、刘晏，以及死难的广德军、宣州等地百姓，岳飞不禁再次感到了几分荒诞、几分幻灭，甚至懊恼自己当初就不该非要生擒戚方，而是应该直接将他击杀在两军阵前，这样也不会有张俊和戚方沆瀣一气、向自己求情的为难事了。

然而岳飞此时还不可能知道的是，别说死难百姓和扈成、刘晏，就连他自己，最后都没有赶上戚方的寿数。

岳飞绍兴十一年岁末蒙冤被害于临安大理寺狱中时，年仅三十九岁；曾被他追杀得走投无路才迫不得已归顺朝廷、两手沾满无辜者鲜血的戚方，却一直活到了宋孝宗治下的乾道七年（1171），享寿至少七十多。而且绍兴三十一年完颜亮南侵时，由于南宋将帅凋零，戚方还一度"蜀中无大将，廖化作先锋"，成了驻军江州（今江西省九江市）、独当一面的沿边将帅之一，只是最终到完颜亮身死，也未曾与金人一战、寸功未立罢了。大概也是愤慨于戚方的恶人善终，南宋百姓编了不少他被早年下手杀害的同袍或无辜百姓索命的怪力乱神段子[356]，却终难改变"杀人放火金腰带，修桥补路无尸骸"的赤裸裸现实，而戚方不过是其中的小小一例罢了，甚至还算不上最不公平的。

不过不管岳飞再怎么看不惯这些，终究也不会真的因此而打消杀敌报国的壮志、筹谋北伐的热情，因为他本就不是为了个人的功名利禄、穷通荣辱才汲汲于此的。这一点，会在他日后的征程中，得到越来越明确的证明。而从小就在东京城内"赵家人"圈里见多识广，这几年又在赵构驾前开了不少眼的赵不尤，大概也少不了劝解岳飞：如今他的身份已经与过去大不一样了。身为高级将领，以后撞见的此类事情只会多不会少，别说不能往心里去，连脸上也不能露出来。何况岳飞还有大事业要做，犯不着为这种官场常态因小失大。

不过王继先、戚方之流和官场规矩，还不是赵不尤忧心的重点。以赵不尤的军政才干和阅世经验，他如果真能在此时与岳飞会面，那么对岳飞最大的担心，应该还是岳飞的新职位——通、泰镇抚使。

这实在不是个好干的差事。不仅是因为这一地区名义上的主帅刘光世一贯坑爹；不仅是因为岳飞一军现在只有一万多的兵力，进援楚州的话，却要面对七八万左右的精锐金军，妥妥的又一次以寡击众；甚至也不仅仅是因为淮东、淮南一带光镇抚使就有六个，还有其他武装势力活动，局面犬牙交错，形同割据，去了以后如何合纵连横是个大问题；还因为岳飞此次担任的镇抚使除却军务外，还要总理民政，说白了没法再找地方官合作，得由岳飞本人直接对辖区内十几万百姓负责了。

而据赵不尤的了解，通州仅是中州，人口也才几万人；泰州虽然号称上州，但只领兴化、海陵、如皋、泰兴四县，其中产粮比较多的兴化县和泰兴县又都刚刚匀给了毗邻泰州的承州和扬州，也就是说岳飞治下其实只有海陵和如皋两个县。这两个县一个是州城治所所在，一个毗邻东海[357]，海盐倒是不缺，但都不怎么产粮食。困窘贫乏如此，岳飞一军又刚刚结束大战不久，很多士兵在建康府之战中落下的伤病都还没好利索，还拖着好几万家属……去了泰州以后吃什么？过几个月入冬以后穿什么？治下百姓又如何安置？

赵不尤对岳飞新任命的担心，岳飞自己其实也多少想到了。事实上，他之所以不惜提出"将飞母、妻并二子为质"，也要请求朝廷免去他通、泰州镇抚使之职，"止除一淮南东路重难任使"，也正是因为从根儿上就不看好朝廷新设立的这套镇抚使制度。宋廷允许新任命的诸位镇抚使自行招兵买马，甚至允许钱粮自筹，确实扩大了镇抚使的事权。但同时也意味着朝廷放弃了作为中央政府给予前沿战略、政策和财政支持的责任，同时还造成了一个巨大的隐患：

十几位新任命的诸位镇抚使都有自己明确的辖区，散布前沿，犹如犬牙交错，尤其是岳飞将要赴任的淮东地前线，前沿和纵深皆不足千里的地域，便有六位镇抚使。如此块状分割缺乏有力中枢的系统，再加上独立的财权和事权，势必造成各家镇抚使相互竞争，一心扩大己方实力的同时，也会或主动或被动地防范周边各镇，以邻为壑、互不理睬，甚至自相残杀都不是没有可能。当然，眼下南宋朝廷实行这种制度，多少有些病急乱投医的成分；但面对江北虎视眈眈的挞懒部金军，放弃己方有成熟官僚体系，可以居中调度，进而集中整个东南地区资源寻找战机和突破口的优势，各自为战，实在是扬己之短，击敌之长。

经历了马家渡之战的惜败和建炎三年冬到建炎四年春的孤军苦战后，岳飞对中枢指挥不力、宋军各自为战的后果体会得更加痛切，这才不惜担风险受议论，也要争取"淮南东路重难任使"。所谓"淮南东路重难任使"，实际就是安抚使、招讨使一类的方面大员，也就是淮东战区实际上的天子钦命军事总负责人。倘若能争取到这个职位，那么岳飞就能凭自己的才干、手腕和个人魅力，去争取和团结淮东甚至山东的诸路豪杰，对抗金军甚至出师北伐了。凭自己之前以一支数千人孤军壮大为两万雄师、紧接着又以寡击众收复建康的经验，岳飞自信自己完全能够做到这些。

然而对赵构、范宗尹、赵构等人来说，岳飞的这个目标实在有些超出他们的想象力。何况岳飞的资历实在太浅、年纪也太轻，将其拔擢为高级将领、任命为淮东镇抚使，已经是充分考虑岳飞个人意愿的火箭式提拔了，实在难以再次更改成命，更不要说将整个淮东战区都交给岳飞负责——如果真如此任命，那么韩世忠、张俊、刘光世等人必然不满，光是安抚宿将就要朝廷头疼好一阵。

在朝命无法更改、镇抚使体制也难再修正的前提下，通州、泰州镇抚使，已经是南宋朝廷能为岳飞找到的、唯一的前沿职位空缺。换句话说，如果岳飞执意不去补这个缺，那么就只能选择留在中枢了。两"坑"相权，岳飞当然还是选择去前线，所以明知此去泰州上任简直是步步有雷，也只能"明知山有虎，偏向虎山行"。

而赵不尤身为宗室，仍然被宗室子弟不得出任军职的天规束缚着，除却叮咛嘱咐和默默悬心，也无法为岳飞提供更多的帮助了。何况他非常清楚，即便如此内外交困险关重重，自己这个小兄弟也绝对不可能放着楚州的赵立不去救，更不会对百姓的生死疾苦不闻不问。可是强敌压境、自己这边却要什么没什么的情况下，从来没当过亲民官的岳飞，当真能一肩挑起这里里外外军事民政好几副担子吗？万一有什么闪失，会不会把刚刚靠血战换来的人马、功名，甚至身家性命都折在这一遭？

要知道，现在密切关注着岳飞一举一动前程命运的，可不止他赵不尤了。大捷奇功、献俘朝见、重臣交口称赞，特别是在天子对岳飞的格外恩遇传扬开后，朝野上下，士庶军民，满怀期待的，心存疑虑的，暗中眼红的，此时都瞪大了眼睛，在等着看这个年仅二十七岁的青年将领，究竟是终于被大宋军民盼来的天降救星、国之柱石，还是仅仅是昙花一现、流星过眼，甚至纯粹撞了一次大运的徒有虚名之辈。

（第一部完）

# 附篇1:

# 李若水、李若虚传

2017年3月,因为李光的一首绝句,一不留神翻了四五天岳飞重要幕僚胡闳休的相关记载,然后因为要确认岳家军幕僚任职时间,以判断胡闳休传记里那句"在岳王幕下最久"是不是老乡替他吹牛,又把李若虚的简历捋了一下,笔记里放在一起的他三弟李若水的生平也顺带重看了一遍。结果发现李若虚到岳家军之前的经历,史料其实已经写得很清楚了,之前总觉得这块不清楚,还是看书太粗太急之过,比如一直没有好好读一遍《会编》收录的那篇李若水之子执笔的李若水行状——《靖康忠愍曲周李公事迹》。

## (一)

和岳飞的很多部将幕僚一样,李若虚这种奇男子,太史公要是能活过来,都必定会给他写传记写得投书掷笔、热血沸腾,搞不好还要泪如雨下,然而别说《宋史》本传里的记载了,到现在连个李若虚的行状、墓志铭都找不着一篇,还不如胡闳休,好不好准不准的,好歹有那么一段不到五百个字的乡党应援版传记。不过好在李若虚还有一个死得比较是时候、是场合,没触发什么政治忌讳的三弟——李若水,因此李若虚在靖康之变前的经历,基本可以根据李若水的行状确定下来。

李若水原名叫李若冰，字清卿。靖康元年秋，奉命出使河东太原府粘罕军前时，上殿面君，宋钦宗赵桓觉得"若"与"弱"谐音，"冰"与"兵"谐音，而"兵不可弱"，遂命其改名为"若水"[358]——本文就还是不管改名前改名后统一叫李若水吧。毕竟，这才是他后来垂于竹帛、为后人所熟知的名字。

李若水是河北洺州曲周县（今河北省邯郸市曲周县）人，家里从李若水的太爷爷李宏开始，到李若水的老爹李垧，三代人都是进士出身，在当时算是非常难得；但同时三代人都没当多大的官，都是终一生只做到州县衙门里录事参军、主簿一类的低级文官。李若水的行状里说到其家世时说"世业儒，仕州县，著清白声"，其实翻译得不中听点，就是说虽然家里往上数三代都是中过高考状元的高级知识分子，但同时也是三代基层小公务员，官运不咋地，也没给家里捞下什么钱。

——那年代能考上进士，而且能接连几代人考上进士的家庭，家里人的智商低不了。之所以一辈子升不上去只在基层打转，从李若虚、李若水以及其他洺州李家子弟的立身行事来看，恐怕还是因为性格太刚直坦荡有原则了，外加他家那份简直像是刻在基因里一样的嘴毒加"能喷"……

李若水的老爹李垧基本是一分不差地继承了这一家风，称得上一句"能世其家"，甚至连娶的老婆也是这个路数：虽然是学历过硬、学问扎实的高级知识分子，但从身体到头脑再到气质性格都十分强硬剽悍，绝对不是文弱书生，也不太温良恭俭让。

首先，李若水一共兄弟六个，大哥李若谷，二哥李若虚，老三他自己，老四李若道，老五李若朴，老六李若川，不光"兄弟众"，而且都长大成人了，同时李家老爹李垧看起来也没有纳妾，也就是这哥六个应该都是李垧的夫人张氏所出。考虑到当时的医疗卫生水平，这是个很了不得的成就，可见李若水老爹老妈身体素质应该都不错。

其次，李家兄弟文化水平都很高，而且科举之外也有"逸才"：李若水和大哥李若谷都考上了进士，李若水还在当时广有文名，俨然有文坛未来领袖的气象；二哥李若虚和六弟李若川虽无进士出身，但从留下的诗文和书法来看，水平也都很高，家学渊源和天分才情都很出众，不是读死书的书呆子老学究，可以想见其父母在教养儿女时，是比较开明自由的风格。

再次，李家兄弟的个性都相当突出，李若水是殉国死难的忠臣烈士自不必提；李若虚、李若朴、李若川为官时，也都是慷慨敢任事的能吏。就连一度被秦桧优容示好、因而做到参知政事（即副宰相）的李若谷，也被公认为"有直气"。一门风骨如此，可以想见其父母的为人。

最后，李若水于靖康二年陪同宋钦宗入金营和谈时，其母张氏在得知金人变卦不肯放钦宗回城后，"闻之恸曰：'吾子平日刚直，死难决矣。'"显露出颇不一般的见识。绍兴八年（1138）[1]八月，张氏又"援陈亨伯例"，上书朝廷请求对李家子孙再予恩泽359，显然不是没见过世面的寻常妇道人家。而且按照生于元祐八年（1093）的李若水的年龄推算，张氏在绍兴八年，往少里算也是七十上下的人了。能在三子李若水惨死、丈夫先逝、自己也历尽颠沛流离之苦的情况下坚持这么久，还能替儿孙发声出头，心气之足非常人可比。另外，看李家兄弟在绍兴八年后的仕宦经历，哥几个一直到绍兴十七年（1147）[2]全部被罢职，都没有守孝或者夺情的记录，因此可以肯定张老太太确是得享高寿，可算是历尽波折的洺州李家在炎兴年间难得的一件顺心事，也足见这位老人家体力和精神都相当健旺。

李若水在这样博学、正直而且精力充沛的父母抚育下长大，学问和人品都顺理成章地相当不错，兼以本人也是三好学生的性格，"自幼苦学"，所以人生开局还比较顺利，先是在政和四年（1114）左右离开家乡入太学求学，不久又在政和八年（1118）二十六岁时"敕赐同上舍出身"，也就是获得了进士出身，开始出仕为官。不过李若水获得的第一个官职实在不咋样——北京大名府（今河北省邯郸市大名县）元城县县尉。虽然大名府是

---

[1] 同一年份后文不再标注。

[2] 同一年份后文不再标注。

帝国北都、名城重镇，离李若水的家乡洺州曲周县也近，但这种直接面对基层治安的差事实非李若水所长，以至他后来在诗文书信中屡屡抱怨"我拙畏吏事""作尉北门，抗尘走俗，殆非夙志"。还可以证明李若水这个活儿干得不爽的是《睽车志》，其中一条记载提到李若水直到"宣和壬寅"，也就是宣和四年，还在做县尉。宋代官员三年为一任，任满就该迁转，李若水却到了第四年还没挪窝，可见确是"尘土微官，空靡岁月"[360]了。

不过牢骚归牢骚，李若水还是在这个时候就显示出了恪尽职守、直言敢谏的品质。宣和年间开始，徽宗朝的种种弊政积压到了爆发期，南方有方腊在宣和二年（1120）冬起兵举事，北方河北、山东等地也差不多在同一时段盗贼蜂起，《水浒传》主人公原型"淮南盗"宋江就是其中之一。到宣和三年左右，河北相州（今河南省安阳市）、大名府一带也出现了一伙"巨寇"，头领是号称"杨天王"的杨江，有司到宣和四年还没搞定，就想借鉴头一年张叔夜招安宋江的成功经验，也对杨江进行招安。李若水对此坚决不同意，与同事上司争论不果后，愤愤不平地写了一首长诗《捕盗偶成》吐槽：

> 去年宋江起山东，白昼横戈犯城郭。
> 杀人纷纷翦草如，九重闻之惨不乐。
> 大书黄纸飞敕来，三十六人同拜爵。
> 狞卒肥骖意气骄，士女骈观犹骇愕。
> 今年杨江起河北，战阵规绳视前作。
> 嗷嗷赤子阴有言，又愿官家早招却。
> 我闻官职要与贤，辄啗此曹无乃错。
> 招降况亦非上策，政诱潜凶嗣为虐。
> 不如下诏省科繇，彼自归来守条约。
> 小臣无路扪高天，安得狂词裨庙略。

由于后来《水浒传》的风行，特别是在我国的特殊待遇，李若水这首诗作为现存最早的记载历史上宋江行迹的书面材料，几乎成了他所有诗作里知名度和引用率最高的一篇，几乎所有关于《水浒传》的资料汇编研究论著都得提一下，这还小小地坑了一把宋史大家邓广铭先生。

20世纪70年代末开始，一帮学者很长时间都在掐宋江到底是不是投降派，也就是有没有受招安征方腊。而邓广铭先生出于某些目的，站了没投降一边，理由之一是认为记载宋江受招安平方腊的史料都成于南宋时期，其时距宋江活动时期已远，因此这必然是有阴谋的曲笔；相反，北宋时期"官私案牍记载当中，全都没有说宋江曾接受北宋王朝的招安，更没有说他参加了镇压方腊起义军的罪行"。结果话音刚落，李若水《忠愍集》带诗作部分的版本就被发现了，其中就有这首《捕盗偶成》。拿当时一位学者的话说，"这首诗好像是直接针对邓广铭、李培浩同志写的"。在这么硬的证据面前邓广铭先生只好发文认栽，不过很快又提出了宋江应该是"降而复叛"的观点，继续和人掐去了……

但李若水当时写这首诗纯是为了吐槽，做梦也想不到他诗里顺嘴一提的宋江，居然有朝一日会名满天下、妇孺皆知，自己的这首诗还得反过来跟着他沾光。

李若水写完诗就扔到一边，继续犯愁该怎么搞定这些大大小小的土匪流寇去了。然后不知道是李若水工作上的兢兢业业终于收到了成效，还是走了什么大运开了什么挂，在李若水写诗吐槽上司，顺便"地图炮"张叔夜、宋江之后没多久，他还真在捕盗平乱中立下了"捕护功"，从而转了九官。接着又因朝廷赏功转了两官，阶官升到了从八品宣教郎，差遣也换作了平阳府司录，由"选人"晋升为"京官"，不仅从理论上打开了自此仕途通达的大门，也超越了太爷爷、爷爷和老爹，成了洺州李家目前为止最出息的一位。

——值得注意的是，相关史料没说李若水转的这九官是四年里一共转的，还是一下子转的。结合李若水任期时长、杨江作乱时间和他自己的抱怨，我比较倾向于主要是靠一次性人品爆发。而且我还有点怀疑，李县尉这次大发神威，是不是也不全是他自己努力的结果，还有别人的助力？比如宣和三年末南下平方腊的西军大多没有还戍，而是直接调到了河北继续打土匪顺便准备伐辽，吴玠、吴璘兄弟、韩世忠、张俊、刘光世，还有杨存中都在这波人里；再比如宣和四年秋，岳飞首次从军到真定府后没多久，也带兵回老家相州平过一伙"剧贼"，要知道，相州和大名府可是紧挨着的……

不过，不管李若水是借助了官军的力量、顺便和哪一颗未来将星风云际会了一下，还是完全靠自己手底下的人和资源剿灭了盗匪，他总算是升官转运了，并且在接下来的宣和六年春天参加学官选拔考试时，继续保持了好运势。

> 试学官，有司爱其文典雅近古，擢为第一，除济南府府学教授。先是，左司员外郎高景云尝见其诗，奇之，遂立荐于朝，除太学博士。

于是李若水终于摆脱了他不甚喜欢的基层公务员工作，不仅如愿成了学官，还一举杀回母校，当了"中央大学"的教授，成了胡闳休、汪若海、陈东、高登、朱梦说、高闶……可能还有张节夫[361]的老师，秦桧[362]、万俟卨[363]、杨愿[364]、綦崇礼[365]，可能还有沈与求[366]的同事，以及国子监司业[367]孙觌的下属。

——许多年以后，这帮人里的任何一个回忆起这份名单，都会唏嘘一下这个名单实在是星光熠熠。虽然有的，恐怕是灾星凶星。

# （二）

在京城担任太学博士的日子，大概是李若水人生中最畅快的一段时光，"时文格凋敝，（李若水）独以古文倡之，从者甚众"。却不知道这些对着李若水星星眼的学子中，有没有张节夫、朱梦说、胡闳休、陈东的身影？不过在这年冬天，李若水曾赞扬过陈东的咏雪诗，自己也作诗一首相和，可见他对陈东很是推崇，甚至可能由于陈东的年龄比他还大[368]，彼此间互为师友而不为身份职位所限都是可能的。如此进而认识陈东的好友诸如胡闳休、汪若海、高登等人，也大有可能。另外，胡闳休和汪若海的堂妹定亲，也有可能是在宣和五年年底或六年年初。因为胡闳休在宣和三年前后才入太学，与汪若海从投契定交到议亲结亲应该得有段时间；而汪若海的父亲、可能是胡闳休妻子养父的汪叔詹，在宣和五年年底来朝中当过十几天太常博士，搞不好就是这个时候见的侄女婿，顺便把大事定下来的——若真如此，那李若水没准出任太学博士没多久，就开过胡闳休的玩笑，甚至喝过他的喜酒。

附陈东和李若水宣和六年冬的咏雪诗：

《梅涧诗话》卷上　陈东条：

东少负气节，有愤世嫉邪之志。在太学时，尝因大雪与同舍生饮初筮斋，酒酣约联句为乐，公独为古诗一篇曰：

"飞廉强搅朔风起，朔雪随风洒中土。

雪花著地不肯消，万亿苍生受寒苦。

天公刚被阴云遮，世人冻死如乱麻。

人间愁叹之声不忍听，谁肯采掇传说闻达太上家！

地上贱臣无言责，私忧过去如杞国。

遏云直欲上天门，首为苍生讼风伯。

天公傥信臣言怜世间，开阳阖阴不作难，

便驱飞廉囚下酆都狱，急使飞雪作水流潺潺，

东方出日还照耀，坐令和气生人寰。"

又为律诗三十韵，有"山岳遭埋没，乾坤著蔽蒙。已成堆积势，还费扫除功"之句，皆有深意。被收之日，视死如归，则东之志操，在此诗见之矣。

李若水著《忠愍集》卷三《博士举陈东秀才雪诗云："已成堆积势，应费扫除功。"句甚佳，惜不见其全。数日雪作，无事，辄用其韵》：

寒意连朝进，祥霙万里通。

洁身原有道，润物又成功。

余霭犹吞日，狂飙漫走空。

田翁钩膝语，贫里幸年丰。


　　大概就在这年年底，或者宣和七年年初，李若水把父母和其他五个兄弟从老家曲周接来了东京城。然而把全家安顿下没多久，李博士就触了霉头——因为上书劝谏"浪子宰相"李邦彦不要默然隐退，要和蔡京一党正面刚，李若水被以太学博士名额已超编为由，强行下岗了。李若水失业了，刚刚接来东京的一家人的生计顿时成了问题。当年北宋首都的地价房租也不便宜，何况李若水这一大家子人，父母、兄弟、子侄、仆婢，可能还有投奔来的穷亲戚……加一起得将近小一百口人[369]，光每天的饭钱就足够让人头疼了。关于这段日子的困难，李若水后来写过一首诗《谢人惠鱼兔蟹》，说当时是"罢官三月突无烟，两亲白头欠甘旨。此身分为饥所驱，旋秣羸骖诉知己。……还家扫甑洗刀砧，大饫老饕沾婢使"。看着实在是有点惨，同时也让人好奇他的几个兄弟，特别是比他年长的大哥李若谷、二哥李若虚这时候都在干嘛？是在私塾教书，还是在帮人抄抄写写，或者在哪个高官门下跑腿办事、当幕僚清客？这么一个超大型家庭，能在李若水丢官"待阙"的情况下维持住，光靠积蓄和朋友接济，怕还是不够的。

　　而比生计困窘更倒霉的是，宣和七年冬天，金军正式发兵南侵，分东、西两路南下，东路军在靖康元年正月七日包围了东京城。都城之中顿时人心惶惶，风浪迭起，自此而后再不复太平富贵气象。这样一看李若水当初辛辛苦苦接家人过来，简直像是自投罗网。不过李家是河北人，这年南下的金军东路军又在奔袭东京途中攻占过相州、汤阴，兵火势必也会波及洺州一带，所以就算李若水把一家人留在曲周县老家，此时也同样少不了担惊受怕，还得两地悬念。因此倒真说不好李若水当时的心情是庆幸、后怕，还是后悔了。

　　金兵围城后，宋廷一度任命李纲主持防务，但随即又因姚平仲劫寨失败，将李纲和种师道罢免，从而激发了东京太学生和市民的大规模抗议请愿。算得上是太学生领袖的陈东，就是这次请愿的领头人。事态平息后，不少官僚主张对挑事的太学生进行清算，不过有赖聂昌、杨时等人的劝谏，总算是没有走到这一步。而这时还没有解决生计问题的李若水，虽然曾与陈东上书抨击的李邦彦关系很好，"素蒙见知"，但仍对陈东此次的举动持肯定态度，看起来并未因自身遭际而停止关切国事，也没有因个人亲私而有失掉应有的立场。

国事暂时获得了喘息之机，家事就又成了李若水奔忙的主题：二月初金兵撤军、东京解围之后，李若水苦于下岗待业已经半年多，只好抓紧这个看起来时局稍定、朝政一新的关口，继续四处求爷爷告奶奶地求职，在投给高官们的书启中，他屡屡提及自己一家人"双亲垂白，二兄三弟，既有妇，又有子矣。血属二百，指朝夕嗷嗷，曾不得一饱"；"双亲垂白，日有冻饥之虑"——这后一句还是写给时任枢密使的李纲的。也不知道当时正担任着李纲幕僚，而且颇得重用的薛弼，看过或者听说过李若虚三弟的这封哭穷信没，若干年后和李若虚同在岳飞幕中效力时有没有和李若虚聊起过……

在李若水各处上书求告后没多久，他就得了个太常博士还转了一官，看起来还是有厚道人搭了把手。然而上任没几天，这位老兄便在高俅去世时故态复萌，两次上札子反对新即位不久的宋钦宗为败坏军政的高俅行"挂服举哀"之礼。还好这一次宋钦宗听从了他的意见，没让他因为这次更涉敏感话题的直言，而再倒一次更大的霉。

又过了几个月，李若水再任太学博士，生活似乎又将回到宣和六年那段比较平稳的轨道上了。

然而到了八月，宋军两次入援太原府都以大败告终，钦宗不得已准备向粘罕军前派遣使节，讨论以租赋赎回三镇（即太原府、中山府、河间府）之事，遂令大臣举荐使节人选。刚刚缓过口气的李若水，在这次提名推举中"两预其荐"，于是奉诏上殿面对、改名，"除秘书省著作佐郎，借秘书少监，使于金国山西军前"，从而由一名仕途坎坷的学官，站到了历史舞台中央。

# （三）

其实我一直怀疑，推荐李若水出使的那两名官员并没安什么好心，搞不好就是李若水之前得罪的哪个达官贵人，此时借机将他推了出去。因为靖康年间的金军在宋人眼中，无异于食人猛兽，而宋钦宗要李若水去交涉的事项，又是请求变更前约，将之前议定的割让三镇给金国，改为以三镇每年所纳租赋为赎金，换得三镇土地仍属宋朝，很容易引起金人的不满，继而迁怒使节。再加上河东、河北都是兵火之余，金军游骑和盗匪时时出没，途中凶险不可尽知，稍有不慎，就是有去无回。

不过李若水并没有计较这些，受命之后慨然上道。与他一同出使的副使王履是因"读书无成，乃因武弁"[370]的，也是个有才气有胆色的忠直之士，因此李若水在途中甚至还有兴致与王履唱和：

## 其一
平生忠义定何人，数月相从笑语真。
未信功名孤壮志，不妨诗酒寄闲身。
此来饱看千崖秀，归去宁知两鬓新。
就使牧羊吾不恨，汉旄零落雪花春。

## 其二
旧持汉节愧前人，闻许传来苦不真。
五鼓促回千里梦，一官妨尽百年身。
关山吐月程程远，诗景含秋句句新。
孤馆可能忘客恨，脱巾聊进一杯春。

诗笔娴熟端严，既有以苏武之节慷慨自许的忠勇，又不乏秀丽清新的景物描写和几分闲情雅趣，不愧李若水遍布京师的文名，也看出李若水虽是宦海沉浮一书生，但确有胆气和忠义之心。而王履与李若水"数月相从笑语真"的患难友情，则一直保持到了两人在次年一同殉难，算得上全始全终，也算是两人仅剩几个月时光的生命末路中难得的暖色。

不仅如此,王履和李若水在到达太原府面见粘罕时,也颇有搭档的默契——关于李若水、王履和粘罕的这次交涉,《会编》卷五十五《靖康中帙三十》有非常详细的记载,大体上的过程是粘罕坚持要求宋廷割让三镇,不肯改为以每年租赋赎回,而李若水、王履则反复与之辩难。论辩中李若水大多是直言不讳堂堂正论,王履则显示出了年长者[371]历事已多的老成,时而机锋四出,时而滴水不漏,又常能找到打动粘罕个人情绪的话头,最后还引得粘罕和两人话了一阵家长里短,连自己全家都在起兵反辽时被害、现在才刚得了个小闺女的家底都倒出来了。虽然李、王两人的坚持并没能让粘罕在谈判条款上松口,却博得了粘罕"此番使、副煞忠梗聪明"的赞语,算是不辱使命。


另外值得一提的是,李若水这次出使粘罕军前,是先北渡黄河,而后经河北西路"由井陉"到达太原府的,半途经过真定府时还顺路见了东路军主帅、金国二太子斡离不。所以他应该会在九月十一日[372]左右路过平定军(今山西省阳泉市平定县)。而此时的平定军中,正有一个日后会与洺水李家关系极深、然而李若水却不会再有机会与之结识的人,就是岳飞。岳飞宣和六年秋天第二次从军,被分配到平定军驻扎禁军广锐军,这时候已经在这个群山环抱、位置冲要的小军城里待了两年,是个见过大阵、立过奇功、在军中颇有名声威望的骑兵小军官了。李若水到达平定时,太原府在九月三日陷落的消息应该已经传到了平定军,所以岳飞当时大概正在和同袍一起秣马厉兵整饬城防,时刻准备着和从太原压下来的金军主力决一死战。

不知道李若水有没有在平定军城中停留,会不会和岳飞发生交集,比如那位"失其名"的季团练指派岳飞去给天子使节站个岗、护送几里;也不知道如果有交集,那时候还青涩的岳飞会不会憋不住嘴欠,对着李若水、王履大谈三镇决不可割而且不交赎金也能办到,比如可以把已经遍布各地的河东义军组织起来和金军打;而李若水和王履会不会看着身边英姿勃勃的青年军士,满怀悲哀地想,这么热血勇锐又这么年轻的基层小苦力,大概过不了几天就一定会死在两军阵前，血膏荒草吧。

不过无论有没有过交集，九年后或者更早一些的建炎元年，已经与岳飞成为忘年交的李若虚，都应该会有机会和岳飞聊起三弟的这次出使，也顺便聊聊平定军，聊聊宣和、靖康间旧事的。

回程之际，李若水一行应该还是过太行山从河北回的开封。但看李若水后来的上书，说回程路线时提到了徐沟和太古，这两个地方都在太原之南，所以李若水应该是因为金军当时已经开始围攻平定军的缘故，没有再走榆次—寿阳—平定—井陉这条线，至少也是特地绕开了平定军。李若水、王履十九日从太原动身回程；平定军则是二十一日被金西路军围困，十月中旬左右被粘罕、斡离不合兵攻打，以前后共丧失一万三千人的代价被攻克[373]的。这一战打了二十多天将近一个月，确实没法再走了。

因为要尽力避开金军兵锋，李若水、王履从太原回到开封足足花了一个月又十一天，对比来程的速度，途中之艰难不言自明。但十一月一日回到东京城后，李若水所做的第一件事情，并不是叫苦表功，而是上书请求宋钦宗发兵救河东、河北：

> 臣自深入金人乱兵中，转侧千余里，回至关南。凡历府者二，历军者二，历县者七，历镇寨四，并无本朝人马，但见金人列营数十，官舍民庐悉皆焚毁，瓶罂牖户之类无一全者。惟井陉、百井、寿阳、榆次、徐沟、太谷等处，仅有名存，然已番汉杂处。祗应公皂皆曰：力不能支。胁令拜降男女老幼，例被陵铄，日甚一日。尪残穷苦，状若幽阴间人。每见臣，知来议和，口虽不言，意实赴愬，往往以手加额，吁嗟哽塞，至于流涕。又于山下见有逃避之人，连绵不绝。闻各集散亡兵卒，立寨栅以自卫，持弓刀以捍贼，金人数遣人多方招诱，必被剿杀，可见仗节死义，力拒腥膻之意。臣窃惟河东、河北两路，涵浸祖宗德泽，垂二百年。昨因蔡京用事，新政流毒，民不聊

生；继而童贯开边，燕云首祸，搜膏血以事空虚，丁壮疲于调发，产业荡于诛求，道路号呼，血诉无所，涂炭郁结，谁其救之？陛下嗣位之初，力行仁政，独此两路，边事未已。今戎马凭陵，肆行攻陷，百姓何知，势必胁从。而在邑之民，无逡巡向贼之意；处山之众，有激昂死难之心，可谓不负朝廷矣。哀斯民之无辜，服斯民之有义，愧起颜面，痛在肺肝。望深轸圣衷哀痛之诏，慰民于既往决择之计，拯民于将来，上答天心，下厌元元之望。

这是一篇让人看了心里不舒服的文字，因为其中描述的百姓尚存报国之念甚至敢于抗命报国，却已经被掌握国家命脉的统治者弃如敝屣的悲剧，在两宋之交实在太过典型，以至于此后数年中还将继续出现在宗泽、李纲、岳飞等人的奏陈里。包括"愧起颜面，痛在肺肝"，也总让我跳跃地想到十四年后另一封上书里的"万诛何赎"。然而李若水所具有的血性、良知和责任感，绝非人人都有的品质，在当时的宋廷更是尤其稀缺。更何况时局已经发展到足够把他们这点稀缺的良知也冲刷掉了。

李若水回到东京没多久，粘罕的大军就攻破泽州（今山西省晋城市），经天井关南下太行、兵指河阳，准备过黄河了。同时斡离不的东路军也挥军南下，渡河只在旦夕间。于是李若水上书十一天之后，就再次被宋廷诏命出使，而使命却与刚刚结束的那次截然相反：请割三镇求和。

# （四）

靖康元年的北宋朝廷，最让人无语的，其实还不是不顾两河军民犹在"为国家守"就急匆匆割三镇赂敌，而是中枢大政方针变来变去，仿佛儿戏：时而召集勤王军，时而又下令遣散；时而想保有三镇，时而又想割地求和；时而想放弃首都，时而又决定死守，可是又不肯积极筹措防务……总之只要稍微翻翻史料，就能强烈地感觉到当时上位者那种得过且过的心态。这种心态往往是在承平岁月里养成的，但到时局恶化之时，已经沉疴难返，于是只能一面在迁延犹疑和心血来潮之间频繁切换，一面把希望寄托在对手的回心转意大发慈悲上。

不知道李若水面对这样一个颟顸透顶又怯懦透顶的朝廷，面对前后截然相反的使命，有没有爆粗口。反正就算他能忍住不爆粗，他的兄弟们，特别是大哥和二哥，大概也会替他爆，哪怕李若水此行比上一次更为凶险，换别人家估计这会儿抱着哭都来不及。这一家人却有种燕赵男儿轻生任气的特质，以至二十年后，李家六兄弟中的李若谷因得罪秦桧而被从执政的位置上踢下来、即将被流放时，面对朋友"胡不效杨原仲[374]之泣"的调侃，还能以同样轻松幽默的语气回答说："便打杀我，亦撰眼泪不出。"所以李若水这次出使，兄弟几个大概也不会因为生离死别的伤感就耽误了吐槽，没准个性十足的老爹老妈也会加入进来。

可能是考虑到了李若水这个宁折不弯的性格特点，担心他不能很好地传达朝廷意图；也可能是觉得这一次出使干系更为重大，李若水的官职还是太低，宋廷在李若水、王履之外，又加派枢密使冯澥为正使，而只以李若水为副使。三人在十一月十三日受命之后，因军情已十分紧急，"即日上道"，但刚出东京城没几天，就在中牟县看到了从黄河渡口败退下来的溃兵正在"乘乱作过"，并得知金兵已经渡过黄河，直扑东京城而来。危急关头，李若水和王履坚持禀命直行，并无退缩[375]。

二十一日前后，三人到达粘罕军前，然而这个时候粘罕哪里还有耐心和宋使聒噪，当即将冯、李、王三人扣押军中，一起向东京进发。闰十一月三日，粘罕率军到达东京城下，不知是出于玩弄的心态，还是纯粹心情比较好，还特意请李若水和王履到自己帐中饮宴，调侃说"且得到使、副们乡中了"。此时忧心如焚的李若水、王履都没给他好脸色看。

（李）若水叹曰："某等才薄识浅，奉命议和，不能为国家定大事，罪固宜死。酒不敢饮。"

粘罕笑曰："前言戏之耳。"

公（王履）曰："军国大事，岂可为戏！"遂以酒杯掷于地。

粘罕大怒曰："事至如此，尚敢如是！"

公曰："杀人以挺与刃，亦无异也。"

粘罕曰："一齐推去囚了。"

公曰："平生读书，忠孝事死尚不惜，何惧囚也！"

粘罕无奈，只好将这两个死硬的宋朝使节拘禁在冲虚观，直到二十五日东京城被攻破，才将两人放回城中，以便继续与宋廷议论讲和之事。

李若水回到东京城中后，精神濒临崩溃的宋钦宗几乎把他当作了救命稻草，一见面就"失声而惊曰：'卿元来也！大事如何？'"并在李若水面对后命其"留宿殿中"。之后宋钦宗根据金人的要求，派宰相何㮚出城见粘罕、斡离不商量和议之事，何㮚畏惧不行，李若水气愤之下，当场大骂也算有些旧交的何㮚"致国家如此，皆尔辈误事！今社稷倾危，尔辈万死何足塞责！"才迫使何㮚勉强成行。再后来钦宗第一次入金营议和时，也命李若虚、王履陪伴左右，回来后又不顾李若水、王履的一再推辞，坚持给了两人较高的官职[376]。想来在城中高官大将乃至内侍仆婢，要么迂腐懦弱，要么居心叵测的环境下，深觉虎狼环伺的宋钦宗，是把这两名忠勇臣子当作真正可依靠可信赖的人了。

然而李若水的悲剧，也在这一刻真正开始了。李若水为人正直，忠于职事，敢于坚持原则，从他第一次出使后所上的请救两河书来看，眼光也不算差；但他擅长的工作一直是文教口的，缺乏基层行政经验，军事、外交方面的阅历更近乎空白，说到底还是历事太少，所以很多时候都显得勇气有余而手段不足。这个缺点，在他和王履第一次出使粘罕军中时已经有所显现，到了金军重兵压顶、他自己又身当要路之际，就更为突出。

金军第二次要宋钦宗赴金营商谈议和事宜时，李若水很不光彩地站到了支持钦宗再入金营的行列中，以至在他殉国后不久，就有不少人认为"李若水当渊圣出郊之际，尝预闻其议论，非死不足以塞天下之责"[377]。至于支持的原因，则是《朱子语类》卷一百三十二有一条记载说，他因为在金军中见女真士兵往往"醉后枕人睡熟，以此信之"。但实际这可能只是当时李若水劝说钦宗前去金营的说辞之一，真正的理由，应该还是李若水从自己两次出使的经验出发，他认为女真人比起宋人岂止落后，简直就是未开化，以至连斡离不和粘罕之间的战略主张都不能统一，所以应该不至于有灭国绝祀、长据中原的意图和能耐。如果是这样，那么钦宗到金营与之议和尽快把瘟神打发走，确实也算个办法。

而且事后来看，李若水这个判断也不能说一点都不靠谱。因为正如他所观察到的，粘罕和斡离不之间确实一直有分歧，包括要不要再打东京城，都是两人十月底才在平定军商量定的。甚至到宋钦宗再入金营之后，两人还为是否要灭掉宋朝屡起争执。

所以李若水在此时犯的真正错误是：第一，金军到现在还在吵来吵去目标不明是个弱点，但也是个很大的不稳定因素，万一强硬派占上风或者暴走了怎么办？你这边出的牌可是一国之君，容不得半点闪失；第二，金人既然外强中干，破了城连城墙都不敢下还要求议和，那么迫使其让步的最好办法，恰恰是通过适度的强硬手段施压，至少也不能是对其所有要求都无条件满足，同意让宋钦宗再次前往金营面谈议和；第三，就算要冒险再去金营，那也应该准备一点应急手段，不应该之前一点风声不露，到钦宗动身后才公之于众。如果这些措施都做不到，那就不能让天子再履险地。所以说李若水在这个重大节点上，不说侥幸心理太强、想得太简单，至少也是表态太轻率，即使只为自己日后的前程、名声考虑，也是极为不智的。

当然，这里本来还可以有一种猜测，就是李若水到这时也迫于金人兵威，起了叛卖君主以自保甚至更卑劣的心思。然而这个嫌疑，很快就被他以自己的生命为代价抹去了。

靖康二年正月，宋钦宗再入金营议和，李若水与何栗、吴开、孙傅等人随行。这一次金人没有再放过宋钦宗，不但没让他回东京城，还在二月六日正式宣布废去宋钦宗帝位，并当场令人剥去宋钦宗身上象征皇帝权威的龙袍。一直随侍宋钦宗的李若水到此追悔莫及，出于愧疚和愤怒，李若水与王履两人挺身护住宋钦宗，对金人破口大骂："尔曹狗彘之不若也！远陋之夷，敢废中国圣明天子乎！吾当以死争之。苟不从吾言，则人神共怒。臭胡安能长久，俱为万段矣。"

金人自然大怒，"以马鞭击公口、面流血，反缚置之空舍中，三日不与食"。但没过多久，又派人再三劝降，既以"公忠孝人也，大金将宠用，不患不富贵。何不少屈？徒死何益也"晓之以理，又让其侍从以"侍郎父母年高，兄弟又多"为由动之以情。但李若水、王履均心志坚决，丝毫不为所惑，到二十一日再见粘罕时，李若水仍然对着粘罕"高声骂詈"不止："你劫金帛女子，止是一大贼耳。你国灭决不久！"终于激怒粘罕，遂与王履一起被害。临刑之际，监刑的金人官员仍试图劝降，李若水却依然"厉声骂詈不止，遂被监军打破唇齿，侍郎神色不动，喷血奋骂愈切。监军以刃裂颐断舌，乃至于死。死已，又肆惨酷，至于身首异处，膏血浸于原野者凡四十三日"。

然而如此悲壮的结局，对李若水来说，未尝不是一种解脱。作为一个充满正义感和责任心的人，他应该从宋钦宗被废的一刻起，就已经下了以死赎罪的决心。真正从此陷入痛苦之中的，是他的家人，特别是他的兄弟们。李若水、王履于二月二十一日被害后，金军并未立即通知其家属，还是扈从钦宗入金营的一些医官、卫士，以及李若水、王履的贴身侍从，陆续传回了两人被害的消息和遇难始末。之后金军只传唤家属告知事态，却并不准家属前去收埋遗体，李家人纵然已知噩耗，也无计可施。就这样一直熬到四月四日，金军从东京撤军北归，李若水的兄弟们才得以出城寻找他的遗体。虽然可能因为当时是小冰河期气温整体偏低的缘故，李若水的遗体据说"暴露四十余日，肌肉不变"，但"颐已解，舌已断……身首异处"的惨烈之状，无疑还是给了亲人相当大的刺激。

# （五）

李若水的殉难，引出了他二哥李若虚在历史记录中的正式登场。——李若虚在史料记载中第一次上线，就是在《会编》收录的《靖康忠愍曲周李公事迹》中。根据这份记载，靖康二年春金军传唤李若水家属、建炎三年宋高宗召见，代表李家出面的都是他，包括收敛李若水遗体，也应该是他一手操持的。显然，这位估计比李若水大个三五岁、到靖康二年已经年近四十，但还是没考进士没出仕、好像也没什么固定职业的大叔，是李家兄弟中主持一家家务的家长。然而由于李若虚后来被秦桧迫害得比较惨，目前的传世史料中，没有什么记载正面写过他在看到弟弟遇难的惨状后是何等心境，只有《会编》里收录的李若水两个儿子写的一段文字，能让人从侧面窥见一二。

> 此段纪事迹时（指对李若水被害详细状况的描述），诸父以先大父母年高恐痛伤意，遂不敢书。至乾道中，诸父沦亡，因于秘收遗稿中又得其遗，使尽书之，表于家乘。

寥寥数语，李若虚当时所经历的情感煎熬和对年迈父母的细心体贴，就已尽在其中了。

那么料理完李若水的后事之后，身为家长的李若虚又带着一家人去哪了？

史料中李若虚再次出现，已经是绍兴三年（1133）[1]的十一月，以"右承务郎"任司农寺丞。再就是《要录》绍兴七年正月的一条记录里，说过他在出任司农寺丞之前，"止尝历秀州司户一考"。除此之外，从建炎元年到绍兴三年年底，将近七年的时间，关于李若虚的记录就付之阙如了。

好在《靖康忠愍曲周李公事迹》在记叙李若水身后事时，又提供了不少关键信息，如在记李若水葬地时，提到"建炎二年秋，家属流寓扬州，遂藁

---

[1] 同一年份后文不再标注。

葬公于蜀冈南"。可知洺州李家是在这年秋天或稍早一些时候，才举家南渡到了宋高宗当时驻跸的扬州，否则不会单挑这个时间点匆匆安葬李若水。也就是说，在建炎元年到建炎二年秋这一年多的时间里，李若虚是带着家人一直在北方的，而没有在建炎元年秋第一时间追随宋高宗的小朝廷南下。但他当时在北方的哪个城市，在做什么，又为何没有立即南下呢？

对此，《要录》提供过一条很容易被忽略但其实信息量巨大的记载：绍兴十七年李若谷被罢官时，言官曾弹劾他"谄事张邦昌之党，又往宗泽处，以伪楚年月改秩"，透露出李家这位大哥建炎元年到建炎二年间，曾在宗泽统率的东京留守司效力，还转过官升过职，不然不会留下"以伪楚年月改秩"的把柄。

但李若谷的行踪未必和李若虚合一，毕竟宗泽统率的东京留守司在当时是毫无疑问的前线，李若虚真的放心带着刚刚劫后余生的一大家人、特别是老年丧子的老父老母，留在常常被战火和警报包围的故都吗？再就是王曾瑜先生在自己的历史小说中，写李若虚曾经在建炎元年做过当时宰相李纲的幕僚，这个情节也让我印象深刻。但我始终没找到李若虚曾为李纲效力的史料，就一直以为这是王曾瑜先生出于对岳飞、李纲、李若虚的热爱虚构的。

总之，在2017年动笔写这篇传记的时候，对于李若虚建炎元年到建炎二年夏秋之间的行迹，我只能付之于猜测。直到2019年4月，有一天某小朋友拽着我一个字一个字地解周紫芝的《寄李司农三首》，才再次惊觉原来关键信息就藏在已经看了好多遍的材料里，只是仍然碍于读书不细，一直没能"解码"罢了。

《寄李司农三首》是南宋初年比较著名的诗人周紫芝在绍兴十一年之后，写给已经被流放的李若虚的"劝降诗"。为什么说是劝降诗，后文再说，这里只说他这组诗的第一首：

> 东阁当年夜，华灯照别樽。
> 断碑思雁塔，佳客愧龙门。
> 岂料三吴路，相逢一水村。

只今悬望眼，犹欲黯离魂。

当时被小朋友拽着逐字逐句地翻译，每个词每个字的来处都要弄明白，比方"阁"为什么是东阁？一查发现还真是有讲究——"东阁"通常用来代指宰相，有"宰相待客之阁"的意思。

那是什么时候，周紫芝有可能在宰相门下碰到李若虚呢？再一查要录，周紫芝曾在建炎元年向朝廷上书言国家大事，而上书的主要内容，就是支持朝廷任用李纲为宰相。也就是说这首诗回忆的是周紫芝建炎元年在北宋南京应天府（今河南省商丘市）的经历，也验证了李若虚确实做过李纲的幕僚，不然就不会有"东阁当年夜"了。

查到这里，又觉得"断碑思雁塔"也大有文章：雁塔二字让我想起颜真卿，随即想到"断碑"应该也是指一处颜真卿真迹[378]，这样才能对断碑而思雁塔。再一想：商丘市可不是有颜真卿真迹么。2013年7月，我去商丘的归德府古城景区时，特意跑去看过的八关斋石幢，也就是颜真卿手书的《有唐宋州官吏八关斋会报德记》。但那碑是断碑吗？于是又搜了一下，还真是断碑，而且是武宗灭佛时期就被凿断了。所以从晚唐开始，这处颜真卿真迹就以"断碑"为特点。这样就进一步锁定了周紫芝这首诗里回忆的与李若虚初识的地点，正是北宋南京应天府（今河南省商丘市），进而可以为李若虚当过李纲幕僚提供旁证。

都查完之后又翻了一遍周紫芝的《太仓稊米集》，翻出初读时标记过的另一首赠给李若虚之弟——应该是李家最小的弟弟、六弟李若川——的诗《次韵李宗丞秋怀二首》其一：

河朔三株树，霜高不受侵。
日边初识面，诗里复论心。
愁莫令知处，杯须略放深。
弟兄俱绝唱，一世少知音。

当时标记时还觉得不太能确定是不是写给洺州李家兄弟的，但如今确定了周紫芝和李若虚建炎元年的行迹，就可以确定是写给李若川的了："日边"也是在说几个人是在皇帝驻跸的行在认识的。于是这也是一个李家兄弟当时在南京应天府的加强证据。

这样，周紫芝的两首诗，《要录》里在李若谷罢官时的一句背景提示式的记载，再加上《会编》里《靖康忠愍曲周李公事迹》对李若水葬地变动的记载，三份材料拼在一起，李若虚及洺州李家一家人在李若水殉难后一年多时间里的经历，终于可以较为清晰地勾勒出来了：

收殓了三弟李若水之后不久，宋徽宗第九子康王赵构在南京登基，是为宋高宗。李若水和几个兄弟遂作为"大宋国难中的著名烈士家属代表"，去了南京应天府并接受朝廷的一系列表彰。

——需要指出的是，靖康之难中为抗敌和保护皇室而殉难的宋朝文臣武将乃至普通军民，其实不少。但当时被金人扶立的"大楚"皇帝张邦昌由于在赵构的新朝廷中颇有一些人缘，所以此时尚未被惩处，反而颇受优待。甚至连张邦昌的爪牙——杀戮过不少宋朝军民、亲手搜捕宋钦宗太子去金营的叛将范琼，也未被惩罚，反而被委以重任。这直接导致在反对金人扶立张邦昌时殉难的大将吴革、文臣梅执礼等人身份暧昧，不但未获旌赏，反而染上了勾结普通将士和东京市民意图犯上作乱的嫌疑。

但在国破家亡，宋徽宗、宋钦宗和大半皇族、朝臣都被金人直接一波掳走的情况下，不树立几个忠臣榜样也说不过去。所以为保护宋钦宗、抗议金军毁约而死在金人手里的李若水，就成了最合适、最安全的宣传对象。后来南宋史料中对李若水不吝褒扬，甚至说金国官员曾经表示辽被金所灭时殉国文武大臣不少，但"（大宋）殉国死难者，唯李侍郎一人而已"，其实多少是为了掩饰自己的尴尬而作的粉饰。李若水泉下有知，恐怕不会感到欣慰，倒是要惭愧惶恐的。

之后，李若虚，很可能还有李若谷，做了被赵构拜为他即位后首任宰相的李纲的幕僚，倒也算偿了曾投书向李纲求职的李若水的心愿。李纲在宋高宗朝再任宰相，从就任到罢职，只不过八十余天，但几乎每一天都在经历惊心动魄的政治斗争，从力排众议严惩张邦昌，到确定东京留守及几个前线要职（主要是河东、河北招抚司长官）的人选，再到劝说宋高宗赵构不要放弃故都、中原或者至少不要南迁，又在宋高宗决意南渡后提出折中方案，几乎每一个决策都是生死攸关又千难万险。所以李若谷、李若虚兄弟担任李纲幕僚的这段日子，经历的三观冲击、感情煎熬和辛苦程度，未必低于他们在靖康围城中苦苦等待李若水音信时所体会到的。

李纲终于还是因触怒宋高宗被罢相后，李若谷、李若虚兄弟没有跟随赵构在当年秋天南渡扬州，又从南京应天府回到了东京开封府，在致力于恢复中原两河的宗泽麾下效力。

——不抱紧"从龙"的政治正确、不跟随赵构南迁，已经需要极大的勇气，返回东京开封，就更不容易。靖康之难后的东京城，一度瘟疫盛行、人口锐减，同时物资短缺、物价飞涨，当时尚在城内的士大夫，在金军撤军后要么南渡，要么去了南京应天府向赵构效忠随后又跟随赵构南下，几乎没有留下的，所以李若虚一家的选择可谓不折不扣的"逆行"。

宗泽出任东京留守并于建炎元年七月十三日到任后，东京的经济、治安形势在其铁腕之下迅速好转，但仍日夜笼罩在金人铁骑的阴影下，时时有灭顶之虞。能在这样的压力下，还坚持追随宗泽，并且全家都留在城中不肯远避，大概是因为李若虚及父母、兄弟，到此时仍然盼着赵构能回銮故都、官军能收复河北，一家人能够护送李若水的灵柩，回到洺州曲周县故里吧。

不过李若虚兄弟在东京故都的这一年时间，也不是只有付出而无收获——宗泽的东京留守司，并不是如后世人刻板印象中想象的，只有翟氏兄弟、王善、李道、张用、桑仲这类虽然善战但也跋扈难驯、作风粗犷，甚至野蛮残忍的义军，而是同时也荟萃了靖康之难前后在战火中脱颖而出的文武精英，既有李若虚、张嵲这样诗文可执文坛牛耳的才子，也有闾勍、张衍这样承平岁月中默默无闻，如今才终于现出英雄本色的禁军耆宿，以及陈淬、王彦等官军出身的"科班型"名将。这一群人无论才干、品格还是进取心，都堪称当时南宋政权内部最富有朝气的英才。在这样的团队里工作，无疑要比在建炎小朝廷里受汪伯彦、黄潜善、张俊、辛氏兄弟，甚至一帮宦官的腌臜气畅快得多，也有意义得多。所以在李若虚兄弟眼中，这一年的东京岁月或许并不多么艰苦，倒是一度充盈了希望。

当然，在东京留守司宗泽眼里，大概无论多有名望、之前的资历多深的人才，都比不上他在河北前线捡到的"大杀器"加"掌上明珠"——时年二十五岁的原河北招抚司军中军统制岳飞。当时的岳飞虽然出身贫寒，官位不高，还在第二次归隶宗泽时差点因违抗上级、擅自脱离王彦指挥而被论罪处死，但经过宗泽的特别赦免和一系列战斗后，已经是宗泽默认的弟子和继承人了，得到了宗泽近乎面面俱到无微不至的培养，甚至不惜有意让他脱离一段时间的前线战斗，转而学习更为"高阶"的参谋、后勤、政务乃至文章诗词之道[379]。

而身为宗泽幕僚，并且在诗文和书法上已经颇有声名的李若虚，在看待岳飞时，很可能与宗泽持有同样的态度。既惊艳于岳飞的军事才华和年轻有为，又发自内心地欣赏他的品格和志向，尤其对岳飞任侠尚气、敢作敢当，甚至还有几分旷达不羁的性格感到投契；同时还被这个出身寒微、没受过什么高水平系统教育，却又特别好学特别渴望文化知识的年轻武人，唤起了为师为父的教导欲和关爱晚辈之心，从而在此时就与岳飞相识并成为忘年交[380]。这也可以解释为什么八年后的绍兴五年，李若虚刚刚被任命为岳飞的幕僚，就信心满满地写下了"留刻中兴第二碑"的诗句。

——诚然岳飞当时已经誉满天下、被视为北伐成功、大宋中兴的希望所在，但以李若虚饱经忧患、阅人无数后形成的愈加严苛锐利的眼光，若不是之前就对岳飞有直接接触和深入了解，很难想象他会如此激动，给出这样肯定的评语。


总之，以当时东京留守司的阵容和宋金对峙形势，李若虚以及其父母、兄弟对于收复故土的期冀，本也不算奢望。然而这点希望很快也在赵构朝廷的犹豫反复中化为乌有。

建炎二年夏天，在经历了无数徒劳的努力和朝廷近乎儿戏与玩弄的一次次荒唐决策后，主持东京防务的宗泽终于心交力瘁积郁成疾，在漫天风雨中含恨去世。作为宗泽的亲信幕僚，李若谷、李若虚近距离目击了这位老人的殚精竭虑和最终结局，终于认识到朝廷已经彻底放弃了在近期收复两河的打算，包括朝廷指派的宗泽的后继者，也显然是没有能力继续维系住京畿局面的。于是，李若虚下定决心带着父母和弟弟们，离开东京开封这座李家人本不愿离开半步的城市，这才有了《靖康忠愍曲周李公事迹》中记载的，李家兄弟建炎二年秋流寓扬州行在，草葬李若水灵柩的故事。

虽然这一次的选择并非本心所愿，但其实和一年前决定举家返回东京城一样，李若虚在建炎二年夏天主持的全家南渡，也显出了非同一般的远见和决断。宗泽去世后，东京城里的局面每况愈下，在经历了多次无谓的自相残杀后，最终在建炎三年夏天被继任宗泽为东京留守的杜充彻底放弃。而如果还留在东京城，以李若虚兄弟的脾性，恐怕一定会和刚愎自用又嗜杀成性的杜充掐起来，会不会再出人命都不好说。

# （六）

然而在南宋初年的兵火乱世、荒唐朝局中，眼光再好、再有先见之明，也往往并无用处。李家到扬州以后，按说应该很安全了，毕竟皇帝大驾所在，就算有什么危险，也应该早早就有准备吧？可道理如此，现实偏偏就不是这么回事。

半年之后的建炎三年三月，金军突袭扬州，正在白日宣淫的赵构在此之前因为想要对金军表达议和诚意，拒绝放散百官、放民众出城避难；此时听闻警报并且发现金军并非前来议和，而是想要将他抓去和父亲、兄长作伴后，又立即只身落跑，撇下城内百官军民被金军大肆屠戮，死伤不可胜计。

李家人丁众多，李若水的父母又都年事已高，真不知道是怎么从扬州这个人间地狱逃出来的，更不知道主持家务的李若虚，在这前后又经历了怎样的艰险和辛劳。

不过这里也有另一种可能，就是李若虚在建炎二年秋天到行在后没多久，就觉得朝廷这个德行看着靠不住，于是再一次充满先见之明地提前带家人到湖州居住了。

之所以这么推测，一是因为《靖康忠愍曲周李公事迹》中提到过李若水的父亲李恂最后葬在"湖州归安县广德乡卜村南黄龙坞"，可见李家应该是在湖州居住过一段时间；二是因为当时在朝中任监察御史的湖州士人沈与求，也曾出任过太学博士，而且为人忠正刚直人品很不错，那么此时出手帮助前同事的家属找个落脚地也在情理之中[381]；三是建炎三年七月，李若虚应该是在被赵构召见、上殿面对后，被授予了秀州（今浙江省嘉兴市）司户的差遣——像这种授官，一般会选择临近任职人员家乡或居住地较近的地方，以示优待。而湖州离秀州非常近，走快些一日可到，所以根据赵构的任命和李若虚父亲的葬地，可以推测至少在建炎三年七月之前，李家就已经在湖州安居了。

不管是从"维扬之难"中逃出生天，还是早在大乱之前就安家湖州，抑或维扬之变后在追随赵构去杭州的途中落脚湖州，李家人的生存能力之强悍都令人咋舌。身为一家之主的李若虚，其远见、能力和处世任事之老练果决，也在这份异常坎坷动荡的家族史背后隐隐可见。也许当朝君臣也在烈士遗属的身份之外发现了李若虚的这些优点，所以才在建炎三年秋天面对之后，给了他正式的差遣，以期他的才华能有更大的用武之地。而李若虚大概因为此时家人已经安顿停当，也需要更加稳定的经济来源，于是接受了朝廷的任命，在已近（也可能已过）不惑之年时，迈出了仕途第一步。

宋廷授予李若虚的"秀州司户"，本来是个不错的职位，除了靠近李家已经选定的落脚点湖州之外，还是东南膏腴之地，离江、淮前线较远，并且离赵构心目中真正的理想行在临安也很近。所以李若虚的仕途开端，按说应该比较平顺才对。

但还是那句话：荒唐之世，一切都不可以常理度。李若虚上任后没多久，就又碰上一次天翻地覆的大难。

建炎三年冬天，金军再次大举入侵江南，赵构将六宫、百官疏散到江西，自己则带着宰执重臣和亲信将领一路南奔，先后逃到杭州、越州、明州（今浙江省宁波市），最后泛舟海上以避敌锋。兀术率领的金军则尾随其后，在江南大肆烧杀抢掠。追杀赵构未果后，兀术不得已从明州撤军，在杭州整军北还，先是屠了杭州城，继而又因"虏掠辎重，不可由陆"，而改由秀州—平江—常州一线北还建康府（金军追袭赵构时走的是太湖西面的广德军—安吉县一线），以便"取塘岸路行"。建炎四年二月十八日，兀术挥军攻打秀州，秀州军民随权知州事邓根、兵马铃辖赵士㲄奋起抵抗，但很快因寡不敌众战败，赵士㲄也在战斗中阵亡。兀术攻陷秀州，"沿路屋宇无大小并纵火，靡有孑遗"。

兀术涂炭秀州时，李若虚应该正在秀州司户任上。考虑到他日后曾两次被言官弹劾，弹章中连"人物粗恶"、对岳飞竭尽所能的照料支持都成了攻击口实，却唯独没人挑他在秀州时有弃官而去、建议降敌、夸大敌势之类的污点，可以推断他应该也是秀州城中勇敢的抵抗者之一，至少也是坚守岗位，没有见势不妙就擅离职守。同时运气也还不错，没在这次战事中丢掉性命，让洺州李家不到四年就又添一个烈士。

只是，这位积极抗敌的烈士遗属，当时恐怕是抱着极其绝望的心情在战斗的。

金人不拿人命当回事儿，在江南基本是过一城屠一城，所过之处尽是尸骨和灰烬，而且经常是开城投降也免不了这一刀。

自家皇帝也不是很拿人命当回事儿，敌军一来说跑就跑，还净引着敌军往东南腹心之地跑，而且连派点人手通知一下地方都没心思做，以致金军南下时很多州县祸到临头都不知道来的是金军，还以为顶多是溃兵。

甚至韩世忠这样还有勇气坚持抗战、后来终于在黄天荡力挫敌锋的中兴名将，也不是很拿百姓当回事儿——就在金军攻陷秀州一个月前，韩世忠也曾率军在秀州停留，因军需缺乏，遂"放军肆掠，浙西为之骚然，至执缚县宰，以取钱粮"。不仅如此，向来在女色上没什么节操的韩世忠还在正月十五这天"在秀州取民间子女，张灯高会"……

内外上下，敌我文武，放眼四望简直没一条生路。如果不是比烂还是金军更没下限，李若虚没准真就拂袖而去了也说不定。更何况他是在东京城中亲眼目睹过靖康之耻始末的人，如今身负国仇家恨辗转江南，目中所见却比三年前更让人愤怒和失望。百般苦痛之下，他是否会频繁地想起一年多前匆匆安葬在扬州的三弟？会不会曾经有那么几个瞬间，发自肺腑地觉得弟弟的牺牲实在不值？还是会羡慕三弟李若水早早摆脱了这恶浊时世，不必再看一幕又一幕仿佛永无终结的惨剧和丑剧，也不必再经历精神上的煎熬和拷问？

还没等李若虚找到机会发泄自己的愤怒，他又经历了一次打击：李家老爹李恂，应该也是在这一年去世了。

之所以推测是这年，一是李若虚再次转官，已经是绍兴三年十一月出任司农寺丞。但按照正常任期，他本来应该是绍兴二年（1132）[1] 就改官。不过如果是建炎四年因父亲去世守丧三年的话，这个时间就恰好对上了；二是根据《靖康忠愍曲周李公事迹》，可知李家老爹谢世是在绍兴十一年之前的某年。但李若虚从绍兴三年再度任职一直到绍兴十一年被外放，一直在官且任期连贯，没有守孝或夺情的记录。所以综合起来，他们的父亲李恂应该是在建炎四年金兵北归后不久去世的[382]。

而去世的原因，很可能是因为金军南下追袭赵构时取道广德军和安吉县，兵锋已波及湖州；同时从建康府马家渡溃败下来的宋军戚方部，也于这年二月到六月间于金坛、宣州、湖州一带大肆杀掠，且手段极为残忍，"尽歼官吏不遗余"，"破广德军，凡官吏自太守以下，皆举室屠戮。每斩首竟，则剖其腹，折其股，而实之以钱"，直到六月底七月初才被岳飞击败，投降张俊。所以在湖州落脚没多久的李家，很可能又经历了一次逃难，并且一直到建炎四年夏天之前都不得安宁。而此年至少也有六十多岁的李恂，到这时实在经受不住一次又一次的奔波颠连和精神打击，心力交瘁之下，终于撒手尘寰。

所以建炎四年的李若虚，有很大可能是好不容易从四太子的铁蹄下挣出一条命来，一面牵挂着湖州的家人频频通问，一面在秀州忙善后、忙安抚民

[1] 同一年份后文不再标注。

众、忙恢复生产、忙骂人——黜房、流寇、懦将、庸臣……大概还要连带上老天爷无差别突突的那种；结果还没忙利落、骂痛快，就又得赶回湖州照料病危的老父亲，没多久又要为父亲料理后事……

国破家亡。

这四个字，两宋之交深有体会的人何啻百万。但像李若虚这样三年之内就体验了两遭还每回体验都这么刻骨铭心的，只怕也没有几个了。


# （七）

绍兴三年十一月，守孝期满的李若虚出任司农寺丞，"时寺监长贰不除，以丞专其事"，似可侧证李若虚在秀州司户任上的表现，确实令人瞩目。不过李若虚新官上任没几天，就被御史常同弹劾罢职了。


（既而御史常同言）若虚人物粗恶，于是二人皆罢。


其实看周紫芝的描述，李若虚在当时文坛上的声誉，和"粗""恶"肯定都是不挨边的，顶多还是老李家祖传的基因——性直加"能喷"、嘴毒——过于强大了一点。至于被弹劾免职的根本原因，可能还是李若虚这次升职拔擢太过，且李本人又非科举出身，资历也太浅[383]，所以被同僚侧目了。

李若虚被罢司农丞后的一年多去干什么了，目前不得而知。史料能够确定的，是仅仅一年半以后，这位老兄就迎来了人生高光时刻。

绍兴五年五月十五日，宋廷发布诏命：左朝请大夫、湖北襄阳府路制置司参议官陈子卿主管台州崇道观，改由右承奉郎李若虚充湖北、襄阳府路制置司参议官。

湖北、襄阳府路制置司，就是岳飞所率部伍之帅司的官称。东京留守司一别七年后，当年宗泽麾下的"小岳统制"[384]，已经成了誉满天下朝野瞩目的名将、统率三万雄师的大帅[385]，刚刚于一年前也就是绍兴四年夏，以三万部众收复了被近十万伪齐及金齐联军占据的襄阳六郡，解南宋被敌国"腰斩"之危，自己也因此战功，成了大宋开国以来最年轻的节度使，年方三十二岁（按现代计算年龄的习惯是31岁）就建节封侯。随后，岳飞被任命为整个长江中游战区[386]的最高军事长官兼实际上的最高行政长官之一，率部驻扎武昌（今湖北省武汉市）一带，置司统军。

宋代的一路帅司，组织架构类似现在的大战区参谋部或中央派出机构，其最大特征之一，是无论任务是抗敌安边、平乱剿匪，还是临时督办某一重大事务，也无论担任帅臣的是文臣还是武将，都一定有一套主要由文臣组成的参谋加秘书班子，以襄助主帅划策决断、协调各方。而参谋官和参议官，则是宋代帅司班子中最重要的两个职位，相当于正、副秘书长（办公室主任），对任职人员的素质要求很高——要么需要有过硬的出身、履历或者后台背景，能够协调中央—帅司—地方关系；要么需要有出众的吏才，确实能帮主帅解决繁难的实际问题；最差也得有一定名气，有利于装点门面延揽人才。

而岳飞的这套班子因其部伍之众、军务之繁、管理之严和岳飞本人的能力极强，所以对人选的要求尤其严苛。例证之一是从岳飞建节后，到绍兴十一年岳飞遇害，有资格在其帅司中担任参谋官和参议官这两个职务的，不管是岳飞自己取中的陈子卿、薛弼、高颖，还是朝廷派来的朱芾，或者朱胜非硬塞过来的卢宗训，都是准进士出身；非进士出身的，目前已知就李若虚一个……如此高配的准士大夫却愿意投身武人为帅的军幕，即使在南宋初年也是较为罕见的，足见岳飞麾下这两个职位有多"抢手"，也能看出岳飞对李若虚才干的评价，是超出了一般人才评定标准的慧眼识英雄的。

总之，岳飞与李若虚之间的彼此认可无可置疑，不能确定的，反而是建炎二年夏秋东京一别后到绍兴五年夏的足足七年时间内，李若虚是如何与岳飞保持联系，又是如何让东京城里定交的友谊，在历经世事变迁和光阴磨洗后却依然如故的。

大概也是为了补足这个史料失载的过程，著名宋史专家王曾瑜先生在创作他的宋代纪实小说时，特地把李若虚的首个官职"秀州司户"，改成了江州（今江西省九江市）司户，以便让其绍兴元年（1131）时就能与正在江西剿匪的岳飞再度产生交集，在浔阳楼上临风把酒、同忆故人。这在特别重视忠于史实的王曾瑜先生来说，算是尺度很大的虚构了，可见除了岳飞、岳飞夫人李娃、张宪、宗泽、李纲之外，他老人家对李若虚这个人物也很是钟爱。

但在真实历史里面，李若虚和岳飞要保持友情，或许比王曾瑜先生构想的更容易一些。李家南渡并落脚湖州的建炎三年秋，岳飞也跟随杜充统率的东京留守司南撤到了建康府（今江苏省南京市），不久又在当年冬天金军攻占建康，在上司杜充降敌后自成一军，还在建炎四年年初进驻宜兴。这期间，岳飞在招纳部伍、袭扰金军、剿灭流寇的同时，还制订了远远高于其他武装组织标准的军纪，严格约束全军不得扰民，不仅使宜兴百姓感戴若神，也引得许多逃难的士大夫纷纷投奔，"士论翕然归之"。四月底到五月，岳飞以区区一万多的孤军力抗兀术所率的数万主力，收复建康府，随后又在六月回师湖州，荡平了在宣州、湖州间为害甚巨、可能还是害李若虚老父亲李恂受惊去世的间接责任人戚方部……如此传奇的经历和事迹，当时往来于秀州、湖州之间，后来又在湖州守孝的李若虚一定不会陌生，甚至可能当时就赶往宜兴和岳飞重见过。

另外，由于三弟李若水曾任太学博士、自己也长于诗词书法的关系，李若虚在东京时应该结识过不少太学生。而在绍兴三年到绍兴五年这段时间里，曾在宣和末靖康初为太学生，与李若水有过师生之分的朱梦说、胡闳休，先后成了岳飞的心腹幕僚；另有一位宣和年间入学、靖康年间当过河北招抚使张所幕僚的太学生赵九龄，虽然本人自张所被贬后就退出了官场再未出仕，但也从建炎元年起就一直保持着和岳飞的密切联系，还在绍兴五年年初向岳飞推荐了平江府名士黄纵，出任京湖帅司的"机密文字"。这些人应该也在李若虚投入岳飞幕下的过程中发挥过不少作用。特别是岳飞在绍兴四年收复襄阳六郡后正式开始实施的北伐战略：一面"联结河朔"、组织襄助活跃在金国伪齐占领区的义军乃至普通民众扰乱金军后方；一面精心训练本部人马，以武昌—襄阳—南阳为基地，北上收复中原两河，朱梦说、胡闳休、张九龄及黄纵作为最核心的参谋人员，一定在书信或者面谈中，给李若虚不止一次宣讲和夸赞过。

当然，或许没有上述因素，也不需要重逢叙旧，在东京留守司一年的交往，以及之后对岳飞行迹的持续关注、对相关舆论的特别留意，就足够让李若虚确认，他当年在东京前线结识的这位小友，不仅是罕见的军事天才，更仿佛是儒家理想中君子人格化身的真英雄了。

七年南北转战多方周旋中亲历目睹的血腥杀戮、尔虞我诈乃至赤裸裸的背叛和出卖，没有磨损这个青年人的远大志向和纯良天性，反而让他的眼界更开阔，处理军务政务的手段更成熟，重整河山再造太平的意愿更强烈，甚至对待权位低于他的民众、将兵和士人，也更加热忱、周全和谦逊，而不是随着自身权力的上升和对世道人心险恶之处的熟悉，变得日益冷漠甚至只存基于自身利益的利用。

——比如，他居然真的能够锻造和维系一支从上到下几万人都不扰民，甚至还要力所能及帮助民众恢复生产生活的军队；真的能够实践在做小军官时就有的想法，不在军中保留任何形式的军妓乐伎，或者以任何其他方式强迫年轻女性出卖肉体，满足官场应酬和士兵泄欲的需要；真的能够善待战俘，甚至异族战俘也能包容……并且到现在仍然坚持着这些在旁人眼中简直是异想天开的原则。

这甚至比他获得的累累战功更难得，特别是对于一个出身贫寒农家，完全因自身才华而骤然进入"上层社会"金字塔顶端，原本靠放弃原则就能活得更加轻松的年轻人来说。

所以李若虚确信，这样一位特立独行却又懂得以外圆内方之道处世、已经博得从上到下一片赞誉的军界新星，既是值得他倾心追随的主帅，也是值得他倾心相交的知己，是真的能够带着大宋军队打回中原，打回两河的，也一定能帮助他实现七年来片刻不曾忘记的心愿：把父亲和三弟带回蒙尘已久的故乡，入土为安。

正是基于这样的信心和热情，李若虚一接到任命，就远赴衡阳、永州一带，为正在洞庭湖鏖战的岳家军督办粮草，顺便巡查地方吏治。

永州虽僻处湘南，却山水清旷、风景佳异，并因中唐名臣兼名诗人元结、柳宗元的盘桓和赞颂，成了深受士大夫阶层仰慕的人文胜地。特别是隶属永州的祁阳县，其名胜"浯溪"因是元结晚年居处，而留下了一面由元结撰文，由元结挚友、著名书法家颜真卿亲书的《大唐中兴颂》摩崖石刻，引得后世文人如黄庭坚等纷纷慕名前来"打卡"留题留念。

李若虚于诗文和书法两道都十分擅长，书法宗的正是黄庭坚开创的"黄体"，而黄庭坚书法则受苏轼之"苏体"影响很大，苏轼又下大力气研究过颜真卿……有这样的传承在，李若虚当然不会错过这一书法胜地。

五月二十四日这天，正好出差到祁阳县的李若虚估计在办公之余，抽空游览了慕名已久的浯溪摩崖石刻，在一字一句品读观摩《大唐中兴颂》时，元结堂皇正大的颂文、颜真卿雄强庄严的书法，以及元结安史之乱中挺身而出为国平乱、功成名就后又弃官隐居，颜真卿一家为国事不惜生死最终以身殉国的传奇事迹，一定也牵动了李若虚胸中的国恨家仇，以及此时满溢于心的豪情和意气，令他对着湘江之畔苍崖之上的激昂文字百感交集，也挥笔写下了一首七言绝句：

> 元颜文字照浯溪，神物于今长护持。
> 崖边尚有堪磨处，留刻中兴第二碑。

附元结所撰《大唐中兴颂》全文：

> 天宝十四年，安禄山陷洛阳。明年，陷长安。天子幸蜀，太子即位于灵武。明年，皇帝移军凤翔。其年复两京，上皇还京师。于戏！前代帝王有盛德大业者，必见于歌颂。若今歌颂大业，刻之金石，非老于文学，其谁宜为！颂曰：
> 噫嘻前朝，孽臣奸骄，为昏为妖。

边将骄兵，毒乱国经，群生失宁。

大驾南巡，百僚窜身，奉贼称臣。

天将昌唐，繄睨我皇，匹马北方。

独立一呼，千麾万旗，戎卒前驱。

我师其东，储皇抚戎，荡攘群凶。

复复指期，曾不逾时，有国无之。

事有至难，宗庙再安，二圣重欢。

地辟天开，蠲除祅灾，瑞庆大来。

凶徒逆俦，涵濡天休，死生堪羞。

功劳位尊，忠烈名存，泽流子孙。

盛德之兴，山高日升，万福是膺。

能令大君，声容沄沄，不在斯文。

湘江东西，中直浯溪，石崖天齐。

可磨可镌，刊此颂焉，何千万年！

上元二年秋八月撰　大历六年下六月刻。

从飞扬的笔法和诗句中可以看出，北伐成功、山河重光，在绍兴五年写下此诗的李若虚眼中，已经不是遥远的期待，而是只待兑现的现实。人到中年、历尽生离死别坎坷磨难后，终于有幸加入为之奋斗行列的李若虚，此时的欣快之情、奋发之态，仿佛随着笔尖和刻刀的舞动永远贯注进了浯溪的石壁，在千年后也依然能够让人感受到其中的光彩和热度，甚至听见他胸中热血澎湃的声响。

# （八）

同之前数次重大关头的判断一样，李若虚绍兴五年五月对北伐成功、大宋中兴的自信，不是盲目的乐观，而是富于洞见、彰显了李若虚颇具战略家眼光的卓识。

在李若虚出任岳飞麾下参议官的绍兴五年，岳飞的权位和部队实力，连带南宋的整个政治环境，确实正在迈向辉煌的巅峰。

两月间平定之前多部官军数年不能平定的杨幺义军后，通过收编战俘和陆续反正的义军将士，以及整合其他为平叛调入的官军，岳飞所统神武后军的兵员数量，从五万上下一跃而到近十万之众，成为南宋五支沿边屯驻大军中人数最多的一支；同时杨幺被平定，也让位于长江中游的京湖战区再无肘腋之患、后顾之忧，自此终于可以将岳飞念兹在兹的北伐提上日程了。

作为平杨幺名义上的统帅，时任右相兼实质上最高军事统帅的张浚沾了大光[387]，对岳飞原本就不低的好感更进一层，自此明确将岳飞当作了未来的北伐统帅人选之一（另一个是韩世忠）。而时任左相的赵鼎是岳飞在绍兴二年、三年驻军江西时就合作愉快的上峰，私交本就不一般。还有岳飞其他在朝中的奥援故交如薛徽言等人，此时也正处于上升期。至于天子赵构，早在岳飞收复建康后第一次朝见时，就将岳飞视为了自己未来的中兴名臣、肱骨腹心，如今岳飞接连完成了好几项举国上下视为"不可能完成"的任务，已经对岳飞信任有加，近乎言听计从了。更重要的是，此时张、赵二相的合作和私人关系，特别是对赵构的掌控也较为良好，以致这段时期在后来有"小元祐（之治）"之称。

——元祐之治有没有士大夫们夸张的成分暂且不提，但绍兴四年到绍兴七年，南宋朝廷特别是赵构，确实看起来有了治愈的可能和几分中兴气象，北伐也是势在必行无可争议的国是，所需要的，看起来只是时间而已。

受岳飞功业品格的感召和大气候的熏陶，更多也更出色的文武人才，纷纷在这一时期慕名汇聚到岳飞旗下，仅以文职幕僚而论，岳飞此时的幕僚不光是多有进士出身，甚至光看家世门第都能被闪花了眼：永嘉薛氏、徽州胡氏、浦城黄氏、邠宁张氏……相比之下李若虚出身的洺州李家，反而算是相对的普通人家了。当然门第本不该作为评断人才的标准，但在当时的文教条件下，世家出身的公子哥，确实是在家学积淀和官场文化的谙熟上有一定优势。更何况此时来投效岳家军的世家子弟士大夫们，多是文武双全、志节高迈的奇才，绝无纨绔子弟，真正是当时一位颇有名气的诗人王庭圭送友人投效岳家军[388]时写诗夸赞的那样：

> 将军欲办斩楼兰，子欲从之路匪艰。
>
> 十万奇才并剑客，会看谈笑定天山。

作为这"十万奇才并剑客"之一的李若虚，在这样一个时期、和这样一群人一起，为了收复河山拯救黎民而奋斗，心情之畅快、动力之充沛，毫无疑问要比他在东京留守司当幕僚时还要高涨百倍。虽然由于史料损毁，现在已经无从得知李若虚在这段时间的具体工作情况和业绩，但"秦火"后残留的一些记录，还是留下了李若虚在此时期的不少闪光点。

绍兴六年（1136）[1]十月，正担任湖北京西宣抚司[389]任参议官的李若虚曾奉岳飞之命押送"所擒伪知镇汝军薛亨等赴行在"，报捷献俘。

这是岳家军当年秋天发动第二次北伐、长驱京西的战果之一，朝野振奋，赵构也相当高兴，因此"进若虚官，赐章服"，就是允许其以较低的品级，服红、紫等高官才能用的服色、佩高官才有权佩戴的金、银鱼袋，以示恩宠。赵构龙颜大悦的根本当然是因为岳家军战绩出色，但能被岳飞委以面君献捷的工作，足见李若虚在宋高宗处的印象相当不错[390]，沟通能力也绝对不差。换句话说，李若虚虽然毒舌程度一般人赶不上，但真打算好好说话的时候，那口才、仪表风度和眼力见儿，也是一般人赶不上的。

然而在朝堂上应对得体、屡屡被天子垂青，在文坛上诗名书名远播、一派名士之风的李若虚，在平常和岳飞相处时，又是另一种画风：数年后李若虚因岳飞案牵连被贬时的一道罢官制词里，曾这样形容李若虚给岳飞当幕僚时的日常做派——"甘奴隶之鄙态，膺市井之弗为"，意思是李若虚担任京湖帅司参议官期间，别说"主帅有异志而不能谏"了，根本是一见岳飞就如

---

[1] 同一年份后文不再标注。

同家奴对主人，甚至小市民老百姓不肯干的活李若虚都不惜亲力亲为。

——这句话后来被我和同好们闲着没事就拿出来琢磨：岳飞本人是连仆人都不愿意多用的，能有什么事儿是小老百姓都不愿意干却让李若虚干的？讨论来讨论去，集中到了两方面：一是李若虚任职岳飞幕僚的绍兴五年到绍兴六年，正是岳飞眼疾最严重的时候，双目昏痛到一度不能见光视物，而李若虚由于长年在家中承担照顾父母及总掌全家生计的职责，估计懂些医术和养生之法，也比较会照顾人，可能这段时间躬亲照管岳飞起居了，虽然岳飞身边并不是没有卫士长和勤务兵警卫员；二是岳飞本人喜欢诗词和书法，虽然起点不高没啥家学，但学习热情特别高，李若虚估计没少在这块教导自己的领导，可能家里有什么苏黄名帖也一股脑拿出来了，岳飞那笔写得不错的苏体字，可能还是李若虚苦心指点的成果，甚至学苏体都是李若虚看了岳飞的笔迹书风后建议的……

总之，在岳飞幕中担任幕僚的李若虚，对岳飞的关心和扶助，显然远远超出了幕僚的职责范围，而多了一份如师如父无微不至的"老父亲式"关爱。这个心态，其实所有比岳飞年长十岁以上的岳家军幕僚、将领乃至朝中重臣都有一点，但李若虚显然是情分最重、实际出力也最多的。从这个角度来看，绍兴十一年罢官制词里的那两句，竟不失为宝贵的史料，甚至还让原本悲壮的事件，忽然流露出了几分让人忍俊不禁的喜感，让人隐隐看到当年京湖宣抚司将帅、同僚之间日常涌动着的温暖。

还有一桩或许是李若虚现在最著名的事迹，就是绍兴七年春，岳飞因张浚在淮西并军之事中猜疑专断，而不得不弃军为母守孝时，李若虚奉诏同岳家军一号副手王贵一起去庐山东林寺劝岳飞出山掌军，并且被朝廷下了"若岳飞不回，则李若虚与王贵并行军法"也就是处死的严令。在无论如何都不能劝动岳飞的情况下，李若虚情急之中，对岳飞吼了一大段近似人身攻击的话：

是欲反耶？此非美事！若坚执不从，朝廷岂不疑宣抚？
且宣抚乃河北一农夫耳，受天子之委任，付以兵柄，宣抚谓可与朝廷相抗乎？宣抚若坚执不从，若虚等受刑而死，何负于宣抚，宣抚心岂不愧？[391]

也因为这段话几乎是人身攻击，所以现在的很多科班史学家或者资深宋史民科，都很喜欢拿这段话来论证岳飞确实是跋扈不臣的军阀外加情商负数的杠精；就算稍微纯良的，也喜欢拿这段话来论证当时的士大夫确实瞧不起武臣，岳飞也不能幸免，换言之，岳飞没什么高出同辈的特殊之处。这么解读这段话的人在科班里也代不乏人，如一位浙大宋史专家，在随笔里写到参观九江岳母墓的感受时，是这么翻译李若虚这段话的：

李若虚等人苦劝六日，最后对岳飞哀告说，相公原来不过是河北一个农夫，难道真的想造反吗，如果执意拒绝复职，那我们甘愿受死，也就没有对不起相公的地方了。

实际结合事件背景和李若虚在此前后的立身行事，特别是他与岳飞的交谊之深就能知道，这么翻译是背离李若虚这段话本意的，而且情绪也不对。

——李若虚说这段话并不是鄙视、怀疑岳飞，也不是为自己的性命而"哀告"，而是担心岳飞执意辞职激怒朝廷后，对岳飞本人造成伤害。但他同时也知道岳飞内心并不是以朝廷之是非为是非的人，一旦认为朝廷的决策不正确甚至不义，是绝不会因吝惜自己的权位和性命而屈志降节的。不过，李若虚还知道岳飞另一个命门，就是岳飞本性极其要强，同时又极重感情，所谓"忠孝出于天性"，因此最不愿麻烦、连累旁人，尤其是同袍战友和原本身在事外的无辜之人。所以"宣抚若坚执不从，若虚等受刑而死，何负于宣抚，宣抚心岂不愧"并不是哀求或抱怨，而是抓住岳飞最怕牵连无辜的感情软肋，以自己和王贵两人的性命"要挟"岳飞多少也考虑一下他们的安危，不要这么一副天王老子来了都没用的架势。

最终，李若虚的这套心理战术还是奏效了。虽然我并不认为若岳飞当年坚持拒绝再出山领兵，宋廷会真的把李若虚、王贵处以死刑；也不认为最终让岳飞决意回军的，仅仅是出于对同袍同僚的顾念和对天子之威的无奈。

——实际上，真正让岳飞决心继续回到体制内当"高级社畜"的，应该是来自北方义军和南宋"深海"们的密报，这些密报让岳飞确定当时的金国内部正酝酿着规模空前的内乱；即将推行的宋金第一次议和势必会因秦桧和挞懒的私下交易而达成，但也绝不会长久；他期盼的全军北伐，很可能会因四太子兀术的冒进暴走而提前爆发，而不是像旁人以为的那样，因为赵构接下来势必倒向议和，而只能再告流产……这些战略级的珍贵情报，才是让原本已经对南宋朝廷彻底失望的岳飞放弃归隐之念的根本原因。

但李若虚在东林寺的苦劝和爆发，多少还是让岳飞回军的时间提前了一些。或者说即便当年岳飞真决定从此退休，在李若虚说了那番话后，大概也会回武昌再待一阵，然后另找时机和方式辞职。换言之，不管那段话在岳飞复职中实际起了多少作用，李若虚对岳飞为人的认识是绝对很深的，相互间关系也不是一般的亲密，否则也不会说出这么容易彻底得罪顶头上司的话，还能一戳就中了。


还能够侧证李若虚东林寺里这一番咆哮绝不是鄙视岳飞，更不是怀疑岳飞的证据，就是三年后李若虚那第二著名的事迹了。

绍兴十年五月，已经总揽金国军政大权的兀术撕毁第一次议和（即第一次"绍兴和议"，也称"天眷和议"）的盟约，亲率主力发动了对南宋的全面进攻。被打脸的赵构和秦桧只得下令宋军全力出击，并且未对诸大军乃至民间义军的行动进行任何限制，还提出了擒杀兀术的赏格。但到五月底六月初，估计是回过神来的君相二人尤其是秦桧，又开始担心军队进展太快破坏自己的议和规划，于是分遣大臣到岳飞、张俊、韩世忠军前，联络军情传达朝廷旨意，并带去了"兵不可轻动，宜且班师"的口诏。而其中派向岳飞军前的，正是于绍兴八年四月结束了岳家军幕僚第一个任期后奉调回朝任职、此时已官居司农少卿的李若虚。李若虚大概在六月二十日或稍后到达鄂州，但岳飞已于十九日亲率大军出师北上，李若虚只好兼程追赶，总算到二十二日这天在德安府（今湖北省安陆市）追上了岳家军主力，见到了岳飞本人。

然而交谈之后，岳飞表示战机难得且本军已动，无法接受所谓的"口诏"，骤然停止已经展开的军事行动。

——岳飞的理由并非托词。李若虚到达岳飞军前时，岳家军前锋、岳家军二号副手张宪所率的岳家军前军，已经于十二日攻克蔡州；西路军在牛皋统率下，已经于六月十三日攻克鲁山县，兵指汝州；忠义军头领梁兴、赵云、乔握坚、李宝等人，则早在一个多月前就已渡河北上、游击敌后，此时已有捷报传回；更关键的是岳家军之前花费足足五年多时间组织经营的两河敌占区义军，到这时几乎都已奉岳飞将令发动起事，一旦岳飞本部大军猝然中止攻势，造成的损失将难以弥补。

了解了这些最新情况以后，李若虚对岳飞说了一段《要录》作者李心传和《会编》编纂者徐梦莘都忍不住给了一个特写长镜头的话：

> 面得上旨，不可轻动。既已进发，若见不可进，则当以
> 诏还。矫诏之罪，若虚当任之。[392]

——这件事情，本来写到这句话就足够了。不过考虑到现在的大环境，势必要多写一些：其实赵构的"口诏"，在宋代本就是一种欠缺合法性的命令形式。按照宋代的政治传统，中央的所有决策指令，必须经过皇帝与中书省、门下省讨论形成共同意见后，才能以诏书、省札一类白纸黑字的明确书面材料的形式发布。而皇帝的"御笔""口诏"，则只能代表皇帝本人的意见，大臣有驳回的权力。神宗、徽宗以降，这个政治传统被破坏了不少，如宋徽宗就在蔡京的支持下，经常直接以"御笔"行下行政部门执行。赵构登基后，由于其一度声称自己"最爱元祐"，加上吕颐浩、朱胜非、赵鼎、张浚、沈与求等人为宰执时，政治气氛尚好，所以上上下下做事还比较有规矩；但到绍兴七年秦桧再度为相后，因为要力排众议推行和议，政治气候又转为恶劣，言官、士大夫因意见不合、上书言事去职甚至获罪的，到绍兴十年为止已经为数不少。正常发表意见尚且如此，"驳回"这个权利还能正当行使吗？行使了之后万一被追究责任，处罚会不会

也突破传统特别严重？

而且赵构这则口诏还显示出了赵构本人的一个重要性格特点，就是因极端怯弱而犹疑，同时又因极端自私而贪婪，导致其每做决定时，事前事中首鼠两端变化无定，事后又不愿担责，惯于矫饰作伪。而多变这点，对于政治决策来说其实是个最具灾难性的缺陷，比君主单纯的昏庸、残暴或大臣无能都坑多了，这也是后来真正葬送了赵宋国运乃至岳飞等人身家性命的原因所在。包括他这一次给诸将的口诏，也只是说"兵不可轻动，宜且班师"，其实还是模棱两可——如果并非"轻动"，而是考虑周全后的慎重行动并且取得了理想的成果，那又该怎么算？我个人很怀疑，结合后来赵构连发十二道金牌令岳飞即日撤军随即又反悔的表现，赵构很可能在发布口诏时就想到了这一点，甚至可能到这时和秦桧的主张还是不尽相同，所以在这里给自己留了个"活扣"，到时搞砸了什么都不是他的问题，搞成了什么都算他捡漏。

但也亏了赵构的模棱两可，才给了李若虚操作的空间。这么简单的旨意而且是没留文字案底的口诏，必然需要派到军前的大臣进行进一步解释。所以所谓"矫诏之罪，若虚当任之"，就是一旦赵构那边有任何不爽，李若虚就会编一套说辞，把责任归到自己没把话说清楚甚至歪曲了旨意上。

这个揽责方式表面看着还好，实则要承担的精神压力和政治风险还是很大的。因为万事最可怕的都是"不确定"，明章明文都好说，可大可小有弹性才最折磨人。不过，李若虚揽责的重点还不在精神压力和政治责任的追究上，主要还是为了防备违诏一事一旦闹大后可能对岳飞采取的限制措施。因为前者其实对他和岳飞来说都没什么大不了，反正两个人的承受能力都不是一般的强；后者却是真正可能对岳飞的军事行动造成干扰破坏的因素。所以李若虚的表态，其关键不在表明自己的立场，也不在抚慰岳飞的情绪，而是要从现实程序上帮岳飞把未来行动上任何一点可能的障碍也消除掉，让其能够心无旁骛地指挥战事。

另外，《会编》和《要录》对此事的记载，还有一个有意思的差异：会编里记载的这段话，比《要录》里多了一句"若见不可进，则当以诏还"。

《要录》作者李心传不知道是不是觉得没必要写这么啰嗦，或者可能觉得这一句的口气比起最后那句承诺有点软、有点破坏李若虚此刻的英雄形象，于是给略去了。但其实李若虚说这句话，并非因为胆气不够又往回找补了一下，而是在指点岳飞：现在大军已动不能奉诏班师，这没问题；但等真开打的时候还是小心为上，万一寡不敌众、战事不如意，别死撑，就拿这句口诏当令箭赶紧撤。反正是"宜且班师"，现在顺利，不宜；等不顺利的时候就"宜"了，没毛病。官家成天净想着甩锅了。但其实话说到这么含糊的地步，咱们也有机会借锅防身啊。

　　李若虚这种随机应变、见招拆招的灵活性，在绍兴十年还用了不止一次：在德安府与岳飞会面之后，李若虚动身回临安复命，结果六月二十三日（公历7月9日）回程，七月五日（公历8月19日。当年六、七月间有个闰月）才到达临安行在，居然在路上走了足足四十天。须知德安府到临安府之间，正常速度二十天足够。押了这么久，无非是李若虚想尽量拖延回朝复命的时间，也延缓赵构、秦桧再出招的时间，给岳飞的北伐争取尽可能多的机会。

　　而岳飞和岳家军将士，没有辜负李若虚的承当和用心，更没用到李若虚教给岳飞的"损招"，而是一路凯歌高奏势如破竹，至七月五日李若虚到达临安前，已经收复汝州、颖昌府（今河南省许昌市）、淮宁府（今河南省周口市）、郑州（今河南省郑州市）、永安军（北宋诸帝陵寝所在）、南城军、西京洛阳及周边八县、虢州（今河南省灵宝市）、垣曲县（今山西省垣曲县）、王屋县（今河南省济源市王屋镇）和赵州（今河北省赵县），并且屡挫金军反扑，完成了封锁陕西金军东来通道、阻塞兀术北撤后路、将金军主力压制在开封周边的三大目标。

　　按照当时的信息传播速度推算，李若虚应该是在返回临安的途中，就开始不断接到岳家军的捷报了。截至他返回行在，一路中所收到的岳家军动态，大概至少会更新到光复汝州、蔡州、颖昌府和淮宁府。不知道他当时是以怎样的心情阅读这些捷报的，他会不会读露布邸报甚至民间小道消息读到泪不能禁？会不会兴奋得晚上根本睡不着觉，到一处州府驿馆就想方设法找地图沙盘来看？会不会再一次想起自己的三弟，想到距离三弟殉难居然忽忽已是十三年？在途中遇到相熟或者慕名的士大夫，给他看庆贺大捷的诗赋颂文时，他有没有想起自己五年前在浯溪写下的绝句，然后觉得这回可能真得正儿八经再写一篇，可不能写那么短了？在看到沿路人群纷纷传说战况、焚香告祖甚至兴奋到欢呼流泪之际，他会无比欣慰地看着他们欢庆，觉得这庆典中也算有自己一份功劳；还是会因为惦记着朝堂上的隐忧，而忧心忡忡地从人群背后默默走过？

顺便一说，由于秦桧对历史记录的删削篡改，南宋文人对岳家军绍兴十年北伐的赞颂诗文传世的不多，但还是留下了一些，譬如南宋初名臣张纲的文集《华阳集》里，就有一首题为《闻大帅勇决直趋北界喜而作此》的绝句：

牙旗动处拥貔貅，直渡黄河塞草秋。
百万强兵阵前死，肯教卫霍独封侯。

诗中没有明言"大帅"为谁。但根据"直趋北界""直渡黄河塞草秋"云云，还是可以推断出说的是岳飞绍兴十年北伐，而非二十二年后的吴璘。至于更早的伐辽取燕，是张纲当时曾竭力反对的决策，更不可能为其出师而作诗了。

所以不难想象，绍兴十年夏天，类似这样赞颂岳家军战绩的诗词一定还有很多，只是后来因文字狱之烈未能流传下来。而李若虚当时颇负诗名，又曾是岳飞的幕僚，所以从德安府回行在的路上，出于各种目的来找他拜会交谈投递诗文的人也一定不会少。说不定路上那四十天的时间，有不少就是靠诗文唱和宴饮酬酢打发掉的。

# （九）

然而"时来天地皆同力，运去英雄不自由"。七月五日，李若虚回到临安，上殿复命，"谓敌人不日授首矣，而所忧者他将不相为援"，不仅替岳家军尽力争取皇帝的支持，也代为转达了岳飞在军事方面唯一的忧虑。而赵构的反应也很有意思，不但未追究李若虚所谓"矫诏"的责任，还在李若虚奏对的第二天，对秦桧说了这么一段话：

> 朕常与诸将论兵，诸将皆谓敌人铁骑驰突，若在平原，势不可当，须据险以扼之。朕谓不然。孟子曰："天时不如地利，地利不如人和。"兵之胜负，顾人心如何耳。苟人心协和，则彼虽在平原，亦可取胜。诸将皆不以为然。今诸将奏捷，皆在平原，以步兵胜铁骑，乃信朕前日之语。[393]

抛开赵构一贯的揽功扔锅、信口开河不管，这段话透露出他在召见李若虚后心情甚佳，对前沿战事进展也重新燃起了信心和兴趣。而这种变化除了岳家军实打实的战绩之外，还与李若虚奏对得宜分不开。

——其实梳理李若虚几次面对的记载可以发现，从建炎元年作为李若水遗属代表到南京应天府接受朝廷表彰开始，李若虚每次面君奏对效果都不错，奏对后要么得官、要么升官、要么打动天心，似乎总能博得赵构的好感，保证谈话结果符合自己期待的方向。再联系到他本人出仕后的升迁速度并不慢，以至两次被言官弹劾"超擢"，可看出李若虚并非只有抗声直言、以非常之人行非常之事的一面，而是也有察言观色、曲意逢迎、弥缝斡旋之能，并且其语言表达能力一定相当强大。

当然，他的这几次奏对都有外因加成，但如果言辞语气甚至仪表举止不合上意，即使有外力作用也很难保证次次面君都能达到预期效果，毕竟连以圆滑机变、城府深沉著称的岳飞另一重要幕僚薛弼，都曾经在上殿奏对时因"语不和"被宋徽宗不喜过。

但没等李若虚稍稍放宽点心，他大概就从其他渠道，得知了秦桧还在琢磨如何让岳飞班师。大概六天之后，也就是七月十一日或稍后几日，赵构在秦桧怂恿下，终于一日之内连下十二道金字牌，强令岳飞即日班师。

身在阙下的李若虚，看着一骑又一骑信使驰出临安绝尘而去之时，虽然大概如坐针毡、寝食难安，但仍未就此放弃努力，而是开始联络赵构的皇叔、当时南宋宗室的"家长"赵士㒟，或者还有高颖以及他的五弟李若朴，设法通过赵士㒟等人和赵构的私人关系，来劝说赵构回心转意。

——高颖是宣和六年进士，后不幸困于沦陷区，但始终"固穷守节"没有接受伪职，绍兴九年南宋"收复"河南后以此被签书枢密院事楼炤推荐，到行朝供职，绍兴十年九月又成了岳家军的新任参议官。所以，他很可能早在绍兴十年之前就已经与李若虚有了较深的交往。

——李若朴是李若虚的五弟，因三哥李若水死事而得出身，绍兴六年十月以右迪功郎试大理司直，上任以后干得颇为得心应手，眼下已经是大理寺丞了，本来很可能会沿着优秀司法官员的道路继续走下去。从他一年后在岳飞案中的表现来看，大概平时没少跟二哥搅在一起。

——赵士㒟后来在岳飞蒙冤受审时"以百口保飞无他"，而被秦桧令言官弹劾，弹劾的罪名之一就是"顷岳飞进兵于陈、蔡之间，乃密通书士㒟，㒟叙其悃愊，踪迹诡秘"。所谓踪迹诡秘，估计就是去找李若虚这些人商量计策去了。而能在此时为岳飞和赵士㒟传递书信的信使，李若虚无疑是最佳人选。

要说赵士㒟想出的，或李若虚、李若朴、高颖等一堆人帮着赵士㒟想出的办法：让赵士㒟利用自己曾帮赵构登基和平苗刘之乱的两大恩情，时不常进宫给赵构吹吹风说说岳飞好话，其实是个分寸不错的办法，也是当时唯一还能做的事情。

但对不对错不错的，碰上这种空前绝后的极端状态，都没什么用了。七月十六日，赵构收到岳飞报告收复河北赵州、兀术发金军老小过黄河北撤和两河义军转战敌后的捷报后，态度有所动摇，转而决定派杨存中北上策应顺便勘察军情；两天之后，岳家军郾城大捷的捷报送到了临安，又过了六天左右，颖昌大捷的捷报也递到了行在；四天之后的七月二十八日或稍前，岳飞在收到第一道班师诏后所上的《乞止班师诏奏略》送达御前，赵构到此终于被打动，下诏书令岳飞"且止班师"，自己推翻了自己之前的严令。然而受当时通讯速度限制，这道诏书其实在写下的那一刻就已成空文，等数日后送到岳飞手中时，岳飞已经身在回临安朝见的半途中，按里程速度算大概已经过了庐州（今安徽省合肥市）了。

绍兴十年八月十一日，被最后收到的"暂止班师诏"气得了无生趣的岳飞到达临安觐见皇帝，同时应该也顺道拜访了李若虚以及其他在行朝的熟人。不到三个月的时间，苍黄翻覆瞬息万变，尘埃落定时，时局心境却已天差地别，回首恍如一梦。实在很难想象李若虚和岳飞见面时，还能说些什么，难道是"十年之功，废于一旦；所得诸郡，一朝全休；社稷江山，难以中兴；乾坤世界，无由再复"吗？

长久以来，我对李若虚和岳飞这次可能的会面，都是按这种风格来想象的。但后来在翻高颖的资料时，确切地说，是注意到高颖出任岳家军参议官的时间和缘由后，我才意识到历史的真实情况可能并非如此，至少不是仅仅如此。

高颖是绍兴十年九月成为岳飞幕僚的，也就是岳飞朝见后仅仅一个多月；而绍兴十年之前，两人很难有什么交集，所以岳飞与高颖第一次面对面深聊，应该就是在岳飞这次朝见期间。至于高颖出任岳飞幕僚的原因，则是因为高颖是西京洛阳人，并曾因战乱淹留中原十年，熟知沦陷区民情和西京地理，所以希望自己能够"裨赞岳飞十年连结河朔之谋"。

而高颖应该是通过李若虚联系到岳飞的。也就是说，绍兴十年秋天李若虚、高颖、岳飞的这次会面，也许流了泪，发了牢骚，但最后还是回到了北伐上。可能岳飞提到了这次北伐"连结河朔"的规划果然起了奇效；可能他们聊起了李若虚已经很熟悉，而高颖还只是耳闻其名未曾会面的梁兴、赵云、李宝等义军将领，并且忧心忡忡地说起到现在还没得到梁兴回军的消息；可能他们都在犯愁敌后的暗线这一回都转到明场了，官军猝然班师之后该如何善后、以后还怎么继续、还能不能继续、再从哪里找人、再怎么重新鼓舞士气，……于是才有了高颖在绍兴十年九月加入岳家军"裨赞岳飞十年连结河朔之谋"的行动。

男儿到死心如铁。可是为什么到这时候还不死心呢？怎么能到这时候还不死心呢？

# （十）

李若虚最终放弃对北伐的期待，要等到绍兴十一年。这年春天，宋廷在调岳飞东下援淮西时，又派了李若虚去岳飞军前联络，以期能保证军情往来畅通。结果李若虚这一趟差出得比上一次更郁闷。岳飞因为被张俊玩忽之故，没能赶上和金军交战，白白在舒州、庐州、淮北之间来回奔波了一个月，还和刘锜一起被张俊扣了"赴援不力"的帽子。李若虚在亲眼见证了岳飞经营十年的北伐大业如何功亏一篑后，又几乎全程见证了岳飞如何被张俊坑害。只是即便是李若虚，此时可能也打死都想不到：数月之后，正是这场闹剧，居然成了张俊倒打一耙的得力武器，最终又因为其他罪名实在无法落实，而成了岳飞明面上的首条罪状。

淮西之战后，宋廷就势下令三大将入觐，李若虚遂陪同岳飞返回临安。四月二十二日，岳飞一行到达临安。刚刚入城，李若虚就接到了朝廷诏令，自己被外放到宣州任知州。得到同样待遇的还有从绍兴九年起担任京湖宣抚司参谋官的朱芾，被同时诏命外任徽州知州。但李若虚其实与朱芾不同，此时的职务并非"岳飞幕客"，而是司农卿。可见在赵构、秦桧眼中，他是真的"无可挽救"了。反正怎么着都是岳飞死党，在不在一块儿共事，都不影响他不遗余力地支持岳飞，所以绝对不能再留着了。

虽然宋廷到此时对待李若虚还是相当优容（宣州毗邻湖州，而且给李若虚加了秘阁修撰的贴职），但在这样的时间地点，和朱芾同时接到如此急切的外放任命，李若虚应该已经明白庙堂诸公打的什么算盘，只好匆匆辞别岳飞，各奔前程。果不其然，两天之后的二十五日，宋廷便发布诏命，任命韩世忠、张俊、岳飞三人为正、副枢密使，实际剥夺了三人的兵权。

李若虚应该是在赴任宣州的途中就得知了这个消息。于是不久之后，他便在宣州任上主持料理了一桩家事：

将十二年前草草埋葬在扬州的三弟李若水，迁葬到湖州归安县父亲李恂的坟墓旁边。

根据《靖康忠愍曲周李公事迹》，迁葬完成的时间是在绍兴十一年五月二十三日，正是李若虚被外放一个月后，所以大概是李若虚刚到宣州安顿下来，就开始张罗此事了。为什么到这时才迁葬，而不是在南北局势更平稳（至少宋金两国间没有大规模战事）、李若虚一家人的生活也明显更顺遂的绍兴八年、九年？

我怀疑是因为直到这一刻，直到岳飞被罢兵权之后，李若虚才真正觉得，还我河山已成虚愿，至少在他有生之年是看不到了。就像此时远在鄂州、同样对国耻国难有切身之痛的刘洪道，听闻岳飞被罢兵权后居然"顿足抵掌，泪阁眼眶"一样。

只是这大概还不是最糟糕的，恐怕还有更糟糕的事情，还在后面……那到底会是什么？

在那个江浙地区大旱了至少三个月的空前酷热的夏天，心头已经有不祥预感的李若虚，站在烈日之下看着三弟的棺木一点点被江南的泥土覆盖，心里怕是前所未有的一片寒凉。


四个月之后，李若虚越来越明确的预感成真。而特别糟糕的一点是，李若虚的五弟李若朴此时仍在大理寺任职，正好目睹了岳飞诏狱的全过程。

不知道这个看起来像二哥一样刚正果决但又不乏计谋权变的李家老五，能不能像二哥当年对父母隐瞒李若水殉难细节一样，也向二哥瞒住岳飞一案的始末，至少不要吐露太多的细节。

——我主观上希望能，但又总觉得恐怕很难：一来岳飞诏狱之惨烈黑暗，远甚李若水当年死事，李若朴怕是没有那么强悍的神经，在目睹了全过程后能忍住不找人倾诉；二来既然是冤狱，如果身为司法官还不能对着可靠的人说个清楚、留个见证，又怎么以俟将来？

不过能让李若虚多少得到一点安慰的是，李若朴在案件审理过程中，表现出了不输二哥、三哥的勇气。他和另一位大理寺丞何彦猷一起顶着来自天子的压力，"喧然，力以众议为非，务于从轻"，坚持以目前所得的证据，岳飞再怎么从严往重里判也只能判两年徒刑。

需要说明的是，万俟卨弹章中对李若朴、何彦猷的描述有不尽不实之处，那就是参与审理岳飞一案的其他司法官员虽然没有明确表态，但他们未必同意万俟卨、元龟年拟定的判决，甚至如万俟卨所说，是除了李若朴、何彦猷二人外"咸以飞之罪死有余责"。他们应当是既良知未泯又畏惧政治压力，在揣摩观望有没有人、有多少人出头。比如大理寺正卿周三畏，不光在审理过程中说过"当依法，岂惜大理卿"这样的狠话，若干年后被秦桧党羽弹劾时，也被攻击过"鞫勘岳飞公事，犹豫半年不决"，可见当时确实颇有犹疑，并非全是事后粉饰。

这样的局面下，李若朴和何彦猷的抗命，对秦桧和实际主持审理的万俟卨来说就很危险了。大理寺丞是仅次于大理寺一名正卿、两名少卿之下的业务主官，特别是何彦猷，绍兴九年任大理评事时，就已经主持过"编集刑名断例"，堪称法务专家，其意见有相当的分量。在大多数大理寺官员都同情岳飞、痛恨秦党的情况下，两人如此激烈抗辩，确实很容易激起其他人的勇气，最终导致反对判岳飞死刑的意见占据多数，进而让赵构、秦桧必要取岳飞性命以媚敌国的计划落空。

——事实上，如果严格按照宋代法律和司法传统办事，那么李若朴、何彦猷几乎已经成功了。在最终的表态中，反对判岳飞死刑的法官占了大多数，除却李若朴和何彦猷，大理寺两名少卿薛仁辅和许旸，以及七名（也可能是五名）大理寺丞中的另一位已经失其名的法官，也公开表态，坚决反对判岳飞死刑。若不是万俟卨、秦桧引宋高宗之意强行越过司法程序维持重判，绍兴十一年那场大狱的最终结局或许并不一样。

这也可以解释为什么万俟卨后来在弹劾何、李两人时显得火气特别大，字里行间犹能看出咬牙切齿的忌惮和仇恨。

　　也许是因为五弟的忠言直行没让自己心里添堵的缘故，李若虚在岳飞下狱、遇害后，仍不失一贯的胆色，甚至更"肆无忌惮"了。绍兴十二年（1142）[1]正月，李若虚被罢宣州知州，罪名是"附丽罪人，好恶自口"，但未作进一步处分，大概是仍顾虑他有李若水遗属的身份，怕处分太重惹人议论，朝廷面上不光彩。但到了四月，李若虚又被处"勒停，徽州羁管"；同时也已经在正月被罢官闲居的朱芾，也被"责授左朝奉郎军器少监，邵武军居住""以御史中丞万俟卨言二人偃居近地，窃议时政故也"。显然，即使主帅被害、自己被罢官的重击，也没能让李若虚稍微消停一点。而所谓的"窃议时政"，无非是反对和议、痛斥奸臣、兼替岳飞鸣冤表功。联系朱芾、李若虚两人此时分别在宣州（也可能是湖州）、徽州居住，估计是在书信往还中充分发挥了各自的文学才能[394]，把能骂的人都骂了一个遍。而李若虚所获的处分"羁管"是宋代官员行政处罚中比"编管"更严厉的重谴，运气不好的话就和蹲大狱没什么区别，远重于朱芾的"居住"，那看来是李若虚骂得更狠一些。

　　只要回头看看李若虚大半生走过的路程，再看看岳飞其他亲朋故旧的生平，李若虚这份理直气壮的愤怒，以及奋不顾身的宣泄，就完全不难理解了。岳飞生前，他已经倾力辅佐其事业，不曾有丝毫犹疑和保留，不曾产生过误解和牵累，也没错过任何决定性时刻；岳飞被害，他虽然无能为力，但包括自己的亲属在内，无一人违心行事，个个都对得起自己的良知以及与岳飞的交谊。所以面对血淋淋的现实，他有的只是痛苦和愤怒，而不必像王贵、薛弼、胡闳休、沈作喆、黄纵、梁兴、赵士㒟，可能还有赵不尤一样，再在痛苦和愤怒之上，添上愧疚、悔恨，甚至是极强的负罪感等内耗更严重、更难以承受的负面情绪。

---

[1] 同一年份后文不再标注。

# （十一）

这份没有污点也没有遗憾的清白坦荡，李若虚凭借着强大的心志，将之保持到了人生最后一刻。——其实在李若虚羁管徽州的时候，他的大哥李若谷因为秦桧要拿他做牌坊的缘故，正在行朝官运亨通，最后一直做到参知政事。同时李若虚的四弟、六弟，这时也还在出仕为官，而且至少有一个在行朝任职。所以建炎元年曾上书支持李纲，并与李若虚、李若谷兄弟交好，绍兴十一年却已经投靠秦桧，并靠这一行为在绍兴十二年中了个进士的著名诗人周紫芝，在给李若虚寄诗劝降时，才会以"侍郎兄弟在，往往登金銮"，来劝李若虚还是想开点更划算。

在秦桧独揽大权、文网严密的时期，以周紫芝当时的名望，以及后来给秦桧连篇累牍写祝寿诗颂功诗、只为了求从湖北调回临安做官的做派，说他是主动给李若虚这种获罪贬斥的前岳家军部属写诗通信，是不可能的。背后的主使，只能是秦桧或者其党羽，无非是希望在主动示好之下，李若虚的态度能有所软化，写点效忠材料，如主动补充一下"主帅有异志而不能谏"的具体细节，然后秦桧就可以找理由召回李若虚，再封个清闲职位，把他和他的忏悔信当个活样板供起来。

翻《太仓稊米集》，周紫芝这类诗写了不止一次，语气不可谓不委婉，词意也不可谓不恳切，"谁怜忆公久，头白少相知"云云，看得简直让人想拍案叫绝：劝人变节劝到这个水平，也算是不愧为"高级知识分子"了。

## 寄李司农三首
### （其一）
东阁当年夜，华灯照别樽。断碑思雁塔，佳客愧龙门。
岂料三吴路，相逢一水村。只今悬望眼，犹欲黯离魂。
### （其二）
徽水定何处，谪官今几时。长沙应有赋，南涧可无诗。
柳絮催春远，梅花寄客迟。谁怜忆公久，头白少相知。

## （其三）

谢朓南齐守，司农古汉官。杯今与谁把，山亦要公看。

细札颁何日，《离骚》读又残。侍郎兄弟在，往往上金銮。

## 再寄李司农二首
### （其一）

不作徽州梦，空吟楚水边。仓皇相别日，欢喜得书年。

客有谁投辖，诗应我执鞭。长安望归日，消息几时传。

### （其二）

衰薄功名晚，羁栖岁月深。篇章唯楚些，儿女尽吴音。

见面知何日，从公话此心。时光肯相待，白发已如林。

然而翻遍全书，只见周紫芝一而再地写，却不见诗题里有"和""回"之类字眼。虽然从《再寄李司农二首》中"仓皇相别日，欢喜得书年"两句来看，李若虚接到周紫芝的第一批劝降诗（《寄李司农三首》）以后，应该还是写过回信，但是书信里到底怎么写的，却一个字儿都没存下来……所以李若虚对秦桧借周紫芝之手抛出的橄榄枝，到底是什么态度呢？

对此，现存史料依然是付之阙如，只有《宋会要辑稿·职官七六》有这么一则记载：

> （乾道）三年二月七日，诏故右承议郎、充秘阁修撰、前知宣州李若虚特追复元官职，仍与一子文学恩泽。先是，若虚尝为岳飞幕属，飞死，言者指为飞党，坐落职编管徽州，死于贬所。至是，其孙机引飞已复官陈乞，故有是命。

"死于贬所"，这四个字像钉在棺材上的钉子，可也像一张白纸，清清爽爽、干脆利落，半点纠结隐晦都没有。

唯一可以稍作补充的，是按周紫芝诗集《太仓稊米集》的编年次序，周紫芝给李若虚的劝降诗，创作时间不会早于绍兴十六年（1146）[1]，但也不会晚于绍兴十八年（1148）[395]。而且看诗作编次，明显和《寄李司农三首》隔的时间不长。这样结合周紫芝在《再寄李司农二首》之后，没有再继续给李若虚写诗寄诗，以及李若虚的诗文书帖近乎只字不存的情况来看[396]，李若虚应该是在被羁管徽州后没几年就去世了，具体时间应该就在绍兴十六年前后。不然以周紫芝给秦桧写歌功颂德诗能一次写五六七八首几十韵，甚至三十首（虽然是三十首绝句）的水平来看，他是不会放着李若虚这样好的跳板不用的——哪怕李若虚态度坚决每次都回信骂他个狗血淋头，周紫芝也仍然会坚持不懈地写，以便向秦桧表明自己的立场和勤勉。

也就是说，即便心志坚忍、回血能力不是一般强的李若虚，在经历绍兴十年北伐失败和岳飞被害的接连打击后，虽然在外傲气不坠甚至骂人的力度和频率都没有减弱，但精神上还是受了不可复原的巨创，所以只在流放地坚持了五年左右的时间，便含恨去世了。


# （十二）


目前的一手史料里，没有李若虚的行状、墓志铭、神道碑，连生卒年都没有。而基本靠剪刀浆糊宋人文字的元修《宋史》，自然也就无法给李若虚设本传。

造成这种结果的缘由主要是秦桧对史料的删毁。这里仅举一个例子，就是李心传在记载绍兴六年李若虚献俘一事时曾经提到：李若虚"迁官赐服"的事迹和日期，在本该对此进行记录的高宗日历中找不到，是后来李心传为写作《要录》搜集材料时，在南宋初年大臣周秘的文集中，翻到了他于次年弹劾李若虚升官过速的奏疏全文，才知道李若虚还曾受过这样的奖励。——仅仅是"迁官赐服"这样的细节，都会因秦桧意图毁抹岳飞此次北伐的战果

---

[1] 同一年份后文不再标注。

而被刻意删去，其他记录销毁之严重，可想而知。

但技术条件限制加人心所向，秦桧删得还是不够干净。或者反过来说，像岳家军的很多部将、幕僚一样，李若虚的经历太过传奇，事功与为人也太具个性和魅力了，所以再怎么删也不可能删干净。即使只剩下细枝末节、只言片语，甚至别人弹劾时的攻击之词，都能从中见出其为人之光芒耀目与其胸襟之波澜壮阔；即使零零散散的信息碎片，归拢在一起之后，也仍然能还原出一个慷慨任侠又文质彬彬、千载之下依然生气凛凛的形象。

不过这样的寻找梳理，确实比起读"囫囵个"的材料慢了很多，也很容易走入误区。

比如我对李若虚事迹的了解，长期止于绍兴七年春李若虚在东林寺喷岳飞的那段话；再就是绍兴十年北伐前夕对着岳飞拍胸脯说"矫诏之罪，若虚当任之"了。后来又知道他是被迫害也没变节的那一拨幕僚之一，同时也注意到了常同弹劾他时说的那句"人物粗恶"。这些了解再加上《会编》里对他弟弟李若水的描写，以及他家乡风土人情的特质，我总觉得李若虚应该是个正直刚烈、口舌犀利、大事上特别拿得定也敢出头的燕赵男儿，而且大概体格相貌也高大威武，颇类武人，日常待人接物也皂白分明、直来直去。

再后来，我又发现李若虚因岳飞牵连被贬官时的那两句制词，于是又觉得这大叔没准是南宋版理工geek（极客、高手），性子直但是动手能力特别强，同时爱憎分明还特别护犊子，和比自己年轻了起码十二三岁的领导又是忘年交，又拿他当子侄辈教导了。

但直到2015年5月，忽然心血来潮排了下绍兴十年北伐相关事件的时间表，我才发现这个人也不是一味热血正直，相反该滑头的时候相当放得开；再到2017年重新捋了捋他一家人在靖康之变后的行踪，又多看了几遍有些记载的史料原文后，终于确认自己确实是把他想得太简单、太片面了。

作为洺州李家实际上的家长，能带着那么多家人，特别是两个年过花甲的老人，在乱世中从东京辗转扬州，又从扬州流落到湖州，中间碰上多少大乱大难，家人却能一个不少，这绝不是光凭有勇气、有责任心就能做到的。包括他绍兴十年对岳飞北伐的支持，也不只是敢担责、胆子大、立场坚定，而是称得上机敏灵活，善于权变，替岳飞考虑得也极为周全。另外，赵构和李若虚也不是我一直想象的那样气场相克，反而赵构对李若虚的印象不错。

所以真实历史中的李若虚，即使不是一个平时沉稳练达、外柔内刚，只在需要时才奋霹雳手段、震雷霆之怒的彬彬君子，也得是个胆大心细、处事稳妥，表面上豪迈不羁，实际看什么都门儿清，还往往能先人一步的明白人。

当然，我对他也有一直没有改变、只是体会越来越深的印象，比如李若虚的神经确实不是一般的强韧。他所经历的事情，随便挑出一件放到别人身上，都足以活生生压垮一个人。而李若虚直到岳飞被害，言行中都没什么衰颓自弃的意思，好像血条永远是满的，永远敢说敢做，行动力十足。不过最近看周紫芝的文集，我才想到这样的强韧并非全是其性格自然所致，而是也有李若虚自己理性克制、勉力支撑的成分在其中。而最后那一下打击，大概还是超出他的自愈能力了，不然按照李若虚的年龄和生命力旺盛程度，活个七八十岁应该不成问题，不该那么早就下线。

不过所有这些旧相识、新发现，都还是比不了2014年秋天时，我突然起意想查查王曾瑜先生在《岳飞的部将与幕僚》一文中提过的、李若虚绍兴五年夏天留在浯溪的那幅题字——我好像到那时才想起来这幅字是有遗迹存留的，应该找来看看字儿到底写得什么样。于是跑到学校图书馆上蹿下跳好不容易找到了那本《浯溪石刻》，坐在管理员办公室打开相应页码的一刻，顿时觉得脑海中关于李若虚形象的建构……不能说是完全颠覆，但确实有些意外：字实在是太漂亮了，刚健之中兼有潇洒，满眼俊逸之气。而且笔法纯熟自如，一看就是幼学功底扎实的人才能写出来的。

我倒不信字如其人，但是能写这么一手好书法，而且诗句也颇为可诵的人，他的才气、灵气和赤子之心，一定会形之于色，看外在也能领略得到。

也多少是因为这幅字太好，2015年春天，我忍不住蹿到祁阳看实物时，在浯溪的晴空碧水之畔，盯着眼前石壁上明明已历千年却清晰如新的笔画，忽然有种强烈的错觉——就是越看越觉得这字是假的。

写这幅字儿的人连生卒年都没留下，相关记录都被毁得近乎一干二净，怎么偏偏能在这个地方，在颜真卿和黄庭坚的旁边，留下这么一首诗几行字，一下子就盖过了史料里连篇累牍的是是非非、数白论黄，让人除了赞叹追慕再无别念？而且这字保留到现在还这么完好，像是昨天刚刻上去的一样，这在岳飞被害后、平反前的二十年里简直就是神迹。还有就是这幅石刻的篇幅和位置，窄窄一条拼在黄庭坚《书摩崖碑后》和颜真卿《大唐中兴颂》中间，实在很像是有意塞缝，特意把《大唐中兴颂》上方一大片空白留出来的……那里本来应该有很多字，有篇幅很大的石刻或者很多篇写于同一时间的题诗，唯独不应该是现在这个样子。

即使现在再看这幅题字的照片，我还是有这种错觉，并且对着字儿看的时间越长就越强烈——这几行历尽岁月风霜依然淋漓生辉的字迹并非此世所有，而是从另一个历史空间里掉落出来，不小心落在浯溪的岩壁上的。

——在那个平行的历史空间里，那位叫李若虚的诗人，也在一支被世人称作"岳家军"的军队里当参议官。不过他从绍兴五年五月到任后，一直干了两任，共计六年，直到绍兴十一年北伐胜利燕云尽复、新的边防体系也已稳固才辞官归隐，然后就和年迈的母亲一起，护送父亲、三弟的灵柩回到了河北洺州曲周老家，读书作文开私塾教小孩，八十多岁时因为以前教过的小孩里出了状元高兴过头，喝酒喝多了，心脏病发作猝然去世。由于写得一手好字好诗文，经历又传奇，他的诗文集和法帖在去世之前就已经刊行了很多版而且都卖得很火。其中最著名的一篇是《迎大驾还汴，因忆绍兴五年浯溪题诗事，作歌行以纪》，写于绍兴九年当朝天子还于故都之后，不久就被好事者摹刻在了他绍兴五年浯溪题诗的上方，他上司撰并书的《大宋中兴颂》的旁边。

不过这篇文章也惹出了一些口舌之争，就是他以前的个别同事曾在与人谈话时多次表示李若虚这篇题诗其实水平一般，之所以能在浯溪摩崖上占到比自己更好的位置，很大程度上是因为人们觉得这首诗和他绍兴五年的题诗放在一块实在太有戏剧效果，所以有意制造一个佳话；还有的前同事如胡闳休，虽然认为李若虚这首诗确实堪为传世名篇，但也指出小序中"予在岳帅幕中最久"一句并不符合事实，勒石时不应该不加检视就刻上去。类似的一些争论在隆兴元年（1163）宋廷开修中兴实录，并议图像北伐功臣时一度达到了高峰，后来还是时任同提举实录修撰、并且也曾担任过岳飞幕僚的礼部尚书沈作喆给自己的前同事兼前辈们分别写了书信，才使争论告一段落。不过信的具体内容，几个当事人生前都没拿出来给人看过。直到六十多年后，沈作喆的《寓山集》刊行，才终于将这封信公之于众，好奇群众纷纷买来文集围观，发现信是这么写的：

> 凡事之成，虽曰人力，亦由天命。年来屡思靖康、绍兴间事，未尝不叹国步艰难殆古所无，千钧一发不足以喻其险也。设若其时天心未悔，或以臣僚不协，或以小人间言，或以时机不予，或以中道弃捐，而竟至功亏一篑，业毁一旦，徒捐国殇于河朔，空老师旅于江南；甚或中虏人之机，逆权臣之意，蹈祸负谤，搜剔株连，则岳公之英伟或仍不泯，而吾辈之微末更其谁传？某后学晚进，绍兴末始得从岳公军于河北，以是前事不尽知。然诚愿诸君思天所以幸，移彼时勠力之同心，成今日功臣之完璧，则书竹帛，垂不朽，迈前人，劝万世，皆在公等一念间耳。顾区区文字尚足较耶？

# 尾 声

最后再补充一点李若谷、李若朴、李若川的生平。

如前文一再提到的，绍兴十二年岳飞被害、李若虚被罢官并处羁管后，因为秦桧想拿闲置已久、绍兴十年年底才被重新起用的李若谷当个牌坊供起来，免得别人说自己迫害公认的烈士遗属，所以他一度对李若谷相当优容。而李若谷自己的才干大概也颇能称位，一度做到了参知政事，也因此在后来的很多史料中被算成了秦桧党羽。不过从现存史料看，李若谷任职期间并未做过什么祸国殃民或者落井下石的事情，无论是推行经界法、战和争论，还是迫害士人、粉饰太平，李若谷都没参与过，倒是曾在绍兴十四年（1144）十二月被任命为"资善堂翊善"，也就是赵瑗的老师。考虑到秦桧当时正想尽办法阻挠赵瑗成为储君，似乎可以表明李若谷的政治主张其实还是主战一路，而与赵构、秦桧竭力维持的"国是"相违背，因此秦桧才试图让李若谷有尽可能多的机会接近原本就倾向北伐的赵瑗，以期激怒赵构，令其不喜。

大概正因为李若谷虽然身受"殊恩"却始终油盐不进，所以秦桧最后实在忍不了他在自己眼前继续晃荡了，绍兴十七年正月才任命李若谷为参知政事，二月就将其罢职外放。这样算上之前担任枢密使的任期，李若谷总共在执政的位置上待了一年半多点，并且因为拒绝对秦桧示弱乞怜，对朋友笑言"便打杀我亦撰眼泪不出"，很快也被处以江州"居住"。三年后，李若谷的居住地又被由江州迁至饶州，考虑到江州是岳飞当年安家的地方，留在当地的族人、旧部颇众，以及朱芾与张节夫曾因羁管、居住地重合而被勒令分置、不得处于一地的前例，不由让人怀疑李若谷是不是到了江州也不是很安分。李若谷后在居住地去世，时间在绍兴二十年（1150）到二十五年（1155）之间。按照李若水的年龄推算，这位李家老大享年最少也得六十七八，倒也不算亏本。


李若朴在绍兴十一年年底力争岳飞案后，于绍兴十二年正月和何彦猷、薛仁辅一起被罢官，直到近十年后才被重新启用，出知湖北德安府，也就是他二哥十二年前跟岳飞豪言"矫诏之罪，若虚当任之"的地方。

绍兴二十四年（1154），李若朴任满改知湖南武冈军，结果又折腾出不少事儿。他到任没多久就告发武冈军通判方畴与胡铨通书，导致方畴被编管。这事儿乍一看与李若朴的历史形象颇为相悖，但看看言官后来对方畴的弹劾，应该是两人共事期间互生嫌隙，方畴先动了整李若朴的念头，而李若朴罪废已久刚刚复出，再受不得半点蹉跌，于是先下手为强了。不过上来就知道奔着方畴与胡铨的关系下手，看来李若朴如果真想整人的话也是套路熟得很。再考虑到言官曾弹劾他与秦桧的小舅子王会也有交往，倒更见出他当年为岳飞争辩诏狱判决，是多么难得并令秦桧一党震惊。不过到绍兴二十六年（1156），由于秦桧已经去世，李若朴还是因告发方畴事被罢职，此后再未见仕宦记录，以至岳飞平反后宋孝宗欲褒奖他与何彦猷，还要再遣人录问其人尚在否——李若朴卒年不详。不过《宋会要辑稿》和《要录》都没说他被褒奖时已死，再结合《会编》中李若水儿子所说的"乾道中，诸父沦亡"，他应该是在乾道五年（1169）前后去世的，其时也是近七十的人了。

最后李家还有个老小李若川。李若川在绍兴十六年年底已经任职尚书金部员外郎，金部是尚书省二十八司中职掌户部的五司之一，员外郎即此司副司长，为正七品中级文官，所谓"户、度、金、仓，细酒肥羊"，是个既有实权也有前途的职位。据此，李若川应在绍兴十年之前即已出仕，很可能是和李若朴同时举职的，而且显然升迁颇速，再考虑到他的年龄应比李若水小十岁左右，可算是李家的后起之秀了。另外看《太仓稊米集》，可知周紫芝与李若川也多有唱和，看来这位李家小六不仅有干吏之才，文学方面也承袭了兄长们的才气。

李若谷被贬前夕，李若川因受牵连，先于李若谷被罢，何时复出不得而知。但在绍兴三十一年二月之前，李若川已复为右朝散大夫、江南西路转运判官，看迁转品级，应是在秦桧死后重被启用的。当然官职品位不过是个标签，真正让人感慨李若川不愧为洺州李家儿郎的，是他在绍兴三十一年十二月调任江东转运判官后的一封上书：

> 江南东路转运判官李若川、柳大节言金人凶暴，反盟黩武，上天降殃，完颜亮被戮，兵众遁走，乃传其子见留京东军马颇众，有亲信以统之，势须邀击，以报擅杀之仇。今过淮敌兵败亡虽多，尚有十余万众，宁肯束手就死？亦须穷斗。及金人部落多有完颜宗族类，岂无守国军马，必不能奉亮之子，亦不肯助戮亮之众，定图自立，更相攻杀，尽而后已。当此衅隙，契丹起而乘之，过于五单于争国，各自救不暇，岂暇尚占中原。且中原百姓被祖宗德泽之深，日思箪食

壶浆，以迎王师，此诚天启恢复之时，不可失之机会也。然王师大举，尤务慎重，以成万全之功。一乞少憩将士，以养锐气；二乞预备钱粮，无致少阙；三乞添造器甲，以备分给中原义兵，缘义兵虽众，唯阙器甲使用；四乞敌人欲敦旧好，诱以好言以款之；五乞多遣人密结中原义兵，以为应援；六乞厚赏募人，探知敌情，以便进取；七乞召集诸大帅共议军事，勿致临时异同。然后诸路并进，非特恢复中原有反掌之易，亦可一举而空朔庭也。[397]

奏札中"且中原百姓被祖宗德泽之深，日思箪食壶浆，以迎王师""多遣人密结中原义兵，以为应援""召集诸大帅共议军事，勿致临时异同"云云，实在很难不让人想起三十五年前李若水《乞救两河书》中的"河东、河北两路，涵浸祖宗德泽，垂二百年。……在邑之民，无逡巡向贼之意；处山之众，有激昂死难之心，可谓不负朝廷矣"；想起李若虚二十一年前所转述的"敌人不日授首矣，而所忧者他将不相为援"；想起可能与他二哥李若虚是好友的高颖，以及李若虚、高颖、岳飞等人到绍兴十年秋天还念念不忘的"连结河朔"。

——李若川本人无从军经历，出仕为官后也一直做财政方面的工作，按说是不该对军事方略特别是敌后形势如此谙熟的。是出于家族痛史始终难断对故土旧疆的热念而日夜关切，还是少年时兄长们的熏陶乃至可能亲眼目睹耳闻过的英雄往事，给他的思想和情感留下了太过深刻的烙印？

当然，有赵构在，李若川的方略不可能得到采纳。而完颜亮南侵败亡两年之后，刚登基不久的宋孝宗虽然力排众议发动了北伐，但又因误用了志大才疏的张浚，致此次兴师最终以"符离之溃"惨淡收场。李若川在此次大败后犹自难平失望之情，又愤愤不平地给张浚写了封吐槽信，痛陈朝廷军事方略之失策，实际等于把张浚骂了一顿，其真迹若干年后还被岳飞的孙子岳珂从其侄子处求得，编进了《宝真斋法书赞》。

可能多少是由于李若川对战和形势的关切，乾道元年（1165），宋廷任命时任户部侍郎的李若川为"贺尊号使"，出使金国，代表南宋向此年已经坐稳了金国帝位的金世宗完颜雍致贺。对刚刚缔结了隆兴和议的宋、金两国来说，这是一个颇具政治意味的举动，意味着两国之间的关系确已进入稳定期，战火再燃，要等到四十多年后了。

按照宋代使金使节的一般路线，李若川此次出使途中，虽不会经过曲周县，但却会经过流经洺州、曲周的洺水（即现在的洺河）以及其他河流。

遥望故里山川，云生涛灭，几近四十年。而靖康时以李若水，炎兴之际以李若虚、李若朴、李若谷，洺州李家竟基本见证了这段历史的几乎所有重大时刻，如今又恰好由六兄弟中最小的李若川为其画上了句号。历史之潮的汹涌磅礴与鬼斧神工，到此实在令人望而兴叹。

# 附篇2：

# 赵不尤传

最初想动笔给赵不尤写小传，还是2017年3月初，当时看《聚敛谋国》看得又在乱翻宋人文集，也翻到了叶适的《水心集》，于是再次看到了叶适给一个叫赵善悉的南宋宗室（皇族子弟）兼士大夫写的一篇墓志铭：

赵善悉（1141—1198），南宋宗室，宋孝宗赵昚的远房族兄弟。是当时难得考上了进士、有正经出身的宗室子弟，同时也是财政口的一名能吏，历仕孝宗、光宗两朝，为官时极得宋孝宗爱重，以致宋孝宗有意对其进行越级提拔时受到了言官抨击，赵善悉生前官至两浙转运副使……

不过如果只是这些，叶适这篇文章也没什么好注意的。悠悠千载，烜赫一时的达官贵人如过江之鲫，身后墓志铭、功德碑之类的文字写得再天花乱坠，于大多数后人来说也就是个路人，甚至路人都算不上，包括赵善悉。在我眼中真正使其与"路人"区别开的，同样不是他的生前恩荣、死后追赠，也不是他自己的事功遭际，而是他墓志铭开头的几句话，更确切地说，是他的父亲：

公名善悉，字寿卿。父不尤，知横州。祖士起，武义大夫。曾祖仲驯，开府仪同三司。繇仪同至太宗四世。横州初入宗学，以文占上舍，而有武力。靖康之难走相州，与岳飞善。聚兵万人，将迎二圣，雄张河南、北，巨盗皆避之，曰："此小使军也。"高宗立，以众归御营。复从飞武昌。飞死，秦桧夺其兵，抑守岭外而殁。[398]

（一）

《中大夫直敷文阁两浙运副赵公墓志铭》中这寥寥几句话，已经是现存史料中关于赵善悉的父亲赵不尤最集中也最详细的一段记叙了。若干年后，恨不得抄遍存世所有史料的《宋史》将之略加修改，就成了《宋史》卷二百四十七《列传第六·宗室四》里的《赵不尤传》：

> 不尤，有武力。靖康之难，与王明募义兵，与金人战，雄张河南、北。盗皆避其锋，曰："此小使军也。"高宗即位，引众归，补武翼郎。从岳飞平湖寇。飞死，桧夺其兵，遣守横州而卒。
>
> 子善悉，进士登第。累官敷文阁直学士、两浙转运副使。

但《宋史》这个修改多少有点潦草。因为对照赵善悉墓志铭中的原文，《赵不尤传》中删去的两句，恰恰是信息量大且关键的两句："初入宗学，以文占上舍……靖康之难走相州，与岳飞善。"有还是没有这两句，对赵不尤的形象影响很大。

先说"初入宗学，以文占上舍"。这一句记载事关对赵不尤的年龄和才能的推断，还涉及宋代宗室史的一个疑点，就是宋代"宗学"的设立时间。

宋时制度，但凡宗室子弟必须得念书学文化。北宋前期，宗室人数尚少，所以一般安排几个老师教一教就完了，再早的时候则干脆诸王子弟一起入宫听讲。但从仁宗朝开始，由于宗室人口不断膨胀，没法再"开大班"吃大锅饭，只好诏令诸王子弟都在自己的私邸就学，由朝廷派设教师，遂形成了所谓的"宫学"。

到了徽宗朝，宗室人口更加庞大，宋廷不得不将部分关系和当今皇帝较疏远的宗室，即赵匡胤、赵廷美子孙分别迁到西京（今河南省洛阳市）和南京（今河南省商丘市）居住，是谓"西外""南外"。

但即便如此，留在京师的太宗之后仍是一个可观的数字，如太宗赵光义子孙聚族居住的"睦亲宅"（简称"南宫"），其在北宋末年的"学龄人口"就应在数百人以上。这就导致"宫学"的规模实际已经与国子监[399]相当。由于人数众多，同时也受徽宗朝学校教育空前发达的影响，这些规模较大的"宫学"就仿照太学设立了将学生分为"上舍""中舍""下舍"，定期考试按成绩升降遴选的"三舍考选"制度，以至于很多研究宋代宗室管理制度的学者根据赵善悉墓志铭中这条记载认为，在徽宗朝末期，已有"宗学"的设置。

然而专研两宋宗室制度的何兆泉老师则在《两宋宗室史》中认为，此处的"宗学"，应是叶适等南宋中期人对距当时已数十年前历史情况的误解。因为更多的史料表明北宋末期尚未设立统一教育宗室子弟的宗学，只有扩大了的宫学。但到了南宋时期，由于宗室子弟人数骤减，宫学衰落，原本只针对太祖、廷美两系子弟的宗学日渐兴盛，取代了宫学原本的地位。而时人又不清楚北宋末年状况，所以就以今度古，以为赵不尤上的那种人数众多，且有"三舍考选之法"制度的"宫学"就是"宗学"了，这才有了目前为止这条说北宋徽宗朝即有宗学的"孤证"。


不过，不管是宗学还是宫学，都不影响这一条史料对于推断赵不尤生平的作用。现存史料没有记下赵不尤的生年，但根据赵善悉墓志铭中说赵不尤"初入宗学"之后没有"释褐"也就是毕业相关记叙，紧接着就是靖康之难来看，赵不尤应该是在靖康之难前不久，也即宋徽宗宣和年中后期入的宫学，所以没念满几年书就碰上了天下大乱。也就是说在宣和四年至宣和七年这个时间段，赵不尤的年龄在十几岁到二十岁之间。因为宋代宗室管理制度对子弟的教育年龄是有明确规定的：最晚二十岁必须入学读书。至于"十几"的最小值，则应该不会低于十五岁。因为当时的人普遍认为十五岁以前还是"童子"，倘若赵不尤是在十五岁以前入学，属于特异之事，墓志铭里多半要再夸耀一下。此外，赵善悉是赵不尤在公元1141年也即靖康之难后十几年才得的孩子，但其墓志铭中没有"横州晚年所得"之类的叙述，这说明赵不尤在绍兴十一年还是四十上下的"盛年"，也可以倒推出他在北宋末年恰好是十五岁以上二十岁以下的宗室"学龄"子弟。也就是说，赵不尤同自己日后的主帅岳飞、官家赵构是同龄人，而且看其宣和年间似乎专心习文练武而未有家室，很大可能比岳飞还小个两三岁，而与自己的堂兄赵构年纪更相近（赵构是1107年生人，比岳飞小四岁）。

另外，根据赵善悉的墓志铭和宋代宗室谱系可知，赵不尤是太宗皇帝的六世孙，其高祖赵允宁是太宗皇帝第四子赵元份的长子，与宋英宗的生父[400]、后世简称为"濮王"的濮安懿王赵允让是亲兄弟。所以到了赵不尤这一代，恰好出了与其同辈皇帝的"袒免亲"（有共同的五世祖），没有"荫补"，也就是一出生就没有朝廷封赏官职的资格了。

不过这种宗室赠官，本来也只能是最低阶从九品起步的武官职位，说不上有多荣耀，只能说给一份"铁杆庄稼"保证基本生活待遇。而且一旦具有这种资格，那就终生不得参加科举考试。所以到徽宗朝为止，赵宋宗室子弟大多在事功上无甚建树，以至在后世有"名为天枝，实为弃物"之讥。

相反，如果出了"五服"，没有出生即补官的资格，那么即使名在皇室宗族籍册，也可以获得下科场的机会，人生的可能性其实要比恩荫赠官的"近属"更广阔。

何况，作为皇族子弟，赵不尤有资格入读规模不次于国子监、管理制度看起来也颇为严格的"南宫"宫学，接受师资质量绝对有保证的皇室教育。这就让他的人生起点还是超过了当时的大部分读书人，有更大的希望在文章晋身的道路上走得更快更好。

当然出身以及由出身获得的成长环境，归根结底只是外部条件，真正使赵不尤的青年时期显得颇为亮眼的，还是他自己的才华与品行。在十几岁的年纪上开始求学生涯后，赵不尤很快在学员人数至少在数百人的睦亲宅宫学中"以文占上舍"，显然是颇有天赋又好学勤力的上进青年，而不是饱食终日无所用心的纨绔子弟。如果不是后来的剧变猝然中断了他的学业，他或许真会凭借出众的文才考中进士，步入仕途，成为一个政绩不错的地方官，进而得以作为努力上进、效忠皇室的模范宗室，在《宋史》的《宗室列传》中拥有篇幅不短的一段表彰文字。赵善悉的墓志铭回忆父亲生平时，说赵不尤后来的戎马一生是"以投笔自挫"，除却为那桩撼动天下的著名冤狱和对父亲的牵连鸣不平之外，显然也有同样经历过苦读的赵善悉对父亲文才与力学的追慕和惋惜。

更难得的是，文墨之外，赵不尤还"有武力"。在徽宗朝承平已久、绝大部分政治精英和几乎整个知识阶层都不知兵事的大环境下，赵不尤这个特长称得上是鹤立鸡群，也令人好奇他热衷武事的动机。

也许这位好学上进的帝室苗裔，与此时正在太学就读的太学生、后来岳飞的高级幕僚胡闳休，以及正被夺职安置在镇江居住的宗泽等人一样，看到来自数千里之外的契丹、女真使节，以及来自西北边疆的大宋"西军"军官、参谋们在东京城的帝阙下来来去去，听闻当路要人们为了是否应当联合女真伐辽取燕吵得不可开交时，就嗅出了山雨欲来的不祥气息，出于对时局的远见和对士大夫辈"不知兵"的不满与担忧，而主动去学习军事，期待有朝一日能急国家之用。

也许政和末宣和初的赵不尤，还是个天真单纯的热血青年，因此对于朝野间流传的"伐辽"之议还提不出什么独到的见解，只是和无数容易憧憬未来的年轻人一样，感到在科场之外，又来了一波从马上博取功名的机会。

又或者他什么具体的想法也没有，纯粹天赋异禀，运动神经格外发达，外加家境也不错，不养几匹骏马、淘几把宝弓名刀、飞鹰走马耍耍帅，简直白瞎了一身力气也白瞎了皇室的身份和财富。毕竟那年头养好马，如同今人买豪车，除却可观的资产价值，好马也是拉风无比的身份标志。

当然东京城毕竟是天家子弟汇聚之所，好武知兵的宗室子弟虽然少，但也还不是只有赵不尤一人。比如，宋徽宗第九子、此时年未弱冠的康王赵构，就也号称生有神力，能开强弓、骑快马。从赵构后来亲自斩杀哗变卫士的手熟程度来看，这个记载倒未必是后人粉饰。再有赵构和赵不尤的族叔赵士儦的长子赵不凡，在南渡后曾两次立下军功，显然之前就是习武之人。还有一个此时例外地居住在东京城、而没有迁到南京（今河南省高丘市）居住的魏王赵廷美子孙赵叔向，靖康之变后曾聚兵勤王，说明肯定在靖康前就是练家子。

所以，赵不尤很可能在东京时就与赵构、赵不凡、赵叔向等人相识，一同打过猎赛过马，甚至较量过武艺。著名宋史学者王曾瑜先生曾在其宋代纪实小说《满江红》中，虚构了赵不尤与赵构比试武艺并获胜的情节，其灵感来源应该也是基于两人都是皇族子弟、又都好武技这一点。

不过，从赵不尤在靖康之变后表现出的人品志节来看，他和赵构虽然可能早有交集，但关系恐怕不会多热络。因为赵构早在做皇子时就已经有了虐待年轻女性的不良嗜好，导致"侍婢多死者"，在东京城里的名声不甚好听，否则也不至于"好色如父，侍婢多死者"的民间风评在靖康之初就人人皆知，没多久就传到了金人的耳朵里。很难想象赵不尤这样文武兼修的彬彬君子，会愿意与这样一个声名狼藉、手上沾着无辜人命的亲王深交。

当然在宣和末年，赵构的这一恶行还不至于给赵不尤的人生投下太大的阴影。当时的皇储是宋徽宗的长子赵桓，另一个透出争夺皇储势头的，则是深受徽宗爱重的皇三子赵楷。不管两人争斗结果如何，都不会有明显不受赵佶待见的赵构什么事。而在此之前的近一百五十年中，赵宋宗室也曾出过几个暴虐成性、有虐杀奴婢癖好的王子皇孙，最后都还算是受到了应有的法律惩处。所以，以赵构当时的处境和行为，赵不尤多半只是暗自嘀咕过再过几年，自己这个远房堂兄弟八成要出恶名，上朝廷的"榜示"公告，然后就转头去继续习文练武了。

——宣和末年的东京开封，正处于城市史上的巅峰时刻。不仅人口以一百五十万之数雄居全球最高，建筑园林也因为禁军营地的衰败和达官贵人的竞争性扩建而达到了最繁丽的阶段。同时由于蔡京主政期间一度废除科举、大兴学校教育，太学、画学、算学等专科学校的规模也变得十分庞大，四方学子才俊、能工巧匠无不荟萃阙下。而在童贯一手主持下先开河湟、后取燕京的"武功"，则给这个"丰亨豫大"的"盛世"添上了似乎连太祖太宗皇帝也不能企及的光辉，并且看起来还要继续增添下去……

在这样的一个时代，这样的一个地方，值得担心的事情很多，值得期待的事情更多，让人恨不得倾尽所有投入其中的事情则足以令每一个稍微有点心气儿的年轻人目不暇接。谁会觉得一个外表温雅、文武兼能，但实际性情暴虐的不受宠皇子，和几个王府婢女的离奇丧生，将和自己的后半段人生、自家祖宗的江山社稷有天大的干系呢？

# （二）

考据赵不尤的少年时代，很难不想起岳飞的得力幕僚胡闳休。两人都是在最好的年纪见证了东京开封这座当时的全球第一大城市最灿烂，然而也是最后的黄金岁月。两人一样的文武双全、出类拔萃；一样的家世高贵、教养良好但又渴望建功立业，敢作敢为；当然，也一样的，最终在靖康之难中迎来了自己青春时代的终结，和真正的成人礼。

不过比起东京城破后还一直待在城里，还对城中局面以及衮衮诸公，甚至对宰相何栗抱有期望的胡闳休，赵不尤在危机中的行动显得更果断干脆，也还真显示出了几分"赵家人"的信息优势以及由此而来的非凡眼光。

*靖康之难走相州，与岳飞善。*

如前所述，《宋史·赵不尤传》把墓志铭里的这一句给删去了。我怀疑是因为修《宋史》这段的不知道哪几位实际作者觉得这条太过离奇，认定赵不尤贵为宗室子弟，不可能在岳飞刚刚投入相州大元帅府军尚属寒微时就与之交好，所以就把这句当成了赵善悉跟叶适吹的牛，没有取用。

但实际上，赵善悉墓志铭里的这一句还真不是胡吹。

从时间上来看，赵不尤应该是在靖康元年闰十一月二十五日（公元1127

年1月9日）东京外城被金军攻破后，出东京城奔相州的。相州距离东京开封不过三日路程，即便考虑到战乱期间赵不尤需要注意躲避金人军队和自家溃兵，那也不会超过十天，最晚到十二月上旬也就到了。而十一月二十二日即从磁州折返相州的赵构，则在十二月一日，奉秦仔于闰十一月二十七日冒死送到的钦宗蜡书密诏，开河北兵马大元帅府，正式以"勤王"救东京城的名义招兵买马。刚刚从平定军突围回到汤阴老家不久的岳飞此时也到大元帅府应募，第三次从军入伍。所以赵不尤到相州投奔赵构的时候，岳飞已经在大元帅府前军统制刘浩麾下，两个人的行迹是有交集的。

从文献来源看，赵不尤和岳飞初识的这段往事很难凭空编造。因赵善悉在1198年去世，而岳飞之孙岳珂为祖父编著的传记《鄂国金佗稡编》此时尚未成书，因此岳飞早年经历在赵善悉在世时，已近乎湮没无闻。如1194年成书的《会编》，几条关于岳飞早期经历的记载，就都说他初次从军是在张所麾下，只字未提相州兵马大元帅府的经历。换句话说，这事儿不是赵善悉想编就能编出来的，因为一般人如想捏造自己父、祖辈与岳飞的交情，很难找到这个幽微又关键的时段，所以它只可能出自赵不尤的亲述。而赵不尤在世时，岳飞尚未平反，就更无捏造附会的必要了。

不过，赵不尤到赵构军前的时候，岳飞还只是有品武官最末一阶的从九品承信郎，手下不过百十来号人。两个出身、经历迥异的年轻人到底怎么认识、又怎么成为朋友的，确实让人好奇。然而这个重要关节赵善悉的墓志铭里也没交代，只能从两人之后的经历中去推测。

赵善悉墓志铭中说赵不尤在投奔赵构之后"聚兵万人，将迎二圣，雄张河南、北"；《宋史·赵不尤传》的记载则是："靖康之难，与王明募义兵，与金人战，雄张河南、北。盗皆避其锋，曰：'此小使军也。'"两相对照，多了一个王明。哪个更靠谱一点呢？

《会编》卷一百十七《炎兴下帙十七》张悫行状里有一条记载，可以断这则公案：

> 悫在大名时，有洺州王明者，号王铁枪，与李洪、李民

聚众以复夺二帝为辞，有众数万。憲差无官宗子不尤及进士王协、王慈招安抚之，授明州观察使，洪、民皆阇门祗候，不尤武翼郎，协、慈皆承务郎。

显然，赵善悉墓志铭对赵不尤这一段的经历有所美化：所谓的聚兵万人，这万把号人并不是赵不尤招来的，而是洺州一个绰号"王铁枪"、名叫王明的好汉组织起来的。赵不尤只是奉大名府知府张憲的命令去招安，而后又统领了王明的一部分人马，从而凭借此功获得了一个九品左右的武阶官，从无官宗子成为一名"小使臣"，大概相当于获得了现代军队中的"上尉"军衔。

不过这点发现无损于赵不尤的形象，赵不尤毕竟是平日养尊处优的皇族子弟，叫他大乱之际在人生地不熟的异乡登高一呼、万众响应，本来也不大现实。相反，能够主动承担招安的任务，还能够博得王明这种草莽豪杰的信任，倒是能说明赵不尤之前对武事的热爱不是叶公好龙，为人大概也慷慨磊落，英豪之气形于颜色，才能令王明倾心归附。

而且，合看《会编》和赵善悉墓志铭的记载，再对比赵构这一时间段的行迹，还透露出一个所有记录者都没有明说的信息：

赵不尤在靖康元年十二月到相州投奔赵构后，于当月十四日跟着赵构从相州"间道潜行"，跑到了北京大名府。之后过了不到半个月，赵构打发副元帅宗泽率一部分人马南下救援东京，自己则在二十九日这天率领汪伯彦、黄潜善和大部分人马继续往东跑，去东平府避敌了。而赵不尤在张憲麾下的经历证明，他恰是在这个节点上放弃了继续跟随赵构，显然是对赵构背对东京城"跑半圈"的行为深为厌弃并立即采取了行动。

——在国势危殆、许多人茫然无择的乱世大潮中，这不是一个很容易做出的选择。除了一腔热血，还需要一定的政治嗅觉，以及与一时安稳和未来荣华背道而驰的勇气。从小习文练武不辍的赵不尤当然对功名有所企图，但显然，他所求的是以正得之、于国于民有益的真正荣光，而不是没有任何标准甚至不择手段的"不义且富贵"。

那么这段时间，岳飞又在干什么呢？应募河北兵马大元帅府后，时年二十五岁的岳飞被分在了赵构的前军统制刘浩麾下。也不知道是刘浩这人就是个劳碌干活命，还是岳飞从军以后屡立战功让刘浩一部显得特别能打所以成了劳碌干活的，反正赵构从开府相州到北逃大名这将近一个月，风险最大的两次军事行动，一次是北上魏县李固渡侦察大名府周边敌情，一次是南下滑州侦察东京周边敌情顺便佯攻掩护赵构北逃，全是刘浩所率的前军承担的。岳飞则担任了两次行动的先锋官，并在两次战斗中都立下了军功，连升六级，不到一个月就从从九品承信郎升到了从八品秉义郎。而赵构东奔东平之际，刘浩一部不知是主动要求还是被动调拨，也被拨到了宗泽麾下，跟随宗泽南下救援东京，但不到一个月，也即靖康二年的正月，就又被赵构召回到柏林镇驻扎，随后在五月护卫赵构去应天府登基，从而成了真正的"御营"军马。然而在八月间，在朝廷大员正为是否要南迁扬州争论不下、传言纷纷之际，岳飞居然以一介从七品小军官的身份上书天子，要求皇帝率军抗敌，结果被罢官逐出军伍，这段"大元帅府军—御营军"的从军经历也就此终结。

——和赵不尤一样，岳飞这份"从龙"之功也完全是自己放弃的。只不过作为一名基层军官，岳飞自主选择的空间，比起"无官"但又有宗室身份的赵不尤还是要小得多，所以脱离赵构比赵不尤晚得多，方式激烈直接得多，打了水漂的军功也更多。看在时人同袍眼中，岂止是不走运，简直是石破天惊一般的发疯作死了。

如此殊途同归的选择摆在一起，赵不尤与岳飞何以成为好友反而无足奇怪了。虽然两人在靖康之难中可能发生交集的时段，起自靖康元年十二月初赵构开大元帅府，终止于当月二十七日宗泽南下救援开封，总共不到一个月，确实比较短。但都是智谋过人、洞烛机先，却又敢想敢做不避祸福的任侠少年，都是将国耻民仇置于个人得失甚至生死之上的国士，在国事绸缪戎马倥偬的乱世之中相互为对方吸引、相识定交的机会是太多了：

也许是赵不尤从东京围城中逃奔相州时，在途中遇到了岳飞，受过他的帮助。

也许是日常操演时岳飞出众的武艺引起了赵不尤的注意，或者反过来也可能。

也许是岳飞的军功给赵不尤留下了深刻印象，进而让这个对英雄事业充满憧憬的宗室子弟起了交结好汉的兴趣，如光招收吉倩的经过，就很够认识岳飞的军官士兵吹一阵子了。

也许两个人是通过刘浩或者宗泽认识的，开会商量什么军国大事时发现英雄所见略同。

也许两个人街头借酒浇愁时碰上了[401]，然后一起吐槽过东京城偌大一座城池怎么就丢得那么窝囊、赵构为什么越跑离东京越远，到底还救不救东京城了……

不管具体过程如何，这一定是一段特别难忘的经历。以至于二十多年后，赵不尤还不忘记一遍遍讲给儿子听。哪怕自己已经因为这段友谊倒了霉，哪怕他的倒霉朋友这时候已经是个被自家朝廷明正典刑的乱臣贼子，别说歌功颂德与有荣焉了，连伸冤平反都遥遥不可期。

## （三）

靖康元年年末赵构东奔东平以后，赵不尤在北京大名府带兵待了将近半年。如前所述，他的部伍应该是从王明的部众里分过来的，实际人数估计也不到"万人"，而是数千左右。但之前毫无行伍经历、统兵经验，骤然有了几千部众后却能迅速进入角色，让原本不是自己部众的数千人归心听命，甚至还打出了"小使军"的名头，仅此一点，已经足以显示出赵不尤的出众才干了。

不过，仅凭万把民兵起家的地方部队，就想完成截断金人北归后路，夺回钦宗、徽宗的目标，还是太困难了。而且不等赵不尤继续绽放军事才华，时局就又发生了一次大转折：靖康二年五月一日（公元1127年6月12日），赵构在南京应天府登基称帝，改元建炎。赵不尤的顶头上司，延康殿学士、河北都转运使、权大名府知府张悫则被新朝委以同知枢密院的重任（相当于枢密副使还略高，在宋朝已入执政大臣之列），诏命其赴南京应天府就职，而以杜充接替张悫知大名府。

当此鼎革之际，赵不尤又一次显现出了自己的敏锐果决，"以众归御营"，带兵护送张悫到达南京应天府后，主动将自己的部众并入了赵构的御营军。事实很快证明他这一步棋走得相当正确：在皇位已有归属的情况下，再以宗室身份领兵在外确是大忌。赵不尤决定交出部众后不久的六月中旬，同为宗室子弟的赵叔向就以自己血淋淋的下场验证了这一点——赵叔向是赵匡胤、赵光义的三弟赵廷美的曾孙，也是东京城破后才逃出东京城的。出奔到颖昌后，赵叔向在颖昌守臣的帮助下拉起了一支万人规模的队伍，赶回东京城勤王，虽然无补于大局，但仍然成了金军撤军后第一支率兵到达都城的"赵家"军队。被金人立为"大楚"皇帝的张邦昌之所以匆忙退位，除却清楚城内人心思宋，自己并无执政基础外，也与赵叔向的武力威慑有关。赵构登基后，赵叔向表示拥戴，但不久仍被诬以"阴谋作乱"，被大将刘光世所杀。此后江南又有宗室、秀州守臣赵叔近领兵平乱，同样不明不白地死在大将张俊手中。相比之下，赵不尤的做法显得格外乖觉而稳妥。再考虑到他之前对赵构的观感其实很差，这一选择就更显得理智了。

大约正是考虑到了赵不尤这一举动的榜样作用，赵不尤到达南京行朝后被升为武翼郎，这是宋代武阶中的第四十二阶，也是"诸司副使"也即中级军官序列的第一阶，从之前赵不尤的部伍号称"小使军"的记载来看，至少是转了三官[402]。

从靖康之难到靖康二年六月，半年多的时间，这个数月前还在东京城里吟哦诗书、走马射猎的宗室子弟，已经成长为一名能上阵杀敌、能独当一面的基层将领了，更难得的是还展现出了世家子弟身上罕见的坚韧与果决，以及远超一般人的战略眼光和统率管理能力。凭这份资质，赵不尤如果继续在疆场上搏杀，不说一定能成为当世名将，但混到王德、杨存中这个水平的二线将领总没什么问题。毕竟就是不世出的名将如岳飞，此时也只是个武翼郎而已，和赵不尤平级。

遗憾的是，宗室子弟的身份对赵不尤这样的人来说，更多的是一种限制，是一个金丝编成的鸟笼。宗室子弟不得带兵乃是祖宗家法，远不比考科举做文官，尚允许破例。因此升为武翼郎后，赵不尤的军事生涯戛然而止。从此之后，一直到绍兴四、五年，将近八年的时间，史料中再没有关于他的任何记载。这个看起来合当叱咤风云的天之骄子，在风云激荡最烈的建炎年间和绍兴初年，仿若凭空消失了一般。

顺便交代一下"王铁枪"王明后来的结局：赵不尤带兵护送张悫南下后，王明还留在大名府，接受杜充指挥，最终应该是在建炎元年秋冬到建炎二年春这个时段的某天，在与金军的作战中"为赵六舍人所杀"[403]。

靖康、建炎间，主动起兵勤王的民兵从两河中原到闽浙甚至两广，遍及华夏大地。当然这些民兵素质参差不齐，也不是所有人都是一腔热血为国为民，有趁火打劫的，有仅图自保的，也有野心家、墙头草，但更多的人则真为抗击敌寇、保卫社稷付出了一生，甚至连家人都赔进去了。赵不尤招安的王明，就属于这一类真好汉、真义士。而这也可以侧面证明赵不尤的人品确实不错，至少是正直磊落有豪杰风度的。否则凭王明的为人，也很难看得上他。

## （四）

赵不尤的生平，除了建炎元年到绍兴五年这个大断档之外，还有一个挺奇怪的地方，就是他儿子赵善悉的墓志铭完全没有提及其兄弟姐妹，也没提赵善悉排行第几，看起来很像是赵不尤的独子。但宋代宗室子弟的平均婚龄低于士大夫阶层而与平民阶层相近，一般未及弱冠就结婚成家了。赵不尤怎么会到绍兴十一年才有了第一个孩子？

但考虑一下时代背景，这个问题似乎又不难解释，并且可以开列出无数可能的备选答案。

也许是赵不尤的发妻和孩子在靖康之难里非正常死亡了，或者被金军掳走了。靖康之难金人破城后，曾经索要妇女以充赔款，而东京城的部分高级官员就真去大肆搜罗妇女百工充抵金银了。金军撤军后，城中又瘟疫盛行、缺粮少药。所以作为弱势群体的女性和儿童，在这场灾难里可以有一百种死法。然后赵不尤或者偏偏是个情种，或者是个倒霉蛋，很长时间都没能重组家庭，于是一耽误，耽误到了绍兴十一年。

也许他老婆孩子靖康之难没死，是后来跟随他流离江南行朝时遇上其他变故死掉了，而且是"团灭"。

也许他第一个妻子没生育能力，他又不肯纳妾，一直到发妻去世续了弦才有了自己的孩子。

也许他妻子失散北地多年，到绍兴七、八年才找回来，而这期间赵不尤就像岳飞麾下那个被写进了《摭青杂说》和《三言二拍》的小军官贺承信一样，一直坚持着没另娶。

也许他阴差阳错一直独身，或者发过什么大愿比如河山不复誓不成家、不找回他失散多年的发妻（情人）誓不成家，最后还是他顶头上司逼着结的婚。

再就是王曾瑜先生在他的小说《满江红》里还描写过一个可能——赵不尤建炎初年出家了，绍兴四年在随州与岳飞重逢以后才还俗从军。我曾经长期困惑这个脑洞是怎么开出来的，现在看起来，可能就是王曾瑜先生根据赵不尤的履历空档和看起来不太正常的婚姻家庭状况编的……

能确定的是，不管是哪种可能，赵不尤的感情生活都堪称不幸和孤独。可能也就是因为太不堪提，所以赵不尤不愿意对儿子说，赵善悉也就没什么可跟他的孩子说，搞得叶适都没法在赵善悉的墓志铭里，依照当时惯例，多少提提赵善悉母亲的情况。

赵不尤是否愿意跟孩子讲家事，如今还不能确定，但愿意给孩子讲岳飞则是确定无疑的。所以赵不尤后半生的人生里程，实际是由岳飞的际遇来标记的。

赵不尤再次上线是在绍兴五年，《宋史·赵不尤传》中说他曾从岳飞"平湖寇"，也就是参与了绍兴五年夏天的洞庭湖平杨幺之役，其源头恐怕还是出自赵善悉墓志铭,墓志铭中把赵不尤从交还兵权到再从岳飞的这段经历笼统地概括为一句"复从飞武昌",只是不知道《宋史》落在绍兴五年而非四年,是否见过更详细的记叙。

另外,《要录》卷九十三绍兴五年九月乙亥条记载,赵不尤在这一年曾经应"宗子取应"科考试并被录取、授官。但"无官宗子取应"这个考试顾名思义,是针对与皇室关系较疏远而没有"授官"资格的宗室子弟特设的考试,考中的授以武官官职,偶尔也破例授文资。而赵不尤在建炎二年已经官居从七品的武翼郎,按说是不应参加此试的。怎么会不光参加了还被录取还"补官"了呢?

我当时想过四种可能:一是《要录》这条记载可能有错字,"不"后面本来不是"尤"字;二是不排除是和赵不尤同名的另一个宗室。赵不尤这一代太宗子孙的辈分排行是"不"字辈,适合拿来取名的字其实不多,重名情况是可能的;三是赵不尤之前被罢官了。这个可能比较小。因为赵不尤当时的身份还是比较显眼,如果真被罢过军职,多半是触怒了赵构,《要录》或者《宋会要辑稿》里应该会留下记录;四是这里的"取应宗子"也许是把当年应宗室相关考试科目的人都算上了。也就是说赵不尤参加的可能不是"无官取应"考试,而是另一种专门为有官宗室子弟而设的"锁厅试"。参加"有官锁试"被录取的宗室子弟,可以由武官转入文官序列,这可能也是赵不尤绍兴五年秋天平湖寇之后,又大老远从武昌跑回临安参加考试的原因——为了转成文资,以便继续待在岳家军中。

不过,不管这条科考录取的记载到底是不是赵不尤,赵不尤最迟到绍兴五年便赴岳家军驻地武昌跟随岳飞左右,直到岳飞被害则是确凿无疑的。这在当时是个极大的"特例"——虽然"岳家军"当然不是后世某些"大明白"口中的私军,而是财政、人事和最高决策权都归朝廷掌控的、屯驻地方的中央禁军,但一来宋廷明文规定宗室不得为将官、不得"注缘边差遣"也就是驻守边防,二来岳家军毕竟实力雄厚、驻地也远离行朝,所以赵不尤作为皇族子弟能在边防前沿大军中一待就是六年,按制度来说还是有点出格,可能也是两宋独一份了。这也从侧面说明赵构对岳飞和岳家军的疑心并不重，否则按当下某些人的思路，岳飞和岳家军在南宋朝廷收三大将兵权之前时时刻刻都有成为藩镇脱离掌控的可能，那放一个文武双全的皇族子弟过去，岂不是给想睡觉的人送枕头，主动提供了一个另立新君的人选在那儿？虽然赵不尤的皇族血统淡了点儿，但比起赵叔向、赵叔近，还是"含赵量"高多了。

当然，赵不尤在岳家军的存在肯定也具有监军的意味。所以据此来看，赵不尤与赵构因为两人靖康年间在相州、大名府的经历，关系不会很密切，但肯定也没有明面上撕破脸。否则以赵构的用人习惯和处事风格，赵不尤要是真引得他生厌或者有所得罪，别说去岳家军中长期任职，能不能顺顺当当活着继续当赵家人都是个问题。所以赵不尤的这段经历，大概也可以证明他虽然忠勇果敢，敢做敢为，但关节处也很注意分寸，各方面的关系打点得都不错。

而从绍兴四年到绍兴十年这六年多的时间，大约是赵不尤一生中最充实的一段时光了。武昌重逢，当年从汤阴老家跑到相州从军的小军官已经是名满天下的大军统帅、当世名将；当年从东京围城中缒城而出的落魄王孙却是空老阙下，蹉跎岁月，仕途功业都无甚进境。不过岳飞也好，赵不尤也罢，大概都不会介意这些俗事上的差别。因为维系着两人友情的，从一开始就不是权势、地位、财富，而是相投的品性，相近的才华，以及共同的志业：尽扫强敌，收复河山，还于旧都。在靖康年间的相州、大名府，这个梦想曾经眼睁睁一步步地远离了他们的掌握；但在绍兴五年的鄂州，它似乎又再度可望而可即了。

"崖边尚有堪磨处，留刻中兴第二碑。"这是岳飞帐下参议官李若虚绍兴五年五月游览祁阳浯溪时题写的诗句。当上司与同僚将这首题诗传给他看时，赵不尤的脑海中，多半会浮现出少时故都全盛时的景象，并且第一次感觉到对未来的期冀，压过了失去的遗憾和追忆的苦涩。

# （五）

其实赵不尤在岳家军中的经历仍然语焉不详、一片模糊：官职级别不详，差遣不详，到底领没领兵、领多少兵，干过哪些事儿、打过哪些仗、立过什么功劳，统统不详。

——赵善悉的墓志铭里倒是说过"飞死，秦桧夺其兵"，但问题是现存的史料，尤其是残留的岳家军捷报、岳飞的奏章，以及各种转官制词中，均无任何关于赵不尤的记录。如果赵不尤是有实职差遣的将领，应不至于如此。比如胡闳休，虽然目前也没有发现具体的战功记录，但至少最终的官职级别是有记载的，基本的升职过程也能由此得出一个大致的轮廓。

考虑到赵不尤身为宗室的特殊身份，以及他本人的才干特点——眼光奇准，判断力惊人，熟悉朝廷制度，我有点怀疑赵不尤在岳家军时，不是以战将而是以幕僚身份追随岳飞的，而且可能幕僚职务的级别也不是很高，只是"准备差遣""干办"一类的低品级职位。但其实际的作用应该不小，很可能是平时作为顾问，大战中的关键时刻，又可以临阵充作战将，指挥小规模精锐部队突击或作预备队、警卫队。总之，不显山不露水，但位处特别要害、与主帅关系也较为紧密的那种隐形撒手锏一般的角色。这一来可以解释为什么岳飞被害后，秦桧似乎特别忌惮赵不尤，给他的处罚似轻实重；二来可以解释为什么赵不尤没有留下任何战功记录——"莫须有"冤狱之后，岳家军中级别越高的将领、幕僚，相关资料被销毁得越彻底，反而是低级军官的捷报逃过"秦火"的概率要大得多，许多战事过程也是靠这些人的转官制词、个人传记之类的资料才得以复原的。

当然，以上全是推测，而且已经很接近于纯脑补了。如果恶意一些，完全可以推演出一个截然相反的形象：赵不尤志大才疏、贪他人之功为己有、意志薄弱，最后去了岳家军也可能是个白吃饭的。毕竟岳家军也不是百分百纯天然矿泉水，岳飞也不是一个闲人烂人都没养过……

如果不是赵不尤最后落得一个特别沉重的结局，这样的揣测不能说论证充分，但至少也是一种可能。

所以，跟岳家军的很多将领幕僚，或者其他和这支军队有深刻联系的人一样，对赵不尤才干和人品最无可置疑的考量，是由岳家军的敌人们给出的，是从反面的检验中得到的。

　　岳飞被害后，赵不尤也被外放，出知横州。对宗室子弟来说，这乍一看简直是个破格优待，毕竟都独掌一郡了。但再看看地图，就知道这是不能更恶劣的迫害。

　　横州就是现在的广西壮族自治区横县，在南宁之东。2019年8月，我曾经趁着去南宁出差的周末，坐长途汽车去扎了一头，去之前代入的是年初去江西南昌远郊寻访时的景象，以为是丘陵间的坦途，开发程度应该已经很高了。没想到沿途所见山势颇为幽深，植被浓密，而且明显是少有人类活动干扰所致的那种苗壮和茂盛。可以想象在近九百年前的南宋初年，此地是何等让人望而却步的所在。

　　赵不尤的人生，也最终落幕于横州，没有再迎来新的转折和传奇。史料没有记载赵不尤的卒年。但从赵善悉墓志铭看，赵不尤应该是在赵善悉十几岁的时候，也就是绍兴二十几年去世的，年龄可能在五十上下。这一点可以在宋代广南西路官员的任职记录、上奏时间和横州地方志中得到侧证。根据这些记载，最迟在绍兴二十三年（1143），横州官员就已经不是赵不尤了。

　　也就是说，赵不尤在南宋时生活艰苦的横州，坚持了至少十年多。这在岳家军活过绍兴十二年冤狱的部将和幕僚中，已经算是很长的一段岁月了。相比之下，岳飞的亲信幕僚李若虚，一生经历了无数挫折劫难都不曾颓唐消沉，但岳飞遇害后在流放地待了五年就撒手人寰。再比如前文提到的胡闳休，在岳飞遇害后"杜门佯疾"，也只坚持了十年就郁郁而终。最可惜的或许是岳飞的部将、太行义军领袖梁兴，这位传奇性的敌后义军名将在岳飞遇害当年回归南宋后，仅仅六年就告身故，去世时很可能也就四十上下……不过，由于岳飞冤狱这一非同寻常的背景，所以赵不尤这不算短的待机时间，仍然不能免除阴暗方向的猜测。

　　赵不尤比其他同袍、同事坚持的时间更长，是因为赵构、秦桧到底对他还是有些优待吗？还是另有隐情？

好在，史书沉默付之以空白之处，自有其他同时代人映衬出不言自明的答案。

就在赵不尤已经远赴横州的绍兴十七年，有一名在朝中属于万俟卨党羽的官员刘才邵，因受万俟卨与秦桧交恶波及，被从临安行在远贬到了福建漳州当知州。这其实不是特别重的处分，但刘才邵在漳州待了没多久就感到难以忍受，于是为了能够调回行在或者其他靠近行在的州军，他居然上书秦桧，建议"叛逆之后不应存留，乞绝其所急，使尽残年"，也就是断绝正编管在惠州的岳飞妻儿的口粮供给，让岳飞家人活活饿死。亏得秦桧到底比刘才邵更老辣也更"体面"一些，没有直接采纳和落实刘才邵的建议，只是把刘才邵的书面建议，通过地方官原文转给了岳飞的妻子李娃，试图逼李娃自己了断。但李娃心志坚强，不为所动，决不自断生路，所以刘才邵的无耻行为才没有导致最惨烈的一种后果。

由此对照，赵构、秦桧为何要把赵不尤"礼送"到横州，赵不尤又为何坚持了那么久，也就显而易见了。这对君臣直到绍兴十二年，仍然坚信大部分人的人性还到不了岳飞、张宪、岳云还有岳飞几个死硬幕僚那样的境界，总体还是经不起严酷考验的。尤其赵不尤这种自小才大志高、对外温和有礼实际骨子里骄傲到极点的天家子弟，到了横州这种几乎只有流放官员、罪犯才会踏足的远恶州军，肯定待不满一年，就要写奏章告饶了——当然，对于赵不尤这种人，一般的求饶哀告是无济于事的，必须得是他亲笔写下、白纸黑字的岳飞罪状，才能救他逃出生天。也或许赵不尤一开始拉不下这个脸面。那也没有关系，一年不行就两年，两年不行就三五年。岳飞已经被定为大宋的逆臣，明正典刑，连生前战功事迹、文书奏章都被尽可能销毁了，难道会有人为了一个罪臣的身后名，搭上自己的后半生，甚至独生爱子的前程吗？

但这对君臣显然没想到，他们的这种不择手段和迫切期待，也会成为赵不尤仅存的武器。赵不尤到横州之后，就是不上书、不告饶，决不揭发岳飞半点"不臣"行迹；但是也决不逃避、自尽。因为他知道，自己每在横州多活一天，远在临安的那对君相，就会被挫败和耻辱又包围一天。即使握有生杀大权，即使自己最忌惮的政敌已经被物理消灭，他们也依然不能获得自己计划中十全十美的胜利，更无法真正左右人的记忆、意志，以及后世历史的书写与评判。现在的每一个不合作者和缄默者，都可能在他们失势或者终有一日死去之后，说出、写下他们不愿听到的、试图否认的话语。

这是另一种残酷的较量，而获胜者是赵不尤。他无声的胜利不仅表现在目前所知岳飞生前身后所受的污蔑和恶意揣测中，没有哪怕一条来自赵不尤，也表现在他唯一的爱子赵善悉身上。

在父亲去世后，不过十几岁的赵善悉"孤愤激发，痛横州以投笔自挫，束置袍笏不挂身"，也就是连赵构、秦桧给的荫补官职，都千方百计推辞不受。可见其爱憎完全受了父亲的影响，并且此后数十年接触再多的非难打压、冷嘲热讽，都不曾改弦更张。包括对岳飞，这位自己并不曾亲见其面的名将，赵善悉的印象，也始终是"父亲生前最要好的朋友和最敬重的英雄、主帅"，是父亲在生命最阴暗的岁月里，在横州的蛮烟瘴雨中，都不曾后悔、怀疑和遗忘过的热与光。

淳熙七年（1180）四月，也就是赵善悉四十岁那年，他向朝廷递交了一封请求史馆为自己父亲立传的上奏，奏书行文简短，但仍特别提到自己的父亲"两从岳飞，勠力平贼"，字里行间，五十多年前那段少年英雄风云际会的传奇往事，依然光芒跃动，风雷可见。

说来也巧，我是在2019年去横县转了一圈后的第二天晚上翻到赵善悉这封上奏的。这篇文献对赵不尤生平的记叙看似没有十几年后的赵善悉墓志铭详细，实际隐含信息量却很大，一下子解开了之前的很多疑惑，比如赵不尤靖康年间到底是不是白身、有没有应过锁厅试，以及为什么赵善悉的墓志铭开头突然插入了一大段赵不尤的事迹。

显然，赵善悉这封上奏是没能如愿的。甚至他收集的父亲生平资料也很可能散失在了宋廷的敷衍和拖延中，否则《宋史》中赵不尤的传记就不会只是简单照抄赵善悉墓志铭。所以，赵善悉墓志铭里那段"乱入"的赵不尤小传，很可能是赵善悉一生屡屡求告朝廷为父亲立传彰名而不果、平生夙愿终成遗恨后的无穷怨念。

史料显示，赵善悉年纪轻轻中举出仕后，仕途一度颇为顺利，而且得到了远房兄弟宋孝宗的格外赏识和亲密对待，以至于数度被言官攻击有"亲佞"之嫌。而孝宗皇帝同样崇敬并且感戴岳飞，所以赵善悉传扬父亲事迹的心愿本不该如此难以实现。显然，阻碍的力量，只能来自比孝宗更权威的所在，就是虽然退位、但因为格外长寿和强势而几乎压抑了宋孝宗整整一生之久的太上皇赵构。也只有这种压力，才能解释为何赵不尤不但生前郁郁而终，身后也自带404风险警告，令精明的才子们敬而远之。譬如给赵善悉写墓志铭的叶适，尽管他给薛季宣、赵善悉都写过墓志铭，也多次接触过岳家军核心人物的后代，但他从没表现出半点追索旧事的热情，不然凭他的考据能力和文才，完全可以再给赵不尤专门写个行状。

同样还可以揣测到的，是既然在岳飞平反后都对"赵不尤"三个字讳莫如深，那么在岳飞平反前赵不尤身故后，赵不尤的相关事迹多半被"定点清除"过。因为在当时，宗室子弟行迹被记录传世的概率还是要比普通人高不少，除去私家撰述和高宗日历、起居注，宗正寺掌管的"玉牒"等宗室专属档案里，也会有很多程序性的登记归档。然而集中管理的信息，删除起来也方便。秦桧绍兴中后期删削史料时，就连玉牒所这样的冷僻档案部门都没有放过。所以赵不尤如果被赵构点了名，自然难逃劫数。只是除却战和大计、岳飞冤案这两件大事，区区一个远在横州、现在看起来并无什么事功的远房族兄弟，居然也能让赵构大费周章如此，更可看出"莫须有"冤案发生后，赵不尤给了赵构、秦桧君臣多大的挫败感，又多大程度上破坏了他们歪曲事实、编造历史的计划。

但令赵构、秦桧想不到的是，关于赵不尤，或许后人也不需要知道更多了。或者换个说法：现在知道的这些，已经足够了。大半托赵善悉终生不懈的努力，我们现在知道他的父亲有一个算不上十分金尊玉贵近水楼台、但也绝非凡辈可比、足够充实也足够华丽飞扬的人生起点；知道他在靖康之难这场震撼后世的家国浩劫中，有过非同凡响的行动和选择，并且由此而让自己的人生轨迹得以与当时最耀眼的星辰交汇，甚至一度分散后也能重新聚合，从此相互辉映全始全终；以及最重要的，知道他有一个在大部分人都难以承受的重压甚至生死威胁之下，仍然于公于私都没有半点亏负的人生终点。于是当赵不尤的生卒年、归葬地、行状或墓志铭……总之人生的绝大部分经历都模糊在历史至暗处时，这最关键的几个节点却反而得以借着时代的黑暗凸显出来，像恒星标记星座一样，勾勒出一个天资不凡又平易近人、慷慨果决又稳健机敏、淡泊功名又重情重义的形象，熠熠生辉，并且再也不会衰朽失色。

　　——总有些人，会永远青春年少，会比大部分人最善意和浪漫的想象更美好。

# 注 释

1　北宋设有"四京"，除东京开封府（今河南省开封市）为首都外，还设有西京洛阳府（今河南省洛阳市）、北京大名府（今河北省邯郸市下辖大名县）、南京应天府（今河南省商丘市），每处都建有行宫一类的设施。其中南京应天府设立最晚，城市规模也最小。

2　"官家"是宋人口语中对皇帝的习惯称呼。

3　即宋哲宗的废皇后孟氏。靖康之难中，孟氏以废后之身出家为道已久，不在皇室名册，且正因道观失火避居在平民家中，从而幸免未被金军俘获。金军撤军后，孟氏被张邦昌迎立为太后，在选定赵构继承皇位的过程中有定策之功，因而深受赵构尊敬，被册封为元祐太后，后为避其祖父孟元之名讳，又于建炎元年（1127）八月十三日改称为隆祐太后。

4　岳飞生于崇宁二年（1103）二月十五日，此时二十四岁，按宋人计"虚岁"的计龄习惯则是二十五岁。

5　宋人通常以姓氏加官衔的格式，作为有官职人员的敬称。其中官衔可以是职位，可以是虚衔，也可以是实际差遣职务，类似于现代人日常称呼中的"张局""王处"。岳飞此时是武翼郎，所以大多数时候应称为"岳武翼"。如果年纪较轻或者族中排行、辈分较小，宋人还习惯在正式称呼前加"小"字。例如，抗金名将吴玠的弟弟吴璘，就因较为年轻，又是吴璘之幼弟，而被时人称作"吴家小帅"。

6　《鄂国金佗稡编》卷第四《经进鄂王行实编年卷之一》靖康二年条；卷第十《经进鄂王家集卷之一·表、跋、奏议上》之《南京上皇帝书略》。

7　同上。

8　"不得杀士大夫及上书言事人，违者不祥"一语是否存在，是宋史研究著名公案之一，笔者看法及辨析概况见本书注释第110条。此处不展开。

9　岳飞被罢掉的"武翼郎"是宋代武官官衔中的一级，品级为从七品，手下管辖兵员在三五百人到近千人不等。若与现代军衔对应，大约等于少校营长，已经越过了中层军官的门槛，对毫无背景的平民子弟而言，算得上一座阶层攀爬里程碑了。但对于武官品级普遍比文官低的整个宋代官僚体系来说，从七品武官又依然属于"基层"。

10　宋代将天下民户按资产多少分为五等。弓手一职是官府差役的一种，为避免加重贫民负担，一般只以第三等户，即拥有一定数量土地的小地主、富农来充当，还要自购武器装备。

11　岳飞的家乡相州汤阴县在北宋时隶属河北西路，在地理分野与地域文化上，都属于

"河北""河朔"地区。此地百姓从汉唐直到北宋均以"沉赘多材力，重许可，能辛苦，敦五种，习兵矢"（语见杜牧《罪言》及吕颐浩《燕魏杂记》）、"人性质厚少文，多专经术，大率气勇尚义，号为强忮。土平而近边，习尚战斗"（《宋史》卷八十六《志第三十九·地理二》）而著称，有别于以"重礼义，勤耕纴"为特征的"中原"。

12  从晚唐五代开始，包括相州在内的河北地区屡屡成为中原政权与契丹等游牧民族交锋的前沿，因此当地民众百余年间一直有通过乡间结社组织学武以求自保的习惯。宋神宗行新法期间，这一民间结社传统进一步得到激励和发扬，所以岳飞少年时也受其影响，即使家境贫寒，也不缺少接触武学的机会。

13  目前传世的宋本《十一家注孙子兵法》刊行于南宋时期。但在此本刊行之前，肯定已经有类似的名家注释集成本《孙子兵法》传播于世了。例如，20世纪初出土于黑水城遗址的西夏文献中，就有全西夏文刊本《孙子兵法三注》，"三注"分别为曹操、李荃、杜牧。西北边陲尚有此类书籍的"西夏译本"，北宋境内的同类书籍当更为丰富，也更容易获得。

14  太史局是宋代掌管天文监测的官方机构。太史局令是太史局诸多官员中较基层的一种，职能和地位可理解为现代的国家天文台天文专家兼政府政策顾问。

15  《鄂国金佗续编》卷第二十八《百氏昭忠录卷之十二》从事郎前永州军事判官孙迪编鄂王事引邵缉献书云："王因干至县，有李廷珪者，本系太史局，以罪编隶相州，偶到汤阴，王以五行示之，许至两府，且叹曰：'世乱矣！'其后……廷珪亦武翼郎、兴国军都巡检使。"李廷珪是岳飞部将中事迹不显但非常神秘也令人好奇的一位，虽然生平仅有本注所引从事郎前永州军事判官孙迪编鄂王事中的这一条记载。但无论是身为太史局小吏却居然获罪遭贬的背景，还是北宋宣和四年（1122）宋金战争尚未爆发时就感慨"世乱矣！"的、预言一般的先见之明，抑或宋金开战后居然当真追随偶然结识时还是一介平民的岳飞征战南北，且最终获得了从七品官职成为中高级军官，似乎还功成身退到了江西当普通地方官员、未被岳飞冤案牵连的结局，都富于传奇色彩。同时从他矢志追随岳飞来看，当初岳飞对他"以五行示之"，应该只是岳飞听说他是京城中来的天文官后，出于对读书人和天文术数的好奇而去攀谈求教，谈起李廷珪出身来历的一时好奇，甚至可能是李廷珪主动要求的，而不是专程找李廷珪只为算命。李廷珪对岳飞"许至两府"，也就是认为岳飞能够做宋朝最高军事长官，也不是恭维或者说算命算得准，而是真正认可岳飞的才能远远高出世人。

16  关于岳飞诗词作品真伪考据，目前最为全面而严谨公允的，仍属收录于1988年版《岳飞研究（第一辑）》的王瑞来老师所作《岳飞诗词辑考》一文。此处所引诗句也均系王瑞来老师此文认为可信为真作的作品，感兴趣的读者可查阅原文，此处不另赘述。

17  吴在庆：《杜牧诗文选评》前言及文中引用的《唐音癸签》卷八引。

18  杜牧本人不全是后人眼中"出身高门""风流多情"甚至有放浪之嫌的贵公子，而是颇以"知兵"自诩，是从青年时代起就忧国忧民，尤其好言兵事的志士，诗歌也因此具有才华出众的俊气、少年得志的锐气和希望为国为民建功立业的英气。这里所说的岳飞性格气质与杜牧的相似处，也主要在这些方面。

19  《鄂国金佗粹编》卷第四《经进鄂王行实编年卷之一》崇宁二年条。

20 《鄂国金佗续编》卷第二十八《百氏昭忠录卷之十二》从事郎前永州军事判官孙迪编鄂王事引邵缉献书条。

21 《三朝北盟会编》（以下简称《会编》）记载岳飞还有一个名叫岳翻的弟弟。但从岳珂对祖父生平的记载中只字未提岳翻，以及宋廷后来给岳飞子、孙及家人的待遇也未涉及其弟来看，笔者怀疑岳翻并非岳飞的同胞兄弟，甚至也不是叔伯兄弟，更可能是血缘关系相对疏远的远房族弟，甚至军伍中结拜的义兄弟。否则岳飞后来也不会在几次投军时总要为父母妻子无人照顾，甚至有"不孝"之嫌而纠结了。

22 今北京（辽宋时称为燕京、析津府）到大同（辽宋时称为西京、云中府）一带，时人也常以"燕云十六州"代称，即幽州（今北京市区）、顺州（今北京市顺义区）、儒州（今北京市延庆区）、檀州（今北京市密云区）、蓟州（今天津市蓟州区）、涿州（今河北省涿州市）、瀛州（今河北省河间市）、鄚州（今河北省任丘市北）、新州（今河北省张家口市涿鹿县）、妫州（今河北省张家口市怀来县）、武州（今河北省张家口市宣化区）、蔚州（今河北省张家口市蔚县）、应州（今山西省应县）、寰州（今山西省朔州市东）、朔州（今山西省朔州市区）、云州（今山西省大同市云州区）。这一区域涵盖了今天津市蓟州区、北京大部分地区和山西、河北部分地区，区内有太行山、燕山山脉分隔开华北平原与蒙古高原和东北平原，自古为塞外诸民族与中原农耕区的天然分界线，也是边防要地。但唐末起随着中原政权的衰落、分裂，渐为崛起的契丹辽政权所有，对中原政权造成了较大的军事压力和政治经济负担，故收复燕云成为中原政权诸多政治军事领袖人物的一大诉求。后周世宗柴荣在位期间，曾一度通过军事行动收复十六州中的三州。但到北宋末期，这一地区仍大部分为辽政权控制，因此当核心统治区位于辽西的辽朝衰落、女真族兴起于辽之东北边疆的白山黑水地区后，宋徽宗君臣自政和元年（1111）起就开始酝酿联络女真，内外夹击攻灭辽国，实现收复燕云的伟业。经过多次使节往来和摩擦谈判，宋金最终于宣和二年（1120）正式订立所谓的"海上之盟"，出师伐辽也正式提上北宋政权的日程。但因当年年底宋朝治下江南地区爆发方腊起义，宋廷计划东调伐辽的西军不得不先南下平方腊，正式出师又拖延到了宣和四年。

23 宋代的"两府"专指中书门下和枢密院，是文、武两系统的最高行政机构。两府各自的总负责人，即中书门下的长官同中书门下平章事（正相）、参知政事（副相）和枢密院长官枢密使、枢密副使，在宋代都属于"执政"，位置与权力仅在皇帝之下，是官僚系统金字塔的顶尖人物。如第一节注所引，李廷珪也认为岳飞有做到如此高官的能力。

24 《宋史》卷四百四十六《列传第二百五》之《忠义一·刘韐传》。

25 根据史料记载，这股土匪的营寨在山中，所以其盘踞地点很可能是隶属相州管辖，但位置较远更接近于飞地，已经处于太行山余脉中的林虑县（今河南省林州市），而非相州近郊，因为相州及汤阴四周都是平原，没有山地。

26 此段所叙宋军攻燕京之战先胜后败的过程和引文出处，均出自《会编》卷十一《政宣上帙十一》宣和四年二十四日己酉条。

27 《会编》卷十一《政宣上帙十一》宣和四年十月二十九日甲寅条。

28 《会编》卷九《政宣上帙九》宣和四年九月二十日丙寅条。

29 吕颐浩著《忠穆集》卷八《燕魏杂记》。吕颐浩比岳飞年长三十二岁，与岳飞同时活跃于南宋初年的政治军事舞台，也都参加了宣和四年宋军尝试收复燕京的军事行动。

30　本章所叙岳飞童年、少年成长经历及第一次从军始末，如非特别注明，都主要依据和引用自《鄂国金佗稡编》卷第四《经进鄂王行实编年卷之一》崇宁二年至宣和四年的记载。

31　米哈伊尔·米哈伊洛维奇·霍达廖诺克，曾任原苏军导弹团副团长、俄军总参上校，现为俄罗斯知名军事评论人。此处所引文字是他在2022年9月27日参加俄罗斯电视新闻访谈节目《60分钟》时的发言，译介者为我国知名外军军史研究者古斯塔夫（"新浪微博"账号：古斯塔夫_real）。访谈节目原视频可见：https://weibo.com/1077565977/M7NqMflX6?pagetype=profilefeed。

32　《朱子语类》卷一三二。

33　《鄂国金佗稡编》卷第九《经进鄂王行实编年卷之六·遗事》。

34　岳飞见张所时的言论主张及引文出自《鄂国金佗稡编》卷第四《经进鄂王行实编年卷之一》靖康二年／建炎元年条。

35　李白《胡无人》。

36　国际关系学术语，指一个国际体系中实力相当的强国在两个以上。典型的多极均势格局是19世纪拿破仑战争结束后形成的以英、法、普鲁士、奥地利、沙俄为主导强国的维也纳体系。不少学者借鉴国际关系学理论，认为我国自唐中期以后到辽宋夏金时期，其实也是较为典型的多极均势格局，或两极格局（宋与辽），代表性论述可参考王小甫、曾瑞龙等学者的论著。均势、多极或两极的关键，在于国际体系中并非某一国占有全方位、代差式的绝对国力优势，而是各国国力特别是技术、组织水平相对接近。这种政治态势对一个国家的决策倾向、体制演进乃至社会文化心态都会有深刻的影响。

37　不少学者认为岳飞此次从军主要是生计所迫，不得不这样：宣和六年夏秋，河北发生了规模较大的水灾，这大概率会导致岳飞一家的生计更加艰难。而宋代军队如前文提过的，有灾年招兵以"维稳"的习惯，还允许士兵携带家眷随军驻扎，所以投军确实可以解决好几张吃饭的嘴。但除了后来与张所纵论河北形势的那番话之外，还有一个细节，似乎也可以证明岳飞此时的想法已不止于一家温饱了：岳飞二次从军的兵种是骑兵。宋军中步兵多骑兵少，有禁军骑兵屯驻的平定军又隶属河东，不与相州、真定府在同一路区划内。如果不是有军事职业发展方面的考虑，岳飞大可仍去真定府或其他河北州县驻军应募，不必也很难跨路分去平定军。总之，地点的选择透露出岳飞此次从军并不是为了一时应急讨生活，而是深思熟虑后的结果，可能还动用了第一次从军时积累的人脉，否则很难及时获得准确的消息。

38　《鄂国金佗续编》卷第三十《百氏昭忠录卷之十四》之《鄞州忠烈行祠记》。

39　《鄂国金佗稡编》卷第九《经进鄂王行实编年卷之六·遗事》。

40　顾祖禹《读史方舆纪要》卷四十《山西二》平定州条。

41　赵秉文《闲闲老人滏水文集》卷十三《涌云楼记》。

42　宋代军队编制单位。按规定，北宋禁军马军四百人、步军五百人为一指挥。

43　《鄂国金佗稡编》卷第四《经进鄂王行实编年卷之一》宣和六年条。

44　《会编》卷五十一《靖康中帙三十六》靖康元年八月三日条。

45　根据《会编》等史料记载，种师中此次出兵之所以准备严重不足而且冒进，是因为当时的枢密使许翰屡次下令逼迫，并怀疑种师中有意迁延。但朱熹曾在《朱子语

《类》中指出这一说法是李纲、许翰的政敌孙觌编造的。如此再结合《会编》中姚古传记里的记载，以及其他材料中记载的战斗细节，笔者倾向于认为种师中这次战败主要还是自己轻敌冒进、临敌判断也严重失误所致。许翰迫于当时朝内主和派攻击的政治形势，或许也有操切催促的过失，但对最终战败的直接责任并不大。

46 宋代军事术语，类似于现在的武装侦察。

47 《会编》卷四十七《靖康中帙二十二》靖康元年五月九日甲戌条。

48 《鄂国金佗稡编》卷第四《经进鄂王行实编年卷之一》靖康元年条。

49 《鄂国金佗稡编》卷第四《经进鄂王行实编年卷之一》靖康元年条。另需要一提的是，宋史研究大家邓广铭先生在其学术名著《岳飞传》第二章中指出过此情节不可信，理由是："岳飞从来不曾学习过女真语言，何以竟能用女真语答复敌营巡夜人的盘问呢？"但其实如下文所述，两国交战，前线士兵现学对方几句简单口语并非难事，古今中外战史战例中所在多有，此处不一一列举。总之仅以史料没提过岳飞学习女真语来否定岳珂此条记载，于逻辑和事实上都是难以成立的。

50 杜甫《垂老别》。

51 《会编》卷五十七《靖康中帙三十二》靖康元年十月六日戊戌条。

52 宋代证明军官身份的文书，相当于现代的军官证。

53 《会编》卷五十七《靖康中帙三十二》靖康元年十月，李若水上书乞救河东河北条。

54 有必要在本章结尾再次说明一下的是：由于后来相关记载被大量销毁，岳飞早年经历多有缺失、争议之处，包括他此次二度从军戍守平定，就被邓广铭先生怀疑过全系岳珂杜撰。不过邓广铭先生怀疑的三条具体理由，身为其弟子的著名宋史学者王曾瑜先生即有异议。另一位资深宋史学者龚延明先生也在《岳飞官衔系年与考释》（收录于1988年版《岳飞研究（第一辑）》）一文中，作过更充分而有力的驳论。此处不再重复王曾瑜、龚延明等诸位老师的考据成果，仅想强调一个更为基础的判断逻辑：如本节所述，平定军保卫战虽然壮烈，但毕竟是史有明载全城军民都几无生还的败仗。因此岳珂如果有意编造岳飞在这一年的经历，大可不必选择平定军这种敏感地点，给祖父再添一重受诬的风险（比如攻击岳飞是贪生溃逃甚至有更不堪的行为，才能从围城中脱身……诸如此类）。另外，季团练之名缺失等"破绽"，也完全可以有更巧妙的编造，而不必直书空白留人口实。所以现在留下的这段记载，恰是反映了建炎年间才与岳飞结合的岳飞后妻李娃，以及李娃所生的岳飞三子岳霖、岳霖之子岳珂这一脉岳氏后人，对岳飞此段经历不曾亲身参与，也缺乏其他能采访的对象，仅能在岳飞生前从岳飞口中听说一二片段的真实情况。

55 鲁迅先生在此处所引的"若要官，杀人放火受招安；若要富，跟着行在卖酒醋"一语，出自庄绰著《鸡肋编·卷中》："建炎后俚语，有见当时之事者。如'仕途捷径无过贼，上将奇谋只是招。'又云'欲得官，杀人放火受招安；欲得富，赶着行在卖酒醋。'""建炎"是赵构登基称帝后用的第一个年号，庄绰也是活跃于两宋之交的文士（1079—1143或1149），所以这句民谚描述的，其实是北宋末南宋初赵构刚登基时的社会乱象和民众的苦痛，而非南宋末年蒙古灭宋之时。鲁迅先生引用时记忆有误，当然并不影响他文中想要体现的批判力度和情绪。

56 《会编》卷六十三《靖康中帙三十八》靖康元年十一月十三日甲戌条。

57 《会编》卷六十四《靖康中帙三十九》靖康元年十一月二十二日癸未条。

58　《会编》卷六十三《靖康中帙三十九》靖康元年十一月十五日丙子条。

59　宋人当时对赵构的口语称呼。赵构当时以皇子受封王爵，此类爵位在宋代平民口语中一律称为"大王"，再加赵构的排行，就是"九大王"。

60　《会编》卷六十七《靖康中帙四十二》靖康元年闰十一月十四日乙巳，康王同门下侍郎耿南仲起兵于相州条。

61　《鄂国金佗稡编》卷第四《经进鄂王行实编年卷之一》靖康元年条。

62　同上。

63　岳飞收复吉倩过程及引用原文均出自《鄂国金佗稡编》卷第四《经进鄂王行实编年卷之一》靖康元年条。

64　指赵构王妃邢氏。此处为《会编》中的记录，该书成书于赵构登基称帝若干年之后，所以对原始称呼进行了修改。

65　《会编》卷七十《靖康中帙四十五》靖康元年闰十一月二十七日戊午条。

66　北宋末年有两个李固渡，一在大名府（今河北省大名县）魏县，一在滑州（今河南省滑县）。宋史学者对岳飞此战到底发生在哪个李固渡有争议：龚延明先生在《岳飞官衔系年与考释》一文中认为发生在滑州李固渡，王曾瑜先生则在《鄂国金佗稡编续编校注》和《岳飞新传》等论著中认为是魏县李固渡。个人认为考虑到这两战是分开计功，记叙时有明显的先后次序，再结合赵构之后离开相州北上大名的行迹，此战还是更可能发生在魏县李固渡，因此采纳王曾瑜先生的推测。

67　宋代军功等级的一种专有称谓。通常达到这一标准者，转官也就是级别晋升可达三级或更多。

68　宋代官制的一种特殊称谓。宋代官制规定，如果所任官衔名称中有与父母长辈姓名用字重合的字，则该人不能担任此官职，必须降一等，但待遇可与原应承担的职位相同，名称上也会加"寄理"二字以示区别。

69　即河北地区。当时多以此指代河北东、西两路。

70　《水心集》卷二十一《中大夫、直敷文阁、两浙运副赵公墓志铭》。

71　《鄂国金佗稡编》卷第四《经进鄂王行实编年卷之一》靖康元年条。

72　古代信息传递不比现代，如果遇上战乱，特别是中央机构失灵瘫痪的情况，速度会更慢。根据《会编》卷七十三的记载，赵构直到十二月二十三日，才知道东京城已经被金军攻占，但金军没有入城，在外城"敛兵不下"的情况。所以在岳飞滑州渡口之战前，大元帅府军中显然无人知道东京城已经被金军攻克的消息。

73　对比《鄂国金佗稡编》对岳飞滑州之战的记载和《会编》对刘浩部渡河之战的记载，岳飞滑州之战时黄河尚在封冻中，可以在冰面上驰马交战；但刘浩渡河时，河水已经解冻。所以岳飞与金军交战应当发生在刘浩前军抵达滑州之前。

74　《会编》中，赵构命各路勤王师到大名府会合的檄书，和刘浩一部南下的真正目的，都记载在大元帅府军北上大名之前。但同时也记载，大元帅府军五军将士直到开拔前，才得知是要北上而非南下。可见檄书内容和刘浩部的行动目的在当时是保密的，大部分人并不知情。

75　即现在河南省安阳市区的文峰塔。此塔始建于五代后周广顺二年（952），主体塔身有辽代建筑风格，迄今已有一千多年历史，为河南省安阳市第五批全国重点文物保护单位。

76　《宋史》卷三百六十七《列传第一百二十六·杨存中传》。

77  杨存中在绍兴十一年（1141）的"莫须有"冤案中，先是被秦桧委派到临安岳飞府邸逮捕岳飞入大理寺，后又被任命为监斩官，亲眼见证了岳飞和岳飞长子岳云、岳飞爱将张宪处刑，因而一直被当时的民众视为秦桧和张俊的帮凶，以致给他起了个绰号"髯阉"，即长胡子的太监。但杨存中虽然在当时明哲保身，没有对岳飞施以援手，也没有坚拒参与冤狱的执行，却在冤案之后，对岳飞的生前爱将如董先、张玘、李宝、王刚等人多有保护和提携，其中对岳飞临终前着意培养的海战人才李宝的提携尤为关键，算是间接促成了金国海军的覆灭。在负责押送岳飞妻儿到惠州编管地时，杨存中也应该有令部下暗中照顾，使得岳家数个不满十岁甚至刚出生的孩童得以在漫长艰辛的流放途中保全性命。绍兴十四年（1144），以岳飞府邸改建成的太学落成后，杨存中还主动要求到太学祭拜孔子，以宋人当时的迷信观念，当然是另有深意。所以他和岳飞的关系应当是一直不错，甚至对最后的冤案都没有太大负面影响，岳飞本人和岳家子弟，也不认为杨存中应当在冤案中负多少责任。包括其本人在南宋初年发挥的历史作用也较为复杂，并非只有阿附和议、攀附权奸的一面。

78  此处赵构大元帅府军的总兵力和宗泽南下开德府分兵的兵力系根据《会编》中的记载计算而得：根据会编记载的将领名字、各自兵力和与赵构会合的时间，赵构在分兵开德府前已有四万五千左右的人马，其中包括相州官军一万多人、梁扬祖统率的信德府驻军一万人、宗泽统率的磁州兵两千人、洺州知府带来的洺州兵一千人、在相州招安的杨青、常景两部共一万两千人，以及人数应在万人以上的大名府驻军。另宗泽的兵力在开德之战前又增加了常景、王孝忠两部共三千人，达到了一万人，但绝不到《宗泽集》附录中宗颖撰《遗事》里说的两万人。这个数字是开德之战一个月后，赵构大元帅府本部兵力大增之际将本为招安土匪的杨青部派给宗泽的结果。宗颖把它记成十二月底发兵开德府时的兵力数目，可能是手误，但更可能是为了避免暴露宋高宗赵构当年解救东京不积极的"黑历史"，不得不故意弄出这样的错误以为尊者讳。

79  赵不尤招安成功后获得的武阶属于军衔大类中的"小使臣"序列，此处是宋人按照日常口语习惯，以赵不尤的官衔代称其部伍。

80  知州下的次一级行政长官。

81  《会编》卷七十二《靖康中帙四十七》靖康元年十二月十六日丁丑条。

82  由于文明发展和技术扩散，从辽宋时期开始，辽军、宋军、西夏军的披甲率和铠甲精良程度都大幅上升，所以锏、鞭、锤一类的破甲用钝器逐渐成了当时各方军队都普遍使用的标配武器。因在贴身近战过程中，面对披重甲的重骑兵、重步兵，普通锐器很难突破铁甲防护一击得手，需先用钝器隔着铠甲将对方砸倒砸伤，再用其他锐器了结对方性命。

83  《金史》卷九十八《列传第三十六·完颜纲传》所载金章宗招降南宋大将吴曦诏书。

84  《鄂国金佗稡编》卷第九《经进鄂王行实编年卷之六·遗事》。

85  《会编》卷二百六《炎兴下帙一百六》绍兴十一年六月十六日癸未条。

86  《会编》卷二百六《炎兴下帙一百六》绍兴十一年八月八日甲戌条《金人第一书》。

87  关于此战地点陈家岛为何是青岛灵山岛的考证，有兴趣的朋友可以自行去了解。

88  《会编》卷二百三十七《炎兴下帙一百三十七》绍兴三十一年十月二十七日丙寅条。

89　《会编》卷八十九《靖康中帙六十四》靖康二年三月二十九日己未条。

90　《会编》卷九十六《靖康中帙七十一》之《吴兴沈良靖康遗录》。

91　《会编》卷一百二《炎兴下帙二》建炎元年五月五日甲午条。

92　邓肃《栟榈集》卷十二《奏札第九》。

93　孔彦舟此时其实叫孔彦威，彦舟是他后来改的名字。不过此处考虑到辨识度和行文方便，统一称呼为孔彦舟。

94　根据《会编》相关记载，常景部是在宗泽出兵开德的第二日被加派到宗泽麾下的，当时只有两千人。但到孔彦舟向赵构告密常景有意叛变时，这个数字已经变成了一万，这应该是合并了杨青所余近万人队伍的结果。如上章所述，杨青是靖康二年正月下旬赵构获得新的官军精锐后，被改派给宗泽指挥的，但后来这个名字再未在史料中出现，很可能是改隶宗泽后不久即战死或遁逃，而其部众则为曾同受招安的常景接收。

95　《会编》卷一百十一《炎兴下帙十一》建炎元年七月十四日壬寅条。

96　《会编》卷一百十二《炎兴下帙十二》建炎元年七月十七日乙巳条。

97　《鄂国金佗稡编》卷第四《经进鄂王行实编年卷之一》靖康二年／建炎元年条；《鄂国金佗稡编》卷第十《经进鄂王家集卷之一·奏议上》之《南京上皇帝书略》。

98　《鄂国金佗稡编》卷第四《经进鄂王行实编年卷之一》靖康二年／建炎元年条。

99　《鄂国金佗稡编》卷第九《经进鄂王行实编年卷之六·遗事》。

100　《鄂国金佗稡编》卷第十一《经进鄂王家集卷之二·奏议上》之《乞以明堂恩奏张所男宗本奏》。

101　李纲建议成立的这一前沿军政指挥机构，名称在宋史史料中记载不一，有记作"河北招抚司"的，也有记作"河北西路招抚司"的。龚延明先生在《岳飞官衔系年与考释》一文中认为应以"河北西路招抚司"为准。考虑到李纲本人所作的《建炎时政记》，以及宗泽给张所的信件中，也称张所负责的这一机构为"河北西路招抚司"，本文采信龚延明先生的说法。不过这一机构虽冠以"西路"之名，但从其驻司河北东路首府大名府和计划收复同样位于河北东路的中山府两件事来看，无疑是总领河北两路军事的，这应当也是很多史料将这一机构记为了"河北招抚司"的原因所在。

102　岳飞见张所始末细节及对话原文，据《鄂国金佗稡编》卷第四《经进鄂王行实编年卷之一》靖康二年／建炎元年条；及《会编》卷二百七《炎兴下帙一百七》之《岳侯传》。

103　金坡关即今河北省保定市易县西北的紫荆关，宋金时期有金坡关、紫金关、紫荆关等多个名称，为燕京周边"五关"之一（另四关自西至东为居庸关、古北口、松亭关、渝关也即今山海关），控制着从蔚县、灵丘、涞源等"山后"地区翻越太行山到河北的要道"飞狐陉"东道出口，历来被视作燕京城城防真正的南大门。根据岳飞同时代人张汇所写的《金房节要》，宣和七年年末金军第一次攻宋，粘罕正是出奇兵夺占了金坡关，才能抄小路奇袭居庸关成功，拿下了燕京西面防御的最关键节点和"五关"中最重要的一关。张汇甚至认为即使郭药师在燕京东南战胜了从燕山南下的斡离不军，也难以抵消粘罕这一奇谋造成的威胁。所以岳飞对张所论燕京之失时，提到"燕京诸关"先提"金坡关"，而不是宣和七年金军攻取燕京时发生过重要战斗的古北口，是非常富于洞见又令人惊异的，显示出他对燕京周边形势和宋军两次失燕京过程非同一般的熟悉，似也可作为岳飞宣和四年、宣和六年到靖康元年两次从军经历的侧证。

104　《鄂国金佗稡编》卷第八《经进鄂王行实编年卷之五》绍兴十年条。

105　宋代官制，武翼郎以上到武功郎为止的从七品"诸司副使"级别军阶（武经郎是这个级别的第三阶），可以"双转"，也就是计功当升一官则实际连进两官，为的是优待这一级别军阶的主要授予群体——军队中层军官，他们是保证军队战斗力和组织力的骨干。所以武经郎虽然比修武郎高四阶，但只要转三官即可达到。而宋代稍大的战功计功时一般都是两官起步，也就是实际立功两次甚至一次，即可升到这一阶了。

106　辽代开始，北方游牧及渔猎民族政权逐渐确立的一种巡行治国制度，君主及中央朝廷每个季节在不同的地点驻扎办公，以便在保持本民族生产活动、生活习俗的同时，加强对领地的有效统治。金代捺钵制度承袭自辽，不如辽国捺钵制度严格和鲜明，但仍多类似，可以看作同一类制度。

107　《朱子语类》卷一百三十一《本朝五》。

108　同上。

109　《建炎以来系年要录》（以下简称《要录》）卷八建炎元年八月壬午条。

110　关于宋太祖赵匡胤到底有没有立过这样一条誓约及誓碑，是宋史学界的著名公案之一。但不管对誓约有无持何意见，目前的研究者基本认可即便誓约誓碑不存在，"北宋一代不杀大臣言事官确是不争的客观事实，故可说是不成文的习惯法——故事"（张其凡语）。虽也有个别例外（值得注意的是这些例外主要出现在太祖朝和高宗朝），但绝非主流。到北宋中期时，"不得杀士大夫及上书言事人"和"不得轻杀臣下"，已经形成了一种朝野官民都认可的共识，形成了较为强大的政治传统，以至于范仲淹、蔡确、章惇等名臣甚至可以此为据驳回皇帝的意见。对于这一问题感兴趣的读者，如想了解更具体的史料梳理和辨析，可参考刘浦江老师所作《祖宗之法：再论宋太祖誓约及誓碑》一文。

111　即楔子、第三章和本章前文提到过的元祐太后孟氏，此时已改称隆祐太后。

112　《会编》卷一百十三《炎兴下帙十三》建炎元年八月二十五日丁丑条。

113　《宋史》卷四百七十五《列传第二百三十四》之《叛臣上·杜充传》。

114　《会编》卷一百十八《炎兴下帙十八》建炎二年九月三日甲申条。

115　《鄂国金佗稡编》卷第九《经进鄂王行实编年卷之六·遗事》。

116　《鄂国金佗稡编》卷第十一《经进鄂王家集卷之二·奏议上》之《乞以明堂恩奏张所男宗本奏》。

117　《要录》卷九建炎元年九月壬寅条。

118　《读史方舆纪要》卷四十九《河南四·卫辉府》。

119　《要录》卷八建炎元年八月乙亥条。

120　《会编》卷一百九十八《炎兴下帙九十八》绍兴九年十月十九日丙寅条，赵甡之《中兴遗史》载王彦事迹。

121　新乡县驻扎金军人数出处见《会编》卷一百九十八《炎兴下帙九十八》绍兴九年十月十九日丙寅条，范续感《王彦行状》。

122　《鄂国金佗续编》卷第二十八《百氏昭忠录卷之十二》从事郎前永州军事判官孙逌

编鄂王事引邵缉献书条。

123 《鄂国金佗稡编》卷第四《经进鄂王行实编年卷之一》靖康二年／建炎元年条。

124 《会编》卷一百九十八《炎兴下帙九十八》绍兴九年十月十九日丙寅条，范续感《王彦行状》。

125 岳飞与王彦在新乡之战后的分歧，在史料中并无直接记录。《鄂国金佗稡编》出于回避岳飞与王彦的矛盾，可能还有维护王彦形象的需要，讳去了岳飞公然率军离开王彦、自立一军的具体原因和过程，而且行文给人造成一种错觉，仿佛岳飞是因为王彦不肯出兵攻打新乡，"独引所部麾战"时就出走了；《会编》卷一百九十八《炎兴下帙九十八》所载的范续感所作《王彦行状》，则只说岳飞在新乡之战中"违公节度"后就"以其所部别为一寨"，也没有说到底是违反了哪项命令。但考察岳飞和王彦在新乡之战后的行迹可知，岳飞明显是在王彦被金军围攻、不得不自新乡县突围入太行山驻扎之前，就已经率军离开了王彦部。所以两人的分歧显然不在岳飞擅自率军先攻新乡县时，而在攻占新乡县后，分歧焦点是是否应固守新乡县并且"传檄诸郡"、大张声势。《王彦行状》讳言这一点，是因为王彦绍兴九年去世时岳飞声望正高，没法作曲笔，如实描写又会暴露王彦在此次军事指挥上的失误和刚愎自用，所以干脆不写。《鄂国金佗稡编》讳言，则是因为岳霖、岳珂在岳飞平反后为其书写传记时，需要考虑维护与其他主战派官员、将领后人的关系，尽量少树敌；同时也有岳飞在此事上的主张乍一看不够"积极"，容易被人攻击的原因。

126 侯兆川这一地名现在仍有保留，在一些资料如《读史方舆纪要》中，也作"侯赵川"。位置在今河南省辉县市西北的万仙山景区一带。

127 《读史方舆纪要》卷四十九《河南四·卫辉府》。

128 《会编》卷一百九十八《炎兴下帙九十八》绍兴九年十九日丙寅条，范续感《王彦行状》。

129 《要录》卷九建炎元年九月壬辰条。

130 《会编》卷一百九十八《炎兴下帙九十八》绍兴九年十月十九日丙寅条，范续感《王彦行状》。

131 《会编》卷一百九十八《炎兴下帙九十八》绍兴九年十月十九日丙寅条，范续感《王彦行状》。

132 讹里朵（1096—1135）即完颜（王）宗辅、后改名完颜宗尧，是金太祖阿骨打第三子，也是金国第五位皇帝金世宗完颜雍的父亲。和太祖诸子一样，讹里朵自小从父辈征战，谙熟军事。1127年金国二太子斡离不因病早逝后，他接替了斡离不的角色，成为仅次于粘罕的金军二号人物。

133 根据史料记载，被宗泽用这种方式处理的将领，至少有磁州守将赵世隆（赵世隆被军法从事后带兵的是其弟赵世杰）、相州义军将领李旺（李旺被军法从事后带兵的是其弟李道。值得一提的是李道是岳飞的同乡，后来也成了岳飞的重要部将之一）。

134 《中兴小纪》卷八夏四月癸丑条。

135 《鄂国金佗续编》卷第二十八《百氏昭忠录卷之十二》从事郎前永州军事判官孙逌编鄂王事引邵缉献书条。

136 《宗泽集》附录之余翱撰《宗忠简公事状》。

137　《宗泽集》附录之宗颖撰《遗事》。

138　同上。

139　岳飞建炎二年正月与金军的三次交战，现有史料仅记录了大背景和最终战果，具体出兵时间和过程则记载不详。此处的出兵具体时间和宗泽期望岳飞发挥的作用，是在比对《鄂国金佗稡编》卷第四《鄂王行实编年卷一》建炎二年记叙与《宗泽集》中宗颖撰《遗事》记载的基础上，推测得出的。

140　《要录》卷十一建炎元年十二月己卯条。《要录》将粘罕、讹里朵、兀术放弃会师汴京的原因归结为十二月刘衍刚抵达滑州时金军即北撤。但考察战局，金军彻底放弃这一意图还应该是岳飞增援、刘衍部大捷之后。

141　双手举至额头的位置作叉手礼并以手掌覆盖额头，是宋代人表达崇敬、庆祝、庆幸等情绪的一种礼节。

142　《鄂国金佗稡编》卷第四《经进鄂王行实编年卷之一》靖康二年／建炎元年条。《鄂国金佗稡编》中记载的这条内容大致可信，但是所系时间有误，错记为岳飞第一次隶属宗泽时的事。实际对照宗泽子孙的记录，显然应该是第二次隶属宗泽时的事。

143　《宗泽集》附录之余翱撰《宗忠简公事状》。

144　《宗泽集》附录之宗颖撰《遗事》；《宗泽集》卷一《奏乞公据与契丹汉儿及被掳之民疏》。

145　《宗泽集》卷一《乞回銮疏》建炎二年五月第二十三奏。

146　《鄂国金佗稡编》卷第十一《经进鄂王家集卷之二·奏议上》之《乞出师札子》。

147　《会编》卷一百十五《炎兴下帙十五》建炎二年正月《李彦仙克陕州》条。

148　同上。

149　邵隆此时尚名邵兴。邵隆是其在宋高宗改元绍兴后，为避年号之讳而改的名字。但此处为行文方便和便于辨识，一律称邵隆。

150　《宗泽集》附录之宗颖撰《遗事》。

151　《鄂国金佗稡编》卷第十八《经进鄂王家集卷之九·公牍中》之《再乞褒赠张所申省札子》。

152　宗颖本为宗泽次子，但因宗泽长子在宗泽任职大名府期间病故夭折，故成了宗泽唯一的儿子。

153　《会编》卷一百十五《炎兴下帙十五》建炎二年正月《马扩得信王推奉为首倡义举兵》条。

154　宗泽自己的奏章和宗泽子孙为其撰写的行状中，称建炎二年东京留守司招揽的义军已达百万之众，《会编》《要录》等史书也大多采纳了这一记录。但这个数字应当是包括将士家眷、仆从在内的总人数，而不是战斗人员人数。结合后来岳飞击败的王善部就号称有数十万之众来看，当时受宗泽节制的各路人马，包括官军、义军在内的战斗人员在二十万上下是有可能的。按一家三五口人计，确实也已经接近了百万人口的规模。

155　刘克庄《贺新郎·送陈真州子华》词中咏宗泽事迹句。

156　《会编》卷一百十六《炎兴下帙十六》建炎二年四月韩世忠还行在条。另外需要说明的是，丁进部的"失期"也就是没有及时到达战场，并非宋军此次战败的唯一原因，如韩世忠副手陈思恭突然临阵脱逃，对战局的影响就要较其大得多。所以韩世忠事后找丁进部寻仇的理由并不十分充分，多少有主客军相互摩擦斗气的因素，而不是纯粹为了追究责任讨还公道。

157 《会编》卷一百九十八《炎兴下帙九十八》绍兴九年十月十九日丙寅条，范续感《王彦行状》。

158 同上。

159 《会编》卷一百九十八《炎兴下帙九十八》绍兴九年十月十九日丙寅条，范续感《王彦行状》。

160 《要录》卷十五建炎二年五月乙酉条。

161 《会编》卷一百十六《炎兴下帙十六》建炎二年三月条。

162 《要录》卷十五建炎二年五月乙酉条。

163 《会编》卷一百十六《炎兴下帙十六》建炎二年三月《信王遣马扩赴行在起兵》条。

164 综合《宗泽集》附录之宗颖撰《遗事》与余翔撰《宗忠简公事状》所述。

165 同上。

166 《会编》卷六十三《建康中帙三十八》靖康元年十一月十六日丁丑条；《会编》卷六十四《建康中帙三十九》靖康元年十一月二十日辛丑、二十一日壬午条；《要录》卷九十三绍兴五年九月戊子条。

167 三衙，宋朝由朝廷直接掌握并且在京师驻扎、负责拱卫朝廷和首都安全的军队，也就是大众理解中的"御林军"。宋代共有三支，分别是殿前司、侍卫亲军马军司和侍卫亲军步军司，统称"三衙"。三衙在北宋初年是宋军主力中的主力，但之后随着军事、政治形势变化和军事体制改革，三衙军的掌控兵力、战斗力和重要性都大幅下降，不过仍在军中有一定的地位，其主将也仍属重要职位。

168 《鄂国金佗稡编》卷第四《经进鄂王行实编年卷之一》建炎二年条。

169 宋代官制，武翼郎以上升官可以"双转"，也就是按战功应转一官，实际则升两官，以作为对这一级军官的优待。而岳飞在此年年初滑州两战后，应该已经由秉义郎升到了诸司副使的第二阶武节郎，所以此次如按"奇功"转三官的话，会连升六阶。

170 《要录》卷十六建炎二年七月甲辰条。

171 《宗泽集》附录之岳珂撰《重修忠简公功德院记》中对自己祖父与宗泽之间精神与事业传承的总结。

172 值得一提的是，由于宗泽一直深受赵构忌惮和反感，所以多半是为了保护岳飞、避免影响其与赵构之间的君臣关系进而妨害北伐，由宗颖本人亲自执笔、成文于宋高宗在位初年并且需要呈送朝廷史馆、宰执大臣及天子本人审定的宗泽传记《遗事》，并没有渲染宗泽和岳飞的知遇之情，仅仅记了宗泽免除岳飞死罪、令其戴罪立功这件在当时几乎人尽皆知的事情，更没有提岳飞曾与宗颖一起扶送宗泽灵柩归葬镇江。但另外一些无须受官方审核的私家记载，如宗泽女婿余翔执笔的《宗忠简公事状》和岳飞之孙岳珂在镇江为官时写下的《重修忠简公功德院记》，便都对岳飞这一经历大书特书了。这种不得不尔的隐晦笔法，导致宗泽、岳飞身后数十年后，许多记叙岳飞生平的材料，包括岳飞好友吴璘的幼子吴拯为岳飞所写的传记，都只知岳飞是杜充爱将，却不知岳飞和宗泽知遇之深。还有一些较为粗疏的史料如《林泉野记》，甚至以为岳飞是脱离王彦之后就投奔了杜充。可见宋高宗时期，宗泽后人和岳飞后人先后为保全对方政治声誉，而竭力低调处理两人之间的关系，用心可谓良苦，效果倒也不错。此外，岳珂撰写的《重修忠简公功德院记》和与岳珂同时为官的镇江知府乔行简所撰《忠简公年谱》，还记录了另一件岳飞与宗泽间的逸事：绍兴十一年（1141）岳飞被罢去兵权任命为枢密副使后，还曾拜祭过宗泽墓，并捐资为宗泽修建了功德院，也就是用于祭祀宗泽和维护墓葬的墓前寺院。结合岳飞绍兴十一年行迹，此事应当发生在岳飞与张俊出巡楚州之后，由楚州经镇江返回临安行在的途中。绍兴十一年夏天的楚州之行，岳飞因反对张俊放弃海州等边防前沿重镇、拒绝拆解韩世忠旧部参与陷害韩世忠，以及指挥李宝由海州出海袭击金国治下胶东地区等事，彻底触怒了金国，也与本来有意拉拢他的秦桧公开决裂。岳飞本人对如此行事的后果心知肚明，对自己之后的遭遇和结局也有了准备，所以才在折返临安途中留驻镇江数日，再次也是最后一次祭扫了宗泽墓，为身后颇为冷落的宗泽略尽弟子与晚辈之礼，但又没有声张，以致时人并不知道岳飞此举。实际等于是与自己的恩师和伯乐，以及当时闲居在镇江的宗颖作了诀别。

173　本文此处王彦和杜充私人关系，以及王彦率八字军南下扬州背景的描述，含有推测成分，与部分史料记载不完全一致。推测理由如下：

《会编》和《要录》两书中都记载王彦南下扬州是受宗泽临终前派遣，但考察两书成书时间和记叙行文，其记载应该都是承袭范续感所作《王彦行状》中"公即以所部兵马付留守司，因差统制官张伟统辖於滑州界，沿河沙店以上下地把截，令公量带亲兵赴扬州行在所"的描述。然而翻阅《宗泽集》中宗泽所上全部奏疏，以及宗泽的各版传记，均无宗泽曾令王彦到扬州行在奏事的记载；相反，直到宗泽去世前夕所上的最后一封上书中，对王彦的安排仍然是"乘此暑月，遣王彦等自滑州渡河，取怀、卫、浚、相等处"。

此外，《要录》明确记载：王彦动身赴行在是建炎二年九月一日，也就是七月十二日宗泽去世近一个半月后，九月三日杜充到任之前。如果说是宗泽临终前有过令王彦进京奏事的记载，而未及形成文字向朝廷奏报，那么王彦动身的时间未免太晚；如果说是杜充的命令，则此时杜充尚未到任，不太可能还没到东京城就对王彦提前安排。何况，即使是《王彦行状》的记载，也说王彦此次奏事本应是"量带亲兵"，而不是率八字军全军南下。因此，综合这些记载的矛盾之处和王彦南下的时间，笔者认为王彦此次率八字军南下，是自己的决定，而非宗泽遗命。《王彦行状》中的记载，是婉转回护的说法。当然要指出的是，王彦所部是官军，而且与宗泽所统辖的东京留守司的隶属关系一直没有完全明确，更类似于间勤部在东京留守司中的"客军"身份，所以王彦这个决定不算违背军纪。

至于王彦为何突然决定率军去行在，很可能是因为宗泽去世后，北伐无望，而宋廷新任命的东京留守又是杜充，与王彦有过节，导致王彦不愿再在东京留守司效力。——杜充被任命为东京留守前，一直担任北京留守。而王彦在张所的河北西路招讨司军中时，在大名府驻扎了一段时间，很可能因为杜充对招抚司军的掣肘，以及杜充本人的昏庸残暴而与杜充不睦，甚至可能发生过激烈的冲突。这也可以解释为何王彦离开东京留守司南下扬州的时间与杜充到东京城正式上任的时间仅差几天。

174　《会编》卷一百十六《炎兴下帙十六》建炎二年三月《信王遣马扩赴行在起兵》条。

175　这一观点和以此为理由反对李纲担任朝廷要职的言论，见《要录》卷五建炎元年五月甲午条；《朱子语类》卷一百三十一。

176　花押即字体与常规书写有明显不同的签名，类似于今日的花体字和个性化签名，是为了增加个人辨识度而流行开的一种姓名书写方式。

177 《要录》记载，杜充决黄河是十一月的事情，此时岳飞远在江南而且隶属闾勍，所以应该是回到洛阳后才听闻此事。

178 韩世忠、刘光世两军因王德而起的冲突见《要录》卷二十二建炎三年四月辛未条。

179 岳飞借闾勍部众事，见《会编》卷一百三十八及《要录》卷三十三。不过两书均记载闾勍向岳飞借将一事发生在闾勍九月离开洛阳南撤之前，显然不确。因岳飞在当年六月底、七月初就已经随杜充南渡，很难再与闾勍有人员往来。所以借将之事应当发生在建炎二年岳飞离开闾勍部之前。

180 《会编》和《要录》都只记载了闾勍曾经向岳飞"借使臣十人"，没有提及岳飞是否还给闾勍留下了更多兵力。但按宋军惯例，有品级的军官一般都有自己的亲兵和侍从，而且从军事需求来说，也应该留一部分自己比较熟悉的原从部众，不然难以快速形成战斗力，也达不到借人的效果了。所以本文根据宋代从九品至正八品军官的品级、职权、带兵人数推测，岳飞除了借给闾勍十名军官外，可能还留下了千人左右的兵员。岳飞自己带回东京留守司的兵力人数，则参考《鄂国金佗续编》卷第二十七《百氏昭忠录卷之十一》文林郎、黄元振编中"某有兵二千，来受充节制"的记载。

181 《鄂国金佗续编》卷第二十七《百氏昭忠录卷之十一》文林郎、黄元振编。

182 此李宝与之前提到的开封角抵艺人李宝，以及后来成为宋军水师名将的山东李宝重名，并非同一人。

183 如前文提到的，北宋民众喜欢给人起绰号，"赛关索"就是当时民众喜欢给勇武之人起的最流行绰号之一。"关索"是宋元明三国题材民间传说里杜撰的关羽第三子，经历传奇，神勇无比。称某人为"赛关索"，意思就是其人比关索还要勇猛。类似的绰号还有"小关索"，或以姓氏加"关索"称之为"某关索"。本文第三章提及的徽宗朝东京城内著名角抵艺人、靖康之难中因聚众向官府要求发放武器抗金而被开封府斩首号令的李宝，生前就被东京市民称为"小关索"。再有《水浒传》人物杨雄的绰号也是"病关索"，而这个绰号又是承袭自南宋末年龚开所著的《水浒三十六人画像赞》，反映出这一绰号确实是宋元时期流行语。

184 《鄂国金佗稡编》卷第四《经进鄂王行实编年卷之一》建炎三年条。

185 同上。

186 "斗将"是冷兵器时代常用的一种交锋战术，通常发生在两军对垒之后、全军接战之前，形式是敌我双方各出一名将领，单挑决斗，有些类似中世纪欧洲的骑士比武，但打斗更随意也更激烈。斗将的作用，主要是为了给大部队争取更多的集结准备时间、试探对方将领水平和鼓舞己方士气、压制敌军士气，但并不是决定战役胜负的主要手段。不过，这一战术的战斗场面极具戏剧性，因为参加"单挑"的将领，本人的力量大小、武艺高低、反应速度、应变能力、战阵经验，甚至马匹、武器的质量，都会直接影响决斗结果，所以充满了悬念和个人英雄主义色彩，因而极受文学艺术的青睐，经过元明清时期话本、小说和戏曲的一再渲染与夸张后，逐渐成了大众印象中古代战争的主要作战方式，甚至到现在还影响着中国各种古代战争题材的文艺作品以及大众认知。

187 《鄂国金佗续编》卷第二十七《百氏昭忠录卷之十一》文林郎、黄元振编。

188 本文对岳飞在杜充手下第一战——建炎三年正月开封南薰门之战的叙述，主要参考

《鄂国金佗稡编》卷第四《经进鄂王行实编年卷之一》建炎三年正月条、《会编》卷一百二十《炎兴下帙二十》建炎三年正月十六条、《要录》卷十九建炎三年正月乙未条的记载，以及《鄂国金佗续编》卷第二十七《百氏昭忠录卷之十一》文林郎、黄元振编中岳飞本人对此事的回忆，但也含有一定推测成分。例如，岳飞重要幕僚黄纵之子黄元振记录的岳飞事迹中，岳飞没有说这场自己试图和平解决却被杜充呵斥、只能被迫与敌决斗的战斗，就是正月十六的南薰门之战。但考察其他史料的记载，能有"数万"之众的乱军，只能是王善、张用这两部当时东京留守司军中兵力最雄厚的人马，因此文章将此段回忆与《鄂国金佗稡编》卷第四《经进鄂王行实编年卷之一》中建炎三年正月条的记载进行了糅合，并在此基础上推测了一些战斗过程细节。再如，岳飞也没有说自己去劝降的将领到底是谁，但结合相关人物生平，此人很大可能就是张用。只是张用早在岳飞对黄纵回忆此事的绍兴五六年之前，就已经再次接受招安成为宋军刘光世部的将领，所以岳飞回忆时才只说战斗细节，而略去了张用姓名，以免散播其早年为寇之事令其尴尬。而对于后来降金的王善，就无此避讳的必要了。

另外关于此战的记载，还有三点值得一提：

一是对这一战的基本战况，《会编》卷一百二十《炎兴下帙二十》建炎三年正月十六条和《要录》卷十九建炎三年正月乙未条，都记载是官军大败。但一来岳飞在此战后因功受赏升官是可以确定的；二来南薰门之战和太行山单骑刺杀黑风大王一样，在岳飞生前就成了妇孺皆知、广为称道的传奇故事，以致《会编》卷二百七《炎兴下帙一百七》引《岳侯传》条、《会编》卷二百八《炎兴下帙一百八》引《林泉野记》条、《鄂国金佗续编》卷第十四《天定别录卷之二》之《忠愍谥议》《武穆谥议》、《鄂国金佗续编》卷第二十八《百氏昭忠录卷之十二》从事郎前永州军事判官孙迪编鄂王事引邵缉献书条等多份作者不一、源出不同的史料都曾大书特书。如是败仗，不可能有这样一致的多方记录，也不会无人质疑指责。所以此战应是先败后胜，岳飞是在《会编》《要录》记载的官军败阵、李宝被擒发生之后，才率军出击进而扭转战局的。

二是这一战的战术细节，在南宋中期就已经被很多史料记载夸大为"八百破十万"甚至八百破数十万，以致很多人怀疑其真实性。但其实这一记载，只是过于突出岳飞用来冲阵的八百骑兵，而略去了后续部队和东京留守司其他将领的部队。就像古希腊时期著名的温泉关之战，后世叙述和演绎也大多集中在斯巴达三百勇士身上，而往往忽略了同时和斯巴达人并肩作战的还有由希腊世界各城邦步兵组成的七千人希腊联军。总之这种自动聚焦"主角"并在日后流传中越来越夸张的现象，是史料记载和战争文学中很常见的状况，只要认真剖析其流变经过、鉴别出夸张的部分和程度，就仍可通过其记载触及历史的本来面目。

三是对此战双方兵力对比悬殊这一点的记载，《会编》卷二百七《炎兴下帙一百七》引《岳侯传》说王善、张用部人数有"约五十万众"；《会编》卷一百二十《炎兴下帙二十》建炎三年正月十六条也说是"数十万"；而《鄂国金佗续编》收录的《忠愍谥议》虽然说敌军只有二十万，却把岳飞部兵力也减少到了"数百"；从事郎前永州军事判官孙迪编鄂王事引邵缉献书条则是八九百人破二十万。反而是文林郎、黄元振编岳飞事迹中记叙的岳飞对黄纵亲口所说，这一战自己一部有"两千人"，而王善等人能战之兵有几万人，最为接近实际。由此对比，可知《鄂国金佗续编》的严谨性和真实性有相当保障，也可知史料记载固然不存在完全客观真实，但也绝非不能对比验证、不断接近真实。

189　《要录》卷十九建炎二年正月庚子条。

190　《会编》卷一百三十八《炎兴下帙三十八》记载马皋是东京留守司副留守郭仲荀所杀。但结合马皋出现在史料中的时间线推测其被杀时间，他更可能是因为此次大败被杜充下令诛杀的。身为武将的郭仲荀大约只是执行者而非决策人。

191　《要录》卷十四建炎二年三月丙戌条。

192　马皋的妻子、绰号"一丈青"的王氏，是《会编》中有明确记载、实有其人的女将，善用双刀，武艺高强，威名赫赫，有"关西贞烈女，护国马夫人"之称。绰号"一丈青"，是极言其所用双刀锋锐无比，青锋闪烁出的寒光锋芒足有"一丈"之长，等于间接夸赞了其本人的勇武。《水浒传》中的女将"一丈青"扈三娘，从绰号、兵器等人物设定，到女将身份乃至后来遭际，都可以看出正是以王氏为原型的。马皋遇害后，王氏成为寡妇，由东京留守司辗转至闾勍处，被闾勍认为义女，后又由闾勍做主，嫁给了接受闾勍招安的张用。但张用不久后再次成为流寇，一丈青也随之落草，夫妻二人长期率众在淮西一带游荡，到绍兴元年（1131）才被岳飞以一封书信再次招入官军。当然史料中没有明确记载过岳飞与一丈青王氏的关系如何，也没有记载一丈青率军转隶闾勍是岳飞的建议。但综合后来张用夫妻对岳飞的敬重感念、王氏投奔闾勍的时间点，以及岳飞与闾勍的关系来看，这位女将在宗泽麾下时，与同为东京留守司统制官的岳飞应该是关系非常不错的战友，包括得以摆脱杀夫仇人杜充的掌控转投闾勍麾下效力，也很可能是有岳飞的帮助和牵线搭桥才得以实现。

193　北宋末南宋初，战乱中的百姓饥饿困顿之极后"人食人"的惨况，很多当时的史料和笔记小说中都有记录和反映。例如，时人庄绰的《鸡肋编·卷中》，就提到"自靖康丙午岁，金狄乱华，六七年间，山东、京西、淮南等路，荆榛千里，斗米至数十千，且不可得。盗贼、官兵以至居民，更互相食。人肉之价，贱于犬豕，肥壮者一枚不过十五千，全躯暴以为腊。……老瘦男子廋词谓之'饶把火'，妇人少艾者名为'不羡羊'，小儿呼为'和骨烂'，又通目为'两脚羊'"。再如，洪迈所著的以时人真事为主的笔记集《夷坚志》补卷第九也有一篇《饥民食用子》，记录平民家庭迫不得已杀掉自己的子女充饥，甚至"民欲食其子，使妻结绳为缳，诱儿入室，置首其中，送绳出壁隙，而己从外擎绞。儿方数岁，妻知不可止，强听之，自引首入缳，而报夫云已竟。夫力擎绳，觉气绝，来视，则死者乃妻也。是日饷车至，已无及，儿幸存矣"的人间悲剧。

194　有关岳飞第一位妻子为刘氏且在战乱中自行改嫁他人的记载，见于《会编》卷二百七《炎兴下帙一百七》绍兴十一年十二月二十九日癸巳条。据此条记载，刘氏后来又再次改嫁，嫁给了韩世忠军中一名押队官。直到绍兴年间，也即1135—1137年，才不知为何被韩世忠得知了其早先经历，写信告知岳飞要其迎回发妻。但岳飞当时已另娶李氏夫人，且仍旧坚持一夫一妻的婚姻观念，不但不肯纳妾，也不接受两女共侍一夫，所以没有答应。韩世忠便又将此事上奏给宋高宗赵构，结果闹得朝野皆知，并且由于岳飞一直有不纳姬妾、洁身自好的"人设"，而迅速成了轰动一时的"高官八卦"，连宋高宗也亲自下诏问询。但岳飞仍坚持己见，不但上奏详细说明了不肯接纳的理由，态度也极为决绝，宋高宗这才不再干涉，听凭岳飞自处。——需要说明的是，与今人观念不同，岳飞这一做法，在当时其实是多少有违世俗道德标准的。因为当时的道德观念不以男性占有多名女性为非，也不以女性多次改嫁为非，但提倡只要曾有过正式婚姻关系且女方有回归原先家庭的意愿，作丈夫的就应尽可能接纳其到现在的家庭中，予以赡养。这是因为以当时的经济生产方式，不如此的话，很多被遗弃女性的生存就无法得到基本保障，换言之是一种为保护弱者而形成的伦理道德标准。

宋元时期很多流行的民间话本和戏剧作品，也反映了这一观念，如宋代风靡民间的"蔡中郎"也即《琵琶记》故事原型和南戏《白兔记》等，就都以男主人公接回失散已久饱受苦难的发妻、贫民出身的前妻和官宦世家出身的后妻和睦共处为"大团圆"的标准。一些时人笔记如《夷坚志》中，也记载过好几则夫妻战乱中失散，重逢相认后已改嫁的女性与前夫破镜重圆，后夫也略不计较、成人之美的故事。这也是为什么岳飞拒绝接回刘氏后，韩世忠会愤愤不平以至于要向宋高宗"告状"。同时也说明，岳飞在这件事情上的选择，其实不完全是出于道德自律，更不是以刘氏的改嫁"失节"为耻辱，而主要是出于他本人在当时算得上"超前"的婚姻观情感观，即认为男性和女性在婚姻中应该尽可能平等，所以不能只要求女性在身、心上都对伴侣忠诚、专一，男性也应该做到；同时结合的理由也应该是以"同忧乐"也即志同道合为基础的感情因素，至于生计上的考量，则应该直接用经济的方式来解决，不应该牵扯到感情生活中。所以岳飞一面拒绝接回刘氏，一面又送给刘氏钱五百贯（数量在五十万文左右的铜钱。这笔钱在南宋初年差不多相当于一个小康家庭全部财产的六分之一，可以供五口之家五年左右的全年开销。而岳飞自己的全部家产，按其遇害后被抄家得到的结果，连储存的粮食、布匹带田产、房产在内，全部折算成铜钱后的总值也不过九千贯，"现金"则只有一百贯），以供其和现在的丈夫子女改善生活。这样就兼顾了世俗道德中合理的一面和岳飞自己的处事原则，也证明岳飞对刘氏的遭遇并不是没有同情和体谅。至于给高宗上奏中所说的"履冰渡河之日，留臣妻侍老母，不期妻两经更嫁，臣切骨恨之"，更多是迫于当时皇帝亲自催复合的压力，故作决绝之语，以求能表明态度，尽快从此事中脱身。

195　《鄂国金佗稡编》卷第十四《经进鄂王家集卷五·奏议中》之《乞终制札子》："自从陛下渡河以来，而臣母沦陷河朔，凡遣人一十八次，始能般挈，得脱虏祸。惊悸致疾，遂以缠绵。"

196　岳飞找回失散家人的具体时间没有史料记载，但最晚也很难晚于他跟随杜充离开东京之时，因一旦分隔南北，寻找就更加困难；早则不会早于建炎三年年初，因岳飞母亲年迈，两个儿子年幼，很难长期维持没有女主人在内主持家务的家庭状态达一年以上，而岳飞再次成婚大约在建炎四年（1130）春或稍前的建炎三年冬。由此倒推，其一家人重逢最可能的时间点，就是建炎三年春夏岳飞在东京留守司军中，生活相对稳定、战事又少的这段时期。

197　宋人日常口语中，称父亲为"阿爹"，母亲为"妈妈"，爷爷为"耶耶"，奶奶为"婆婆"，不少称谓和现在的习惯称谓差异较大。

198　岳飞一生为官清廉，生活简朴低调，唯一一次破例就是绍兴六年（1136）母亲姚氏去世后，他给亡母办了花费颇大、规格极高、场面很是铺张的丧事，以至于姚氏出殡落葬于九江德安县（位于今江西省九江市柴桑区）时，"仪卫甚盛，观者填塞，山间如市"（《挥麈三录》卷一三《岳侯与王枢密葬地一同》）。丧礼期间岳飞的情绪几度失控，"及母薨，水浆不入口者三日，每恸如初，毁瘠几灭性。……既葬，庐于墓，朝夕号恸"；丧事完毕后，因为当时的军事形势不允许他在庐山为母亲守满三年之孝，又刻了母亲的木雕小像供奉在家中，"行温清定省之礼如生时"（《鄂国金佗稡编》卷第九《经进鄂王行实编年卷之六·遗事》）。其实岳飞把母亲接到身边后，对母亲生活上的照顾和精神上的陪伴关切都称得上无微不至，之所以仍旧难以释怀，除去对母爱的依恋，也出于自己靖康年间从军导致母亲吃尽苦头损害了身体健康的愧疚。而以姚氏寿年七十多和岳飞出众的身体素质来看，如不是与岳飞失散期间的逃难生活过于危险和艰苦，这位老人确实可能会更长寿，不会在被岳飞接到身边后，仅和儿子共度了七年时光。所以岳飞在这件事情上，确实是很难摆脱追悔和自责的心态。

199　今河南省中南部的周口市、驻马店市到安徽省西北部的亳州市、宿州市一带。

200　关于苗傅、刘正彦在建炎三年三四月发起的这次兵变，连当时的宰相朱胜非、签书枢密院事郑毂、南宋初名臣张焘等士大夫都承认，一开始其实很得民心，以至事变发生时，相当多的军民都认为苗、刘举事是"忠义为国"，甚至"以义胜不义，以公灭私"，完全不以为非。而广大军民之所以会有如此反应，一是因为赵构对外一味屈膝求和，甚至于为了幻想与金军议和，而迟迟不敢离开扬州南下，但也不肯向百官、百姓公开朝廷的真实意图。等发现金军是想生擒自己而根本不是想来议和之后，又不组织抵抗就立即逃难，最终导致扬州城被屠，军民、官员死难者不计其数，震动天下。二是因为赵构对内宠信多名内侍，任凭其欺上瞒下、作威作福，任意欺凌将士和百姓。如此种种，使得军心、民心甚至官员都多有不满，对赵构极为失望，所以才使得苗、刘二将能够成功发动兵变，并在兵变初期迅速赢得了舆论。如果不是两人在后期举措失当，赵构当时还在世的独生子年纪又太小，也没有其他年龄、资历合适的皇位继承人，这次兵变很可能会彻底终结赵构的政治生涯。

201　《永乐大典》卷三一四六陈淬条："三年，车驾渡江，诏淬捍壁建康。杜充夺其兵柄，乃请祠，提举江州太平观。自题其像曰：'数奇不是登坛将，竹杖芒鞋归去来。'"

202　《鄂国金佗稡编》卷第四《经进鄂王行实编年卷之一》建炎三年条。

203　查阅《宋会要辑稿》中《食货四十三》之十四、十五、十六条记载可知，南宋官方对建炎年间的开封漕运一直有详细记录，到建炎三年四月十日，相关文件还提到了开封乏粮，因此所有目的地是开封的漕船必须在七月一日前发运完毕的问题。但十二日之后，这一记录就中断了，且再未作任何交代和说明。再结合《会编》和《要录》中对杜充、程昌寓部绝粮的记载，不难推断这一记录的中断，表明南宋朝廷很可能在四五月间下令断绝了开封漕运。但这个举措背后的真实意图又不容于当时的"政治正确"，断不可明言，所以只能付之阙如，为君王讳了。
　　另外需要说明一下的是：开封漕运记录这个史实细节及其与杜充南下的联系，是宋史学者胡文宁在《政治演变与个人抉择：从抗金统帅到投金叛臣的杜充》（《西北大学学报（哲学社会科学版）》2014年3月第44卷第2期）一文中率先注意到和提出的。个人不赞成这篇论文中的大部分观点和分析逻辑，但认可论文注意到的这一史实和对其决策理由与影响的分析。

204　《会编》卷一百三十《炎兴下帙三十》建炎三年七月二十一日丁酉条。

205　《要录》卷二十四建炎三年六月乙亥条。

206 东京留守司军正式南下赴建康府的时间系根据《要录》卷二十五建炎三年七月庚子
（二十四日）条记载的杜充到达建康府江宁镇与张浚会面的日期，按照路途距离和
大军一般移防速度倒推所得。

207 北宋时东京城内有两座高塔，一为城北的琉璃砖塔，现仍存，即现今河南省开封市
内的"铁塔"（因琉璃砖呈现出的颜色近铁色，故名）；一为靠近南薰门的砖塔，
现仍存浮雕塔基及数层塔身，即现今河南省开封市内的繁塔。岳家军绍兴十年北伐
兵锋至朱仙镇时，由于已经距离东京城不到四十五宋里（合二十公里）甚至更近，
在天气晴好的状况下，从朱仙镇突进的先锋部队、侦察部队是可能望见东京城城阙
和塔影的。另关于朱仙镇之战是否存在的公案，王曾瑜先生的《鄂国金佗粹编续编
校注》《岳飞新传》《岳飞和南宋前期政治与军事研究》等论著中的辨析已经十分
清楚，本文不再重复考据，取确实存在且战果无夸大的观点，而在此处仅强调一
点：岳家军此战其实是原本要作为与郾城之战、颖昌之战同等规模的大会战打的，
却没想到由于金军已经士气尽丧、人心摇动，而从会战变成了击溃战，所以会有
"五百破十万"的描述。实际情况则应当和岳飞击溃王善部的情况类似，是骑兵
先头部队冲击金军前排列第一回合即告破阵成功，位于交战阵列后方的其他金军
见到这一战况后不战而溃、自行瓦解。史料记载则是按照当时记叙惯例，仅记载和
突出了率先冲阵、作用也最为关键的骑兵部队，未及其余，所以才给了后世不熟悉
战例的读者"五百骑兵就能击溃十万大军"的错误印象。

208 《会编》卷一百二十三《炎兴下帙二十三》建炎三年二月末条。

209 《鄂国金佗粹编》卷第五《经进鄂王行实编年卷之二》绍兴元年条。值得一提的
是，和岳飞对亲信幕僚黄纵回忆南薰门之战时有意略去了张用的名字一样，这次铁
炉步之战，岳飞后人的记叙也没有描写张用惨败的具体过程，更没有渲染张用的
狼狈。——尽管从岳飞后来招安张用的书信，和张用见信后直接全军投降的反应来
看，张用这一仗肯定输得相当惨。而岳飞和岳飞后人之所以如此，固然是考虑到张
用后来接受了岳飞招安成了官军将领，多少要留些情面；但其他同样曾在作游寇兵
匪期间被岳飞击败、后又接受招安的将领，如戚方等，在岳飞的家传资料中，就没
有这种不提当年惨败细节的"优待"。所以回护留情面的原因，更可能还是由于岳
飞，以及岳飞家传《行实编年》真正的主笔人——岳飞的后妻李氏夫人，与张用妻
子、女将"一丈青"王氏的私人关系相当不错，对张用的人品也总体上较为肯定，
没有因为他曾多次叛出官军就心存鄙夷，所以才时时记得要在提及旧事时，替老相
识留面子。

210 《要录》卷二十四建炎三年六月乙亥条。

211 《会编》卷一百十二《炎兴下帙十一》建炎元年七月十四日壬寅条；《要录》卷七
建炎元年七月辛丑条。

212 《会编》卷一百二十《炎兴下帙二十》建炎三年正月二十一日庚子条；《要录》卷
十九建炎三年正月庚子条。

213 吕颐浩在杜充出任右相的同一天，由右相提升为左相。

214 维扬之变前夕，赵构为何坚持不离开扬州，放任黄潜善、汪伯彦封锁金军南下的消
息，《会编》《要录》都没有明确交待，只是将大部分责任都归结为黄潜善、汪伯
彦的一意主和、专权独断和赵构对两人的轻信。但仔细梳理《要录》保存的诸多臣
僚上奏和南宋赴金国求和使节的出使记录，不难看出真正的责任人，其实还是赵

构：自建炎二年年中开始，赵构一心求和，多次派使节前往金国，随后更因为多名求和使臣迟迟不回，而错误地判断金国可能马上就要同意自己的议和请求，所以坚持留在扬州等待金国派使节甚至重臣前来缔约，而不肯再向南迁移。赵构的这一心态，在当时就遭到了很多大臣批评，如南宋初名臣、时任户部尚书的叶梦得就曾当面提醒赵构："伏望陛下通下情、远斥堠，如必至于过江，则亟降诏以谕中外，则人心安矣。……毋以宇文虚中奉使未回，意和议为可恃也。靖康正缘恃和议而堕敌计，今安可待万里之报哉！"（《要录》卷十九建炎三年正月戊戌条）。但赵构求和如此心切，以致不但对大臣们的批评和示警充耳不闻，甚至到粘罕建炎三年正月亲自率兵直下淮北时，还因为粘罕一句"以议事为名"的谎言，就老老实实坐等粘罕亲自来扬州，不敢轻举妄动（《要录》卷十九建炎三年正月丙午条）。但是这样的原因，自然无法公开详细地记载在史料里，其实也可从侧面证明，维扬之变发生后，赵构的统治权威甚至根本的合法性所受到的冲击有多大。

215　《要录》卷二十建炎三年二月壬子条、癸丑条。

216　胡寅著《斐然集》卷十六《上皇帝万言书》；《要录》卷二十七建炎三年闰八月庚寅条。

217　《会编》卷一百二十《炎兴下帙二十》建炎三年二月三日壬子条；《要录》卷二十建炎三年二月壬子条。

218　《朱子语类》卷一百二十七《本朝一》高宗条。

219　《历代小史》卷五十七《朝野遗记》。需要说明的是，《朝野遗记》中对赵构"病董腐"始末的描述，有些细节是有问题的，比如当时闻宫向赵构紧报军情的人并非张浚派遣，而是赵构自己派出去打探消息的内侍邝询，更谈不上因此而记恨张浚。但可以确认的是，赵构的不育症确实是维扬之变后得上的。证据之一是第二年也即建炎四年，就有地方官员上书赵构建议赵构立储，可见当时赵构绝育的问题已经广为人知。所以成书于南宋时期的《朝野遗记》这一记载即便有错讹夸张之处，也仍然能够反映当时的一部分真实情况和舆论风向。

220　赵构绝后对南宋初年政治和宋金关系的影响，主要表现在赵构迟迟不能接受自己患上不育症的现实，虽然很快接受了众多臣僚的强烈呼吁，收养了两名宗室子弟作为皇储备选，但长时间不愿给皇子正名。而金国获知这一消息后，很快就有了在中原地区扶植钦宗之子为帝的计划，试图通过此举来动摇赵构的统治合法性，离间南宋军心民心。不过需要特别指出的是，赵构本人其实很清楚不立皇储对自己的统治有百害而无一利，所以虽然明知故犯拖字上，但对包括岳飞在内的、向他提过立皇储及类似建议的臣僚也没有恶感，因为这类建议本质上是为赵构着想、旨在巩固其本人统治的。例如，岳飞在绍兴七年秋，为挫败金人扶立钦宗之子的图谋，曾向赵构建议"正资宗之名"，也就是高调宣布一下朝廷已经有了皇储备选人选（而不是正式立储），结果遭到了赵构的当面斥责；但到了绍兴八年（1138）宋金第一次和议期间，赵构想借和议之机迎回长兄宋钦宗（因为宋钦宗在金国控制下可能给赵构造成的麻烦，远远大于其归国可能造成的麻烦；同时也因为赵构和赵桓都属不被宋徽宗喜爱的皇子，宣和七年末金军第一次围困东京时，两人是为数不多的被宋徽宗抛在东京的子女，所以赵构对赵桓多少有点同病相怜的情感依赖），随之意识到钦宗一旦迎回，钦宗的独生子，也就是金国打算扶立为帝的"丙午元子"也会归国，于是立太子一度成了很紧迫的任务，遂有了赵构令岳飞入宫面见后来的宋孝宗赵瑗

（立储后改名赵旉）之事，实际是认可了岳飞一年前的建议，并且委婉令岳飞对皇储表态效忠。足见在岳飞进言后，赵构虽然一时不快，但很快就想明白了岳飞的用意和其间利害，并未因此而猜忌岳飞。

221　《要录》卷二十七建炎三年闰八月壬辰条。

222　《会编》卷二百三十《炎兴下帙一百三十》绍兴三十一年八月十一日辛亥条；《四朝闻见录》乙集《秦桧王继先》。

223　《宋会要辑稿·职官十八》之八十七条。

224　《要录》卷二十七建炎三年闰八月壬寅条；卷二十八建炎三年九月丙午朔条、壬申条、十月丙戌条。

225　宋代武将被任命为节度使称"建节"。节度使在宋代虽然仅是荣誉性质的虚衔，不像唐五代时期一样意味着地方军政实权，却是当时武人荣衔中最高的一阶，相当于现代军制中的元帅衔，是武人能获得的最高荣誉。而且获得这一荣誉的武将，实权也一般不会太低，基本是方面大帅或御前重臣级别。

226　"衙内"是宋人口语中对高官子弟的日常称呼，通常会惯以姓氏或排行，称"某衙内"。

227　《宋史》卷三百六十九《列传第一百二十八》之《刘光世传》。

228　《要录》卷二十七建炎三年闰八月丁亥条。

229　这两个称呼都是韩世忠给士大夫和文臣起的外号，大概意思都是死读书的呆子。

230　张守《毘陵集》卷十《跋辛企宗所收名公帖》。

231　从赵构在位期间信用的将领来看，赵构欣赏的武臣其实有一个很明显的共同点，就是基本是文武双全型的将领，有较高文化水平，为人谦退有礼，仪表风度也出众。杨存中、辛企宗兄弟、刘锜、岳飞，甚至包括投降金国后一度反正、最后又重回金国的前西军将领张中孚、张中彦兄弟，就都属于这一类型人物。相反，其他文化水平不高的大将，如不学无术却又喜欢附庸风雅的刘光世、轻视文人自己罢兵权之前也长期不认字的韩世忠、粗通文墨但是不喜读书的张俊，则都为赵构或明或暗地不喜。这固然与宋代自宋太祖以来就期望武将能读书知礼、胸有韬略的用人传统有关，也与宋代开始战争对军事人才的文化水平要求越来越高，以至出现了不少"参谋型"名将有关，但也与赵构自己的文化修养和用人眼光有关系。——赵构虽然人品卑劣性格残忍，但作为少时即希望通过习文练武和苦练书法博得宋徽宗关注的皇子，经过长期学习和艰苦训练后，确实具有不低的文化水平和审美眼光。与臣下议事时，也曾多次流露出不喜欢粗鲁无文之人的倾向，即使在任用武臣时，也难以摆脱这个偏好。

232　《宋史》卷四百七十五《列传第二百三十四》之《叛臣上·杜充传》。

233　《要录》卷二十七建炎三年闰八月壬寅条。

234　《要录》卷二十七建炎三年闰八月壬寅条。

235　《会编》卷一百三十二《炎兴下帙三十二》十月十五日庚寅条；《要录》卷二十八建炎三年十月辛卯条。

236　岳飞虽然多次劝谏杜充，但因为善战、尽职和对待杜充已经是武将中难得的恭谨周到，仍然被杜充渐渐当作了最得力的助手之一。加之两人是相州同乡，如前文所述，在当时是很紧密的私人关系纽带，所以到建炎三年秋驻军建康时，岳飞是杜充"爱将"这件事可谓尽人皆知，连赵构都有所耳闻：建炎四年七月范宗尹对赵构转述张俊对岳飞的盛赞时，赵构回复说"飞乃杜充爱将。充于事君，失臣子之节；而能用飞，有知人之明，犹可喜也"。可见杜充对岳飞依赖之深，在岳飞还是杜充部将时就已经传扬开了。

237 左思《咏史八首之二·郁郁涧底松》。

238 《鄂国金佗续编》卷第二十八《百氏昭忠录卷之十二》之从事郎前永州军事判官孙逌编鄂王事引邵缉献书条。此外，南宋朝廷讨论岳飞谥号的两封文书《忠愍谥议》和《武穆谥议》中，也有引用这段话。不过有意思的是，两封官方文件都将"进退禀命于朝"改成了"禀命于天子"，可见"朝"和"天子"，是有微妙但也重大的差别的。而两者相较，显然邵缉的上书更贴近岳飞对君主与国家的态度，也更能反映出他当时的心境和对赵构的观感。

239 《要录》卷二十七建炎三年闰八月戊戌条。

240 北宋末南宋初，绝大部分宋军即使不叛为兵匪流寇，也骚扰过民间，甚至虐杀过当地百姓。例如，范琼在建炎三年，就曾因过寿春县时"守陴者见其认旗，笑曰：'是将军者，岂解杀敌人？惟有走耳。'"而"闻而怒，乃檄府索其造语之人。绍密索得一人送之，琼命斩于麾下"；后来又寻衅杀死了寿春县知县，"因入城焚掠，……城中悉为灰烬"（《要录》卷二十建炎三年二月甲寅条）。还有韩世忠建炎四年正月在秀州（今浙江省嘉兴市）驻扎时，也曾"放军肆掠，浙西为之骚然，至执缚县宰，以取钱粮。……元夕取民间子女，张灯高会"（《会编》卷一百三十六《炎兴下帙三十六》建炎四年正月三十日癸酉条所载汪藻上书）。值得指出的是，汪藻这封上书经常被一些历史学家用来论证当时的宋军大将实为祸国殃民的军阀，所以赵构与秦桧后来主和不战、收大将兵权自有其正当性。但实际上这仅仅是南宋初年的情况，后续几年，特别是岳飞独立成军后，即大为改观。如韩世忠绍兴五、六年后，就受岳飞一军的刺激和激励，军纪大为改善，广受民众称道了。

241 《鸡肋编》卷中："时军卒多虏掠妇女，人有三四，每随军而行，谓之老小。"

242 《鄂国金佗稡编》和很多南宋官方颁布的"制词"也即任命公告中，一直强调岳飞的性格特点是"沉鸷""沉厚寡言"；但这一性格特征更多的是在岳飞成为大将后，出于谨慎低调的需要和当时的官场礼仪要求，不得不如此，实际生活中则并非如此，甚至恰恰相反。如《鄂国金佗稡编》《鄂国金佗续编》和岳飞某些幕僚的回忆录中，就记录了很多岳飞在军前的演讲和幕僚的日常谈论乃至"刷夜"聊天、战场上临时兴起和战友、上级甚至敌人开的玩笑搞的恶作剧。不难看出其本人的性格其实很是活泼开朗，而且相当健谈的，只是碍于职位身份和在当时官场中显得过于年轻的年龄，不能在公众场合表露而已。

243 因近九百年中长江江道不断北移，马家渡已成为长江南岸陆地。

244 《鄂国金佗稡编》卷第四《经进鄂王行实编年卷之一》建炎三年正月条。

245 《宋史》卷四百五十二《列传第二百一十一》之《忠义七·陈淬传》。

246 《宋史》卷四百七十五《列传第二百三十四》之《叛臣上·杜充传》。

247 《金史》卷八十一《列传第十九》之《王伯龙传》。

248 关于王璥一军在马家渡之战中承担的任务和影响，《要录》卷二十九建炎三年十一月丁卯条记载的、杜充在马家渡之败后送给赵构的奏章里，有很明确的说明："……倘王璥有心报国，当陈淬等接战之际，乘势向前，敌兵必败，岂有今日。璥之不忠，万死有余。"这封上书固然有杜充推卸责任的成分，但对王璞部是作为宋军总预备队来使用的描述，以杜充一介文臣对军事的一知半解来说，如非实有其事，很难编造出来。

249　《宋史》卷四百五十二《列传第二百一十一》之《忠义七·陈淬传》。

250　岳飞抢回陈淬遗体一事史料并无记载，是本文的推测。因陈淬本人传记中，对陈淬战死的描述较为详细，但陈淬仅存的一子和一婿，当时应不在军中，所以这些细节很可能是得之于岳飞的战场见闻，甚至部分目睹。此外，《要录》卷二十九建炎三年十一月甲子条，还记叙陈淬并未当场战死，而是"孤军力不能敌，还屯蒋山"。所以也不排除陈淬可能在危急时刻被岳飞从金军刀下救出，在撤回建康府途中才伤重而亡的。

251　本文关于马家渡之战的描述，参考了《会编》卷一百三十四《炎兴下帙三十四》建炎三年十一月二十一日乙丑条；《要录》卷二十九建炎三年十一月壬戌条、甲子条；《挥尘后录》卷十钱穆《收复平江记》；《鄂国金佗稡编》卷第四《经进鄂王行实编年卷之一》建炎三年正月条；《宋史》卷四百五十二《列传第二百一十一》之《忠义七·陈淬传》；《宋史》卷四百七十五《列传第二百三十四》之《叛臣上·杜充传》；《金史》卷七十七《列传第十五》之《宗弼传》；卷八十《列传第十八》之《大㚟传》；《金史》卷八十一《列传第十九》之《王伯龙传》等文献，但也含有一定的主观取舍和推测成分。如此战江淮宣抚司军的兵力人数，就采纳了《经进鄂王行实编年》、宋史《杜充传》和《挥尘后录》中的数字，而没有取《要录》记载的数字，更未采纳《金史》诸传记中所谓的"六万"之数。

252　钟山在南宋时期称为"蒋山"。不过本书为便于读者与今日地理形势对照，一律按现在名称，称呼为钟山。

253　《要录》卷二十九建炎三年十一月丙寅条。

254　岳飞此篇演讲见《鄂国金佗稡编》卷第四《经进鄂王行实编年卷之一》建炎三年条。

255　此处兵力为结合史料记载和宋代军制的推测：宋军统制官的统辖兵力通常从近千人到数千人不等。岳飞作为受杜充、陈淬信任重用的统制官，到建炎三年手下兵力可能在三四千左右；扈成的兵力可能比岳飞略少，在两千人到三千人之间；刘经根据其后来夜袭溧阳县时率兵千人的记载来看，部下人马应该在一千人以上，两千人以下；傅庆根据其后来袭击宜兴县郭吉部匪军的记载来看，原辖兵力应该也有一千多。这样这四部人马扣去马家渡之战可能的战损，总兵力肯定是不到一万人的。

256　从历史上看，从晋将王濬破吴，到王敦乱晋、侯景破梁、隋军灭陈，再到南宋后朱棣自镇江下金陵、太平军攻取南京和湘军反攻南京，甚至近现代的抗日战争南京保卫战、解放战争渡江战役，南京易攻难守的特点一直非常明显。当然，历史上发生在南京的战役很多，也存在一定数量的反例，如元末陈友谅、明末清初郑成功进攻南京，就都以失败告终。但总的来看，南京三面环江，江防一旦失守，就缺乏缓冲和回旋余地，水陆交通孔道又多而复杂，很容易被分割截断，不好控制；城内缺乏险要，且地理格局分散不紧凑；南面则完全是开放性的低地平原，没有任何遮蔽和阻碍，所以总体上是不利于组织防御作战的，除非在南京的政治军事力量实力强大、行动高效、目光长远，能够不局限于南京一城，主动扩大防御范围，积极拓展外线作战。否则一旦江北的淮南地区、江南的几个前卫节点和长江江防失去控制，就很难再有效抵御对手攻势。对此李纲曾有过一段较为精当的论述："建康控引二浙，襟带江淮，漕运贮谷，无不便利。然必淮南有藩篱形势之固，然后建康为可都。"其实就是说的南京这一军事地理上的弱点和特点。

257　《宋史》卷四百七十五《列传第二百三十四》之《叛臣上·刘豫传》。刘豫出身世代务农的农民家庭，太学生时期还曾偷盗过同宿舍同学的物品，因此虽然后来考取了进士，仍在官场上颇受歧视，一直不甚得志，名声风评也不佳。他是比较典型的对本政权心怀不满，纯粹希求富贵而投敌的官员。

258　《会编》卷一百三十五《炎兴下帙三十五》建炎三年十二月月末戚方杀后军统制扈成于金坛条：岳飞与扈成、刘经屯驻茅山时，"……经屯上观，成屯中观，飞屯下观，皆纵兵虏掠为资"；但也记载此事发生后，岳飞立即"与经、成议移军入广德军钟村"。可见即便下山掳掠百姓的士兵中确实有岳飞部下，岳飞也马上进行了处理，并立即着手考虑根本上的解决之道，没有放任和无视。而且从扈成后来的选择来看，岳飞很可能也对掳掠百姓的士兵进行了惩罚，只是迫于三支部队此时尚未正式合军，所以不如自己带兵时那样严厉而已。

259　秦桧的所谓"上书存赵"，也即在靖康二年东京围城中金军筹划扶立异姓为帝时，上书请求保留宋钦宗皇位，以至触怒金军被俘虏北上，是其早年的著名"忠义"事迹和主要政治资本。但实际上，这一事迹完全是秦桧自己编造和夸大的结果，这点在其生前就不断有知情人揭露，也都无一例外地遭到了秦桧的残酷迫害。其间具体史实与始末，可参考《宋史》及古典文献学学者韩酉山先生《秦桧"乞存赵氏"议状真伪辩》一文。不过回到建炎三年，很多高官和士大夫都尚不知道这件事的内幕，更不要说岳飞这样的中层军官，因此在当时的大多数人眼中，此时的秦桧还有着"忠臣义士"的光环，甚至可能被大众视为靖康之耻中少有的英雄人物之一。

260　《要录》卷二十九建炎三年十一月壬子条。

261　《会编》卷一百三十五《炎兴下帙三十五》建炎三年十二月七日辛巳条、八日戊午条。

262　《鄂国金佗续编》卷第二十八《百氏昭忠录卷之十二》吴拯编鄂王事条。另外值得一提的是，整理编写此篇岳飞事迹的作者吴拯，是与岳飞同时而且与岳飞交好、年龄也只比岳飞大一岁的抗金名将吴璘的幼子。

263　《鄂国金佗粹编》卷第四《经进鄂王行实编年卷之一》建炎三年条。有意思的是，由李娃、岳霖、岳珂共同整理的岳飞传记资料也即《鄂国金佗粹编》正文中，没有记载岳飞"与平生三、五辈，弯弓跃马倛伍中，击数十人。抵弓矢，大骂……"，以武力慑服意图叛逃将士的这一"高光时刻"；但岳霖、岳珂父子收集的第三方资料，如吴拯编鄂王事，则有此记载。这应当是因为岳飞此次收服的将士，可能有不少人后来成了岳飞的重要部属，甚至有一些直到岳飞平反后，仍有子孙在官军中任职。所以岳家的岳飞传记资料像略去张用与岳飞交战的记载一样，删去了这些人这一相对不光彩的记录，以免尴尬，而仅仅记录了岳飞后来劝说众将士的言辞。

264　《鄂国金佗粹编》卷第十九《经进鄂王家集卷之十·公牍下》之《建康捷报申省状》；《鄂国金佗粹编》卷第十六《经进鄂王家集卷之七·奏议下》之《广德捷奏》。

265　绍兴十一年冬兀术率军南下淮南逼迫南宋议和时，金军就曾因寒冬军粮不继，"有食奴婢者"（《会编》卷二百十五《炎兴下帙一百十五》绍兴十五年十月金人兀术殂条，金人李大谅《征蒙记》）。此外当时著名理财专家、名臣叶梦得的奏章中也提过这一情况。

266 《鄂国金佗稡编》卷第十六《经进鄂王家集卷之七·奏议下》之《广德捷奏》。另《广德捷奏》上记录的敌军首级数其实是一千二百一十六级，但推敲前后行文，不排除其中也有之前六战六捷的斩获，所以推测岳飞夜劫广德军金军大寨的杀敌数应当在一千上下。另外需要指出的是，不管《广德捷奏》记载的杀敌数是一次战役的数字，还是前后七战的总数，都相当可观，放在建炎三年宋军纷纷溃败的背景下尤为难得。可为参照的是十一年后宋军的顺昌大捷，刘锜部杀敌总数也不过五千而已。且刘锜上报的数字应非实际清点的首级数目（刘锜顺昌大捷的战果统计见《宋会要辑稿》兵十四之二十七、二十八条）。

267 《鄂国金佗稡编》卷第十六《经进鄂王家集卷之七·奏议下》之《广德捷奏》。此份捷报和前引《建康捷报申省状》，是岳飞建炎四年夏和朝廷恢复联系后，将此前多次战役战绩联合上报而写成的，因此涉及了不止一场战斗，时间跨度也较大。

268 岳飞严禁部下军队骚扰民间的具体规定，散见于曾敏行著《独醒杂志》、《忠正德文集》卷一《乞支降岳飞军马钱粮状》、《周益国文忠公集》、《平园续稿》卷三十七《龙洲居士严君（致尧）墓碣》、《鄂国金佗稡编》卷第九《经进鄂王行实编年卷之六·遗事》、《鄂国金佗续编》卷第二十七《百氏昭忠录卷之十一》文林郎和黄元振编岳飞事迹、《齐东野语》卷二十《岳武穆御军》等史料中，此处为依据上述记载的集中提炼。值得一提的是，《独醒杂志》作者曾敏行，《忠正德文集》作者赵鼎，黄元振编岳飞事迹作者黄元振之父黄纵，以及周必大为之作墓志铭的严致尧，都是岳飞同时代人，其中黄纵和严致尧还是岳飞的亲信幕僚。因此这些记载都是时人耳闻目睹甚至亲身见闻，还原度是很高的。

269 宋代普通家庭一个月的生活开销费用，参见《宋代物价研究》第560—570页的统计。程民生先生考证统计的结果其实是一个家庭一个月三贯左右，这里考虑了北宋末南宋初通货膨胀的因素，姑取十贯上下。

270 《鄂国金佗稡编》卷第九《经进鄂王行实编年卷之六·遗事》。"打虏"即抢劫。

271 《鄂国金佗稡编》卷第五《经进鄂王行实编年卷之二》绍兴二年条，记载岳飞绍兴二年（1132）剿灭流寇曹成时，曾当着被抓获的曹成军间谍，佯装失言泄露了军粮已尽的机密，而后又假装才发现曹成军间谍还没被带走，懊恼不已，"捽耳顿足而入"。所以一着急或者不知所措时就"捽耳"也就是揪耳朵，可能是岳飞平时就有的习惯动作。

272 《会编》卷一百三十五《炎兴下帙三十四》建炎三年十二月七日辛巳："兀术既得建康府，区处已定，乃率众焚溧水、建平，路趋杭州。一路居民但知溃散之乱军兵，不虞是金人，故聚集居民及乡兵，若将捍御者。金人以为拒战，所以溧水、建平皆焚烧杀戮而去。将近广德军，知军周烈亦未知是金人，谓为溃兵，遣人以好语迎之，许其犒军，且约其不扰。金人许之。故烈无虞心。俄顷，金人传箭至，招其投拜。烈大惊，索马而奔，金人追至二十里，被执至杭州杀之。金人陷广德军，焚烧罄尽。"

273 此处的马皋与前文提及的东京留守司统制官、"一丈青"王氏的丈夫马皋重名，并非同一人。

274 《要录》卷三十三建炎四年五月癸亥条："右文殿修撰知常州周杞罢。……言者论其苛虐。浙西制置使韩世忠亦奏杞残刻害民，乃罢之，仍夺其职"；《皇宋中兴两朝圣政》卷十《高宗皇帝十》绍兴元年十一月甲寅："周杞任情喜怒，不免滥刑，以故言者纷纷。……闻杞守常州，数滥杀人，岂得不治"；《要录》卷五十一绍兴二年二月庚辰条："……杞在常州为政残酷，会大旱，上御经筵，问所以致旱之由，显谟阁待制胡交修时为中书舍人，对曰：此殆杞佚罚。……而杞坐贼杀不辜及赃罪流，故窜。"

275　《会编》卷一百三十六《炎兴下帙三十六》建炎四年正月岳飞屯于宜兴县条。

276　根据《鄂国金佗稡编》卷第五《经进鄂王行实编年卷之二》的记载，岳飞在建炎四年正月本决定应赵九龄、周杞之邀入驻常州，只是因为当时金军正在围攻常州，"会城陷，未及行"。然而考察其他史料的记叙，常州自建炎三年十二月七日戚方袭扰被击退后，直至建炎四年三月底，都未有遭金军或溃兵流寇攻打之记录。所以《鄂国金佗稡编》此处的记叙显属错误，岳飞之所以不去常州而去宜兴，也当另有原因。本文所写的因素即为结合当时局势和相关人物生平而作的推测，并非史料原文记叙，有一定主观成分。

277　岳飞入宜兴县的时间，《会编》和《要录》记载为正月，宜兴县令钱谌在《宜兴县生祠叙》中记载为二月，无疑当以亲历其事、又最早（当年八月一日）记叙此事的钱谌的记载为准。不过以广德军与宜兴、常州之间的路途距离和当时的信息传递速度来看，《会编》和《要录》的记载可能也并非讹误，或许是常州、宜兴官员发出邀请并联系上岳飞的时间。

278　《会编》卷一百三十六建炎四年正月上旬。

279　同上。

280　《鄂国金佗续编》卷第二十八《百氏昭忠录卷之十二》从事郎前永州军事判官孙迪编鄂王事引邵缉献书条。

281　《鄂国金佗稡编》卷第五《经进鄂王行实编年卷之二》建炎四年条。

282　《鄂国金佗续编》卷第三十《百氏昭忠录之十四》之周端朝作《宜兴县鄂王庙记》、钱谌作《宜兴县生祠叙》。

283　同上。

284　即祭祀宜兴本地名人、西晋名臣周处的祠庙。周处是魏晋时期东吴治下宜兴人，少年时曾因好勇斗狠而成了故乡"三害"之一，但后来改过自新，射虎斩蛟，为乡人除去了"三害"，又在晋灭吴后出仕西晋，为官清正，刚直不阿，最终更忠于职守，在西征氐人齐万年时以身殉国。因此，受乡人敬重，在其故乡宜兴为之立祠祭祀，因周处谥号为"孝"，曾获封侯爵，而称周侯庙或周孝侯庙。建炎年间，宜兴百姓为岳飞立石刻画像设生祠时，也是立于周处庙偏殿内，而未另建祠堂。此庙至今尚存，是江苏省省级文物保护单位。虽然大部分建筑已经是清代或近现代所建，但正殿还有少量宋代建筑遗存，香火也仍然繁盛。

285　薛季宣《周将军庙观岳侯石像二首》诗及题注原文为：侯祠初毁，道士不忍坏侯像，沉荆溪中，因得不坏。

诗其一：万死何知狱吏尊，威名盖代古难存。二桃岂当为功高赐，一舸不容身退论。几为饮江思道济，缪因图像削王敦。沉碑千古蛟川恨，留与无穷客断魂。

诗其二：军声良苦听南风，说礼敦诗也不容。斗蚁达聪良是病，战蜗流血可同宗。亲疏间人联镳话，真假言从蹑足封。趣诏河阳长已矣，隆中悲切起人龙。

286  《鄂国金佗续编》卷第三十《百氏昭忠录卷之十四》之钱谌作《宜兴县生祠叙》。

287  岳飞再娶的时间史料无记载，此处系于建炎四年二月底三月初岳飞驻军宜兴期间，是根据岳飞三子岳霖的出生日期，以及宜兴民间流传的岳飞后妻李娃为本地周铁镇人的传说推测得出的。李娃家乡何处史料无载，但当地长期有此传说，说明李娃和岳飞确有可能是在宜兴成亲的。

288  基于文字史料和实物史料（主要是记载墓主生平的各地新出土墓志铭）的统计结果显示，宋代女性初婚年龄是古代社会历朝历代中相对较晚的，中上层女性的平均初婚年龄在18、19岁之间，但是26、27岁甚至更晚才成婚的也不在少数。晚婚女性中占比例最高的是平民女子，其次即为中下层官僚家庭出身的女性。导致晚婚的原因主要有三：无钱陪送嫁妆；家中太爱重导致择婿困难和战乱。所以考虑到北宋末南宋初的时局，其实也不能排除李娃是晚嫁初婚的可能。

289  此段岳霖、岳震姓名和见易园园名典故出处及与李娃文化水平的关系，出自"豆瓣"网友"拟古"的考证，特此鸣谢。作者在这方面属于文盲，此类上古典籍基本没通读过，或者看了也看不懂……不过在唐宋时期，这些书籍就已经属于极为高深的古典文献和理论著作了，即使有进士出身的士大夫也未必谙熟，所以更可看出李娃的学养绝非一般女子可及。

290  出自岳甫作《水调歌头·送编修楼公易镇武昌》："鲁口天下壮，襟楚带三吴。山川表里营垒，屯列拱神都。鹦鹉洲前处士，黄鹤楼中仙客，拍手试招呼。莫诵昔人句，不食武昌鱼。望樊冈，过赤壁，想雄图。寂寥霸气，应笑当日阿瞒疏。收拾周黄策略，成就孙刘基业，未信赏音无。我醉君起舞，明日隔江湖。"

291  出自岳甫作《巾山晓望》："角逐东来几巨鳌，化为奠位两山高。江枫作意红千叠，野水何心绿一遭。露洗松巅沈晓籁，霜明天际察秋毫。会须竹院求余地，岁晚安闲读楚骚。"

292  富于权势财富的人，身边从来不缺用来满足欲望的异性甚至同性，古今概莫能外，宋代也不例外。仅以与岳飞同时的南宋初文武官员来说，不仅吴玠、吴璘、张俊、韩世忠等人广蓄姬妾，仅获得外命妇封号的妾室就有数人之多；李纲、吕颐浩等位至宰执的文臣，家中也是姬妾如云。当然如果生活过于奢侈纵欲，也会被时人指摘，如吕颐浩就因年事已高还花费重金买美妾而被同时期的名臣李光议论批评过。但总体来说，只要不太过出格，纳妾养伎在当时还是美事，也是达官贵人中流行的攀比指标之一。

293  岳飞对妻子倾诉心事的记载见于《鄂国金佗粹编》卷第九《经进鄂王行实编年卷之六·遗事》："视国事犹其家常，以国步多艰，主上春秋鼎盛，而皇嗣未育，圣统未续，对家人私泣，闻者或相与窃迁笑之。"——这里的"家人"虽未书姓名，但无疑就是李娃。因为当时岳家的成年人仅有岳飞、李娃和岳云，其余都是孩童，如果是对岳云谈论国事，则完全不必讳言；只有李娃，如果明写岳飞对其哭泣的话，是不合当时礼法观念和道德要求的：儒家理念影响下的家庭观和感情观，更强调秩序和稳定，进而对包括个人情绪在内的各种表达和互动都要求"中庸"，也即避免极端化；同时也强调"夫为妻纲"；所以夫妻间过于亲昵的举动，过于激烈、直接的感情表露，尤其是丈夫表现得比妻子更为脆弱、被动，哪怕仅仅是一时、一事，都是不被提倡的。可为参照的是北宋时曾有官员在妻子去世后，于葬礼上当众痛哭不止，就被视为违反礼法有碍观瞻之举，因而在更正式的传记里删去了此一记叙。

而岳飞此事也是因涉及宋孝宗即位之事，才难以忽略不提，但也不得不略去李娃的姓名，才能符合当时的道德要求。

294　据《宋史》卷八十八《志第四十一·地理四》）记载，常州（含宜兴、无锡两县在内）在徽宗崇宁年间，户数已达一十六万五千一百一十六户，考虑到宜兴、无锡均为望县（自唐代起，县级行政单位开始依据政治地位、地理条件和户口数字，分为"赤、畿、望、紧、上、中、下"七等。依据北宋政和年间确定的标准，户数在万户以上的县为"望"县），则常州城内的居民户数，当在十万户上下。宋代一户的平均人口在五口人左右，即使再考虑户口统计可能虚报的情况，常州城内人口数也不会低于四十万。建炎二年年初，金军一度兵临扬州，宋高宗赵构逃难时曾路过常州，当时常州官吏多逃遁避敌，百姓逃难者也不少。这样扣去战乱逃难人数和周杞弃城前就移家宜兴的"万余家"常州居民，建炎四年三月初周杞弃城时，常州城内人口可能在十万左右，跟随周杞撤退到宜兴的可能在这个基础上再减少一些。这也与当时担任常州副长官"通判"之职的梁汝嘉神道碑中"杞退保宜兴，部民数万，倚公安集"的记载相契合。因跟随周杞撤到宜兴的常州居民会自行疏散一部分，未必全要靠官吏保护安置。

295　周必大撰《宝文阁学士、通奉大夫、赠少师梁公汝嘉神道碑》。

296　据熊克著《中兴小历》、王明清著《挥尘录》、朱熹门人编《朱子语类》及周必大撰《宝文阁学士、通奉大夫、赠少师梁汝嘉神道碑》等史料记载，梁汝嘉与赵构的关系异常亲厚，与秦桧的关系也一度不错，但与岳飞则没有任何往来记录，也绝口不提建炎四年他和岳飞曾在宜兴县的交集（但根据史料记载比对可知，两人在这个时间点上的会面和共事是无可置疑的）。然而梁汝嘉在绍兴八年宋金第一次和议时，曾与张焘、晏敦复、薛徽言等七名高级官员一起上书指斥和议、反对宋高宗"屈己"礼遇金使，最终全靠与赵构的私人关系才使得赵构"不以为忤"。自绍兴九年（1139）起，又多次主动请求外放（即到行朝之外的地方任职）、宫祠（即申请提前退休），明显流露出不愿再与宋高宗、秦桧君臣周旋的态度。甚至在绍兴十一年宋高宗信用秦桧，对金求和之意已经十分明确的情况下，梁汝嘉仍利用自己虽为地方官员却可以直接上书给赵构的"特权"，指责秦桧对金战略严重失当，反对朝廷收诸大将兵权，每次建言几乎都与岳飞的战略主张一致，而与赵构、秦桧推行的政策相反。绍兴十一年年末宋金第二次和议达成、岳飞遇害后，梁汝嘉更是屡屡辞官请祠，实际退出了政坛。这些表态和建议，在当时的政治背景以及梁汝嘉与赵构的特殊关系下，风险极大，甚至有可能累及自身性命。所以梁汝嘉虽是赵构宠臣，也未有与岳飞交好的记录，但考其行迹，其政治立场显然更接近岳飞在朝中的"隐身友军"，而非赵构、秦桧的爪牙。特别是他在绍兴十一年提出的一系列建议，虽然出于明哲保身的顾虑，未能作出更坚决的表态和行动，但对岳飞当时正在千方百计推进的诸多保护南宋国防的努力来说，仍是有所助力的。因此可以推测建炎四年梁汝嘉与岳飞在宜兴县共事期间，合作应该是相当愉快的，也建立了良好的私人关系，只是后来迫于官场形势，不便公开表露高调宣扬而已。

297　《会编》卷一百三十七《炎兴下帙三十七》建炎四年二月十三日丙戌条。

298　《会编》卷一百三十七《炎兴下帙三十七》建炎四年二月二十五日戊戌条。

299　韩世忠在建炎三年十二月中自江阴军、平江府撤至秀州通惠镇至松江入海口一带驻扎，开始大造舟船。建炎四年年初，也即正月间赴赵构驻跸的明州朝见，报告了自已在通惠镇打造水师，以待金军北归时邀击于运河上、断其归路的计划。岳飞当时正在茅山至广德军整军转战途中，自然很难得知韩世忠朝见的情况，但广德军与秀州相隔不远，岳飞又向来重视哨探和情报收集，所以韩世忠部在秀州通惠镇的活动岳飞应是有所了解的，凭其军事素养也很容易判断出韩世忠的用兵意图。包括二月韩世忠部自通惠镇返回镇江的消息，当时身在宜兴的岳飞也肯定至迟在二月下旬就已知悉。但三月十五日，也即金军占领常州五日后，韩世忠部与此日北归至镇江的兀术部在镇江金山一带小规模交锋的情报，由于战乱阻隔，和岳飞当时正忙于安顿常州难民等原因，可能知道得较晚，所以到三月二十日前后岳飞率军北上常州作战时，很可能还不知道，或者刚刚得知韩世忠部已经正式和金军开战。

300　此处岳飞留下的张渚镇留守兵力系作者推测。根据史料记载，建炎四年二月后，刘经一直留守后方，未上战场；而从其之前收复溧阳县、追剿郭吉的兵力记载来看，刘经日常统率的兵力应在一千人以上、两千人以下。此外，由于刘经一直未同意正式归入岳飞麾下，所以岳飞出于保护和防范，应该也留下了和刘经部数量相当的本部人马。

301　《鄂国金佗粹编》卷第十九《经进鄂王家集卷之十·公牍下》之《建康捷报申省状》；《鄂国金佗粹编》卷第十六《经进鄂王家集卷之七·奏议下》之《广德捷奏》。

302　《夷坚志》乙卷第四《扈宣赞》；《要录》卷三十二建炎四年三月己巳条。其中《夷坚志》关于戚方侮辱死难者遗体以贮铜钱的记载可能有所夸大，但即使确是夸张描述，也可以侧证戚方及其部下之凶残暴虐，给当时的人们留下的印象有多恐怖。

303　此处兵力系根据史料推测。据《鄂国金佗续编》卷第二十八《百氏昭忠录卷之十二》从事郎前永州军事判官孙逌编鄂王事引绍缙献书条记载，建炎四年夏秋间，岳飞全军有"精锐能战之士几二万人，老弱未壮者不在此数，胜甲之马亦及千匹"；岳飞自己写于建炎四年四月十二日的《广德军金沙寺壁题记》，也提到自己"遂拥铁骑千余，长驱而往"。不过"胜甲之马""铁骑"表明，这一千余骑兵可能仅是重骑兵，按照骑兵一般一人要配两马甚至三马的配置来说，可能还有接近千匹的、不能披带马甲但也可上阵的马匹，以及一定数量的轻骑兵。另外，岳飞既然回军宜兴张渚镇，应该也会带有一定数量的步兵，并增加张渚镇大后方的防守兵力。

304　此节叙事系据宋末元初著名文人周密所著《齐东野语》卷十三《岳武穆逸事》中的记载推测，有一定主观成分。周密原记载描述这一事件的过程是"杜充之驻建康也，岳飞军立硬寨于宜兴，命亲将守之。飞兵出不利，夫人密谕亲将选精锐、具糇粮，潜为策应之备。未几，飞兵还，即入教场呼问之曰：'汝欲何为？'曰：'闻太尉军小不利，故择敢战之士以备策应，此男女孝顺耳。'飞曰：'吾命汝坚守根本，天不能移，地不能动。汝今不待吾令，擅自动摇，是无师律也！'立命责短状。将大惧，祈哀吐实，谓'此非某所自为，盖夫人亦曾有命耳。'飞愈怒，竟斩之。"也即岳飞因妻子李娃牵涉军务而恼怒，处死了违反军纪擅自行动的部将，但没追究妻子的责任。此事为周密独家保存的"孤证"，他书所无，行文间除赞叹岳飞军纪严明之外，也多少有替被斩部将抱不平的情绪。然而考察岳飞早期相关记载，由于在大众眼中，岳飞统御部众向来以宽严相济、爱护将士、体恤下情著称；

但在附和赵构、秦桧诋毁岳飞的一些文人士大夫眼中，又常以其虽然军纪严明，但对部下过于苛刻为攻击点，所以岳飞治军十几年间，几乎每次依法处死将官级别的下属，都会被记录下来，作为与其大众印象有差别的"特例"大书特书。因此若岳飞真有过因妻子干涉军务而迁怒部将处以死罪的行为，其他较《齐东野语》更早出的史料应该早有记载，甚至可能会成为岳飞蒙冤时被大肆宣扬的罪状，不可能在岳飞生前和被害后平反前的二十年内无人传播，连被杀部将的名字都没有记录。所以周密记载的这则岳飞逸事中，声言是奉岳飞夫人之命准备出兵的部将，很可能就是后来因企图杀害岳飞家人、另立一军而被岳飞处死的刘经。只是传扬此事的人或者因为转述时距离事情发生的年代已远，或者因为记忆有误、以讹传讹，而把刘经此次违纪和后来被杀混为一谈，并以为此次违纪就是刘经的死因了。在历史的叙述与记载中，这种事有其本、但细节偏差较大的情况很常见，在通信不畅、资讯不发达的古代尤其如此。例如，绍兴十一年秋，南宋大臣荣嶷在湖北为官时坚决不接王俊诬告岳家军大将张宪之状，但另一名接了王俊状子的官员汪叔詹，其妻恰好去世于绍兴十一年年末，其子汪若海因而按制去官守孝，于是荣嶷之子便误以为汪叔詹向上递交了王俊的诬告状后，就遭到报应暴病而亡。当事人的直系亲属兼可能的亲历者，尚且会记忆不确至此，更不要说写《齐东野语》时上距建炎四年已经有一百五十多年的周密了。

305　建炎三年十二月，张俊在明州阻击南下追赶赵构金军分兵所获得的明州之捷，是南宋朝廷绍兴十年（1140）九月二十二日颁布文件认定的所谓宋军对金作战"五处战功"之首（另四处分别为韩世忠大仪镇之捷、吴玠杀金坪大捷、吴璘和尚原大捷、刘锜顺昌府大捷。此份文件颁布于岳飞被迫班师之后，所以有意忽略了岳飞一军的抗金战功），后来又进一步成为南宋官方确定的"中兴十三处战功"之首。但其实张俊这一仗面对的金军部队，仅为兀术派出的一支分兵，兵力根据《金史》中《宗弼传》的记载，仅有四千人；张俊所做的，也只是在文臣刘洪道等人协助下，带领本部一万多人马对这支人数远少于本军的金军予以阻击，之后不待朝廷命令就"声言陛下召之……假上诏令，以欺其欲战之人"，放弃明州南下追赶赵构，结果导致明州被金军屠城。不久后上书弹劾张俊的大臣汪藻，甚至认为张俊此役是"前日至小之捷，乃莫大之祸也。……残明州无噍类焉。是杀明州一城生灵，而陛下再有馆头之行者，张俊使之也"（《会编》卷一百三十六《炎兴下帙三十六》建炎四年正月三十日癸酉条载汪藻上书）。其他随赵构航海避敌的多名大臣所作的即时记录，如时任吏部侍郎的李正民之《己酉航海记》、时任御史中丞的赵鼎之《建炎笔录》、时任言官的王廷秀之《阅世录》，也都明确记载张俊此战，即使是张俊自己上报给朝廷的捷奏，都承认是"杀伤相当""得失略相当，仅能却之而已"，至于可验证的战果，则仅有差人送来的"带（耳）环首级二级"。对比同时期岳飞一军在广德军、常州以及后来的建康府之战中动辄几百、上千的斩首数，明显是仅仅起到了小挫金军前锋的作用。且金军退兵也主要是等待兀术的指示和大部队前来，并非真正败退。此外，张俊在最初接到赵构令其阻击金军以掩护中枢君臣航海避敌的诏令时，也迁延不欲战，经赵构反复激励、许诺和部下谋士劝解，才勉强出战，战前坚壁清野时大扰民间，"乘贼先而恣掠卤。时城中人家少，遂出城，以清野为名，环城三十里居民皆遭其焚劫。或以金帛牛酒饷之，幸免。与纷争，杀之。有城南汤家子，先殴其卒，走啸众来，痛击垂死，积稻秆蔽之。兵去，人或救之者，尚活，而肤体已焦裂，少刻而死。"（《挥尘后录》卷九颖彦又记高宗幸海事条）——残害民间在先，夸饰战功在后，最后又小胜即弃城池百姓而走，导致明州民众对张俊并不感念，反而恨之切骨。所以十一年后南宋朝廷将此战列为对金五处战功之首，只是出于褒扬张俊、打压岳飞的政治需求而已，即只录张俊、韩世忠、吴玠、刘锜之功，而忽略岳飞部远在此数人之上的战功，以作为对岳飞此前违诏出师北伐的惩戒和警告。但并不能改变诸多真实记录和此战在当时人心目中的评价，更不能掩饰张俊到此国难深重之时依然迁延避战的一贯消极态度。

306  《鄂国金佗稡编》卷第十九《经进鄂王家集卷之十·题记》之《广德军金沙寺壁题记》；《咸淳毗陵志》卷十四《祠庙·宜兴金沙寺》。其中《鄂国金佗稡编》所载此文稍有润色，所加的标题也有讹误：此处的金沙寺应为宜兴金沙寺，而非广德军金沙寺。具体考证辨析可参考1988年版《岳飞研究（第一辑）》中顾文璧撰《岳飞金沙寺题记问题及其研究》一文。本文认同顾文璧老师的论证，同时题记文字也以《咸淳毗陵志》为准。

307  《会编》卷一百三十七《炎兴下帙三十七》建炎四年四月张俊为两浙西路江南东路制置史条。

308  《会编》卷一百三十八《炎兴下帙三十八》建炎四年四月汪藻奏谕金人留建康乞分张俊军马策应条。

309  《鄂国金佗稡编》卷第十六《经进鄂王家集卷之七·奏议下》之《广德捷奏》。

310  《会编》卷一百三十七《炎兴下帙三十七》建炎四年三月十日壬子条记载，金军攻占常州后"路经过，不住"，也即没有留兵驻扎州城；但《鄂国金佗稡编》中，则明确将岳飞收复常州的作战时间系于建炎四年四月后。而岳飞此战的捷报、斩获首级和所获敌军活口，事后是正式上报给了南宋朝廷并进行了隆重"献俘"仪式的，还有上奏天子的奏章和向枢密院报告的"申省状"存留，所以不可能无中生有杜撰此战。结合当时金军与宋军的交战形势和岳飞出兵常州的时间来看，常州驻扎的金军很可能是兀术在镇江受困于韩世忠部后，自镇江退回或自建康府留守部队派出的、负责扼守通路以备万一的分兵，而且后来可能随着兀术一军遭困时间的延长而又有加强。此外，根据《金史》中此次随兀术南征各大将的传记资料来看，当时常州周边县镇和运河闸口等处也可能有散兵屯驻，只是未必都是兀术亲自调拨指派的，因此《会编》中所谓的金军未屯兵留驻，应该只是常州府刚被攻占时的情况。

311  岳飞在建炎四年三月到四月间的征战情况和行动先后次序，特别是"袭逐（常州境内驻扎金军）至镇江府"与进军建康府之间的情况，史家论述多有不同。如王曾瑜先生在《岳飞新传》中认为，岳飞是先收复常州、袭逐敌军至镇江，后收到戚方攻陷广德军的消息回师宜兴、追击戚方至广德军，而后又返回宜兴，再由宜兴北上收复建康的；顾文璧老师则认为岳飞袭逐镇江之敌是委任部将完成的，亲率大军收复建康则是从宜兴出发北上，也即认为岳飞虽未去广德军，但仍是从宜兴北上至建康。以上诸说大都认为袭逐镇江之敌与北上建康之间的间隔时间较长。但本文认为，第一，《鄂国金佗稡编》将常州之战明确系于四月后这一点应予以考虑，不能因《会编》和《要录》中记载常州失陷是在三月十日，就简单认为是《鄂国金佗稡编》此处系时错误；第二，从《宜兴金沙寺题记》的内容来看，岳飞途经金沙寺时，身边仅有"铁骑千余"，这不太像率主力执行收复建康府这样重大的任务，更像是紧急回援后又折返；第三，金沙寺位于宜兴东南方向的湖滏镇，岳飞除非是要循宜兴、常州之间的涌湖之东岸陆路北上常州，否则从张渚镇去建康府、镇江府、广德军和宜兴县，都没必要路过此地。例如一个月后，岳飞收复建康府后回师宜兴，就是取道溧阳县循涌湖西岸返回的，而未经涌湖东岸。所以可以判断岳飞路过金沙寺的这次征途，目的地仍是常州。若说岳飞此时已收复常州，则又没有必要在进军建康时再次路过，也没有必要带如此少的兵力往返于常州、宜兴、张渚镇之间。因此《鄂国金佗稡编》将岳飞常州之战系于四月很可能是史实。这样再结合《宜兴金沙寺题记》"四月十二日"的明确纪日、周密《齐东野语》中岳飞曾回师宜兴的记载，以及常州、宜兴、张渚镇之间消息往返、行军所需的时间，本文推测岳飞收复常州的战斗过程是：三月下旬进入常州境内与金军交战；中途为防范戚方袭击后方大本营而一度回师张渚镇；十二日排除戚方部袭扰张渚镇的可能后重新北上，途中路过了金沙寺；而后返回常州，继续作战，收复常州并追袭金军到镇江。也就是追袭敌军至镇江府境内是和西进建康连续在一起的行动，并且结合韩世忠部黄天荡之战的进程来看，很可能是岳飞进入镇江境内后，获知金军已从黄天荡突围、又逃到了建康府与韩世忠部对峙后的临时决定，目的是从南向北攻击建康府金军，配合韩世忠部的战斗。

312 《会编》卷一百四十三《炎兴下帙四十三》建炎四年十月十三日癸未条；《鄂国金佗稡编》卷第五《经进鄂王行实编年卷之二》建炎四年四月条。

313 本文对韩世忠部与金军黄天荡之战的描述，除原始史料记载外，主要参考了周宝珠先生的《关于宋金黄天荡之战的几个史实问题》和杨倩描老师的《宋金镇江"金山大战"考实——宋金黄天荡之战研究之一》两文。简言之，在三月中旬到四月末长达四十一天的时间里，韩世忠一军和金军连续在镇江、黄天荡和建康府对峙交战，给金军造成了相当大的困扰。但需要指出的是，韩世忠部在此战中的战术，其实是相对保守和被动的，基本只是以宋军海船相对于金军轻舟的技术优势和沿江水网地利，围堵封锁不擅长水战的金军，而基本没有主动出击的作战行动，对敌军动态的侦查监控也不够及时，所以才有金军多次通过开挖河道突围之事。单就这一战的临阵指挥水平而言，其实是金军统帅兀术更为出色，几次战斗中表现出的应变能力、学习能力和心理素质都相当强大。这也是为什么最终在建康府战败韩世忠后，兀术没有马上整军北归，反而有意长期留驻江南的原因之一：对韩世忠部的胜利，令兀术认为金军已经掌握了水上作战的要诀，自此面对宋军再没有任何战术短板了。当然，对比当时其他南宋大将，如张俊、刘光世、辛氏兄弟等人在南宋朝廷已经明确下诏催促宋军出击的情况下，仍迁延避敌、一兵不发的行径，韩世忠能在宋军一溃千里、皇帝航海避敌的绝境中，不待朝廷指示就主动筹划反攻、挑战金军，并且能够充分发挥本部人马所掌握的军事技术和地理优势，使金军长时间处于不利局面，甚至一度陷入绝境，已经是非常难得的、对当时士气民心激励极大的壮举了。

314 南京牛首山文化旅游区和紧邻的将军山（其实也是牛首山的一部分）风景区至今尚有岳飞抗金故垒遗迹存留。

315 《鄂国金佗稡编》卷第五《经进鄂王行实编年卷之二》建炎四年的记载，说兀术四月二十五日击败韩世忠部北渡到六合县后，又于五月"复趋建康"，《会编》《要录》则无此记载。但对照岳飞同时期名臣叶梦得于绍兴初年所撰的《建康掩骼记》，可以确认《鄂国金佗稡编》的记载是准确的，并非为抬高岳飞战功而作的夸张：《建康掩骼记》中明确记载金军"虏……明年夏，回自浙东。五月，复至建康，与所留兵合。丙午入城"。考察其前文行文，这里的"虏"明显是指兀术亲率的金东路军主力，也就是说五月回城的金军，是包括兀术在内的。另外，《要录》卷三十三建炎四年五月乙卯（十四日）条记载宋昌祚守和州事迹时说"完颜宗弼既渡江，和人共推兵马都监、武德大夫宋昌祚权领州事，率军民固守。逮敌北归，复围之。……阅数日，宗弼亲督众攻城"，也可以作为宗弼长期停留建康府的侧证。也就是说岳飞在建康府面对的是江北金军与留守建康金军合兵后的重兵，而不是许多学者误认为的，留守建康的仅是金军"偏师"。

316　根据史料记载和传世图像资料，金军军服衣甲和旗帜都以黑色为主。

317　岳飞夜袭雨花台大寨金军应是在五月五日前后的事情，其时月相为趋向于上弦月的蛾眉月，日落后二至三小时即落入地平线后不见，所以夜间天色会格外黑暗，对不擅长夜战的金军来说，是极为不利的作战环境。

318　《鄂国金佗稡编》卷第五《经进鄂王行实编年卷之二》建炎四年编，将岳飞占据雨花台大寨的这一突袭系于五月十日兀术"次于龙湾"，也即准备北逃之时，并说岳飞在这一战后又与兀术部大战并获胜。但一来，宋元时期的龙湾渡口在今江苏省南京市下关火车站以北一带，在当时已属建康府北郊，所以如果兀术已到此地准备渡江时岳飞才占据雨花台大寨的话，那么金军很难再派大军穿越建康城，到位于建康府南郊的雨花台与岳飞部交战了，包括雨花台大寨也不太可能留兵驻守。二来，根据《行实编年》的记叙，岳飞攻取雨花台时仅有骑兵三百、步兵两千，远非全军主力，即使是骑兵也仅有岳飞当时所掌握骑兵的十分之三。若是十日金军北撤时追歼金军的收复建康最后一战，不太可能带如此之少的人马而且不动用精锐。因此，本文根据史料和当时的军事形势推测，岳飞部占据雨花台大寨很可能是有两次，一次在夜袭金军之后，一次在兀术率金军放弃建康府北逃之际。而《鄂国金佗稡编》此节叙事因最初主笔的岳飞夫人李娃时在宜兴后方，并未亲历此战；随后岳霖搜剔材料修改补充时，又因收复建康关键战役的捷报省札已经被秦桧及其党羽销毁，只能从邵缉建炎四年荐岳飞上书、叶梦得《建康掩骼记》等材料中摘录大概经过和战果，而无从考据细节，所以出现了遗漏和错误，将两次占据雨花台大寨混淆了。

319　岳飞一军破坏运河通道没有史料记载，系本文推测。根据兀术最后选择建康以北诸渡口中位置偏东北的龙湾渡北渡，而且辎重和掳获也是陆运到渡口再装载上船来看，兀术撤军时明显没能选择从秦淮河水道直接入江这一更为快捷的运输行军方式。所以岳飞部很可能在驻扎城南时，分兵破坏了金军与韩世忠军对垒时开掘的自秦淮河入江通道，从而迫使兀术所率的金军大部队不得不先穿过建康城陆行至城北，再从龙湾渡口渡江，这才创造了在静安镇截杀金军渡江之师的机会。

320　此处系本文根据史料的推测，理由见本书注释第318条。

321　现存史料没有记载兀术的出生年份，而仅记载了其卒年。但兀术的三哥、金太祖完颜阿骨打的第三子完颜讹里朵（也即完颜宗辅）因其子完颜雍后来继承金国皇位为金世宗，所以生卒年记载明确，可以确定系公元1096年生人，也即比岳飞大七岁。所以兀术的年龄也应与岳飞接近，至多大六岁。这在金国开国诸将帅中已经是非常年轻的晚辈了。因金国开国君臣以金太祖完颜阿骨打为代表，大多到宋徽宗年间起兵反辽时已是中年人甚至老年人，比南宋初年的后起名将年长不少，差了一辈人甚至更多。

322　叶梦得撰《建康集》卷四《建康掩骼记》。

323 《鄂国金佗续编》卷第二十八《百氏昭忠录卷之十二从事郎前永州军事判官孙迪编鄂王事引邵缉献书条》；《鄂国金佗稡编》卷第五《经进鄂王行实编年卷之二》建炎四年条。如前所述，《行实编年》记载的建康之战战果，基本摘抄自邵缉建炎四年直接写给皇帝的《荐岳飞书》，所以其可靠性是有保证的。但也可以看出岳飞遇害后相关档案文件和记载损毁确实相当严重，甚至连其早期收复建康之捷报奏章也未能逃过。

324 类似观点在专业学者中也不乏人提出，较新近的论述可参考北京师范大学游彪老师的相关访谈节目和论著。

325 《会编》卷一百三十八《炎兴下帙三十八》建炎四年四月汪藻奏谕金人留建康乞分张俊军马策应条。"宸翰"即皇帝手书。

326 叶梦得撰《建康集》卷四《建康掩骼记》。

327 关于岳飞此次朝见的时间，《要录》与《鄂国金佗稡编》的记载相差很大：《要录》卷三十三将此事系于建炎四年五月戊辰也即五月二十七日，《鄂国金佗稡编》卷第五《经进鄂王行实编年卷之二》建炎四年条和《鄂国金佗稡编》卷第二十五《吁天辨诬卷之五》之《承楚辨》则系于六月，并特别明确朝廷正式举行献俘仪式是在六月二十九日。考察诸书对岳飞六、七月间征讨戚方部和镇江兵匪的系时，笔者认为还是应以《鄂国金佗稡编》记录的日期为准。不过，《要录》的记载也未必完全错误，结合岳飞收复建康的日期和当时信息的传递速度，以及朝中君臣决定要让岳飞入觐并举行献俘仪式所需的时间，《要录》记载的这个日期，可能是朝廷下达令岳飞前来越州朝见的诏书的时间。

328 杨么本名杨太。因其年轻，在钟相部下中年纪最小，所以被当地民众称为"杨么"（"么"同"幺"，是当时荆楚方言中对小辈、年幼之人的称呼），并随着其势力的不断扩大而传播得越来越广，逐渐取代了其本名。宋代史料记载中也一般记作"杨么"。

329 《要录》卷三十三建炎四年五月癸亥条。另据《要录》作者李心传的推测，刘光世此处提到的"切齿恨臣，未尝一日忘念"的大臣，应当是指此时刚刚罢相不久的吕颐浩。因刘光世之前一直畏敌畏战，对朝廷诏命各种抗拒，建炎三年末到建炎四年初在淮西、江西，更是逡巡避敌，和金军一仗都没打，导致在江西躲避金军的隆祐太后等六宫眷属和随行官僚、宗室几乎被金军追及俘获，所以向来主张积极抗敌，而且对武臣的态度极为严厉，连韩世忠的表现都常常不满意的吕颐浩，确实很难不憎恶刘光世。

330 宋代的手弩是一种可随身携带的小型弩，多用于近战，且大多数时候只来得及发一箭，功能大致可以理解成中世纪冷兵器版的袖珍手枪。

331 岳飞用镫里藏身躲过了戚方暗箭一事于史无载，是本文依据史料所作的推测。因《鄂国金佗稡编》卷第五《经进鄂王行实编年卷之二》建炎四年条提到此事时，明确说戚方用的是手弩，又射中了岳飞的马鞍。而宋代手弩只用于近战，可见此事发生在岳飞和戚方交战过程中，岳飞当时身在马上，所以，如不是岳飞瞬时躲闪到了战马的另一侧，必然被弩箭射中，非死即伤。另外，"镫里藏身"是当时的一种马术特技，据《东京梦华录·驾登宝津楼诸军呈百戏》一节记载：骑马之人"或留左脚着镫，右脚出镫，离鞍横身，在鞍一边，右手捉鞍，左手把鬃存身，直一脚顺马而走，谓之'飞仙膊马'；又存身拳曲在鞍一边，谓之'镫里藏身'；或右臂挟鞍，足着地顺马而走，谓之'赶马'；或出一镫，坠身着鞦，以手向下绰地，谓之'绰尘'。"不过《东京梦华录》中记载的，是北宋逢节庆举行军演时近乎特技表演的骑术展示；而岳飞此次则是在实战中，在全身披甲状态下使用这个技巧，显然难度更大。也正因为足够惊险刺激，岳飞的这一战场高光时刻，很可能在其生前就成了深受底层士兵和民众熟悉喜爱的传奇故事，后来又被说书艺人采纳，成了各种"铁骑儿"题材话本中的"名场面""经典梗"，但凡要渲染一个角色武力值高，就得加上这个情节以为佐证，博得听众欢心。例如系由南宋初年岳家军及敌后义军抗金事迹演绎而成的水浒故事，就很喜欢让武艺高强的人物如杨志、张清等在交战中使用这一招，其原型很可能是出自岳飞这一事迹。

332 《夷坚支乙卷第五·张花项》："建炎、绍兴之交，江湖多盗，张花项、戚方尤凶虐。张破池州，驻军于教场，所掠妇女无数，为官兵所逐，不忍弃之，乃料简其不行者得八百人，谕其徒曰：'各纳脚子。'须臾间则八百女双足剁叠于庭，然后去。刖者未即死，则叫呼宛转，经日乃绝。戚在宣城广德，尽戕官吏不遗余。张循王（指张俊）与之苦战，二盗力不能敌，始就擒。循王责其罪，戚曰：'主此众者，张统制也。方系副将，奉其指挥耳。'循王置之，继问花项，花项笑而对曰：'命运使得如此，今当以不倒献相公。'循王怒其不屈，叱斩之，首断而尸不仆。戚既获免，窃位至节度使。暮年抱疾，困顿中唯与花项应答，花项所言，亦只出于戚口，大要忿其卖己，戚曰：'自是统制一时对得错了，以致陨命，方何预焉！'纷纷终日，竟不起此事。"
《会编》卷一百四十《炎兴下帙四十》建炎四年戚方诣张俊降条："会岳飞追袭其后，方无路进退，乃诣俊乞降。与其徒陈某号为'三哥哥'者，同至安吉见俊。俊先见方，谕之曰：'国家多难，当以忠义报国家，不可负朝廷。'方曰：'不敢。'俊曰：'尔宜一心事主，不得有二。'方拜谢。而见'三哥哥'者，俊曰：'国家不负人，尔亦不可负国家。'曰：'不敢。'俊曰：'是何不敢？人言尔复欲反！'乃呼证左（即戚方）而问曰：'是人果欲反乎？'曰：'实欲复反。'俊命推出斩之。"

333 《会编》卷一百四十《炎兴下帙四十》建炎四年戚方诣张俊降条。

334 《鄂国金佗稡编》卷第五《经进鄂王行实编年卷之二》建炎四年条。

335 《海陵集》卷二十三《张循王神道碑》。

336 《鄂国金佗稡编》卷第二十三《吁天辨诬卷之三》之《山阳辨》。

337 南宋赵彦卫著《云麓漫钞》卷一。另此篇文字在《鄂国金佗稡编》卷第十九《经进鄂王家集卷之十》之《题记·五岳祠盟记》中也有收录，全文如下：
"自中原板荡，夷狄交侵，余发愤河朔，起自相台，总发从军，历二百余战。虽未能远入夷荒，洗荡巢穴，亦且快国仇之万一。今又提一旅孤军，振起宜兴，建康之城，一鼓败虏，恨未能使匹马不回耳！故且养兵休卒，蓄锐待敌，嗣当激厉士卒，功期再战，北逾沙漠，蹀血虏廷，尽屠夷种。迎二圣，归京阙，取故地，上版图，朝廷无虞，主上奠枕，余之愿也。河朔岳飞题。"
可见《鄂国金佗稡编》中所收文字与《云麓漫钞》所载差别颇大，对比其不同之处，再考虑到《云麓漫钞》成书要早于《鄂国金佗稡编》，显然应以《云麓漫钞》为准。另外，因此文中有批评当时诸大将无能的意思，岳飞在五岳祠写这篇题记时，应只是成文私藏而没有题写于五岳祠中，否则不会没有冤案时遗迹被销毁的史料记录，也不会在当地方志中未载。

338 较有代表性的如袁行霈先生主编的高等教育出版社2005年版《中国文学史》（宋代文学及岳飞的诗词、散文作品在第三卷）。这套教材目前仍是各大高校中文院系的主要通用教材之一。

339 "驱口"一词始见于金代，其原意为"被俘获驱使之人"，即战争中被俘强逼为奴、供人驱使的人。

340 宋代军法为防止士兵擅自杀俘、杀降，在军法军律中规定生擒敌军的犒赏，要高于斩获敌军首级的犒赏，如北宋太宗时期的军法即规定"获生口者人赏钱五千，得首级三千"。只是实际作战时，由于种种因素影响，擅自杀俘、杀降的现象仍比比皆是。具体执行情况如何，很大程度上还是要看主帅、将官的管理能力和执行力度。

341 《要录》卷三十三建炎四年五月戊辰条。另外，就在赵构讯问俘虏获知徽、钦二帝所在的一个月后，金国又将这批俘获的宋朝宗室由韩州迁徙到了五国城。

342 现有史料并未记载岳飞军中此时就有异族士兵效力。但根据岳飞建炎四年春、夏间申报给朝廷和枢密院的《建康捷报申省状》来看，首先可以确认其在建炎三年十二月广德军、溧阳之战中擒获的"渤海太师"李撒八等渤海族、女真族军官，大部分一直看押到了建炎四年夏天，和收复常州、建康等战中的俘虏一起押送到了越州行在，也就是在岳飞军中待了半年还多；其次，《要录》中明确记载献俘仪式上被赵构下令处死的只有八名女真族将领，而渤海族虽与女真族同源，但在当时却普遍是作为两个不同的民族看待的，也就是说李撒八等渤海、契丹族将士不在处死之列，这点也可通过三年后李横献俘时南宋朝廷的处置得到侧证：当时李横献金军俘虏二十二名，其中"女真达鹘辣等四人处死，其渤海、汉儿分隶神武诸军"（《要录》卷六十三绍兴三年三月丁卯条）。可见当时对渤海族与女真族的政策确有区别；最后，《要录》中只记载了将汉儿俘虏分隶诸军，但未提李撒八等人的归属，实际很可能是分配到了岳飞军中。只是岳飞后来被诬为叛逆，所以其军中有异族降将长期供职这一事实，和岳飞专门学习过女真语的事迹一样，都成了容易被歪曲非议的"敏感话题"，也不被持正统观念、强调华夷之分的文人士大夫视为美事，所以便干脆隐晦不提了。

343 宋代高级官员的平均任职年龄已与现代相近，大多是五十上下才能做到中枢要员的位置，四十上下就算是年轻有为，所以岳飞的年龄和所掌职权，在当时的官场中是很惹眼的，与一般官员的年龄差也很大，除了此时担任宰相的范宗尹。——范宗尹也是个宋代官场特例，此年担任宰相只有30岁，是两宋三百年间历朝历任宰相中最年轻的。

344 《要录》卷三十五建炎四年七月乙巳条。

345 岳飞支持汪藻提议，将军中部分北地汉儿降军退役为民，安置在江南各州县一事，是本文结合史料的猜测，不排除错误可能。因岳飞建炎四年夏天朝见时全军人数尚近两万；但两月后赴任泰州，便只有"军马万余"（《鄂国金佗稡编》卷第十七《经进鄂王家集卷之八·公牍上》之《赴镇画一申省札子》了）。兵力锐减的原因，现存史料并无提及，王曾瑜先生曾推测可能是建炎四年夏天，江南地区因冬、春金军大屠杀造成的死难者太多而爆发了大瘟疫，岳飞部也未能幸免。但这个推测本文不赞同，因为一来岳飞动身离开宜兴时已是盛夏，正是此次疫情的高峰期，倘若部下将士正在受疫病摧残，岳飞不太可能抛下部众和母亲妻儿，仍按原定计划出征、朝见；二来倘若岳飞一军真的因瘟疫就减员一万人之多，各类史料不可能只字不提。因为《夷坚志》等时人记录中，是连岳家军驻兵襄阳时曾有士兵被猛虎所伤，都当作奇谈逸闻来渲染的。所以结合当时背景，笔者认为岳飞兵力减半的原因之一，更可能是支持了汪藻提出的"今年建康、镇江为将臣所招逋归者，无虑万人，……莫若用六朝侨寓法，分浙西诸县……"（《要录》卷三十三建炎四年五月乙巳条）之议。因当时江南地区被金军大肆烧杀抢掠后，人口锐减，确实急需补充劳动力，这也是汪藻提出这一建议的主要原因；此外，北宋末宋军招降接纳的辽地汉儿在宋金开战后，或者降而复叛，或者被宋朝军民猜疑投敌而先行杀害，酿成了很多悲剧，结局大多不好。而岳飞自建炎三年冬转战广德军到建炎四年收复建康之战，通过招降金军中各族签军而获得的兵员，当有数千人之众，占到了全部兵力的将近四分之一。南宋朝廷很可能觉得这个兵员构成太易生变，特别是岳飞年纪较轻资历也浅，就更令人担心，所以也就势同意了岳飞的主动请求。但兵力削减如此之多，对一军主将来说终非美事，在岳飞含冤被害后，更容易被误解为南宋朝廷早就对岳飞一军不放心，第一次朝见就进行了防范，所以《鄂王行实编年》等岳家自行整理的岳飞相关史料中便没有提及此事（但如果是南宋朝廷下达的命令而非岳飞自请，则南宋的官方档案不会没有记录，所以若有此事，当是岳飞自己主动提出的）。此外，岳飞从建炎三年年底的广德军之战开始，到收复建康，一直是以孤军挑战金军，特别是建康一战，打得相当艰苦，也会造成减员，具体数目可能在千人左右甚至更多一些。而邵缉上书中说的两万人，不排除是邵缉拜访岳飞时获知的数字，未必会随最新伤亡情况更新。也就是四次作战伤亡，加上遣散溃军，再加上建炎四年夏天江南大瘟疫可能造成的部分减员，三个因素合一才导致了岳飞一军在建炎四年秋兵力锐减二分之一。

346　《鄂国金佗粹编》卷第五《经进鄂王行实编年卷之二》建炎四年条。

347　《鄂国金佗续编》卷第二十八《百氏昭忠录卷之十二》从事郎前永州军事判官孙逌编鄂王事引邵缉献书条。

348　《鄂国金佗粹编》卷第五《经进鄂王行实编年卷之二》建炎四年条。

349　《要录》卷三十五建炎四年七月乙卯条。

350　《要录》卷十二建炎二年正月辛卯条。

351　《宋会要辑稿·职官十一》之四十一。

352　《鄂国金佗粹编》卷第十七《经进鄂王家集卷之八·公牍上》之《乞淮东重难任使申省状》。

353　赵构在岳飞上书要求免去通、泰镇抚使另予淮东重难任使后，再次动念要将岳飞留在行朝任职，系本文结合史料和当时军政形势所作的推测。因为根据岳珂的记载，岳飞迟至建炎四年八月十八日才从行在越州返回宜兴张渚镇。但计算越州到宜兴张渚镇的路程，即使是日行二十到三十公里的步军大军正常行军速度（小部队或单人的行进速度一般要比这个速度更快），由此及彼也不过是八九天的事情。也就是说从七月二十日南宋朝廷公布对岳飞的新任命后，岳飞又在行在待了二十来天。至于为什么待了这么长时间，李娃、岳霖、岳珂祖孙三代编纂的岳飞传记资料中不但没有提，甚至连岳飞此次朝见，前前后后在行在待了将近两个月这一点都没有直接点明，只记载了岳飞行献俘礼和返回宜兴张渚镇的具体日期，其余的要靠读者自己对比推算才能发现。而岳飞不是刘光世，没有逗留行在以避事的可能；何况若是岳飞本人有意拖延，抑或赵构对岳飞被委任为通、泰镇抚使后的这次上书格外不满而羁留岳飞，那么岳飞被诬遇害后，不可能没有秦桧党羽以此事攻击岳飞，也不可能任何史料都没有留下相关记载。所以，结合当时背景，最大的可能是赵构此次有意将岳飞留在行朝任职——赵构的殿前司班直卫士在建炎三年冬航海避敌时，因再次发生哗变而被彻底解散，此时正在重建，主帅人选亦在斟酌中。所以恰在此时前来朝见献俘，又给赵构留下了极佳印象的岳飞，很可能成为殿前司新主帅的理想备用人选。但岳飞本人和其他宰执大臣不同意，赵构本人也在前线和中枢两个任用方向上反复犹豫、难以决断，所以才造成岳飞此次朝见在行在滞留如此之久。不过岳飞遇害后，一方面官方关于此类赵构岳飞君臣相得的档案记录肯定会被尽数销毁；另一方面岳家也不会主动提及此事，因为强调朝廷当时想留用岳飞在行朝任职而岳飞不愿，容易给在岳飞平反后仍然附会赵构、秦桧、攻击岳飞的人制造话题，最终就造成了目前史料中只记载岳飞此次朝见时间出奇得长，但经过、原因却付之阙如的现象。

354　《要录》卷三十六建炎四年八月丁亥条。

355　《会编》卷一百四十《炎兴下帙四十》建炎四年戚方诣张俊降条。

356　《夷坚支乙卷第五·张花项》；《夷坚支景卷第四·扈宣赞》。

357　南宋时期也即十二世纪中叶的泰州，因长江沉积泥沙形成的陆地远不如现在多，所以离海岸线的距离要比今日近的多，也因此盛产海盐，但粮食作物不是特别丰产。

358　顺便一说，宋钦宗很喜欢给人改名，除了给李若冰改名为李若水，还曾让聂山改名为聂昌。可见其当时心态之脆弱敏感。但这两个被改名的人最后都死得特别惨。

359　《要录》卷一百二十一绍兴八年八月癸未。

360　《忠愍集》卷一《谢邓观文举状启》。

361　张节夫是进士出身。结合他绍兴元年才是个从九品迪功郎，也就是文官刚入仕时的品级，他十有八九也是宣和末太学诸生中的一位，很大可能中的是建炎二年那一榜进士，也就是赵构登基后亲自主持的第一次科举考试，和胡铨以及薛弼的四弟薛徽言一样。

362　秦桧时任太学学正。另，北宋制度，太学学正、学录均为正九品官员，位在太学博士之下。

363　时任太学学录。

364　秦桧后来的党羽之一，时任太学学录。

365　时亦任太学博士。

366　《要录》提过沈与求也曾担任过太学博士，但没说是在什么时间。

367　国子监副长官，正六品官员。北宋元丰改制后，国子监总领国子监、太学、武学、算学、律学五学之政。

368　李若水此时三十二岁，陈东这个长期赖在太学不肯出仕的家伙则已经三十九岁了。

369　李若水自己在写给宰相吴敏的信里说是"血属二百"。

370　王履有两个儿子，一个叫王高中，一个叫王立中。看来王履对自己考进士考不上这事儿不是一般的怨念。

371　王履时年四十六岁，大李若水十二岁。

372　李若水九月一日由东京出发，十五日到达太原粘罕军前。

373　一万三千是《会编》记载的数字，肯定有夸大。但《金史》也说金军攻平定军时，城中宋军有上万人。实际根本没那么多，能有两千人已经是五指挥禁军全部满员的情况了，在禁军缺额严重的宣和末、靖康初基本不可能。因此《金史》的记录倒是可以侧证金军攻克平定军伤亡很大。

374　即在李若谷之前被秦桧抛弃的前秦桧亲信杨愿。

375　史料对此事的记载稍有抵牾，《靖康忠愍曲周李公事迹》和《会编》其他几则相关记载，都说是李若水坚持的结果；唯有《副使节使王履事迹》说李若水当时也有犹豫，而"守边防河诸临将士望风逃避，奉使若又如此，朝廷何所赖？以某处之，惟有死耳"这几句硬气话，则是王履说的。但王履事迹也提到李若水随后下定了决心，当即下令"有回者行军法"。综合来看，王履事迹的作者误把李若水当作正使，从而把正使冯澥之言误当李若水之言，又把副使李若水之言误当王履之言的可能性比较大。但不管具体细节如何，李若水和王履最终都采取了同样的立场，则是毫无疑问的。

376　李若水初授礼部尚书，后因为李若水坚决不肯，改授吏部侍郎兼开封府尹；王履初授武胜军承宣使，后因王履坚辞，改授相州观察使。这两人到此仍然不肯过分邀功逾份的这一番谦让，实在是很让人唏嘘的一处历史细节。

377　《会编》卷二十二《政宣上帙二十二》李邴撰傅察墓志铭。

378　当然我最开始的脑回路其实是错的：以为"雁塔"是说《雁塔圣教序》，然后把《雁塔圣教序》记成颜真卿写的了，还是经朋友提醒才发现记混了；但后来确定"雁塔"这个词确实还是专用于指代颜真卿的，因颜真卿据说生于小雁塔附近，所以周紫芝的诗里是用乡贯代指其人。

379　岳飞和宗泽关于阵图的著名争论也发生在这一时期，只不过那次是属于宗泽试图让岳飞学习，结果发现对方早就自己打通关了。但岳飞在军事指挥上已经不用宗泽教，不等于其他方面的培养也不需要。特别是在内政外交上，宗泽对岳飞的影响还是非常必要且深远的。

380　根据李若水的年龄推测，李若虚和岳飞的年龄差不会小于十几年，在宋代几乎是父子两代人之间的年龄差了。

381　不过这点纯属猜测。《要录》并没写沈与求为太学博士具体在哪一年，只是看沈与求的履历，像是在宣和末年靖康前夕。另外，沈与求的文集里也没发现有和李家、李若水相关的文字。

382　还有个可能是李恂是在建炎三年李若虚面对皇帝得官后不久去世的。但这样守丧三年再去秀州任职的话，李若虚又不大可能在到官一年后就获晋升。所以这个选项基本可以排除。

383　只有"一考"也就是只有秀州司户这一次仕宦经历，而且可能在这个职位上也只干了一年多，没干满三年。

384　史料中没有记载有人这么称呼过岳飞，但是在东京留守司时，岳飞作为"统制"一级的中高级军官中最年少者，按宋朝口语习惯，是很可能被这么称呼的。

385　此时岳飞的兵力尚次于吴玠、张俊，但与另一大将韩世忠部众人数持平。

386　现在的湖北省、湖南省大部分和河南省中南部，以及江西省的一部分。

387　这位老兄其实在战局胶着时差点跑路回临安，全靠岳飞发挥出色的沟通能力才摁住。

388　王廷圭写诗送行的这个周姓朋友，是当地乡试头名"解元"，但好像也没求职成功或者求职成功后也没拔出尖来……反正除了这首诗之外查无此人。可见当时岳家军的幕僚招聘有多卷。

389　这个其实就是一年前的湖北襄阳府路制置司因为管辖地域更大了改了个名字，实际机构和班子还是那一套，主帅也还是岳飞。

390　其实也不奇怪，赵构对书法有一种近乎病态的偏执式热爱，所以书法极佳的李若虚单凭那一手字，就足够赵构青眼有加念念不忘了。

391　《会编》卷一百七十八《炎兴下帙七十八》绍兴七年八月岳飞赴行在条。

392　《会编》卷二百二《炎兴下帙一百二》绍兴十年六月二十二日乙丑条；《要录》卷一百三十六绍兴十年六月乙丑条作："事既尔，势不可还。矫诏之罪，若虚当任之。"

393　《要录》卷一百三十七绍兴十年七月戊申条。

394　朱芾是进士出身，看其交游情况应该也颇有文才。

395　因周紫芝咏嘉禾祥瑞诗编次在此诗之后，而薛弼献嘉禾祥瑞史有明载，是在绍兴十八年。

396　如果去世在秦桧病死前后，那没准还能保存下一些，一点没留下来说明去世时秦桧气焰正盛，所以李家子孙不敢刊刻文集行世。而且以李若虚的经历，去世前后被定点清除过一次也是可能的。

397　《要录》卷一百九十五绍兴三十一年戊申条。

398　《水心集》卷二十一《中大夫直敷文阁两浙运副赵公墓志铭》。

399　国子监在宋代是太学的附属学校，专门招收官员子弟。

400　宋英宗赵曙原名赵宗实，为赵允让第十三子，因仁宗皇帝无后而被收养入宫，立为皇储，后登基为英宗皇帝。

401　岳飞那阵应该还没完全戒酒，如招吉倩的时候就曾跟一帮土匪"豪饮不疑"。

402　小使臣序列中的最高阶为第四十五阶从义郎。

403　《会编》卷一百十七《炎兴下帙十七》中书侍郎张悫卒条。